戦後日本の中国研究と中国認識

東大駒場と内外の視点

代田智明　監修
谷垣真理子
伊藤徳也
岩月純一　編

風響社

はじめに――「中国」というアポリア

本書は、一九四五年に日本が敗戦して以降、七〇年ほどたった現在まで、中国研究ひろく言えば中国認識が、どういう経緯をたどったのか、そこにいかなる課題や論議があったのかに焦点をあて、幅広く人文・社会諸科学の動向を探ったものである。戦前の中国研究に関しては、すでに多くの探究や言及がなされており、近代日本にとって重要な学知の「欠如」「偏向」「貢献」に関して、後人がそこからある程度教訓を汲み取ることは、それほど難しいことではなくなっている。二一世紀を迎え、人民共和国建国以来の歴史が還暦を迎えたこともあって、いくつかの中国関係学会では、シンポジウムとその記録という形で、総括的討論も行われてはきた。けれども敗戦後七〇年というかなり長い年月を経たいま、日本におけるその間の中国認識・研究に関する、これまた「欠如」「偏向」「貢献」については、さまざまな事情もあって、あまり包括的な検討が十分に公表されてきたとは言えない。

本書のモチーフは、二〇世紀後半を中心とした中国認識・研究に関する、総合的な記述と評価を試みることである。読者に過大な期待をもたせるのも憚れるので、その試みには、きわめて個別的な、あるいは内輪の記述も含まれることとお断りせざるをえない。とりわけ駒場という、東京大学教養学部前期中国語部会に所属する研究者を中心に、集まった研究グループであるので、そのアイデンティティに拘らないわけにはいかなかったという事情もある。けれどもかりにそれらにしても、一研究者の研究履歴そのものが、その間の研究動向や社会的背景に左右されていることが窺えるはずである。記述が総花的に見え、一見分散的多様性にしか見えないところに、実は「中国」という対象の焦点が、地域的特徴性が現れている。その具体的様相については、後に少し詳述するが、そもそも本書のような課題が成立する、というより成立せざるをえない、という点に、中国研究の逃れられない宿命みたいなものが存在するのだ。

たとえば欧米において、中国研究の一分野に関してならば、研究史は必要かも知れないが、人文・社会科学を横断するような、いわゆるシノロジーの、しかも近現代に関する学的研究史はあるまい。逆に、日本の欧米研究、個別ドイツ研究やフランス研究において、分野横断的な「研究の研究」がありうるのだろうか。中国研究になぜこのような課題と分野がありえたのか。この問いに答えるのは、さほど難しいことではない。

むろん地政学的に、陸続きの国境をもたない隣国という関係があり、そのせいもあって前近代に、深く中国文化の影響を受けたこと。そのお陰で、憧憬やコンプレックスを産み出す一方、近代に差別意識や優越感を抱くようになったこと。言うまでもなく、戦前の一五年に亘る侵略戦争の傷が、けっしていまなお歴史事実のみではない重みをもっていること、などである。要するに、前近代以来の歴史を通じて、中国は日本にとって、私たちが普段想像している以上に、知的対象となった瞬間、客観的な科学的対象というよりは、複雑で特殊な存在と化すのである。

中国研究の特殊性——それ自体が「アポリア」なのだが、を吟味する前に、本書の構成をまずは紹介しておこう。全体として、内輪の「内部」から、海外の「外部」の視点へと拡がっていく。第一は「あるひとつの実践——東京大学の事例」で、駒場の中国語教育を回顧しつつ、敗戦直後に駒場から中国研究を志した大家に、その学的経歴を回想いただいた。第二は、本論とも言うべきだが、「戦後日本における中国研究と中国認識」と題し、まずは文学、歴史、経済の分野の各論、つぎに平岡武夫と周作人を焦点として、戦争前後の中国認識が個別に言及される。最後に最近の研究動向として、辛亥革命シンポジウムの体験と農村研究の現状が語られていく。第三は、「『外』から見た日本の中国研究」というテーマで、フランスや中国から日本に留学して研究者になられた方がたのインタビュー、当プロジェクトと関連するテーマを探究している海外の研究者の発言、香港、ベトナムなど東アジアの中国研究を参照して、今後の参考としている。賢者たる読者を予測して、予め本書の不足を述べておけば、言語学研究にも学史的側面を記述する可能性はあったと思われるが果たせなかった。また文革研究における状況は詳説されているものの、この間の歴史学の展開については、論者が見つからず全面的な議論ができていない。これはプロジェクト代表である筆者の力不足であり、遺憾なところである。

なお既述したように、総花的であるゆえ、必ずしも体系的にはならないが、順序に関わらず、興味あるタイトルの文章からお読みいただくのが利便だと思われる。慧眼の読者であれば、なかなか奥深い論点を拾い出すことができる面白い作物があるはずだ。また数人の研究者に対するインタビューは、過去の知的雰囲気を理解いただく意味でも貴重な資料であり、実際、立ち会った者として楽しかった。こういう感想は、あるいは内輪の了解が加味されてのことかも知れないが、時代を読み取る可能性を失ってはいないと思われる。

さて最後に、いささか厄介な論点を整理して、本書の価値と中国学への誘いを述べておきたい。中国学の特殊性と述べたが、当然この裏側には、普遍性（への企図）がひそんでいる。特殊性を産み出した原因の第一は、この七〇年の中国現代史の激動ゆえである。もとより日本のアカデミズム全体に大きな断絶と衝撃を与えた「敗戦体験」が、前提としてあったことは言うまでもない（そしてこの体験は世界文学や思想と共有性をもたなかった）。そのうえに「新中国」の誕生という「神話」が生まれ、侮蔑と憧憬に揺れていた日本の中国像に、別の偏見を与えることになった。その流れは、六〇年代の文革評価において、極端な亀裂を造り出したうえ、憧憬は中国共産党による文革の否定によって、無様な破綻に終わった。八〇年代の改革開放、六四天安門事件を経て、九〇年代の資本主義化と経済発展、二一世紀におけるグローバルな影響力の特大化に到るまで、中国研究はどの分野にしろ、対象の大きな変化に振り回されてきたとも言えよう。二〇世紀後半の中国研究が、政治的色合いが強い特殊な条件下にあったことは指摘しなければならない。ただその後、荒れ果てた原野に、いくらか冷静な学術的探究を開始する機縁となったかもしれないにしても。

第二は、しかしそうした外部環境によるものではない。近年、中国の世界的なプレゼンスが拡大するにつれ、いわゆるセンセーショナルな中国論ではなく、一般の論壇からも中国を正面から対象とする書籍も出版されてきた。あいかわらず日本では強い、ヨーロッパ中心主義的な世界観からすると、中国はどうも理解の範疇を超えるものであるらしいのだ。それは矛盾したふたつの観点が、つねに持ち出されてくることによって証されるだろう。図式的に言えば、中国がいまだ前近代的な王朝的国家だという見方と、EUや合州国のような、ポスト国民国家のひとつの形態だという見方が併存している。その点で言うと、おそらく歴史学や経済学からすれば、戦前以来の研究課題が、長い空白期を隔てて、浮上したという言い方も可能であろう。

たとえば中央集権と地方分権についても、ヨーロッパ史の理解では解決できない困難さを伴っている。田島論文が、一研究者の履歴を語るなかで、暗示的に語っているのは、計画経済という中央集権性と、属地主義による分権性との混在であり、政治経済を軸とする社会科学としては、喫緊の課題となるであろう。

同じように、農民と農村に対する理解という点は、必ずしも従来まったく検討されなかったわけではなく、中国農民の「商業性」はよく指摘されてきた。しかし田原論文が指摘するようにやはり現在に到るまで、ある種の不可視の存在という面は否めない。というより、「老百姓」（庶民）と「士大夫」（エリート官僚）との隔絶した世界についての学術的探索は、はなはだ難儀を極めていると言わざるをえないのだ。農民、農村の世界に対する、フィールドワークがかなり可能になった現在、むしろその世界の多様性こそが明らかにされつつある。そして、知識人階層を形成する〈文〉＝漢字というエクリチュールの強固さと相まって、両者の隔絶は、中国社会全体を見渡して理解するためには、大きな障害となっていよう。だからその両者を同時に見据えることは「日本文化をになうものの前にたちはだかる霧」なのである。しかもこの両者は一旦事あれば、「易姓革命」という伝統が示すように、相互に転換する可能性もないわけではないのだ。

したがって本書では、数人が暗示しているにすぎないけれども、そもそも西洋由来のモダニティという概念が、どこまで通用するか、学術的に極めて怪しいということでもある。中国では、モダンの次にポストモダンが来るという、シンプルな歴史的段階論はあまり適用できないのではないか。少なくとも、頑迷固陋な西洋中心主義者に伝えておかなければならないのは、普遍性はディシプリンとして、あらかじめ転がっているわけではないこと。石井論文が示唆するように、それが「中国的特徴」を包含できたとき、はじめて一般的理論として、普遍性への道を切り開く可能性を抱けるのである。そのとき、あるいは中国という知的なトポスだけでなく、実体的な中国そのものが、グローバルな世界に吸収され、解体されるときなのかも知れない。中国学がどれだけの可能性を秘めているのか、その多様性とともに醍醐味のいくらかを知っていただければ、編者としてありがたいことである。

いささか大仰な議論になってしまった。本書は、そうした奥深い視線を共有しているものではまったくない。ただここで述べた、多様性をどこか共通する眼差しで見続ける作業は、なかなか興趣の尽きない出来事である、ということは敢えて述べておきたい。なおこの文言は、プロジェクト代表としての、個人的私見がかなり含まれていることも付け加えておきたい。

代田智明

◆目次

Ⅰ　戦後日本の中国研究——文学、歴史、経済

装丁＝オーバードライブ・前田幸江

●第一編　あるひとつの実践——東京大学の事例

戦後日本の中国研究は、それまでの研究動向に対する深い自己反省のもとに新しい歩みを踏み出したが、その際に強く意識されたのは、中国に対して高踏的な態度で臨むのではなく、同時代の中国人の声に耳を傾け、同時代の中国人と視線を共有しなければならない、という使命感だった。このような理念に呼応して、研究者を養成するための言語教育には、伝来の漢文訓読法のみに頼った文献読解ではなく、現代中国語の音声から出発し、現代中国語の読解力の延長上において、古典文から現代文までを一体の「中国語」として理解すべきである、という新しいメソッドへの転換が求められた。すでに中国では五四新文化運動から三〇年を経て、北京音を標準とする「白話文」と現代文学の潮流が確立し、同時代の情報は新しい文体に盛られて発信されるようになっていた。こうした中国本国におけるナショナリズムの勃興を正面から受け止めることが、中国研究とその手段としての中国語教育の双方にとって急務となったのである。

このような潮流は高等教育にも変化を促した。それまで主として商業学校で教えられていた現代中国語は、終戦後まもなく旧制一高と山口高の第二外国語にも追加されることによって、はじめて英独仏に次ぐ地位を占めるようになり、一高を継承した東京大学教養学部は、旧帝国大学系の大学の中ではもっとも早く、教養課程における現代中国語教育を実現していた。その初代の専任教員として一九五〇年に着任した工藤篁は、「中国語は英独仏とは異なる固有の文法と独自の文学をもつ一個の外国語であり、中国語を学ぶことが真の中国理解に至るただひとつの道である」という教養主義的な教育理念を掲げて、知的陶冶の手段としての中国語教育の構築に心血を注いだ。その教学スタイルは、新入生に対し、教科書も用意せず、初級の手ほどきもそこそこにして、文学作品をいきなり読ませ、その一節ごとに解説を滔々と述べるという型破りなものであったが、新しい中国認識を打ち立てなければならないという情熱的なメッセージが共鳴を呼び、集まった学生の中から、ディシプリンを超えて多くの中国研究者が輩出するに至った。

第一編Ⅰには、この時期に東大に入学し、現代中国語の学習を通して中国への関心を養った竹田晃、田仲一成両氏へのインタビューを収めた。工藤篁の独特な授業のスタイルや、戦後の東京大学における中国研究者の成長の軌跡を伝える貴重な記録である。また第一編Ⅱには、一九九九年以降、東京大学教養学部における中国語教育がどのように展開されてきたかについて、現場の教員による総括を収めた。

I　戦後という時代の中での中国語教育と中国研究

聞き取り（1）新制東大の中国語教育

竹田　晃

話者：竹田晃〔東京大学教養学部名誉教授〕
日時：平成二二年七月二七日（火）
場所：東京大学駒場キャンパス一八号館四階会議室
インタビュアー：代田智明
参加者：谷垣真理子、石井剛、岩月純一

代田：では、竹田晃先生に、ご自身の中国研究から、中国語、漢文教育ということについて質問をしたいと思います。
先生は、旧制から新制高校に移られたということで、中国語をお取りになった、でもそのクラスは、当初お二人だったとか。
竹田：中国語を第二外国語とする文Ⅱ７Ｅクラスはね〔当時の東京大学文科Ⅱ類は、文学部、教育学部へ進学する科類〕。
代田：もう一人の丸山昇先生は、本来フランス語志望で、第四志望が中国語だったと。先生もフランス語も選択肢のうちにあったとうかがってますが。
竹田：私は旧制中学に入って、旧制中学は五年ですから、一九四八年に旧制中学を五年で卒業したわけです。そこで、その三月が旧制高校、私の場合は一高だったのですが、旧制高校最後の受験のチャンスだったわけです。受けまして、落ちまして、本来ならそこで浪人をするんですが、一九四八年の四月から新制高校が完成年度に入って、一学年、二学年、三学年が揃う年だった。で、私の旧制中学にも新制高校ができまして三年が設けられた。そこで横滑りで旧制中学五年から六年目を新制高校三年という形で、一年間新制高校に在籍し、明くる年そこを卒業したという形になっております。

明くる一九四九年が新制大学発足の年で、三月に試験が行われるはずだったのですが、新制大学発足の予算が、国会を通らず、結局第一回の新制東大の入学試験は、六月のたしか八日、九日だったと思います。ちょうど国鉄のストライキの日で、当時の都電に乗って、本郷までいったら、「国鉄ストのために入学試験は午後からに変更になった」という貼紙があって、友達の家で時間をつぶして、午後から受験したという、まったく目茶苦茶な時代でした。で、発表でどうにか潜り込んだ。

私は、文科Ⅱ類に入ったのですが、第一語学は英語と決まってました。一九四八年に新制高校の三年になった時に、私の高校にはドイツ語とフランス語があって、そこでフランス語の授業に出てたので、東大ではフランス語をやろうと思っていたんです。当時、東大の教養学部の中国語の担当は工藤篁先生で、私の父が一高の教授をしながら、東京帝大の文学部の支那文学科の併任助教授をしておりました。その頃東大の支那文学科には、猪俣庄八さん、柳沢三郎さん、稲田孝さん、工藤篁さん、そういう方たちが在学しておられて、父と親交があり、とくに工藤先生は家族ぐるみでお付き合いをしていた関係だったんです。それで私が教養学部に入ったということを聞きつけた工藤先生が家にこられまして、ぜひ中国文学をやりなさい、文学部の中国文学に進むためには、駒場で中国語を第二語学に取らないと進学できませんよ、これからは中国語の時代だから中国語をやりなさいと、いわば膝詰め談判で勧められました。将来は中国文学をやろうという気持ちもあったので、それで中国語を第二語学に選びました。

明治以来日本の知識人の教養としては、英数国漢と言われていたから、漢文というのは国語、国文と肩を並べる一つの教養必須科目だった。そういうなかで父が漢文の教師をしていて、家に父が買った本が積まれており、家に漢文を習いにくる方もおられる、ということで、漢文ないし中国文学に対する関心は持っておりました、そういう個人的な事情もあったのです。

それからもう一つは、一九四九年七月というこの段階で、中国共産党に対する国民党の抵抗〔国共内戦〕が最終的な段階を迎えていて、中国に新しい時代がくるということを痛切に感じておりましたから、中国語をやろうという気持ちも強まったんだと思います。

七月七日が入学式ですから、もう夏休みまで一ヵ月もないわけで、特別講義と、あとは外国語を基礎とするクラス分けで、そこでクラスの顔合わせ的なことをやっただけで、夏休み前は終わりました。そこで中国語の工藤先生の教室にいって、丸山昇君と初めて顔を合わせたのです。教室には二人しかいないので、教室を間違えたのかと思って書類を調べたりしていたんですが、工藤さんが遅れて登場して、結局クラスが二人だと分かり、これはとんでもないとこに入ったなという気がいたしましたが、時すでに遅し・・・。

丸山昇氏は秀才ですから、私より一つ年下なんですが、私が落ちた一九四八年の三月の試験で都立小山台高校の四年修了で合格して一高に入ったのです。しかし、四年で入ったから、入学試験の成績が良くなかったんでしょう、外国語は第四志望で中国語と書いた、そこで中国語のクラスに回されたと聞いています。それでもともかく一年間、講師として一高にきておられた藤堂〔明保〕先生の中国語の授業を受けたということでした。

代田：工藤先生はそのときは授業をされていたんですか。

竹田：講師できておられたようです、一橋大が専任で一高は講師でした。正式に東大助教授となられたのは明くる五〇年の四月です。僕は四九年の七月から中国語は工藤先生に教育され、他の人には習ってません。

代田：工藤先生の授業というのは、どんな感じだったんですか。

竹田：私が新制東大の第一回の授業で、最初に九月から読みましたのは趙元任〔言語学者／一八九二〜一九八二〕の全文注音符号〔中国語の仮名に当たる表音文字で、現在も台湾で使用中〕による小説で、ハワイに旅行にいってどうのこうのということがあったと思うのですが。「ボ、ポ、モォ、フォ」なんていう発音練習をやったという記憶もない。いきなり全文注音符号で書かれたものを読まされて、一度漢字に直して、それからまた調べるという、たいへん予習に手間のかかる授業だったことを覚えております。

二年に入りましたら、魯迅の『在酒楼上〔酒楼にて〕』、あとで『孤独者』も読んだと思うのですが。縦書の戦争中に出たテキストで、発音のルビもふってないのを、今度は漢字から発音を調べて読まなくてはならないし、意味も考えなくてはならない、これも予習がたいへんだった。一般のいわゆる中国語教科書は、工藤さんは一切使いませんでした。三年度、四年度になりますと、非常勤講師の先生もみえて、中国語の教科書も使ったと思いますが、最初の二年、実際は一年半、工藤さんは、中国語の教科書を全く使われなかった。中国語を知らない僕を相手に、一字一句について考えを述べよと詰め寄られたり、工藤さんの考えを長々と示されるとか、そういう授業の進め方で、中学で習った英語の授業なんかとはまったく違う。丸山君も一高で一年やったとはいえ、そういう工藤流の授業はまったく初めての経験でした。でも彼はいろいろ鋭い意見を出すんです、「こうじゃないですか」とか。そうすると工藤さんからは、「君、それは英語、ヨーロッパの発想だよ、それは捨てなさい。中国語は違うんだ」と決めつけられて、丸山君が憮然としてたことが何度かありました。趙元任の小説の中に、「ツオ・シー・ブゥ・ツオ〔錯是不錯〕」と、「ツオ」は錯覚の「錯」です、間違ってることは別に悪いことじゃないという意味だったろうと思うのですが、「ツオ・シー・ブゥ・ツオ」というこの一句、四字で三時間ぐらいつぶしたかな。何が何だかさっぱりわからないのですが、ああでもない、こうでもないということで、少なくとも三時間はつぶした。まったく工藤流の授業にはびっくりした。

二年生の後期、第四学期に文学部持ち出しの「中国文学史」の講義がありました。この年は、倉石〔武四郎〕さんの意向だったと思うのですが、工藤さんが「中国文学史」の講義をされたわけですが、『詩経』と『楚辞』でおしまいなんです。『詩経』は何とか終わったんですが、『楚辞』にいって『楚辞』の長めの詩の末尾に「乱に曰く」という「まとめ」の部分があるんです。そこで「亂」というのがなぜ「まとめ」になるのか、ということで、数時間費やし、そのうちに後期が終わってしまったという、そういう中国文学史の講義を受けた覚えがあります。

学校は時計台の第一本館でやったんですが、暖房なんかありませんから、オーバーを着たままの授業で、二人で屋上の日だまりにいって、車座になって胡座をかいてやった授業もありました。一時間目の授業だと、丸山君と二人でいると、工藤さんが遅れてくるんですね。一五分くらいたつと、もういいから逃げようと、二人で駒場寮の中寮だったと思いますが、中国研究会の部屋があって、そこに丸山君の一高時代からの仲間がいたので二人で逃げ込むわけです。すると二〇分くらいたって工藤さんが追いかけてきて、中研へ乗り込んでくる。そこで友達のベッドの上で、また三人車座になって授業をするという、そういう記憶も何度かあります。

代田：中国語の基礎は、結局授業で習ったというよりは、自分で中国語の文章にぶつかって、自分で会得したということになるんでしょうかね。

竹田：いわゆる文法的なことは一切教わらなかったです。発音もきちんと仕込まれた記憶はありませんね。

代田：それで、〔一九〕五一年に本郷のほうに進学されて。大学院進学というのは、もうこれは決めていらしたんですか、初めから。

竹田：はっきり決めていたわけではないけれど、就職することは考えていませんでした。

代田：学部の卒論で丁玲〔日中戦争を通じて大きく成長を遂げた代表的な中国作家と目された〕をお選びになったというのは、丸山先生と同じような理由なんですか。

竹田：古文もやることはやったんですが、卒論を書くような力はついていないと自覚してましたから、現代語で書かれた資料を何とか読むということがまず第一だったわけです。僕は漠然と文学をやりたいと思っていました。当時魯迅は歯が立たないという感じで、丁玲の『我在霞村的時候〔霞村にいた時〕』という小説がおもしろいと思って、研究室を見たら、丁玲は主な作品がほとんど研究室に揃っていたんです。しかもそれ程膨大な資料というわけでもなく、卒論を書くまでには読みこなせそうだと、それで丁玲を取り上げたわけです。丸山君も丁玲をやることになったのですが、彼はメーデー事件〔一九五二年五月一日に発生した所謂「血のメーデー事件」〕で逮捕されて、小菅〔刑務所〕で卒論を書くということで、僕が読んだ資料を次に小菅の丸山君のところに回すというようなことをした記憶があります。

代田：丸山先生は、新中国のいわゆる思想改造というんですか、愛新覚羅溥儀〔清朝最後の皇帝〕の『わが半生』〔中国共産党による「思想改造」運動の過程で溥儀が書いた自叙伝〕を翻訳されたりしてて、そういうものに新中国の魅力を感じられて、丁玲にもそうした「思想改造」を通して新中国に貢献する人間になるというようなところがあって、そういう過程を意識されて丁玲を取り上げられたと、私は理解しているのですが、先生の場合はそういう問題意識はなかったですか。

竹田：丸山君と違って僕は学生運動はやっていなかったから、自分の問題と結び付けては考えられなかったけれども、丁玲の解放前〔中華人民共和国建国前〕の作品と、解放後の作品の丁玲なりの転換というところに、関心を持ったことはたしかです。卒論の題目は「丁玲における創作態度の転換について」というような題だったと思います。

代田：大学院では、もともと、とりあえず現代文学というか、現代語から入って、それから古典へいくということは、ある程度は？

竹田：大学院の修士課程に入った当初は、将来古典に進もうという考えは、具体的には持ってなかったです。

代田：そうですか。魯迅研究会、たしか先生のお名前も、「研究会会報」にちょっと見たことがあるんですけども。

竹田：魯迅研究会に入ったのは五三年の一月、学部の卒論を出した直後だったと思います。

代田：これは丸山先生から誘われたということでしょうか。

竹田：いや、五三年の一月二日かなあ、工藤さんのところに年始にいったんです。毎年一月二日に倉石さんのところから、小野さん、工藤さんと回るのが恒例だったのですが、一二月に『魯迅研究』の創刊号が出たんです五二年の。工藤さんがそれをもらっておられて、「今度魯迅研でこういうものを出したけれども、君も参加したらどうかね」というようなことを言われたと思うのです。

代田：これも工藤さんから誘われた（笑）。

竹田：魯迅研に一月か二月ぐらいから入って、高田淳、尾上兼英、新島淳良、といった人たちと魯迅を読むようになって、最初は「雑感」が多かったわけですけども、「雑感」の一字一句を漏らさず読むという、そういう魯迅研なりの精読の姿勢というものを、学んだと思います。

代田：僕なんか魯迅に学ぶ姿勢というのが、非常に印象が深いのです、研究会としては。お互いに切磋琢磨してアカデミズムに

卒業式後の卒業祝賀パーティにて（1953年3月28日、東京大学御殿下グラウンド）。左から竹田晃、王育徳（台湾語研究）、倉石武四郎中文主任教授、金岡照光（変文研究）。王・金岡は旧制大学の卒業生。新制には丸山昇もいたが撮影時は不在だった。竹田以外は故人。（敬称略）

貢献するというよりは、何か人生観や世界観も含めてという、「姿勢」論というのはありましたね。
竹田：そう、「姿勢」論というのはね、非常に強く言われていました。
代田：あれは先生にとってどうだったか。
竹田：「姿勢」という言葉も当時は新鮮に感じました。「姿勢」という語から、「態度」とも「思想」とも「生き方」とも異なる「何か」を感じていましたね。魯迅の雑感を読むことを通じて、人生なりあるいは政治なり、時の流れというものにどう対決していったらいいかということを学んだと。ただ、それを自分の姿勢に取り入れるというところまでは、いかなかったと思いますけれども、刺激は受けましたね、そういう読み方に。
代田：修士論文は何をお書きに？
竹田：胡適〔近代中国を代表する思想家、学者、プラグマティズムの哲学者〕を中心とした『新青年』〔中国の文学革命、新文化運動をリードした雑誌／一九一五～一九二二年〕の動きを修士論文ではやりました。
代田：『新青年』も途中から口語体にはなりますけど、基本的には文言《ぶんげん》ですよね。古典に対する意識というのは、まだはっきりはしなかったんですか。
竹田：はっきりはしてなかったです。古典文学から新文学への変わり目あたりのところをやりたかったんですが。僕は、胡適の業績は業績として認めるべきだという立場から、胡適の改良思想〔改良主義〕の本質とその限界について書いたつもりだったのですが、書き上げる頃に胡適批判〔学術的思想的権威であった胡適の思想をブルジョア思想として全面的に批判する思想運動〕が起こって、あれが一ヵ月早かったら書けなかったろうと思うのです、中国で資料がワーッと出てたし。すれすれのとこだった。
代田：いちばん大きいのは、やっぱり資料的な問題なんですか、あるいは、中国でここまで叩かれた人間〔胡適のこと〕を評価するという（笑）。

竹田：自分の考え方も、もう一度考え直さなければならないだろうと思いました。胡適を全面的に否定するということについては疑問を持ってましたけど。

代田：修士論文でも近代にかかるところをおやりになって、古典に本格的に取り組もうとされたのはいつ頃なんでしょうか。

竹田：それはドクターコースにいくときですね。

代田：それは何か大きなきっかけがあったんですか。

竹田：私東大の野球部で野球をずっとやっておりまして、〔当時の東大野球部〕監督の神田順治さんが、「おまえ、おれのあとをやれ」ということで、修士一年たったときに監督にさせられてしまい、それで修士論文の時も時間に追われて、十分なものが書けなかった覚えがあります。一二月に修士論文出すときに、ドクターコースに進むかどうかというところに、○をつける欄があるんです。僕は、数年野球の監督に専念して、それからまた進路を考えようと思って○をつけなかったんです。そうしたら一月に倉石さんに呼び出され、「監督は、ドクターコースの勉強と両立しない、ドクターコースにいくなら辞めなさい」というふうなことを言われて、神田さんとも相談して、半年、春のリーグ戦だけやって辞めました。父とも相談しましたし、工藤さんも意見を言ってくれました。それで一応ドクターコースにいくことになりまして、倉石先生のお情けだったんじゃないかと思うのですが入れていただいて、そのときに倉石先生と工藤さんから、「君は近現代には向いてないんじゃないか、だから古典をやったらどうですか」と言われたのです。胡適のことを調べているうちに、「紅楼夢考證」とか「水滸伝考證」とか白話小説の考証を読んで、中国の白話小説に関心を持つようになってたことは確かなんです。

それでドクターコースに入ったときには、工藤さんを指導教官として、『紅楼夢』を読み始めた、そういう記憶があります。一九五八年に倉石先生が定年で退官されて、前野直彬さんが助教授として、東京教育大から東大に移られますが、僕が六一年に助手になりまして、前野さんが『太平広記』を読む研究会をやろうと言い出されて、僕も助手として参加しました。佐藤保君とか、和泉新君とか、今西君とか、ああいう連中が一〇人ぐらい参加して、毎週一回、『太平広記』は六朝から唐にかけての古小説を集めた本ですが、それを読みながら中国の説話の分類をやっていこうという意図で、前野さんを中心に始めた研究会なんです。僕は『紅楼夢』とか『水滸伝』とか、そういう白話小説を読んで、中国の小説というものにだんだん目を開かされて、それでこの研究会で、中国の小説の源流はどこにあるのか、どう発展していったのかというようなテーマに関心がしぼられていったわけです。その後ずっと手掛けてきました六朝小説の研究とか、志怪小説の研究に目を開かされた直接の原因は、実はこの研究会であったと思います。前野さんが一九七六年に、中国の大使館に出向されて一年北京にいかれて、『太平広記』の研究会も中断し、明くる年の一〇月に帰ってこられて、また始めようと思っていた矢先に、正月に前野さん、倒れられまして、結局それっきりになってしまって。

代田：文学部の助手になられて、そのまま駒場にいらしたんですね。

竹田：ええ、一九六一年に文学部の助手となって、当時助手の任期は三年ぐらいで移るというのが慣例だったのですが、就職先がなくて、倉石先生のあとの当時の主任教授だった小野忍先生が、「君、北大、北海道にいく気はあるかい」と言われたんです。北大の中文で助教授をしておられた尾上兼英さんが東大の東洋文化研究所に移ることになった、「その後任として君、行く気はあるかね」と言われて「行きます」と返事したものの、待てど暮せど尾上さんが出てこない。当時、北大の文学部は揉め事で人事がストップし、尾上さんが予定の三月に辞めるというわけにいかなくて、結局翌年の九月まで延びたんです。そうしたら一九六五年の春の終り頃に、駒場の阿部吉雄先生と市川安司先生から「駒場で漢文のポストが新しく一つできたからこないか」という話があって、小野さんと相談したら、北大はどうなるかわからないから、あなたがいく気があるならいったらいいだろうということになった。

当時の東大教養学部の教官組織は五科に分かれていました。人文科学科、社会科学科、外国語科、自然科学科と体育科の五科です。六月頃、専門の市川安司さんが提案者で、工藤さんも外国語科からの委員として入った五科の人事選考委員会を開いたらしいです。

普通選考委員会というのは、大体それぞれの五科で下相談をしてやってますから、小一時間昼休みなどにやって、それでパスして、教授会に提案するわけです。ところが僕の場合は、工藤さんがまず人事に入る前に、その委員一人ひとりに「漢文とは何ぞやという意見を述べてもらいたい」と言い出したらしいんです(笑)。それで、竹田の夕の字も出ないで二時間ぐらいわいわい言い争って終わったらしい。それで異例の第二回選考委員会が開かれて、さらに教授会へ提案したら、今度は教授会が定数不足で成立しないことが一回あって、僕の着任は一一月になってしまった。駒場に来ると早速工藤さんに呼ばれて、「君は漢文で何を教える気だ」というふうなことを言われた。当時人文科学科の研究室は、工藤さんのいる中国語の研究室のすぐそばだったので、呼びつけられて、いろいろとお説教されました。

代田：工藤先生はご自身が古典研究の専門家で、「ツー〔詞〕」〔「詩」と並ぶ中国古典の代表的な韻文形式〕がたぶん本領なんでしょうけど、「漢文訓読」に関しては完全に否定的でしたよね。その矛盾というのは、先生はご自身の中では解決されてたんですか。

竹田：もやもやしたものはありましたけれども、自分なりの理屈は持ってました。「漢文訓読」は研究の工具としては邪道で、中国語を基礎としないで中国のことを研究するのはおかしい、「漢文訓読」というのはその代用にはならない、だけど中国の古典に親しみたいという専門家以外の人に対しては、「漢文訓読」は有効な一つの手段ではないか、それはまた、日本文化の一つの伝統でもあるし、それを身につけたいと思う人に教授するのは意味があることではないかと。

代田：それだけは授業でもうかがった覚えがあるんですけど（笑）。だから工藤さんと違うのかなという感じがそのときはして。「漢文訓読」は普及のための手段というようなことは僕は今初めて聞いたような気がしました。

竹田：だいぶあとの話ですけれども、中文を出て大学に就職をする人が多くなり、すると中国文学プロパーの学生だけを教えるわけにいかないわけで、一般の学生に中国の古典を教えなければならない、その場合に、「漢文訓読」というのは、一つの捨てがたい方法である、しかし、自分たちは「漢文訓読」の素養がないからそういう勉強の場をつくってほしいという声が、一〇年ぐらい前から、何人かの人たちからかなり強く聞くようになりました。

今僕は読書会を月に一遍のペースでやっているのですが、「漢文訓読」を徹底的に精密にやろうということで、江戸以降の和刻本、日本の昔の学者がどう読んだか、なぜこう読んだかというようなことを突っ込んで、オーソドックスに「漢文訓読」をやっています。中国語で読んでしまうとごまかせるようなところも、「漢文訓読」ではごまかせない部分がありますから。

それで、工藤さんの評価になるわけですが、工藤さんは、「ツー〔詞〕」ですね、宋だけではなくて明・清の「ツー〔詞〕」にも非常に関心を持っておられて、「ツーの理解できないやつは中国文学は理解できない」という考えをもっておられるような、非常にある意味で語学教育でも、ユニークな教育法でわれわれに強い影響力を与えた、ある意味では名教師でセンスのある人で、あったわけです。ただ、大学というのはそれだけではすまないわけです。創立後〔新制の東京大学成立後〕二〇数年たって漢文が専任三人、中国語は一人、というような状況が、なぜ生まれたか。工藤さんに言わせると、駒場はヨーロッパに毒されている、英独仏が大きな顔して、中国語には目をとめてくれないという、そういう被害者意識は猛烈に持っておられました。西洋古典学の某大先生のことを、工藤さんは「あの人はヨーロッパが洋服を着て歩いてるようなもんだ」という言い方をされてました。

工藤さんの闘いというのは、壁をつくることによって自分の存在意義を守っていく、駒場ではヨーロッパ語に対する中国語という立場で壁を立てる、国漢の漢文教室に対して壁を立てることによって中国語の存在意義をはっきりさせる、駒場でせっかく教育したのに本郷の中文で駄目にされてしまうという、そういう考え方を強く持ってて、本郷の中文と駒場の中国語との間に壁をつくる、そういう姿勢を持ち続けておられた。二〇数年にわたって中国語の聴講生が増えてるのに専任の教官はたった一人しかいない。それに対して斜陽であった漢文に三人というようなことは、ほかの大学では考えられないことです。そういう状況に置かれたというのは、僕は工藤さんのパーソナリティーにも責任があったのではないかと思います。

ついでに申し上げてしまうと、大学紛争が起こりましたね、何年でしたか〔一九六八年〕三月に卒業できないで、次の年に卒業が持ち越しになったときに、駒場でもストライキやってましたから、単位が出せない。特に外国語の場合には出席してトレーニングを実際にやらなければ、単位は出せないはずなのに、それを便宜的にレポートで単位を与えて進学させようということになった。そのとき工藤さん一人しか中国語がいなくて、菊田正信君が非常勤講師できていたんです。彼が絶対に単位を出さん、レポートで語学の単位が出せるか、と彼は言い張ったわけです。学生はワイワイやってた頃ですから、「こうなったのも中国語の先生が一人しかいないからだ」という声が学生の間に上がりまして、それで外国語科の主任の計らいで、ドイツ語の教官が定年になったときにそれを埋めないで、一人中国語教室に回すということになり、はじめて中国語教室の増員が認められ、そこでこられたのが都立大学からの伊藤敬一先生だったわけです。

そのとき僕も教授会メンバーでした。工藤さんが人事の提案者で、教授会で伊藤敬一さんの業績報告をされるわけです。それを固有名詞を全部中国語でやった。ルゥ・シュン〔魯迅〕がとか、チャン・ティエンイー〔張天翼〕とか、同僚の先生方は「今言ったのはあれは何だ」って言うから、僕がある程度通訳して。工藤さんはあえてそういうことをしたんです。工藤さんは入試で中国語の出題をされるのですが、入試の際、中国語を知らない試験監督の先生が中国語の問題の漢字を拾い読みして、「中国語は知らないでも、大体の意味はわかった」なんて言うと、すごく気に入らないわけです。だから監督の先生が読んでもわからないような問題を出すというところに彼は生きがいを感じてたようなところもあった。外国語の先生は、工藤さんみたいな人が、一人でも手を焼いてるのに、二人になったらたいへんだと、警戒感を持ってる人が多かったんです。伊藤さんが着任されましたら、ある外国語の先生が僕に、「今度こられた方は普通の方ですね」と（笑）、そういう周囲の状況だったんですね。だから工藤さんは工藤さんなりに頑張られたわけですけれども、駒場の中国語が迫害されたというのは、工藤さんの側にも責任があったのではないかと僕は今も思っております。

代田：中国語の受講生が普通のバランスで増えてきたという状況に対応できなかった問題がそこにあるだろうと。

竹田：東大の教養学部の〝文化〟がヨーロッパ中心であるというのは、ある意味では正しいし、工藤さんが〝新興〟の中国語の担い手としての被害者意識、これは非常に強く持っておられたことはたしかです。

代田：この時代、六〇年代というと、中国が大きく変化し、文革があって、この間、中国に対する認識というのは、何か感想とか印象とか特にないですか。

竹田：文化大革命は、〝造反有理〟とは言うけれども、〝無理〟ではないかという気持ちはありましたね。これはどういう方向に収まるのかと非常に興味を持っていました。

代田：あの頃、ちょうど丸山〔昇〕先生たちのような文革に対する反対と、一方では非常に政治的に賛成をする人たちもいましたけど、思想的に賛成する人たちもいましたね。新しい近代というか、別の近代を中国がやろうとしてるとかいう、そういう論調はあまり先生には影響なかったということでしょうか。

竹田：ええ、特に影響はされたことはなかったと思います。

代田：中国の小説を通じて中国を認識しようとするうえで、何か現代中国の動きと関連することはなかったんでしょうか。

竹田：あの時期、僕が関心を持ってる古典小説の面では、李希凡・藍翎〔当時『紅楼夢』研究の権威とされた兪平伯の研究を批判して、一九五〇年代の『紅楼夢』研究批判運動のきっかけを作った〕といった人たちの『紅楼夢』の新しい解釈なんかについての論文などはかなり読みました。古典文学一般についての方向づけが混沌として、将来どうなるんだろうという疑問は持っておりましたけれども、自分の勉強にとくに影響があるということはなかったと思います。

さっき触れなかったんですけれども、倉石武四郎さんが戦後京都から併任教授で東大にこられて、倉石さんの意向が旧制一高の中国語教育にもかなり影響力があったんだろうと思います。とくに新制東大になるときに、倉石先生は中国語を文科Ⅱ類の第二外国語に置くべきだと主張されたのですが、一時実現は危なかったらしいです。工藤さんはまだ専任ではなく、専任の先生がいない中で、倉石さんが南原〔繁〕総長と、当時の文学部長あたりを、教養学部長はまだいませんから、説得して第二外国語に置くことにようやく漕ぎ着けられたと聞いております。

その後、ずうっと工藤さん一人でやってこられて、途中で、昔の文Ⅰ、いまの文Ⅰ、文Ⅱ〔法学、経済学系〕ですね、そこでも中国語を第二外国語とするクラスができるようになって履修者の数も増えてきた。そういうなかで教養学科の中に講座を設ける、分科を設ける、そういう話が出てきた。一九六二年、ちょうど文理三類ずつになったときに、ロシア語が第二語学に入って、その四年後に教養学科に「ロシアの文化と社会」分科〔課程〕が設置されます、要するにロシア科ができたわけです。

このあたりでは工藤さんは、教養学科に「中国の文化と社会」という課程、要するに中国分科を建てるということを強く主張されて、中国語教室として「中国の文化と社会」という出版物を精力的に出しておられました。そこで『魏志倭人伝』なんかの注釈も書いておられたわけです。

アジア関係の分科というものは教養学科が生まれてから二〇数年たってもなかったわけです。集まって新しい分科を立てるべく相談する方が、先ほど僕の人事委員会で申し上げましたような、普通話し合っても話が合わないような人たちの集まりですから、まとまるわけはないので、延びに延びて七三年にようやく「アジアの文化と社会」という形で分科課程が設置された。で、工藤構想「中国の文化と社会」というのはつぶれたわけです。「アジアの文化と社会」というのは、できたときは一講座なんです。今でも有名な話だけど、江口朴郎さんが「アジアは一つ」と声を上げて、それでアジア科は一講座ということに決まったという笑い話のようなエピソードがあるんですが。これについても工藤さんは非常に不満を持っておられました。アジア分科の設置の翌年、工藤さんは定年になられました。

代田：私が進学振り分けのとき、なかったんだな、私は七一年に入ってるんですよ。

竹田：だから七三年じゃ？　七四年の四月から進学した人が入ってるわけですよね。谷垣さん第何期生？

谷垣：私は八一年進学なので、第八期生です。私はアジア分科発足の当事者のお一人に直接に話をうかがっています。かなり誇らしげに「普通じゃ話しても話の噛み合わない人間同士が話して、アジア分科を発足させたのだから、我々は先見の明があった」と言っておられました。

竹田：そうでしょうね。

谷垣：ただ、これだけ時間がかかったということは、今初めて知りました。それから実際に教養学科に「中国の文化と社会」課程を設立することが議論されたということについては、うかがったことがありませんでした。

代田：そういう雑誌というか、出版物はあったよ、中国語研究室が出してた。

谷垣：「中国の文化と社会」つまり「中国分科」を考えなかったわけではなかったが、アジアがいいということで「アジア分科」が発足したということですね。

代田：これ、結果的には良かったと思いますけど私も。

竹田：そうね、僕もそう思う。

谷垣：さきほどの工藤先生の評価と、駒場の中国語教室との関係なのですが、中国語クラスは、工藤先生の強烈な個性で発展したのか、それともあまりにも個性的な方だったので、世間の動きとは対照的に中国語のクラスはいまひとつ伸びなかったのでしょうか。学生さんには極めて評判のいい方だったとうかがっていますが。

竹田：僕なんかの例をとってみても、ずうっと将来にわたって、研究者としてものを読むときに、どっかに工藤さんの薫陶というのは生きてるだろうと思います。そういう稀にみるある種のセンスの持ち主であり、ある意味で極めて優れた教育者であったことはたしかだけれども、僕がその後大学行政に携わるようになって、中国語がかくも長年にわたって迫害されたというか、この教養学部において発展しなかったことについては、工藤さんの責任は大きいだろうと思います。学生が入ってくるときに、工藤さんの評判をあらかじめ聞いて、中国語を選択するとかしないとか、そういうことじゃなかったでしょう。

谷垣：一年生の学生さんの満足度はどんな感じでしたか。

竹田：満足をする人と、猛烈反発する人と、僕みたいにある部分はわかるけど、という人と、さまざまだと思いますけど。『寒蟹』という工藤さんの追悼文集が出てる。僕は書いてないですけど、いちばん古い人としては橋本萬太郎君かなあ、戸川〔芳郎〕君が書いてる、そうだ、戸川君がいちばん古い。その追悼文と、工藤さんの『魏志倭人伝』の訳注と、このくらい厚い本ですが、あれに中国語クラスの出身者のさまざまな工藤評が出てますよ、研究者だけでなくて、その後いろいろな方面にいった人たちの。
谷垣：工藤先生は多作な方だったのですか、寡作な方だったのですか。
竹田：いわゆる商業ベースにのるような翻訳とか著書というのは一切書いてないです。学会誌にもあまり書かれなかったです。
谷垣：教育者という範疇にはおさまりきれなかったのでしょうか。
代田：いや、逆説的な意味もこめれば、教育者だったんです。
谷垣：工藤先生はどういう人材を育てたかったのでしょうか。お話をうかがっていると、専門家を養成するというお気持ちがとても強かったように思いますが。私の時代でも、「四人組」の名前を中国語の時間に聞くと何となくすごい話を聞いているなあという高揚感がありました。でも、今はそんな雰囲気はありません。普通の学生さんにいかにして中国語に興味を持ってもらうか、授業で苦労しています。工藤先生はそういう「普通の学生さん」をひきつけるということは考えていらっしゃらなかったのでしょうか。
代田：まったくそういうことはない。
竹田：彼自身にも自己矛盾というのはあったし、感じてたと思うのは、中国語を何とかして盛んにしたいと思ってやっておられたのでしょうが、やがて聴講生が増えてきたら、工藤式じゃとても通じないんですよ。『寒蛩』を今度読み返してみたら、文Iにいった人に、「中国語の会話とか文法とかを勉強したい者は講習会へいってやれ、駒場の授業ではそういうことは一切期待するな」と言って、中国語の授業で『魏志倭人伝』を読んだというクラスもあったみたい。
代田：それは僕も言われました、中国語のプラクティカルな面をまったく期待するな、それは日中学院でもどこでも専門学校へいきなさいと言われました。実際僕はいきましたけど（笑）。

竹田：工藤先生は、中国語というものを、プラクティカルな目的に向かってテクニカルに教えようとはまったくしておられなかったのです。

代田：言葉の深みみたいなものですね、一つの音と、文字の世界、その奥にある文化の深みみたいなものは、おれにしかわからない、みたいな感じで始まるんだけどほとんど。自分はたぶん、いわゆる「ツー〔詞〕」みたいな、明・清の文学の専門家だと思っていたんじゃないかな。

谷垣：竹田先生は、ご自身のアイデンティティを、どう捉えておられたのでしょうか。

竹田：どうせ漢文の教師をやるなら、工藤さんや倉石さんに教わった中国語の知識というか、認識というか、そういうものを漢文教育の中にも活かしたいという気持ちはありましたね。

谷垣：駒場の国漢の漢文の先生として、先生はご自分の特徴をどのように考えておられたのでしょうか。

竹田：残りの二人の先生〔阿部吉雄、市川安司〕が中国哲学思想系だったから、僕は中国文学の題材をテキストとして、自分が中国語として学んだ知識を、単なるテクニカルな漢文訓読法だけではない漢文の思想の中に活かして教えたい、そういう気持ちは持ってましたね。

代田：そういう意味では、今の駒場の黒住〔真〕さんの漢文のポジションは日本漢文ですから、正統なわけですよ。中国の思想は、中国語系の人がやってる、中島隆博とか、石井〔剛〕さんとかやってるわけで、黒住さんは日本の伝統の中の漢文をやってるわけだから、これはこれでまた正統だと。

竹田：それはそうだね。

谷垣：先生はもともとは新しい時代をやっていたけれども、その後古い時代に移られたわけですが、同じようなお話は濱下武志先生からもうかがいました。現代に関わると当時はいろんな意味で不自由になるような時代性もあったのかなあという気がしましたが、先生ご自身が古典へと研究の焦点を移していかれたことを、あえて時代状況と組み合わせて考えるとどのようになりますでしょうか。

竹田：中国の現代の状況なり思想なりを、真正面に受け止めるには自分は力不足というか、自分にはそれは合わないなというような気持ちはあったと思います。だから、避けたという面もなかったとは言えないと思うな。それが影響してるかどうかわからないけど、中国研究者として残念に思ってるのは、学生、大学院時代から若手の頃に、中国に留学できなかったということ。中国に旅行に行くことすらできなかったということ、それは残念だと思います。

代田：最初にいかれたのは七八年ですか。

竹田：七八年です。

代田：私は最初にいったのは大学生の頃で、七二年で、先生より早いんです。それなりのおもしろさと感動はありましたけど、あまり感激はなくて、先生は、やっぱり、それに触れたことの喜びはあったんでしょうか。

竹田：大変感動した記憶があります。

代田：先生、今でも中国、お好きだという意識ありますか。

竹田：ありますねそれは。

代田：何となくそうなのかなあと。私は複雑なんですが。

竹田：上海、北京にはそれぞれの良さはあるけれども、地方都市、田舎とまでは言わないまでも、地方都市を回ってみると、やっぱり何かほっとするというか。

代田：ああ、それはわかります。

竹田：あれだけの経済大国になって、どんどんGNPが伸びたけども、将来一〇年、二〇年のうちに地方都市、あるいは、いわゆる田舎というのは変わるのかな、という疑問はありますね、ほとんど変わらないような気もするんだけど。

代田：改革開放から三〇年、「南巡講話」〔一九九二年に鄧小平が中国の南方の諸都市を回って行った重要な講話。この講話以降中国社会の市場主義化が本格化した〕からほぼ二〇年近くたって、日本よりも資本主義化してしまった中国、これからもっと、経済的には世界にプレゼンスが大きくなるであろう中国に対する、先生の見方って何かありますか。

竹田：沿海地区と内部の問題、平野部と山地の問題、砂漠の問題、それが本当に経済大国となり、豊かな国になると、本当にその格差は解消されるのかどうかということについては、非常に疑問があるなあ。

代田：先生はそれは、あまり肯定的ではないということですね、その格差の。

竹田：格差がなくなればそれでいいというものではなくて、中国はああいう形で今後も進んでいくんじゃないかなあ。

代田：進んでいかざるを得ないということですね。

竹田：堯帝の伝説の中に「帝力いずくんぞ我にあらんや」というのがあるよね、つまり、お日様が出れば畑にいって耕し、喉が乾いたら自分で井戸を掘って飲めばいいので、天子様のお力なんかは関係ねえやという、そういう有名な歌謡があるんだけども、その伝統というのかなあ、考え方、あるいは状況というものは、中国では永遠に続くんじゃないかなと、それだけに政治の難しさはあるんだろうという気がしますね。

代田：先生の研究と、中国認識との関係というようなことをおうかがいしたいんですが。

竹田：小説には、いわゆる正統的な詩文と違った、その時代、その時代の人間の本音というか、そういうものが、字間なり文章なりの間に浮かび出てくる、そういうものを感じるんです。やっぱり小説と言われるジャンルの中に、たいへん惹かれてるという気はします。

代田：先ほどの、中国人の、悪く言うと放埒性というか、良く言えば自立性というか、そういう問題と古典小説に表れている本音みたいな部分というのは関係がありますか。

竹田：それは直接には関係ないと思うな。これはお答えになるかどうかわからないけど、六朝時代つまり三世紀ぐらいから延々と「幽霊話」というのが続いていて、それが文言小説〔文言で書かれた中国の古典小説。中国の古典小説には他に、『水滸伝』等の白話小説がある〕の一つの主流を形づくってるんです。清代になって『閲微草堂筆記』とか、『聊斎志異』が作られてますよね。ただ、新中国になってからは、六〇年代ぐらいかな、『妖怪変化を恐れぬ話』という日本語のタイトルの訳になっていて、〔原題が〕『不怕鬼的故事』かな、そういう本が出ている。日本語、英語にも外文出版社から訳されて、薄っぺらな本ですけどもずいぶん出たはずです。妖怪変化なんかに惑わされずに幽霊退治をした男の話とか、人間の知恵や理性で迷信に打ち勝ったという話が集めてある。でも、七〇年代ですか、中国の民俗学者が農村調査をやって、上海からこんな厚い〔と手で示し〕「中国の鬼話」と言う本を出したんです。それは実際に農村に調査にいって、誰がどこで聞いた話かというのがみんな明記してあるんだけれども、多いのは「閻魔様」の話で、それが新中国においても広範囲にわたって、かなり強い信仰心をもって語られてるということを知ったんです。だから中国というのはこういう話がいまでも語られて、人間に好まれ、あるいは、恐れられてるんだなということで、非常に強い興味を持ちました。

代田：そういうような民衆というか、士大夫の裏側というか、そういうものを自分の研究対象にしたという自覚というのは、いつ頃からですか。

竹田：それは前野さんの研究会で、『太平広記』を読んでる段階だと思いますね。

岩月：俗文学研究を中国文学研究の中で進まれるという系譜というのは、そんなに珍しいものでもないような気がするんです。たとえば、工藤先生なんか、俗文学をやっているという認識と、中国語は漢文と違うという認識というのは、かなり近いところで結合しているような気がするんです。そういう系譜からの影響と言うとちょっとあれですけれども、そういうことについてどのようなお考えを持たれているんですか。

竹田：東大の中国文学というのが、もとをただせば中哲〔中国哲学〕と一緒の漢学科という、湯島〔の〕聖堂を総本山とする「斯文の学」、〔つまり〕江戸時代以来の孔子の学から発しているという状況、それがフランス・シノロジーを受け入れた京都の「支那学」と大きな違いだと思うのですが、その意味で塩谷温《しおのやおん》と言う先生が、僕の親父の先生なんですけれども、おられた。塩谷さんは孔子と「斯文」の崇拝者であるわけだけれども、彼は一方で中国の小説や戯曲などの白話文学を東大の支那文学科の研究、教育の場に持ち込まれたんです、おそらく大正末期から昭和の初めにかけて。それは東大支那文学科の伝統の中で、非常に大きいことだったと思います。

その時代、時代に、それまでの伝統に対して疑問を持って、新しいものを始めようとされた先駆者というのはかなりおられるし、僕もそういう人の業績に触発された部分もあると思います。その塩谷さんが主任教授であった支那文学科の雰囲気に耐えられずに、研究室を飛び出して独自の研究方法なり、対象なりを求められた竹内好さんを中心とする中国文学研究会とか、そういう人たちの世代というものもあるし。

代田：俗文学は一応漢文学科でも研究対象にはなっていたんですか。

竹田：ですから、塩谷さん以後は一応なってたんですね。だけども卒論なんかで『紅楼夢』なり、あの種のものをやるという人は非常に少なかったし、ほとんどいなかったんじゃないかな。

代田：そういう意味では、戦前と戦後では大きく違いますね。

竹田：大きく違いますねそれは。それから、倉石さんの立場は違いますね、倉石さんは東大の漢学派の先輩からも、異端児と見なされてましたから。

谷垣：そうすると、京都のシノロジーというのは、東大の漢学から見ると、どんなふうに総括できるのでしょうか。

竹田：漢学から見たら、江戸以来の漢学の伝統からは違う、ヨーロッパの新しい中国研究の影響を受けた新中国学だという、そういうものだったんでしょうね。だから倉石先生はあえて、漢学の東京を飛び出して、京都にいかれて、狩野直喜氏らシノロジーの先覚者たちの教えを直接に受けられたわけです。

谷垣：そうすると、やや地域文化研究的なのでしょうか。

竹田：まあ、総合的に中国を把握しようと。

代田：ある意味総合的なんでしょうね。倉石さんは政治力もあったから、工藤さんと違って中国語を第二外国語としてつくるとか、支那哲文を中国文学科として戦後自立させていくという面では、大きな力を発揮されたと思います。

石井：修論で胡適を取り上げられたころ、胡適批判が始まって、資料がたくさん出てきたとおっしゃられたんですけども、その五〇年代の初め、そのような中国の動向に関する情報は、どういったところから得られていたんですか。

竹田：雑誌や出版物は文革前はかなりきてました。自分でも多少は買えたし、研究室にもきてましたから。それから、倉石さんが、講談社から『現代支那文学全集』かな、そういった壮大な出版計画を持っておられて、戦後すぐだと思うんですが、『人民文学叢書』をほとんど網羅的に買われたんです。あれは非常に貴重な資料だったと思います。奥野信太郎さんという慶応の中国文学の名教授がおられたんですが、奥野信太郎さんなんかは「東大の中文はいまや人民文学ですからね」と、皮肉まじりによく言っておられたんです。

石井：六〇年代の漢文を受講しにくる学生の雰囲気というのは、どのような感じだったんですか。

竹田：僕が単位が取りやすいと思われたかどうかは知らないけど、結構たくさん数のうえではいました。できる子、興味を持ってる子は必ず何人かいました。今裁判官になってる人、お医者さんになった人で、いまだに年賀状をくれる人もいて、そういう専門外の人でも、漢文に興味を持って、かなり読める学生がいて、やっぱり東大だなあと思いました。いろんな科類の学生を持ちましたけど、人数は必ず三〇人、四〇人以上はいたと思います。大教室だと学生諸君に読んでもらうことはできないので、僕が講義の形で解説していくというのがほとんどで、学生さんの反応はわからなかったけれども、結構熱心な学生がいました。

石井：六〇年代では中国ではああいう状況になっていて、そのなかで学生さんたちが漢文を勉強することに、ある種の時代性とか中国というものを、どこまで感じつつ、漢文を勉強されていたと思いますか、そのあたりは何か緊張感のようなものがあったのですか。

竹田：そのあたりはあんまり直接には感じなかったけれども、全学ストライキが続いたときに、僕は二、三回中文で吊し上げらたことがあるんですよ、中文は活動の拠点でしたから。「おまえは漢文でいったい何を教える気だ」と、そういうことを突っこまれた記憶はあります。

代田：それって、尾崎〔文昭〕さんたちの世代ですか。

竹田：尾崎君の世代ですね。彼はその場にはいなかったと思うけれども。

谷垣：そうすると、中国があのように揺れていたときに、古文をやるということ自体が、結構ラジカルだったのですね。

代田：いや、ラジカルというか危険な立場にあった（笑）。

谷垣：ラジカルな立場をわざわざ取られた。

代田：そもそも中文にいく学生は、工藤さんのとこを通過してくるから、漢文批判についても、洗脳されてくる、僕はそういうふうに思ったけど。

竹田：それもあったでしょうね。

代田：一般的に流れとして、古典とか漢文が批判の対象になったかもしれないけど、漢文はけしからんものだという観念は、駒場から培われてくるんです（笑）。工藤篁が叩き込むわけだから。

谷垣：中文と漢文は違うと叩き込むわけですね。

代田：それで中文へいくと、もうそんなわけですよ。その関係は大体僕はわかったな、理不尽だと思ったけど。

谷垣：でも、竹田先生が新しいところをやられて、それで古文のほうにいかれたというのは、一種魯迅と似ていらっしゃるのですね（笑）。

竹田：いや、全然（笑）、それは違うでしょうね。胡適のことやってても、胡適が非常に古典の力がある、読んでるな、ということは感じましたね、そこまで読まなければ、中国の文化なり文学はわからないという気はしましたね。

谷垣：最後に一つ、竹田先生、代田先生もそうなのですが、結構辞典の編纂に関わっておられますね。

代田：漢文の辞書ですね先生は。

竹田：僕の場合は藤堂〔明保〕さんが、藤堂さんはもちろん中国語学なり音韻学の理論を持っておられるわけで、それに基づいた新しい辞書をつくりたいということで、学習研究社から一六年かかって出されたのです。親字は全部先生が書き下ろしをされるけれども、熟語を手伝ってほしいと言われて、僕とか、戸川〔芳郎〕君とか、今西〔凱夫〕君とか、芦田孝昭さんとか、お手伝いをしたのが辞典づくりのきっかけなんです。それから、『岩波漢語辞典』というのは、文学部の国語学の山口明穂さんから話があって、現代使われている日本語の漢字で表記される語彙ですね、それを集めた、日本語における漢字で書かれた言葉の辞書をつくりたいというふうに言われて、一緒にやりませんかと言われてやったのです。それはずいぶん勉強になった。山口さんは岩波に『漢字語辞典』というタイトルを提案されたんですけど、「漢字語」という言葉は馴染まない、熟していないということで、『岩波漢語辞典』に落ち着いたんですけども。

いろんな意味で、僕は、工藤先生、倉石先生も含めて、良い先生、先輩、あるいは、友人に恵まれて今日までやってきたと思います。良い学生さんにも恵まれて。

代田：どうも今日は長い時間ありがとうございました。たいへんおもしろいお話をうかがいまして。お疲れさまでした。

言及人名の略解（データはインタビュー実施当時）

岩月純一　一九六八年生まれ。東京大学教養学部・大学院総合文化研究科准教授。専門は近代東アジア言語政策史研究。
石井　剛　一九六八年生まれ。東京大学教養学部・大学院総合文化研究科准教授。専門は中国哲学・思想研究。
谷垣真理子　一九六〇年生まれ。東京大学教養学部・大学院総合文化研究科准教授。専門は現代香港論、華南研究。
代田智明　一九五一年生まれ。東京大学教養学部・大学院総合文化研究科教授。専門は近現代中国文学・思想研究。
丸山　昇　（一九三一～二〇〇六）。東京大学名誉教授。専門は近現代中国文学研究。『魯迅 その文学と革命』、『文化大革命に到る道――思想政策と知識人群像』等。
工藤　篁　（一九一三～一九七四）。東京大学名誉教授。戦後長く東京大学教養学部の中国語教育を支えた。
猪俣庄八　（一九一二～一九六八）。元北海道大学教授。専門は近現代中国文学研究。
柳沢三郎　（一九一五～一九八二）。中国文学者。常石茂の筆名で『新・春秋左氏伝物語』、『論語を読む』等がある。
稲田　孝　（一九一五～二〇〇五）。東京学芸大学名誉教授。『老子を読む』、『「聊斎志異」を読む――妖怪と人の幻想劇』等。
藤堂明保　（一九一五～一九八五）。東京大学名誉教授。専門は中国語学。『中国語音韻論』、『漢字の過去と未来』、『学研漢和大字典』等。
倉石武四郎　（一八九七～一九七五）。東京大学名誉教授、京都大学名誉教授。専門は中国語学、文学。『岩波中国語辞典』、『中国語五十年』等。
高田　淳　（一九二五～二〇一〇）。学習院大学名誉教授。専門は中国思想史。『中国の近代と儒教――戊戌変法思想』、『易のはなし』等。
尾上兼英　一九二七年生まれ。東京大学名誉教授。専門は中国文学研究。『魯迅私論』等。
新島淳良　（一九二八～二〇〇二）。元早稲田大学教授。専門は近現代中国文学・思想研究。『魯迅を読む』、『ヤマギシズム幸福学園――ユートピアをめざすコミューン』等。
神田順治　（一九一五～二〇〇五）。元東京大学教授。元日本プロ野球コミッショナー参与。
前野直彬　（一九二〇～一九九八）。東京大学名誉教授。専門は中国古典文学研究。『中国小説史考』、『中国文学序説』、『風月無尽』等。
佐藤　保　一九三四年生まれ。お茶の水女子大学名誉教授。専門は中国古典詩研究。『鑑賞　漢詩のこころ――悠久の詩情をたずねて』、『はじめての宋詩』等。
和泉　新　一九三三年生まれ。図書館情報大学、聖徳大学名誉教授。『中国図書整理入門――和泉新教授の講義から』、『現代中国地名辞典』等。
今西凱夫　一九三二年生まれ。日本大学名誉教授。『原典を味わう三国志物語』等。
小野　忍　（一九〇六～一九八〇）。東京大学名誉教授。専門は近現代中国文学研究。『道標――中国文学と私』等。
阿部吉雄　（一九〇五～一九七八）。東京大学名誉教授。専門は中国哲学研究。『日本朱子学と朝鮮』、『李退渓――その行動と思想』等。
市川安司　（一九一〇～一九九七）。東京大学名誉教授。専門は中国哲学研究。『程伊川哲学の研究』、『朱子哲学論考』等。
菊田正信　一九三六年生まれ。一橋大学名誉教授。専門は中国語学研究。
伊藤敬一　一九二七年生まれ。東京大学名誉教授。専門は近現代中国文学研究。『「老牛破車」のうた――おおらかに、しなやかに日中友好を』等。
南原　繁　（一八八九～一九七四）。東京大学名誉教授。元東京帝国大学総長。政治学者。『国家と宗教――ヨーロッパ精神史の研究』、『人間と政治』等。
江口朴郎　（一九一一～一九八九）。東京大学名誉教授。西洋史学者。『帝国主義と民族』、『帝国主義時代の研究』、『世界史の現段階と日本』等。
橋本萬太郎　（一九三二～一九八七）。元東京外国語大学教授。中国語、言語学者。『言語類型地理論』、『現代博言学――言語研究の最前線』等。
戸川芳郎　一九三二年生まれ。東京大学名誉教授。『漢代の学術と文化』等。
黒住　真　一九五〇年生まれ。東京大学教養学部・大学院総合文化研究科教授。専門は日本思想史研究。『近世日本社会と儒教』、『複数制の日本思想』等。
中島隆博　一九六四年生まれ。東京大学東洋文化研究所教授。専門は哲学研究。『残響の中国哲学』、『悪の哲学』、『共生のプラクシス――国家と宗教』等。
濱下武志　一九四三年生まれ。東京大学名誉教授。中国中山大学アジア太平洋研究院長。専門は東アジア近代経済史研究。『近代中国の国際的契機――朝貢貿易システムと近代アジア』『香港――アジアのネットワーク都市』『華僑・華人と中華網――移民・交易・送金ネットワークの構造と展開』等。

塩谷　温　（一八七八～一九六二）。東京帝国大学名誉教授。専門は中国古典文学研究。『支那文学概論』等。

狩野直喜　（一八六八～一九四七）。京都帝国大学名誉教授。専門は中国史研究。『支那小説戯曲史』、『漢文研究法』、『両漢学術考』等。

奥野信太郎　（一八九九～一九六八）。元慶応義塾大学教授。随筆家。『随筆北京』、『荷風文学みちしるべ』等。

尾崎文昭　一九四七年生まれ。東京大学名誉教授。専門は近現代中国文学・思想研究。編著に『「規範」からの離脱――中国同時代作家たちの探索』。

芦田孝昭　（一九二八～二〇〇三）。早稲田大学名誉教授。専門は中国文学研究。

山口明穂　一九三五年生まれ。東京大学名誉教授。専門は古典国語学研究。『中世国語における文語の研究』『日本語を考える　移りかわる言葉の機構』『日本語の論理　言葉に現れる思想』等。

話者紹介

竹田晃（たけだ・あきら）

中国文学研究者。主な研究領域は六朝の志怪小説、唐代伝奇小説。東京大学教養学部名誉教授、明海大学名誉教授。一九三〇年に東京で生まれる。実父は竹田復《さかえ》。長年にわたって旧制一高で教鞭を執って漢文を担当し、東京帝国大学文学部で兼任助教授として中国文学を講じた。祖父・竹田左膳も東京府立一中（現日比谷高校）で漢文を担当。母方の祖父佐藤伝蔵は東京高等師範学校の教授（地質学）で、晃氏は小学・中学・高校を東京高師の付属校で学ぶ。

一九四八年に旧制中学五年生の時、新制高等学校に三年生として編入し、一九四九年、新制東京大学に第一期生として合格した。一九四九年は中国の歴史が大きく動いた一年で、竹田氏は中国語を第二外国語として選択した。

一九五一年に文学部中国文学科に進学。主任教授は倉石武四郎、卒業論文では丁玲をとりあげ「丁玲の創作態度の転換について」を提出。一九五三年に新制の東京大学大学院人文科学研究科中国語中国文学専門課程修士課程に進学、五四時期の文学革命初期の胡適の役割に注目。五三年から魯迅研究会に参加、一九五五年には修士論文「初期に於る文学革命の本質とその限界」を提出。

北京大学中文系での講演（93年12月28日）。演題は「白居易の文学における政治性」。（1993年9月～94年9月。北京日本学研究センターに出向時）

一九五三年に博士課程に進学すると、現代文学研究から古典小説の研究の道に足を踏み入れた。倉石氏の後任の前野直彬氏が五九年に『太平広記』を精読する「広記の会」を立ち上げると、竹田氏も参加。中国の古典小説における「怪異を語る伝統」をその後の中心的な研究テーマとする。

一九五九年に博士課程を単位取得満期退学し、非常勤講師として高校勤務。一九六一年に東京大学文学部の助手として採用され、一九六五年、東京大学教養学部人文科学科国文学漢文学教室に専任講師として迎えられた。その後、助教授、教授へと昇格し、学内行政では、第六委員会（学生問題担当）委員・改革準備調査会委員・第六委員長・評議員を歴任し、一九八五年には学部長となり、一九九〇年には総長特別補佐（現在の副学長）を務めた。

一九九一年に東京大学を定年退官し、名誉教授。その後、東京女子大学現代文化学部地域文化学科教授（一九九一～九九）、明海大学外国語学部中国語学科教授（一九九九～二〇〇三）を経て、明海大学名誉教授。この間、放送大学のラジオ講座「人間の探究」科目の中で「中国における小説の成立」を担当（一九九二～二〇〇〇）。

自著に『曹操 その行動と文学』（評論社、一九七三・講談社学術文庫、一九九六）、『中国の幽霊——怪異を語る伝統』（東京大学出版会、一九八〇）、『三国志の英傑』（講談社現代新書、一九九〇）、『中国の説話と古小説』（放送大学教育振興会、一九九二）、『中国における小説の成立』（放送大学教育振興会、一九九七）、『中国小説史入門』（岩波書店〈岩波テキストブックス〉、二〇〇二）、『三国志・歴史をつくった男たち』（明治書院〈漢字漢文ブックス〉、二〇〇五）。

また、『岩波漢語辞典』（山口明穂共編、岩波書店、一九八七）、『五十音引き講談社漢和辞典』（坂梨隆三共編、講談社、一九九七）の編纂に関わる。『捜神記』（干宝著平凡社東洋文庫、一九六四・平凡社ライブラリー、二〇〇〇）、『中国の古典——世説新語』（劉義慶著 学習研究社、一九八三）、『新釈漢文大系 文選 文章篇』（明治書院全三巻 一九九八－二〇〇一）など、古小説の原典の訳注を行った。このほか『中国幻想小説傑作集』（白水Uブックス、一九九〇）、『中

国古典小説選』（黒田真美子と共編、明治書院、二〇〇五―二〇〇九、全一二巻中四巻を執筆）を編集。東京大学定年退官時に『東アジア文化論叢――竹田晃先生退官記念学術論文集』（汲古書院、一九九一）を出版。

中学入学時より野球部に入部。旧制中学時代、戦後復活第一回の西宮球場で行われた全国大会に、東京代表の一員として出場、東大入学後は二塁手として東京六大学リーグで活躍、二塁手。大学進学後は助監督、監督を歴任。甲子園で負けたチームがグラウンドの土を持って帰るという伝統を作ったひとりとされる。

聞き取り（2）

五〇年代の中国語教育

田仲一成

話者：田仲一成（東京大学東洋文化研究所名誉教授）

日時：平成二二年一一月二九日（月）一三：〇〇～一七：三〇
場所：東京大学駒場キャンパス一八号館四階会議室
インタビュアー：代田智明、谷垣真理子
参加者：石井剛

谷垣：まず中国語をどのように学習されたのかうかがいます。そのうえでご自身のご研究、海外の学会との交流ということについて、おうかがいできればと思います。

田仲：私は高校の二年生ぐらい、昭和二五年ぐらいに神田の古本屋から魯迅の「支那小説史」を探し出して、それに翻訳が付いてるので読んだのです、増田渉先生のものです。

そのときに、引用されている原文の中で、俗語の部分が読めない。翻訳が付いているけれど原文が読めないわけです。文語の部分は読める。それで中国の言葉を勉強しないと読めないということが、大学に入る前にわかっていたのです。で、大学に入りましてから第二語学はドイツ語を取り、中国語とはすぐには接近しなかったのです。秋になって二学期になりましてから、第三語学で中国語をやろうと思ったのです。

ところが第三語学ってばかにならない、教室に入りましたら全然わからないのです。工藤先生のところへ相談にいきましたら、「途中からでは無理です。イントネーションのある言葉だから、イントネーションを体で覚えなければ文章なんか読めない」と言われて、「半年たって新しい学生が入ってくるから、そのクラスに入りなさい」と言われ、一期下のクラスに入りました。平山〔久雄〕先生、傳田〔章〕先生のクラスに入ったわけです。

昭和二七年の四月に発音から習いました。「ラテン化新文字」というもので習いまして、「授業だけでは足りないから、倉石講習会にいきなさい」と言われ、夜は倉石講習会、いまの東方学会へまいりまして、入り浸るようにして勉強しました。

中国語をやろうと思ったのは、大学へ入る前からの動機、口語の中国語を読みたいという好奇心もありますが、何といっても中華人民共和国について知りたいと思ったことが大きいです。中華人民共和国が一九四九年に成立して、私が一九五一年に入ったのですから、二年しかたってないでしょう、しかも朝鮮戦争が入ってるのです。一九五〇年に朝鮮戦争が入って、一九五一年まで朝鮮戦争でしょ。このころ日本共産党が中国の共産党の影響を受けて、日本もゲリラ戦によって革命を成就しようとした。それも山の中に入って根拠地をつくって。

代田：山村工作隊ですね。

田仲：この宣伝工作は非常に激しかったのですよ、私たちが昭和二六年に入ったとき。『白毛女』という有名な歌劇があるでしょう、あれをここの九大教室〔旧一高の講堂。現九〇〇番教室〕上映したことがありました。私はそれを観たくて大勢の人たちと一緒に詰めかけて上映開始を待っていたわけです。講堂はいっぱいだった。放課後ですね。その前に山村工作隊の猛烈な宣伝があるんです。映画を観たいのに映画の前に革命運動の宣伝が出てくる、次から次へと。よく意味が自分にはわからなかった。

代田：映像として出てくるのですか。
田仲：映像でなくて、オルガナイザーが出てきて、「日本のために命を捨てる若者はいないか」とか、山村工作隊に入れということです。
谷垣：そうすると、山村工作でいくのは日本の農村ですね。それを都会でリクルートするわけですか。
田仲：東大生をリクルートしたかったんでしょう、指導者を。山村工作隊のイメージは強烈でした。宣伝は長々と続きました。三時からはじめて、五時頃には終わって、映画が始まるだろうと思ったのに、映画が行われたのは七時とか八時だったんです。
当時、駒場の授業は討論会ばかりだった。ドイツ語の先生が入ってくる、「先生、時間をください」と彼らは言うんです。授業をしないで政治問題ばかりを討論した。昭和二六年入学の駒場時代は、二七年には講和条約が結ばれるわけですから、政治的な緊張が高まってたんです、二六、二七年は。反政府運動、反米運動がこのキャンパスに漲ってたんです。そのなかで特別なセクトだったと思いますが、日本共産党細胞、とくに主流派というのか、その時期は、その人たちの活発な活動があって、そうした環境下で『白毛女』を観たわけです。当時中国に対して強い関心を持って学生をリードしたのは少数で、大体は革命運動の闘将たちだったと思います。また中国語にしても正規の学生で中国語を第二語学にとった学生は六、七名だったのではなかったかと思う。
代田：『白毛女』を観たいというのは、何か新中国というものに対する一般的な関心があったということですか、学生は。
田仲：その通りです。たくさんの人がこの映画を観たくてきましたから、ここのキャンパスはやっぱり憂国の士が多かったんです。このへんのことは戸川〔芳郎〕さんのほうがいちばん知ってるはずですけど。
代田：戸川先生は、村に入って農村の組合をつくる、そういうことはしたそうですけど。山村工作隊本隊ではなかったとおっしゃってましたけど。

田仲：日本は戦争に負けアメリカの支配下にある、だから何とかしなければいけないと。アメリカの支配も乱暴な支配で、いろいろ事件を起こしていましたから。どういう解決策があるかわからないにしても、とにかく一国の問題を考える。一般に普通の学生でも日本の将来のことは考えた、そういう時代だったです。

中国語をやるということも、一種の使命感みたいなものを持った人が多かったのではないでしょうか。私はそうでもなかったですけど。中国語をやることによって日本の将来が打開できるのではないかとか。戦争に敗け、明治以来の欧化路線が破綻したのを見てドイツ語やフランス語やっても日本の将来は何も開けないけど、中国語をやれば何か先に道があるのではないかと考えたということです。中国が立派で日本が駄目だという意識も持った。中国が成功し、日本が失敗したという意識、それは強いです。

谷垣：同級生にどういう方がいらっしゃいますか。中国研究をやられた方はいらっしゃいますか。

田仲：中国研究をやったのは多いのですけど、私の同級生はもちろん戸川君が頭抜けています。山村工作隊に入って活躍しましたが、中文を卒業してから京都大学で勉強し、中国思想史の分野で仲間の中では最も早く専門家として自立しました。橋本萬太郎君も駒場の寮の委員長とか、政治指導者としても才能を発揮しました。中国語学を専攻し、アメリカに留学して、生成文法の紹介など理論家として名を馳せました。少し頭角を現す人は、みんな革命運動に近い位置にいたのではないかと思います。私のように平々凡々の都会育ちの人間は方向もわからなかったけど、その渦中にあったことは事実です。だから中国語を勉強するということは、自分の個人の趣味であるよりは、一種の使命みたいな感じがあったと思います。東大の学生であり、みんなのために尽くさなければいけないという気持ちがあったのです。それがいちばん学習に大きなドライブをかけた動機です、私個人も、これが一生懸命勉強することの背後に存在しました。

先生もそう思っていたかもしれません。工藤先生ですが、教えてくれた教材は辺区の文学です。《王貴与李香香》という叙事詩と、それから《呉満有》という労働英雄の話です。《王貴与李香香》の方は工藤先生が教えてくださった。《呉満有》の方は、お茶の水女子大学の頼惟勤先生が講師できてくださって教えてくださいました。授業はその二つだけですが、そのほかに『李家荘の変遷』とか『李有才板話』とか、趙樹理を読んだと思います。

一方、講習会でしゃべる練習をやったのですけど、しゃべれるようにはならなかったです。その延長で有名な那須の合宿に参加しました。私たちの昭和二六年入学者は、第二語学の中国語を取ったのはせいぜい五、六名だったのですけど、一年終わった二七年の学生は人数が増えまして、少なくとも二〇名以上いました。若い世代が徐々に中国に関心を高めていたと言えます。その次の年は倍増しましたから、あの時期から日本の若い知識人の卵たちも徐々に英・独・仏よりは中国語を考えるようになってはきていたと思います。

その時期に中国語を勉強したという経験があって、一生それが自分の仕事に結びついたということですから、疾風怒濤時代と言ってもいいです、それが私たちの中国語だった。ただ技術的な点は非常に難しかったという印象です。つまり、『王貴与李香香』には北方の土語が入ってるでしょう。中国語といっても、従来日本の中国語教育の土台というのは、外国語大学にありましたから、外国語大学系統の先生たちはスタンダードな北京語を勉強しておられる。スタンダードな北京語というのは井上翠氏の辞書に載っているものです。しかし辺区文学はスタンダードな戦前からの中国語の基礎では読めない、先生たちも読めなかった。土語が入ってるから前後の脈絡もつかなくなり、意味がわからなくなってしまうわけです。《王貴与李香香》は難しいです、《呉満有》はそんなに難しくないけど。『北方土語辞典』という小さい辞書があったんです。あれは良くできてる辞書です。それで引いて、載ってなければお終いだからあとは自分の頭で考えるしかない。ですから先生たちも苦労しました。先生というのは、学生には新しいことを教えようと思うものです。時代の先端を行くものを学生たちには提供したい。倉石先生、藤堂先生、いずれも学生運動と別に関係ないが、新しい中国語を教えようとされたと思います。工藤先生は多少学生運動と関係があったかもしれないけど、「新しい中国語を勉強しなきゃ駄目だ」といつも言ってました。中国研究会（中研）というのがありまして、こちらのほうはもっぱら宣伝活動をやっていた。ところが工藤先生はよく「中国語を勉強しないで運動ばっかりしてる」とよく怒ったんです、「勉強しなきゃ意味がない」ということをよくおっしゃった。

私の一七、八歳の頃の状況はそんな状態でした。それで中国語を中途半端なままで小説を読み始めたのです。『李家荘の変遷』とか、やはり辺区方面の本が多かったように思います。

代田：こういう小説とか、あるいは、快板みたいなものがテキストになったというのは、人民文学の影響があったんでしょうか。

田仲：内容としてはそうですね、それを先生が選んだのだから、こっちが選んだわけではないけれども（笑）。『人民文学叢書』がありましたが、開明書店から出たものもありました。

代田：五〇年代にも、新文学の作家が作品を書いていないわけではないし、三〇年代、四〇年代で活躍して、人民共和国で作家として文壇に残っている人たちもいたのに、こういうものがテキストになっているということは、五四以来の新文学よりは、こういうほうが実は中国を代表するのだと。

田仲：新中国の文学としての辺区文学、延安文学という意識でしょう。

代田：そうです、延安文学です、という感覚が先生方にあった。

田仲：中国共産党の指導下にある中国、というふうに先生たちは考えたんだね、おそらく。われわれは学生なんだから何もわからないです、知識がない。ましてや三〇年代のブルジョア文学はわからないし、知識がないですから、先生から与えられたものが全部、辺区文学だったんです（笑）。

代田：でもそれは逆に言うと、田仲先生にとってはむしろ基礎をつくれたという感じもありますね。

田仲：私自身はほかに何もないから、これが私の原点になってしまったのですね。毛沢東も読みましたけど、毛沢東は文章が難しくて読めないです。だから『中国の赤い星』とか、毛沢東に関する本は日本語で書かれた本を読みました。毛沢東を読まないと理解できないですよ、辺区の文学というのは。辺区の文学自体のバックラウンドというものを読まないと。

代田：毛沢東の文章なんかはテキストになってないですか。

田仲：ならない、第一、手に入らなかったかもしれない。

代田：ああ、そうかもしれません、毛沢東は。でも翻訳はもう五〇年代に出てきたという気がしますが、その共産党系で。

田仲：どうでしょうか。『中国の赤い星』を最初に訳されたのは宇佐美〔誠次郎〕さんでしたか、あの人なんかアメリカ大使館までいって借りてきたと聞いています。エドガー・スノーのは原文が英文です。その英語のテキストもなかなか手に入らない。当時の人も一生懸命、草創期の毛沢東のことを知ろうとしたんでしょう。よくわからなかったから、毛沢東に関する情報が、五〇年代はじめは。

谷垣：この時期、日本ではそういう共産党系の書物を読むというのは、一応フリーではあったんですか。

田仲：フリーというのは読んでも不利にならないということ？

谷垣：とりあえず見てても警察に捕まらない状態にはなっていたと。

田仲：それは問題なかったです。むしろ解放区みたいな感じだった、日本全体が。そのなかで左翼系の文献というのは氾濫していました。

代田：当初はだって〔進駐軍が〕解放軍と言われていたわけだから、むしろ。

田仲：朝鮮戦争始まる前まではとくにそうだったです。

代田：朝鮮戦争までは全然問題なかったし、始まってもそういう規制はできなかったんじゃないですか。

田仲：ただ、労働運動が激しくなってましたから、二・一ゼネストとか。

代田：二・一ストなんかでいたら弾圧がきた。

田仲：そこからあたりは、アメリカ軍も神経を尖らしてきたし、それから、イールズ事件とか、反米運動は取り締まったんです。出隆さんという東大の哲学の教授が衆議院議員〔東京都知事選挙〕に立候補したのかな、そのときに東大生がたくさん応援演説にいって、その応援演説で捕まったり。とくにこの種の統制は二・一ゼネスト以降当然出てきています。解放してみたが、日本の将来について危険性があると思い始めたのではないかな。

全般的にそういう雰囲気のなかで中国語の勉強をするというのは、特殊な人間、左がかった人間、左翼と思われたと思います。実際左翼でも何でもないけど、ただ、勉強したいだけのことだった。ただ、毛沢東には関心がありました。それから、農民というものに対する興味、これは次第に出てきました、自分は。

代田：これはテキストの影響ということですね。

田仲：そうですね。それまでは、ほとんど農民って関心なかったですから。それがテキストのおかげで、《呉満有》もそうだし、《王貴与李香香》、農民がいかに虐げられていたか、いかにひどい生活をしていたか、地主たちが威張っていたか、そういうことはわかりますから。一九三五年、三八年、そのぐらいの時期の話です。共産党がやっと辺区を樹立して、遊撃戦を始めた頃です。戦後間もない時期にそのような辺区のテキストを読んだということは、われわれの世代に共通するんです。

その後、先生から習う段階から離れて、勝手に本を読むようになりました。私は、俗文学と言ったらいいか、児女文学と言ったらいいか、『紅楼夢』とか、ああいうものが好きで、その頃何とか読みました、四年生ぐらいで。細部はよくわからないにしても。

それから、倉石先生の授業に出たという影響もあります、倉石先生の授業はほとんどこういう分野の俗文学しか教えてくれなかった。そして文学史は鄭振鐸の『中国文学史』『中国俗文学史』しか教えてくれない、オーソドックスなものは全然教えてくれなかったんです（笑）。鄭振鐸の『中国俗文学史』で文学史を習って、そしてそれに沿って中国の民間文学を習ってきて、その延長で戯曲をやるようになったんです。習ったテキストでいけば、現代文学をやるべきだったと思うんだけど、ただ、農民文学というものには興味があって、呉組湘の『一千八百担』とかが好きだった。沙汀とか、農民文学、郷土文学というのですか、ずっと好きです。ですから後年、テーマを選ぶときに、地方劇の研究を選ぶようになっていったのも、辺区文学の影響と言えますよ、基本的に言うと。オーソドックスな、ハイレベルの戯曲をやるわけではない、下のほうの農民の演じるようなものが、自分の研究テーマになったわけだから、終始、中国の農民文化から離れないできたと思います。

代田：当時の中国文学科では詩文がない。現代文学でも五四以来の新文学というよりは、新中国の農民文学、農民歌謡というところに重点があるという、これは何かすごい時代だな、という気が私はしましたけど。

田仲：これは倉石教授の時代だけで、倉石教授がお辞めになったあとは、ガラッと変わったんです。倉石教授は昭和三三年にリタイアされたんです。私の大学院生のときでした。そのあとにこられたのは小野先生と前野先生。小野先生は現代文学の大家でおられましたけども、特に強い個性を持っていらっしゃったわけではないです。前野先生は京都学派の学者だったので、完全に古典文学に重点が置かれました。そこでガラッと変りました。前野先生は、倉石先生の弟子どもの私たちを見てどう思われたか、なんて古典が読めないのだろうと思ったという（笑）。

私たちより一〇年上の人はみんな古典の学者だった。古典詩、古典文の大家だった。その伝統がそこで切れて、全部現代文学、全部辺区文学になってしまった。だから終戦直後の時期は中国文学科における革命だった、コップの中の嵐だろうけど。それまでの正統がいなくなって、全然新しい学生が出てきた、先生も大体それに合うように行動されたから。当時の学生はやっぱり古典を排斥したのだと思います。倉石先生が台湾から外国人教師をお招きになったんです。伍俶という先生ですが、六朝文学の大家だった。それを学生が排斥したんです、これをみんな拒否した。それで結局やめてしまった。そのぐらい、学生たちは古典中国を仮想敵国のように思っていた。

代田：これは古典だったからですか、それとも台湾ということが問題になったんですか。

田仲：両方あったわけです。特に六朝文学なんかやろうとは思わないというのは、当時みんなの学生の気分でした（笑）。

そういうなかでしたので、中国語を専門に勉強をするということは、一種の政治運動のような感じにも思えてくるんです。その言葉を一生懸命やるということが、一つの新中国という立場を表明する。それも少数の人間しか勉強しないから、どうしても特殊なものに見られる。だんだん世間はそれを危険視するようになると思うんです。危険な団体だと思うに違いないです。

谷垣：先生が学生時代、中国語を習う方の中に満州出身の方はいなかったのですか。

田仲：会話のできる人はみんな満州出身でした。満州軍官学校出身、旅順高等学校出身とか。みんな大陸で育った人、とくに高等教育を受けた人です。満州建国大学予科というのもありました。桜美林大学の学長をやった清水（安三）先生なんかも満州出身の一人です。あの人はものすごく中国語がお上手だった。台湾の伍先生の去ったあと、北京大学出身で日本におられた黎波先生が着任されました。黎波先生の授業にはたくさんの満州出身の中国語をしゃべれる学生が出たのです。そうするとわれわれはついていけないです。黎波先生と満州で育ってきたしゃべれる学生がペラペラの中国語でしゃべっている間、われわれはボーッとしてるだけ（笑）。でもこの方々はほとんど学者にならなかったです。一人だけ芦田孝昭先生が学者になられた、芦田孝昭先生は満州軍官学校から第一高等学校に入ってきた。芦田先生は中文を出たあと早くから安藤彦太郎先生の下に入って、早稲田の先生になり、学者になられた。私の五つ上に尾上兼英先生がいます。魯迅研究会を主催された先生ですけど、一高出身です。一高から当時七人も中文に入ったそうです。これが驚異だったとのことです、元来中文は一高の秀才がたくさんくるところではなかったのに。だから当時中国の研究をやるとか、中国語を専門に勉強するとかいうことは、天下国家、憂国の士の選ぶ道だったと思います。危険が伴うわけです、普通の立身出世ではないです。

谷垣：すみません、妙なことをうかがいますが、ロシア語を勉強する人と、中国語を勉強する人は、何か肌合いが違ったのでしょうか。

田仲：当時のロシア語は盛んでした。中国語の研究室よりもロシア語の研究室のほうが早くできたと思います。私もロシア語を少し習ったんですけど。ロシア語熱というのもすごかったですよ。九大教室いっぱいだった。学生は、みな第三語学だったと思う。五〇〇人を超える人が、たった一人の井桁貞敏先生が教えるロシア語文法を聴いたんです。いかに当時われわれ東大生がロシアおよび中国に期待を持ったか。イギリスのある有名な文明評論家がこう言った、「戦後ヨーロッパは実験室となった。アメリカとソ連は工場になった。」つまり巨大科学を実用化するには大きな資源、金がいるでしょう。まずヨーロッパの実験室で実験したあと、その成果を実現するのはロシアとアメリカ、つまり広大な領土を持ち、たくさんな資源を持ち、経済力、人口も多い国でなければできないだろう、だから将来世界を背負って立つのはその二つの国だろう。中国もその資格はあるはずだけれども、当時はまだ中国のことはわからないから、ここでは中国のことは言ってないけど、しかし、いま見るとその予言は当たっているのです。ソ連と中国とアメリカです、今後この次の世紀を背負うのは。そこをわれわれの若い者は予感したのです。なんでも直感で判断するから、利害得失を考えないから、学生というのはそういうものです。

代田：ただ、中国語は膨大な学生を抱えてますけど、ロシア語は相変わらず、やっと今年だって一〇〇人。

田仲：ロシアに対しては嫌悪感が強いから、日本人のなかでは。とくに日本人をたくさん抑留しましたよね、シベリアに。ああいうことからロシアの共産主義に対する戦前から続く恐怖感みたいなのがあるのです、日本人は。だから中国語熱ほどはその後大きくならなかったのです。いまは、もっとロシアを研究しなければいけないと思うけど、しかしやる人が少ないのは歴史的背景が影響しているからです。

代田：さっきの黎波先生の当時の授業というのは、単に会話の授業で、学生と話をするだけだったんですか。何かテキストとか。

田仲：テキストはたいして使わなかったような気がした、私も二、三回出席したけど。何か戯曲専門家と聞きました。でも授業はそういう専門のことではなくて、「会話の授業」という名前だったと思います。お茶の水と兼任しておられたけど、大体主として東大にこられて、ほとんど会話、つまり日本語の小説を中国語に直せとか、中国語作文のような授業でした。私なんかほとんど聴き取れませんでした。

谷垣：今度は、先生がどのように中国研究を志されたかをうかがいたいと思います。

田仲：どうして中国研究に入ったか、これはまったく個人的な体験にも属していて普遍性がない話ですが、一応話します。高校のときは、何となく大勢に押されて付和雷同して法学部へいくコース、文科Ⅰ類にいったのです。惰性で、それを逆転するほどの気力もなくて、そのまま法学部へ入ったんです。ところが法学部というところは職業人を養成するところでして、志を持たないものがあそこへ入ってもものにならない。実際にそれが使われる場になってはじめて、意味をもってくる学問であって、文学や哲学とは違います。

　私はいい加減な学生だったので、法律に興味を失っていて、興味のあるのは法社会学とか、政治史とか、ちょっと文学部寄りの学問でした。民法など、法律学の本流のほうは一生懸命やらないからものにならない。一方では中途半端な心理状態だけど、中国文学というか中国語の世界から抜けられないです。それに前から中文の先生たちを知ってますから、潜りで平気で先生の演習へ出ていって、演習でときどき当たったりしていたのです。実際はほとんど中文の学生に近かったと思います。

　それで卒業してまた就職したでしょう、就職して、これも間違った道なのですが、金融機関に入ったんです。金融機関というのは当時、日本の資本蓄積の最先端にいたんです。一生懸命貧乏な人たちから預金を集めて、その預金を産業界に供給するという役割を銀行が担っていたわけですから、中途半端な気持ちでは、そういう厳しい社会で生きていけないです。それで産業界、金融界の厳しさにとても耐えられなくなって、これはもう辞めたほうがいいと思った。預金獲得競争とかに身命を賭することはとてもできないと思った。ちょっと遅かったけど、二年で辞める腹を固めて、大学院に入れてもらったのです。

幸運だったのは、法学部時代に中文の学部の授業は大体みな出ていたため、先生たちが私の顔をよく知ってくれていたことです。方向転換のケースでは、学士入学するのが普通なんですが、倉石先生が「学士入学を受けるよりは大学院を受けたほうがいい」とおっしゃったので、修士課程は専門試験が難しいけど、何とか付け焼き刃でやって受けました。当時はまだピンインがまだ十分確立してませんでしたから、注音符号の並んだ文を漢字に直せという問題が出た、それが五割ぐらいしかわからなかった。それでも入れてもらった。だから私個人は中文の潜り学生兼お情け入学者と言えます。

代田：そのときにもう戯曲の方向に気持ちはあったんですか。

田仲：はっきりしなかったです。しかし入学してから、それまで蓄積してきたものを考えると、戯曲がいちばんいいところかなと考えました。指導教官を工藤さんにお願いしたので、工藤さんと相談して。

代田：修士論文はもう戯曲でテーマを。

田仲：「元曲」、そうですね、元の雑劇の音韻というか、元の雑劇のパターンの研究というのをやって、これも私個人の選択というよりは、工藤先生の指導によってそのとおりにやったということです。私の研究生活は、ドクターコースに入ってから、自立せざるをえなくなって、どういうふうにやっていくかということも真剣に考えたのは、大体博士課程に入ってからです。晩学にして独学というか、スタートが遅れて、しかも先生がいないでしょう、独学でしょう。形式的な経歴からみれば、純粋の独学とは誰も信じてもらえないけど、選んだ道は独学の道でした。
代田：それは先生、パイオニアですものね、どんどん。
田仲：専門研究に入るに当たって、当時、私の問題意識を育てたのは、昭和二〇年代の学界の風潮とも言える。それには五つあります。

第一は、日本の近代化よりは中国の近代化のほうが優れていると思ったこと。

第二は、上からの視点（中央の文化）よりは下の農村文化のほうが重要だと思ったこと。

第三は、明治の近代・近世（都市文化）よりは中世（農村文化）のほうが重要だと思ったこと。

第四として、個人の文学よりは社会。社会（集団）を重視するという傾向もあります。当時マルキシズムの影響がありますから、そういう選択になります。

第五として、思弁哲学より社会思想を重視するという傾向もありました。

戦前の哲学は一人の人間が考えていくものですが、戦後は、社会全体がどう考えてたかが重要だというふうに、方向転換するわけです。戦前は流行ったカント、ショーペンハウアー、ニーチェとか、流行らなくなった。この一項から五項まで全部、私個人の問題ではなく、日本の学界の風潮、全般的な風潮だった。そのバックグラウンドの下にあって、私個人が中国の農村演劇という研究対象を選択したということです。

私の個人的な趣味からいえば、日本文学でもいいけど、中国を外国として見て、研究対象に選んだ。それまで日本人は中国を外国として見てない、自分の国の延長と見ていた。それを、辺区文学から、中国は外国だという意識を悟っていった。そして、本国の研究よりも外国の研究をするほうが馬力がいるし、日本文学より中国文学の方がやり甲斐があると思ったのです。

外国文学をやるというのは、一言で言えば軽佻浮薄です。表面しかわからない、本当のところは、わからないです。それをやりたいという好奇心があり、性格が多少うわついてなければできない、だから若いときでないとできない。年をとると外国文学は遠くなっていくものです。昔「国文は女性のやるもの、漢文は男性がやるもの」という言葉もあったのです。これも同じ意味でしょう。だから私は大学まできて外国語訓練も受けているから、外国をやるべきだと自分で思った。研究対象は中国という方向がかなり前から決まっていたのです。

ただ、中国の何をやるかは難しいことでした。漠然と、文学と社会の間のところをやりたいと思いました。法学部も出てましたから、法社会学の影響もありましたから。法社会学というのはご存じでしょうか。法律学は法律の条文に従って、事実をその法律の条文に当てはめていくわけ。実際、法律の条文が予想しているような事件は起こらない。条文からずれているケースをいかにうまく法律の条文の中に鋳型にはめ込んで、三段論法で結論へもっていくかという技術を追究するのが法律学。これに対して法社会学は、法律という制度の背後に何があるか、たとえば、所有権、賃借権の背後にどういう社会関係が潜んでいるかを追究する。これもマルクス主義の影響だと思うのですけど。この法社会学の影響を受けまして、文学と社会の関係をテーマとしました。

その上、私は仁井田〔陞〕先生の影響もあって、文学プロパーよりは文学の背後にある社会と文学の関係を見たいと思った。するとやりやすいのは戯曲です。実際、社会のなかで上演されるわけなので、民衆の社会が反映してくる。それでは、戯曲はどういう戯曲かというと、中央より地方、都市より農村。このへんにも毛沢東の影響が強くて、私の時代の特徴と言ってもいいと思うのです、私たちの世代は農村主義なのです。

谷垣：先生の時代は疎開を体験されたのではないですか。疎開体験が多少は影響していないですか。

田仲：疎開はしましたが、影響は受けなかったです。私は下町生まれで、東京の下町って農村みたいなものなんです。小さな農村なのです。壁一つを隔ててすぐ隣りの家なのです、声も聞こえるのです。お互いに夜のおかずを配り合ったりしてる（笑）。だから、農村のこと、農民の気持ちは多少理解できる。辺区文学の中でも、おしゃべりも、悪いのもいっぱいいる。この雑然とした下町育ちだから農村社会を理解できる。

そこからあとは専門的なことになってきます。中国文学の研究者としては異端児です。中国文学科の研究方法だと、戯曲の作品のいいものを読むというところからスタートするのですが、私は逆に、中国の農村のなかで演劇はどのように組織されているかとか、それがどういう習慣として行われているのか、そういうことに興味があった。私は早くから日本の農村の現地調査をしています。一九七〇年代、四〇歳に近くなって東大に戻ってきてからとくにそうでしたが、東京にきて条件が良くなりましたので、ずいぶん地方芸能の調査をしました。七八年に香港にいく前の七、八年は近畿地方の宮座、農村の組織、農村のお祭り、お芝居、そんなものの調査に入り浸っていたのです。

日本史の研究者はたくさんこういう仕事をしてます。私個人は素人ですが、民俗学者もいますし、日本史のオーソドックスな学者もいます。これらの先人の行なった調査の跡を歩いた。だから私は日本の学問的伝統の上にも乗って勉強してきたと言えます。

アメリカが日本に進駐してきたでしょう。そのときアメリカは教育使節団というのを送ってきたのです。日本の学術レベルがどの程度かということを調査にきた。そのレポートによると、日本の学術は大半において第二次的な資料に拠っている。ヨーロッパに関する研究はみな大体そうです、カントの翻訳とかそんなのばかりですから。ところが唯一の例外は中国研究、世界に比類のないほどレベルが高い。それは歴史研究です、文学研究ではなくて。だから世界に冠たる日本の東洋史学と言ってもいいくらい、私はその影響をすごく受けてる。あらゆる本を読んで、たくさん資料を集めて、カードをとって、関連する資料を集めるという、東洋史のやり方、たくさん本を読むということかな。何か作品を深く読むのではないです、文学研究のように作家の神髄に迫っていくという読み方ではない。材料だからどんどん何でも構わないから読むわけ、多読主義で、速読、多読、カードをとりまくるという、そういう勉強の仕方をしました。

それで中国の農村芝居の記録を掻き集めたのです。これは中国人があまりやっていなかった、不思議なと。唯一の例外は王利器先生の『元明清三代禁毀戯曲小説史料』で、元明清三代にわたって、中国の役人たちの戯曲や小説に対する弾圧の記録を集めて、本を一冊書いたのです。裏返して見ると民衆がいかにこれを好んだかという証明になる。それは私の本よりも早く出ました。でも私は王利器先生が見なかった資料をたくさんみているのです。日本に豊富な資料があったのです。向こうも軌を一にしてそういう仕事をやり始めた。新中国の学者たちは、農民たちが圧迫されてきたという感覚で、もう一回資料を見直すということもやったのです。私の仕事はこの潮流にも多少合ってました。私は時流にも乗っているのです。

代田：先ほどの「歴史的方法論」というところで、いちばん影響を受けられた歴史家って。

田仲：そうですね、宋代史の周藤吉之先生、『中国土地制度史研究』で日本学士院賞をもらった人ですけど、宋代の小作人の佃戸の研究では日本一の学者だった。その先生に直接習いました。ゼミ三年ぐらい続けて出席したかな。だからその点では私の先生の一人は周藤吉之先生です。

代田：仁井田先生には、直接師事されたのはいつ頃ですか。

田仲：仁井田先生は法社会学に近い立場にあって、懇切な指導をしていただいたのですが、わずか一年しか習ってないのです。私は大学院生になって仁井田先生に教わったのですけど、先生はすぐ定年になられて、そのあとイギリスにいかれて、病気になられて亡くなってしまったのです。仁井田先生と周藤先生が私の先生ですが、長くご指導いただいたという点で縁が深いのは、宋代史の権威周藤先生です。

文学の研究のほうは、国文学の西郷信綱先生の影響が大きいです。唯物論者、マルクス主義者ですが、『日本古代文学史』という有名な本を岩波書店から出しました。西郷先生は駒場によくこられたのです。昭和二六年、二七年頃、駒場には名士がいっぱいきた。西脇順三郎とか、彼らは、一高の生徒にしゃべってやろうというので、よくきてくれた。あの頃、岩波書店も思い切ったことをしたものだね、あんな若い学者に日本文学史を書かせたのだから。あれもマルキシズムの影響です。当時日本は戦争に負けて、学問も新しくしなければいけないという気分が漲っていた。

代田：権威が全部消えてしまったんですね、一瞬。

田仲：そうね、それで新しい学問のチャンピオンとして、西郷信綱さんが登場した。私も二、三回先生の講義、聴いてます。社会的方法でもって文学を研究するにはどうするかということを勉強した。西郷先生は、単純なマルキシズムは駄目だとおっしゃって、マルキシズムというのは下部構造が上部構造を規定するという考えだけど、下部構造が直接上部構造に反映するのではなくて、間に媒介物がたくさんあるので、その媒介物のなかに階級のなかった時代から続いている、人類共通の意識というものがあると考えられた。それは人類学的なんです。階級社会以前に、まったく階級のない年齢集団とかの歴史があって、そこが媒介になると。階級社会の観念は、その民族の持っている独特の人類学的な発想を媒介にして文学に反映するという三段論法なんです。それにすごく影響を受けたのです。

とにかく、中国の農村に入らないことには、農民の意識なんてわかるわけはないわけです。辺区文学、郷土文学だけではわからないです。でも郷土文学は大きな資料です。私の試行錯誤は拡散しまして、論文が書けなくなってしまいまして。私は論文発表はすごく遅いのです。二〇代は一本もない。三三歳になってやっと、資料を掻き集めてきた中から、清代のはじめぐらいの農村芝居の状況を想像して、一つのイメージを提起したのが最初の論文です。

代田：清代のはじめをお選びになったのは、ちょっと資料がそう。

田仲：そう、宋元は資料がない。仁井田先生がこう言われた。「はじめて日本の能に当たる戯曲が出た宋元に興味があるというのはわかるけども、資料がない、特に元なんて絶対資料がないから、清を押さえて、モデルをつくっておいてバックすべきだ、推理力を働かせてね。」周藤先生は「南宋ならあるよ、北宋はやめたほうがいい」と言う。私は教授というのは、こういうことを指導することが大事だと思う。ここにあるということは言えないが、ないということは言える。これはやっぱり経験からくるものだ。こっちを探しても無駄だ、そうするとそこに費やされる若い人の労力を節約できるでしょう。それが言えるようになるのが本当の教授だと思うのです。闇雲に資料を探してはいけない、という助言。「鉱脈を探せ」とよく言うけど、鉱脈を探すのは難しいです。だけどこっちへいってもないということを周藤先生はわかっているのです。「北宋はない」。仁井田先生は「明清ということになるけど、清代のほうがたくさんある」とおっしゃった。そういう二人の大先生の恩恵を受けてます。

それから中国語がしゃべれるようになったのは倉石先生のおかげですよ（笑）。倉石先生に、いかにしゃべることが必要かということを言われた。東大生はしゃべるのが嫌いなんです、みんな頭がいいと自分で思ってるから。しゃべるのは外国語大学出身の人や通訳がやることで、自分たちはやる必要はないと思ってる。そういう意識のわれわれに、倉石先生は「しゃべらなければ駄目だ」と常におっしゃった。それは何度も聞いてるから、体の中にインプットされるのです。それはあとになってから助かりました。

だから中国語に関しては倉石先生の弟子だというふうに自分でも言える。それから問題意識は仁井田先生にあり、実際具体的な方法は周藤吉之先生にある。三人の師が私の背後におります。そういう大学者にめぐり会えたのは、たいへん幸運だった。でもそれは二六歳から三〇歳になる前まで、それからあとは全部独学。先生方も早く亡くなられたりしましたから。

谷垣：実際にポストに就かれた経緯を簡単にご紹介ください。

田仲：もともと国文学が大好きな人間なので、国語の免許状取りたいというのが、大学院入学のまず最初の最低の目標でした。大学院は研究者養成の場所なんだけど、一生懸命やりました。それで教員資格を取ってから、すぐ父が死んでしまったのです、二六歳のときに。だから否応なしに高等学校の非常勤講師をやり、そのうち東京都の公立学校教員の試験を受けて専任になったのです。それで食べていけるので、長期戦でいつか芽を出せばいいというぐらいに思ってました。だから論文を書かなかったです。私たちを指導した先生も「変なものを書くな」と言うんです。

代田：あの頃の中文は、僕もそういう感覚があります。

田仲：「とにかく勉強しなさい、書かないでいいから」とよく言われた。だから学会にも所属しない、日本中国学会にも入りもしないです。

代田：先生方も入っていらっしゃらなかった（笑）。

田仲：私は大学院に在籍したのは一九六二年までなのです。ところが六〇年代に入って、日本は高度経済成長が始まりまして、中国語のポストが急にできはじめた。地方大学に中国語のポストができたのです。地方大学というのは、文学としては地方社会でも就職口のある国文科と英文科の二つだけしか卒業生を出さない方針でいるんです。ところが第三のポストとして、その頃の老人教師たちは、漢文があると言い始めた。漢文というのは教職課程で必要で、中国語というのは商社でも就職できると思ったのです。それで次々に漢文兼中国語のポストをつくった。そのおかげで中文出身者は就職先がどんどん見つかって、私も最後に就職できました。先生が「おまえは何も書かないけど、一本ぐらい書きなさい」と三三歳になって言われた。それで一本書いたら、小野先生が日本中国学会に出したんです。日本中国学会というのは全国誌ですから審査がうるさい。いちばん難しいとこへポンと出したら、「評判が良かったよ」とか言われて、「もう一本書きなさい」と言われた。二本目は東方学会に出したのかな。それを京都の先生たちが評価してくれた。そのおかげか、北海道大学の助手ポストに私が推薦されて、北海道大学にいきました。論文はそのための手続きだったようです。そこからあと職業人としてはすごく順調なんです。北大に二年いまして、熊本大学にすぐ移り、熊本大学四年で〔東大〕東洋文化〔研究所〕に戻ったんですから、こんなに順調にいくケースというのはあまりないと思います。東京から離れたのは僅か六年だけです。

私の苦闘時代というか、自分の精神状態を保つのに苦労したのは、高校の先生をやっていた七年間だけです。暇がなくてなかなか論文が書けなかった。資料は断片的に集まる、それを原稿にはしておいたのです。その後それをもとに論文を書くことができましたから、その時期の苦労はあとになってからものをいったことになります。

その頃われわれ中国研究者は中国に行くこともできませんでしたし、条件はみんな平等です。現代文学の人だって、古典文学をやってる人だってポストはない。みんな高校教師の経験があります。丸山昇先生、木山先生、近藤邦康先生、傳田先生など、この経験のない人は本当に少ないです。都立高等学校の専任になったのは私一人かもしれない。でも丸山先生も、傳田先生も、木山先生も私立高校専任になった。

代田：亡くなった高田淳さんもたしか学習院の専任に。

田仲：近藤邦康さんも学習院専任を一年ぐらいやってる。助手になってすぐどこかの大学へ助教授で出るのがいちばんいいけど、そのコースを歩んだ人は本当に少ない。竹田〔晃〕さんだって遅いです。でも、みんな楽観主義だったです。一面ではスプートニクが上がるような時代に、中国文学なんていう黴の生えたようなことをやっていいのだろうかと思ったり。一面でしかし、新しい中国は、必ずわれわれを必要とするときがくるとか（笑）、とんでもないことを考えていた。

代田：ちょうど助手になられたときに文革。

田仲：そうなんですよ。

代田：この六七年から七〇年代のはじめもかなり中国激動の時期で。

田仲：そうですね、助手になったときは、もう資料が入ってこないようになってました。もっぱら助手になって勉強したのは中国語会話、学生に将来教えなければならなくなる、近い将来。中文に進学してきたけど全然中国語やってないという人も北大には大勢いた（笑）。そういう人に手解きしなければいけないとか、考えました。それに私を推薦してくれた尾上先生からも「中国語の勉強をしなさい」と言われていました。モスクワ放送とか北京放送、短波のアンテナを伸ばして聴いていましたが、しゃべらないとうまくならないでしょう。たまたま中国からの引揚者がいて、その人にいろいろ習った。文献は『光明日報』と『人民日報』、『紅旗』しか入ってこないです。あとは『魯迅全集』と魯迅に関するもの、文化大革命ですから。ただ、学生が少ないし、勉強はできました。

そして幸運にも、そのときに『清代地方劇資料集』という本を尾上先生の推薦で東洋文化研究所が出してくれるという話になったんです。私がずっと書いてきたカード、相当な数のカードを本にしてくれる。一九六八年です。ただ、このときに痛い目にあった。京都大学の田中謙二先生に、句読点が間違ってる、つまり、よく読めてないと指摘された。田中謙二先生は、この本に丁寧に赤を入れてくれたのです。

自分が読めないとき、自分の能力がないと思うことが第一。訓練が足りなくて、典故とか、背後にあるいろんな歴史を知らないから読めない。しかし、それだけではなくて、もしかすると字が間違ってて読めないかもしれない。それはこの字の間違いじゃないかということを、学問のある人は推理していくわけです。考証学という学問で、倉石先生が最も得意とした学問です。これで田中謙二先生は、私が書いた、すでに活字に印刷されている、それをちゃんと推理して「これは一字脱している、これはこの字の間違い」と、全部指摘して下さった。私が全部原典を当たったら、そのとおりなんです。だからすごい、学問というのはこういうものだと思ったのです。間違いを直しながら、校訂をしながら読むということを田中謙二先生から教わった。それで大急ぎで一生懸命その勉強をしまして、上下に分かれてるのですが、上巻は駄目で、下巻はその正誤表がたくさんついてます。そういう痛い思いをしました。

たとえば、『日本古典文学大系』の中で、誰が校訂したと書いてあるでしょう。校訂した人の名前を見て買うのです。この人なら実力があるから大丈夫だ、校訂した人がたいしたことないと思ったら買わない。校訂者が大事だ。だから中国の古典学のなかでもこれがいちばん大事な部分で、王利器先生とか、銭南揚先生とか、みんなそういう面が優れてる。それはどうすればいいのか、膨大な資料をたくさん読んでいて、この言葉はあそこにあったな、この言葉を間違えてこう書いたのではないだろうかということが、わからなくてはいけない。校訂というのは文献学の出発点であり、文献学の到達点でもあるのです。校訂ができるということが、大事だということを、京都の先生に習いました、この助手のときに。それからあとは非常に慎重になり、わからなければ「わからない」と書くというふうにしてます。

それでその後、吉川幸次郎先生、田中謙二先生に多少認められた。田中謙二先生は、私の学問が多少進歩したというふうに判定してくれました、そのことによって。その評判がわりに良かったから、東大が私を採ってくれたと思います。東大は私などを採る義理も何もない、卒業生でもないから。だけど京大筋の評判がいろいろ漏れ聞こえてきて、それで東大へ戻った。そのあとは恩返しのように一生懸命勉強しました。

代田：吉川先生に直接ご師事、またはお会いになったことはあるのですか。

田仲：一回だけですけど、先生とは直接にはほとんどしゃべってないです。田中謙二先生のほか、入矢義高先生にもお世話になりました。田中先生がいちばんお世話になったけど、入矢先生も私の学問はわりあい評価してくださってて、京都の人から見ると新しさがあったのでしょう。京都の人から見た場合に、田中先生がおっしゃったのは「あなたは中国人の詩文集の前のほうの詩や文章を読まないで、うしろに付いている役人としての文書（彼らが役人をやったときにいろいろお布れを出すでしょう、それが載っているときがあります、すべて載っているわけではないけど、公牘、吏牘というのですけど）そこによく注意している。いままで誰もそこに注意した人がいないから、新しい問題がそこから出てくる」と。私が日本中国学会賞をいただいたときに、先生が批評でそういうふうに言われたそうです。

代田：最初の論文ですか。

田仲：三番目の「南宋時代の福建地方劇について」。その論文で、田中先生が評価してくれた。そのときの会長は目加田誠先生でした。目加田先生が田中先生に「この論文をあなたはどう思うか」というふうに聞かれたらしいです。東大に戻ってからあと、日本の農村の調査をしてたんです（笑）、当時は徹夜ぐらい平気だった。その後どうしてもこれは中国にいかなければ駄目だなと思ったけど、中国は入れないでしょう、そうして中国大陸では古い習慣は全部消滅して、お祭りも宗教もなくなってしまった。ただ、台湾、香港、東南アジアの移民たちのなかに、古い中国の習慣が残っている、そこを調べるという方法をとったわけです。ただ、台湾は筑波大学の人がほとんど縄張りにしていたのです。みんながやらないし、気がつかなかったのは香港の田舎です。香港に入るには普通は、英語がしゃべれなければ駄目、その次は広東語でしょう。広東語というのは日本の中国専門家の世界ではほとんど注意されていなかった言葉です。しかし、偶然東京外大アジア・アフリカ言語文化研究所の夏期講習で、広東語講座が開かれたんです。中島幹起さんが主催してやっていたところへ入れていただいて、二、三ヵ月習った。それを財産にして香港に入り込みました。そこでお祭りを参観して、非常に勉強になりました。全然自分の予想と反していた。先にお話しした『清代地方劇資料集』というのは、断片的にいつ、どこの農村の祭りで、演劇が行われたと書いてあるだけです。具体的にどうやったのかよく理解できなかった。たとえば、農村でお芝居をするとき、「みんな肉食を断って精進料理を食べる」という言葉がありました。どうしてそんなことをするのかわからなかった。ところが香港に入ってみて、それが横死者（特に戦死者）の亡霊を鎮めるために、亡霊というのは死者と同じだから、精進料理をする、そういうこともわかった。

それから、神様の神社の前に広場があって、そこに舞台がつくられると思っていた。ところが香港では神社の前は狭くて舞台が建てられないことが多く、逆に神様を広場に降ろしてきて舞台を建てるということがあるということもわかりました。日本だと神社をあまり動かさないです。お旅所というのはたまにありますけど、あまり多くはない。ところが香港は常にお旅所に、降ろしてやるのです。それも香港で勉強しました。香港は谷垣さんと一緒に行動したから、谷垣さんはよくわかっていると思いますけど、三日三晩、最後の日は徹夜でやるのが普通で、五日六夜とか、六日七夜とか、いくつか最終日は徹夜でやるお祭りを参観しました。そのときに役に立ったのは仁井田先生の『北京商工ギルド資料集』の編纂です、あれはほとんど私が独力でやったのです。仁井田先生が北京のギルドの調査をされたノートが残っていたのを整理して出版したのです。このとき私は現地調査のやり方を教わったのです。どうやって平面図を書き、どうやって時刻をちゃんと確定するのかを学んだ。現地調査に関しては、仁井田先生の経験が私に伝わったと思います。

私のやった仕事はかなり中国の人にも参考にされていると思いますが、もとを糺していくと、仁井田先生にいき着くのです。だから学問は一代ではできないのかもしれない。こんな細やかな仕事でも、自分の一代でやったのではない。私は先代からの流れと、先代からの蓄積があってやってきたと思います。東洋史の文章を読む訓練なんていうのは、もう何代か前からのものでしょう。

代田：それは日本の伝統みたいなものですね。

田仲：それから校訂の学、校勘学に至っては、これは京都の学問の神髄なのです、京都の学者はみんなできる。それはいつに博覧強記と、ただただ、正確に読むということに尽きます。これこそ中哲の本領とする注と疏の学問です。田中謙二先生は中国古典学というものの素養があるからそれができたと思う。だから、私は、肝心なところで先生に恵まれてます。背後に応援団がいるということです。

代田：それは先生が結局、発見されたというか、選択の目というのがおありになったんじゃないでしょうか。

田仲：自分の能力はたいしたことはないです。私は労働者のように勤勉だというのが取り柄だから（笑）。

代田：それは金融機関にお勤めになっていたときの訓練とは関係ないですか。

田仲：あるかもしれません、つまり、一定の期間内に間違いなく仕事をこなすという訓練ですね。金融機関の場合は大量の情報処理でしょう。だから大量情報処理ということも私の特徴なんです。一種のアメリカ式ということが言えます。思弁的に少ない本を読み抜くというのは、ヨーロッパの学問です。京都大学のやり方もそうですし、中国もそうです。ところが私はそういう学問から見ると異質で、カードをたくさんとって攻めることが得意です。それはアメリカ式の大量情報主義です、戦争でアメリカの大量兵器に負けたという経験も影響しています。アメリカやイギリスは奇襲作戦を絶対やらない国です。必ず反復攻撃、大量の攻撃手段を一ヵ所に集中する。偶然を避ける。逆に不運を避けるということになります。だから現地調査は三回も四回もやるんです、本も何度も読む。現地調査というのはとんでもないものをいいものだと誤解することがあるから、一つのフィールドを三回ぐらいやるというのが必要で、それができたのは香港のおかげです。一〇年の間に何十遍もいったというのは、それが必要だと思うから。絨毯爆撃式資料探索といえる、だからお金はかかるし、体力はいるし、無駄は多い。全部手で書いたり、本を読んで記憶でやってきました。

代田：時代が戻るのですけど、北大の助手あたりで文革が始まって、激しい論争もあり、あと「様板戯」〔革命模範劇〕がありましたね、どういうふうにご覧になってましたか。

田仲：たいへん興味がありました。六三年以来『光明日報』と『人民日報』のカードを取り続けました。六三年から始まって、六四年に「海瑞罷官」という呉晗の作品に対する姚文元の批判が出てくるんです。あのときも私は北大にいて助手、六五年から、六六年は北大の助手だったですから、もう一生懸命読みました、時間がありますから。それでカードを取りました。『紅旗』も毎日読んでいました。七〇年代に入って「様板戯」一本になる。京劇というのも古い京劇はなくなってしまって、全部「様板戯」になってしまった。私はやっぱり不自然な感じはしました。しかし、当時日本の世論は文革に対して基本的に好意的だったです。

代田：全体としてはそうですね。

田仲：文革を批判するというような言論は、ほとんどなかったんです。文革はそれなりに中国が必要としてるだろうと思っていて、「様板戯」は、これはこれでしょうがないかなと思ってました。新作がでるとその都度、『紅旗』に新しいテキストが載るんです。その後、校訂なんかも出てくるんです、中国人ですね「この字が間違ってる」とか、さっきの校勘学と同じ。「それでこの字を一字変えたのは反動的だ」という議論も出てきます。政治的な目がないと読めないです、「様板戯」の解釈は。「これは実際は彭徳懐を指してる」というふうなことは（笑）、中国の事情に通暁してないとわからないじゃないですか。だから江青が出てきたあの時代の演劇は私には手に負えなかったです。

文革がだんだんひどくなるということについても、よく理解できませんでした。でも、いま文革の悪口を言う人がたくさんいるでしょう。「ほとんど無意味だ」ということを言う人もいますけど、本当に無意味なことなのかどうなのか。

代田：「様板戯」に関しては、ある種の京劇のピークだという評価も、まったく純粋演劇的な観点から言う人がいますね。

田仲：クライマックスの用い方やなんか、昔の劇を吸収してますよね、ギリギリのところで善人が救われるというところが（笑）。ヨーロッパの劇のように善人のなかに悪が潜んでるとか、そういう深さはないです。善人は善人、悪人は悪人だから、これは辺区文学もそうですけど、近代文学の目で見ればつまらないですよ。宣伝文学だから、純粋文学じゃないでしょう。文学の外に目的があり、価値があるわけだ。『ハムレット』や『マクベス』なんかのように、人間の心の奥底に何か魔物が潜んでるとか、人間というのはどういうものかとか、そういうことを反省するのが近代文学でしょう。ところがあの単純な劇形式は、そういうものをうまく消化するには不適当な劇なんです、飛んだり跳ねたりだから。

私なりに演劇史として見たときに、同じパターンが繰り返される、どれも千編一律、しかしその千編一律の背後に、京劇の伝統があるということです。いまの地方劇も同じなんです。私はあまり正面切って近代劇の評論を書いたことはないです。でも自分の守備範囲なので関心は持ち続けました。文革は終始その演劇運動として展開されたから。

代田：そうですね、そういう側面があるわけで。

田仲：演劇というのは大衆を動員しますから、大衆動員の技術の問題でもあるし、文革も延安以来の群衆をいかに蜂起させるかということなんですから。成功したり、失敗したり、いき過ぎだったりして、最後は破産してしまったということでしょう。

谷垣：ところで田仲先生は教育面では、北大、熊本、東大、その後金沢、桜花学園大学でお勤めになられましたが、ご担当されていたのは中国文学ですか。また、ご所属はどちらでしたか。

田仲：そうですね、東大の二一年を含めて大学勤務は三二年もありますが、常に中国語か中国文学です。ずいぶん中国語も教えました。中国文学で私の教えたのはいつも通俗文学、俗文学、戯曲とか小説とか民謡とかそんなものばかりです。ただ私は学者を養成するということに徹していました。学部生に古典の難しいのはあまり教えないです。『注疏』とか『論語』とかも教えない。現代文学のなかで、郷土小説、沙汀とか、沈従文とか、こういう人たちの小説に古い田舎のことが書いてあるのがあるでしょう。ちょっと難しいけど、呉組湘の『一千八百担』とか、古い時代の農村の雰囲気を書いたものを教材にしました。方針としては、話し言葉に近い言葉をできるだけ教えるようにしました。

代田：沙汀、沈従文、呉組湘、これらの作家ってみんな方言の要素がかなり強いでしょう（笑）、結構読んで細かいところを見ると困ってしまう文が、私なんかあるんですけど。

田仲：その方言も、中国人に直接聞く手を使いました。方言の意味は私が考えるよりは、中国人が考えるほうが正確だから。

代田：先ほど休憩の際にちょっと、普遍的な原理で説明しようとする、「普遍主義」のような話をうかがったのですが、先生がヨーロッパの哲学から入ってというようなところでは。溝口先生が「特殊主義」でしょう。

田仲：溝口先生の『方法としての中国』というようなのはたしかに、ちょっと私は、考え方が違うなあ。

代田：あれはどうなんですか、僕も啓発されるところと、ちょっとこれはなあと思うところとあるんですけど。

田仲：つまり結果論で、中国が強大になったから、その強大になったという結果を受けて、そのプロセスを自律的に説明するという、ちょっと歴史学者から見ると安易な考えというふうに私は思うのです。それから、内在的にentwickelungにしてるのかどうか、つまり中国の思惟が挫折を経ながらも、自分なりの道をきちんと歩んだのかどうか、それですべて説明できるのかどうか。いま見てみれば、科学技術に頼って経済発展してるわけでしょう。科学技術がなければ中国は発展しないわけです。中国自身の科学技術は現在の中国とつながっているとは言えない。中国のなかにも、普遍妥当性は貫徹しているのではないか。原始的蓄積をやり、原始的蓄積のうえに資本を動かし、労働力を集約し、そして所得を生み、利潤を生むということは、完璧にヨーロッパ図式にのってるわけです。とくに科学技術に関しては。中国的であると言えるのかどうか。後進国の開発独裁はみんなそうでしょう。

代田：僕も開発独裁だと思うのですけど、中国の近代化というのは。

田仲：その論理が内在的に出てきて中国的と言うのは、狭すぎるのではないかと言うのが私の考え。私はできるだけ普遍的な原理で説明しようとするから、中国の現在の発展も偶然ではなくて必然、開発独裁の一つの形。中国はヨーロッパの道ではなくて自分の道をとったと言えば、中国は喜ぶでしょう。だけどそれが本当なのかどうか、私は疑問がある。だから溝口さんと私はだんだん口をきかなくなってしまったんですよ、最後は。

代田：そうなんですか（笑）。

田仲：溝口さんは尊敬すべき友人なんだけど、どうも肌が合わない。私はカントとかそういう方向から、「普遍性」ということを学問の本質と見ていて、そのルートで戯曲史をやり演劇史をやり、中国の「特殊性」をなるべく排除してずっとやってきたんです。だからまったく反対ですから、話が合わない。

代田：基層社会の見方というのも違いますか。

田仲：溝口さんは思想史の専門だから、個人の思想を追っている。私は個人の思想ではなく社会思想を探る立場だから集団を追っている。どっちかというと、溝口さんは農民とかいうのはあまり関心がないのではないか。

代田：わりに農村社会論がなかったら、成り立たないような気がしますけど。そこは私もよく理解できないところでしたけど。

田仲：いままで中国をヨーロッパ的な発想で切るのに成功した例がない。常に中途半端に終わってきた。ヨーロッパ的な発想で中国を解釈すると、網の目から全部漏れてしまうのです。だからその轍を踏まないように私はしてるんですけど（笑）、布石を打って。中国人が納得してくれなければ困るのだから、中国人とよく論争します。でも、中国人も私の言ってることは、大体納得してくれていると思う。農民を尊重するという中国人と同じ基盤に立っているから。溝口さんの学説はいまは中国にとって耳障りのいい学説ではあると思います。普遍性を強調する私のほうが耳障りが悪いと思います。

谷垣：私は香港を勉強しているので、先生の香港でのお仕事に目がいってしまいます。先生の集められた祭祀演劇のデータそのものが、いまや価値を持っています。香港自体が先生が調査された時期と比較して非常に都市化してしまいました。

田仲：そうですね、農村がなくなってしまっていますから。

谷垣：先生は香港でまずデータをとられましたが、その後中国大陸でもさまざまなデータをとられました。先生のご研究はそういう意味ではとても普遍主義的だと思うのですが、先生は香港の特殊性を、どのようにお考えなのでしょうか。

田仲：香港、または広東は移民集団の社会であり、それだけに純粋に自己保存の本能が出る。日本みたいに隣同士仲がいいとか、村はみんな仲がいいとかにならないです。香港の村へ行って「あなたの祖先は」と聴くと「宋代からです」と言うのです、西暦一二〇〇年ぐらいですね、七百年も前でしょう。自分たちの祖先はある場所からきたと言ってる、すると相互に閉鎖的になります。客家人はとくにそうだけど、広東本地人もそうです。

私はあそこではじめて、中国社会の厳しさを見たんです、香港ではじめて見た。国家が守ってくれないから、自分たちで守るほかないです。日本で言うと戦国時代みたいなものだけど、そこにやはり普遍性はあると思う。同じ環境に置かれればみんなそうなる。その厳しい環境、いちばん戦前の中国に近い環境にあるのが香港だと思います。政府は何もしてくれない、しかし生きていかなくてはならない。そうしたら、頼りになるのは同族だけ、そういうものを私はあのなかから感じましたけど。

谷垣：本当に長時間にわたりありがとうございました。

言及人名・事項の略解（データはインタビュー実施当時）

代田智明　一九五一年生まれ。東京大学教養学部・大学院総合文化研究科教授。専門は近現代中国文学・思想。著書に『魯迅を読み解く――謎と不思議の小説一〇篇』。

谷垣真理子　一九六〇年生まれ。東京大学教養学部・大学院総合文化研究科准教授。専門は現代香港論、華南研究。著書に『変容する華南と華人ネットワークの現在』（編）。

石井　剛　一九六八年生まれ。東京大学教養学部・大学院総合文化研究科准教授。専門は中国哲学・思想。著書に『敢問〝天籟〟――中文哲学論集』『戴震と中国近代哲学――漢学から哲学へ』。

増田　渉　（一九〇三～一九七七）。元大阪市立大学教授、元関西大学教授。専門は中国近現代文学。『魯迅の印象』『中国文学史研究「文学革命」と前夜の人々』。

工藤　篁　（一九一三～一九七四）。東京大学名誉教授。専門は中国語学、中国文学。戦後東京大学教養学部の中国語教育を支えた。著書に『中学生の国語事典』（共編）『中国語を学ぶ人へ』。

傳田　章　一九三三年生まれ。東京大学名誉教授・放送大学教授。専門は中国語学、中国文学。著書に『明刊元雑劇西廂記目録』『現代中国語基礎』。

戸川芳郎　一九三一年生まれ。東京大学名誉教授・二松学舎大学名誉教授・元東方学会理事長。専門は中国経学史・古典中国語。『古代中国の思想』『漢代の学術と文化』。

橋本萬太郎　（一九三二～一九八七）。元東京外国語大学アジア・アフリカ言語文化研究所（ＡＡ研）教授。専門は言語学。オハイオ州立大学で博士号。著書に『言語類型地理論』『現代博言学』。

頼　惟勤　（一九二二～一九九九）。日本の漢文学者。お茶の水女子大学名誉教授。専門は中国古典学、日本漢学。頼山陽の子孫。著書に『頼惟勤著作集Ⅰ　中国音韻論集』『頼惟勤著作集Ⅱ　中国古典論集』『頼惟勤著作集Ⅲ　日本漢学論集　嶺松廬叢録』『中国古典を読むために――中国語学史講義』。

井上　翠　（一八七五～一九五七）。元大阪外国語学校教授。『井上支那語辞典』で知られる。

倉石武四郎　（一八九七～一九七五）。東京大学名誉教授。専門は中国語学、文学。京都帝国大学・東京帝国大学教授を併任。著書に『儀禮疏攷正』『中国語五十年』、『岩波中国語辞典』を編纂。

藤堂明保　（一九一五～一九八五）。東京大学名誉教授。専門は中国語学。著書に『中国語音韻論』『中国語概論』『漢字の話』『漢字の過去と未来』、『学研漢和大字典』を編纂。

中国研究会　東京大学駒場キャンパス内の研究会。略称は中研。戦後初期に中国革命の影響を受けて発足。中国の政治、経済、歴史、文化などを研究。

宇佐美誠次郎　（一九一五～一九九七）。法政大学名誉教授・同大の大原社会問題研究所長を務める。専門は国家資本主義や国家財政。岩波書店の『日本資本主義講座』を編集。エドガースノー著『中国の赤い星』を翻訳。

エドガースノー　（Edgar Snow、一九〇五～一九七二）。アメリカのジャーナリスト。一九二八年に中国に渡る。共産党の根拠地である延安を訪問し、毛沢東にインダビュー。著書に『中国の赤い星』『アジアの戦争』。

快板　中国の民間芸能のひとつ。ひもを通した数枚の竹板を指の間に挟んで拍子をとりながら韻文を語る。軽快なリズムにのせた語り口が人気を博した。

五四　五四運動のこと。一九一九年五月四日、パリ講和会議で山東半島の利権返還などの中国の要求が実現しなかったことに抗議し、北京で学生デモが起きた。その後中国全土に反日反帝国主義運動として拡大。新文化運動とも連動。

延安文学　テクニカルタームとして公式に使われる用語ではない。一九三五年頃から一九四〇年代末まで、中国共産党の支配下にあった「解放区」の拠点が延安であったが、その「解放区」で生み出された当時新興の文学のこと。インタヴューの流れの中では「人民文学」とほぼ同義。

二・一ゼネスト　日本で一九四七年二月一日に予定されていたゼネラルストライキを指す。決行直前に連合国軍最高司令官ダグラスマッカーサーの指令によって中止。

イールズ事件　一九四九年七月一九日、連合軍総司令部（ＧＨＱ）民間情報局教育顧問イールズ（W. C. Eells）が新潟大学で「共産主義教授は追放せよ」と講演、教員に対するレッドパージが始まる。

出　隆（一八九二～一九八〇）。東京大学教授。専門は西洋哲学。日本共産党に入党し、一九五一年に定年前で東大を辞職し、東京都知事選に無所属で出馬。著書に『出隆著作集』。

児女文学　胡適が『白話文学史』の中で、中国南北朝時代における南方文学を「児女文学」と称した。纏綿とした恋愛を中心にした詩歌が多く、北方の英雄文学と対照的な存在。

鄭振鐸（一八九八～一九五八）。中国の文学者、編集者。著書に『挿図本中国文学史』『鄭振鐸全集』全二二巻。訳書にタゴール『新月集』。邦訳に『書物を焼くの記――日本占領下の上海知識人』。

呉組湘（一九〇八～一九九四）。中国の作家。元北京大学教授。短編小説「一千八百担」はその代表作。小説集に『西柳集』。

沙　汀（一九〇四～一九九二）。中国の作家。故郷の四川の農村を舞台にしたリアリズム小説で知られる。代表作は長編小説『淘金記』『還郷記』。

小野　忍（一九〇六～一九八〇）。東京大学名誉教授。専門は中国文学。著書に『中国文学雑考』『中国の現代文学』、訳書に『西遊記』『金瓶梅』（千田九一と共訳）、茅盾『腐蝕』、『子夜』（高田昭二と共訳）

前野直彬（一九二〇～一九九八）。東京大学名誉教授。勲三等瑞宝章、叙正四位に叙される。専門は中国古典文学。著書に『漢文入門』『中国小説史考』『中国文学序説』『風月無尽――中国の古典と自然』、編著に『中国文学史』訳注書に『唐詩選』『山海経・列仙伝』『閲微草堂筆記』、編訳書に『唐代伝奇集』『李白』『陸游』。

伍　俶（一八九七～一九六六）。中国の学者。戦後大陸から台湾へ渡り、台湾大学教授。専門は中国古典文学。漢詩集に『暮遠樓自選詩』。

清水安三（一八九一～一九八八）。キリスト教牧師・教育家。大連で布教活動を始め、北京で崇貞平民女子工読学校（のちの崇貞学園）を設立。戦後、中国から引き揚げて一九四六年に桜美林学園（のちの桜美林大学）を設立、初代学長となる。

黎　波（一九一九～二〇一〇）。中国文学者、翻訳家。元東京大学、お茶の水女子大学講師。NHKラジオ中国語講座応用編を担当。著書に『中国文学館――詩経から巴金』、訳書に老舎『ろん・しゅい・ごう（龍髭溝）』。

芦田孝昭（一九二八～二〇〇三）。早稲田大学名誉教授。正五位・勲三等瑞宝章。専門は中国文学。『老舎小説全集』の訳者の一人。著書に『中国の故事・ことわざ』『中国詩選4・蘇東坡から毛沢東へ』。

尾上兼英　東京大学名誉教授。瑞宝中綬章。専門は中国文学。著書に『魯迅私論』、訳書に『中国の革命と文学　一　魯迅集』（丸山昇と共訳）。

魯迅研究会　一九五二年に東大文学部中国文学科で学生が結成。主要メンバーに尾上兼英、高田淳、伊藤虎丸、丸山昇、木山英雄、北岡正子、檜山久雄。

井桁貞敏　（一九〇七～一九八〇）。ロシア語学者。東京外国語学校、海軍兵学校を経て防衛大学校教授。東京大学、慶応大学、埼玉大学、東京都立大学などでロシア語を教える。『コンサイス露和辞典』。

ピンイン　中国語標準語のローマ字式表記法。二六のローマ字と四つの声調符号から構成される。一九五八年に中国の全国人民代表大会で採択された。

注音符号　ピンインより前、中華民国期に公式に制定された中国語の発音表記法。現在なお台湾で使用。古代の篆書などの字形の一部を採るなどして表音文字として使う。

仁井田陞　（一九〇四～一九六六）。東京大学名誉教授。正三位・勲二等瑞宝章。専門は中国法制史。著書に『唐令拾遺』『中国の社会とギルド』『中国の農村家族』『中国法制史研究』。

王利器　（一九一二～一九八八）。元北京大学教授。著書に『文心雕龍新書』『元明清三代禁毀小説戯曲史料』『文鏡秘府論校注』『颜氏家訓集解』『呂氏春秋注疏』『王利器自伝』。

周藤吉之　（一九〇七～一九九〇）。東京大学名誉教授。日本学士院賞受賞。専門は宋代史。著書に『中国土地制度史研究』『宋代経済史研究』。

西郷信綱　（一九〇六～二〇〇八）。横浜市立大学名誉教授。文化功労者。専門は古代文学。著書に『貴族文学としての万葉集』『古事記注釈』。

西脇順三郎　（一八九四～一九八二）。英文学者・詩人。元慶應義塾大学教授。文化功労者、アメリカ芸術科学アカデミー（The American Academy of Arts and Sciences）外国人名誉会員、勲二等瑞宝章。詩集に『Spectrum』『豊饒の女神』『えてるにたす』。

丸山　昇　（一九三一～二〇〇六）。東京大学名誉教授。専門は近現代中国文学。著書に『魯迅――その文学と革命』『文化大革命に到る道――思想政策と知識人群像』、訳書に魯迅『阿Q正伝』など。

木山英雄　一九三四年生まれ。一橋大学名誉教授。専門は近現代中国文学。著書に『周作人「対日協力」の顛末――補注『北京苦住庵記』ならびに後日編』『人は歌い人は哭く大旗の前――漢詩の毛沢東時代』、編訳書に周作人『日本談義集』。

近藤邦康　一九三四年生まれ。東京大学名誉教授、日本現代中国学会理事長をつとめる。専門は中国近現代思想史。著書に『辛亥革命―思想の形成』『中国近代思想史研究』『毛沢東――実践と思想』

高田　淳　（一九二五～二〇一〇）。京城生まれ。学習院大学名誉教授。専門は中国近代思想。著書に『中国の近代と儒教――戊戌変法思想』『辛亥革命と章炳麟の斉物哲学』『易のはなし』。

竹田　晃　一九三〇年生まれ。東京大学名誉教授・明海大学名誉教授。専門は中国古典文学。著書に『曹操――その行動と文学』

『中国小説史入門』。

田中謙二　（一九一二〜二〇〇二）。京都大学名誉教授。専門は中国古典文学。著書に『中国詩文選　楽府・散曲』『朱子語類外任篇訳註』『田中謙二著作集』全三巻、訳書・訳注書に『史記』『長安城中の少年――清末封建家庭に生れて』（王独清）、『中国古典文学大系　宋代詞集』（元散曲など）、『中国古典文学大系　戯曲集』（西廂記など）など。

銭南揚　（一八九九〜一九八七）。元南京大学教授。著書に『宋元戯文輯佚』『戯文概論』『元本琵琶記校注』『湯顕祖戯曲集校点』『永楽大典戯文三種校注』。

吉川幸次郎　（一九〇四〜一九八〇）。京都大学名誉教授。文学博士（京都大学）。従三位、勲一等瑞宝章、芸術院会員、文化功労者。専門は中国古典文学。著書多数。『決定版 吉川幸次郎全集』全二七巻『吉川幸次郎遺稿集』全三巻『吉川幸次郎講演集』がある。訳注書に『尚書正義』（孔穎達）『唐宋伝奇集』『水滸伝』。

入矢義高　（一九一〇〜一九九八）。京都大学名誉教授、名古屋大学名誉教授。日本学士院会員、勲二等瑞宝章、叙正四位に叙せらる。専門は漢文学、中国禅、古代口語中国語。著書に『求道と悦楽――中国の禅と詩』『自己と超越――禅 人 ことば』『空花集 入矢義高短篇集』、訳注書に『臨済録』『東京夢華録』『洛陽伽藍記』『中国文人詩選』『日本文人詩選』『良寛　詩集』。

目加田誠　（一九〇四〜一九九四）。九州大学名誉教授。専門は中国古典文学。著書多数。『目加田誠著作集』全八巻、訳注書に『詩経・楚辞』『文心雕龍』『世説新語』『唐詩三百首』。

中島幹起　一九四二年生まれ。東京外国語大学名誉教授。専門は中国語学。著書に『現代広東語辞典』『福建漢語基礎語彙集』『海南島方言基礎語彙集』『山東方言基礎語彙集』『呉語の研究――上海語を中心にして』『コンピューターによる北京口語語彙の研究』。

様板戯　文化大革命期に喧伝された芸能形式。正式名は「革命様板劇」で「革命模範劇」と日本語に訳される。現代京劇の演目に『智取威虎山』『紅灯記』、バレエ劇の演目に『紅色娘子軍』『白毛女』などがある。

海瑞罷官　（海瑞の免官）。呉晗が一九六一年に発表した京劇戯曲。内容は明代の清廉な官僚、海瑞が皇帝を諫め投獄される話。毛沢東を皇帝、彭徳懐を海瑞にたとえたと批判され、文化大革命の発端となった。

呉　晗　（一九〇九〜一九六九）。中国の歴史家、政治家。『海瑞罷官』の作者として有名。『呉晗全集』全一〇巻。

姚文元　（一九三一〜二〇〇五）。文芸評論家。文化大革命期に江青・張春橋・王洪文とともに「四人組」を結成。呉晗の『海瑞罷官』を批判する文章を上海の『文匯報』で発表。毛沢東の死後、一九七六年に逮捕され失脚。

『紅旗』　中国共産党中央委員会が発行した政治理論誌。一九八八年六月に創刊。初代編集長は陳伯達。一九九八年六月に停刊、その役割は『求是』にひきつがれた。

彭徳懐　（一八九八〜一九七四）。解放軍元帥のひとり。一九五九年の廬山会議で、大躍進をめぐる疑問を毛沢東あての書簡で表明して失脚。文化大革命で迫害され病死。毛沢東の長男である毛岸英は彭が司令官であった朝鮮戦争に参戦して死亡。

江　青　（一九一四〜一九九一）。毛沢東の四番目の夫人。「四人組」のひとり。一九三〇年代の上海で「藍蘋」の芸名で女優活動。日中戦争勃発後、中国共産党本拠地の延安に行き、一九三八年に毛沢東と結婚。文化大革命時には党中央政治局委員も務める。一九七六年に逮捕され、一九九一年に自殺。

沈従文　（一九〇二〜一九八八）。中国の作家。故郷の湘西を舞台にした小説や散文を発表、代表作に「辺城」「蕭蕭」「阿麗思中国遊記」『従文自伝』。戦後、批判されて作家活動を断ち、国立北京歴史博物館研究員として主に中国の古代服飾の研究に従事、著書に『中国古代服飾研究』。

溝口雄三　（一九三二〜二〇一〇）。東京大学名誉教授。専門は中国思想史。内発的近代化のベクトルに着目し、中国や東アジアの近代を認識する方法を提唱。著書に『中国前近代思想の屈折と展開』『方法としての中国』など。

Entwickelung　ドイツ語。英語の Development に当たる。

ラテン化新文字　漢字に代わる中国語の表記法として、瞿秋白などソ連在住の中国人研究者とソ連側が協力して一九二八年から開発。主にソ連在住の中国系移民や中国北部の解放区で使用された。

倉石講習会　倉石武四郎が戦後初期に創立した中国語講習会。一九五〇年の発足時には日中友好協会の名義で、一九五一年に倉石の個人的な講習会となり、のちに日中学院に引き継がれた。

山村工作隊　一九五〇年代前半、日本共産党が日本の山村地区の農民を組織して、武装闘争を志向した組織。中国共産党が農村を拠点としたのに倣った。

国際派　日本共産党が一九五〇年代に内部分裂した際の派閥の一つ。宮本顕治・志賀義雄が属し、徳田球一・野坂参三らの主流派と対立した。一九五五年に両派は和解し合法活動路線が採用され、日本共産党は以後、宮本顕治が指導。

白毛女　文化大革命期の「様板戯」の一つ。物語は国民党支配下の旧社会で地主から暴行を受けた農民の娘・趙喜児が山奥の洞窟に逃亡、隠れている間に白髪となったが、共産党軍に救われ、地主を打倒する。

那須の合宿　東京大学教養学部で第二外国語として中国語を選択した当時Eクラス（初修中国語）の学生が、毎年夏季に栃木県那須の温泉で合宿した。

話者紹介

田仲一成（たなか・いっせい）

中国演劇史研究者。専門領域は中国演劇史。中国文学の枠にとどまらず、東洋史や宗教学、文化人類学など分野横断的に研究。厳密な文献研究と豊富なフィールドワーク（二〇一一年までに延べ六五回）を融合させた業績は、日本語著書八冊のうち四冊が中国語訳されるなど（ほかに中文著書一冊）、国際的評価はきわめて高い。東京大学名誉教授。日本学士院会員。文学博士。

　一九三二年に東京で生まれる。東京都立第八高等学校（旧制）に入学後、新潟に疎開。一九五一年に東京大学教養学部文科一類に入学、中国語を工藤篁に学ぶ。一九五五年に同大学法学部第二類を卒業。日本相互銀行勤務を経て、一九五七年に東京大学大学院人文科学研究科中国語中国文学専攻修士課程に入学一九六二年に同専攻博士課程を単位取得満期退学。同年九月に東京都公立学校教員採用試験に合格し、東京都立深川高等学校・都立新宿高校で教鞭をとる。定時制で教えることが多く、昼間は研究をつづけた。一九六六年より北海道大学文学部助手（中国語文学講座）に採用。一九六八年に熊本大学法文学部講師（学科目：中国語）に昇任。一九六九年より同大学助教授。一九七二年に東京大学東洋文化研究所助教授（東アジア文学部門・大学院人文科学研究科授業担当）に配置転換。一九八一年に同教授に昇任（一九九三年に定年退官）。一九九三年より金沢大学文学部教授（大学院中国語中国文学修士講座、及び大学院社会環境科学研究科博士講座担当）に配置転換、同大学を一九九八年に定年退職。同年、学校法人桜花学園大学人文学部教授に採用、二〇〇〇年に同大学を依願退職。二〇〇一年、財団法人東洋文庫理事に選任（のち常務理事）、同年より同図書部長を兼任。

東大助教授時代、45 歳

　修士論文のテーマは「元曲における曲辞及び襯字の構造」。引き続き博士課程に進学し、直後に中国語学研究会関東支部第一一六回例会で「元人雑劇における声調の問題」で最初の研究発表。一九九三年に「中国祭祀演劇の研究」（『中国祭祀演劇研究』と『中国の宗族と演劇』、『中国郷村祭祀研究』）により恩賜賞・日本学士院賞を受賞。二〇〇〇年に日本学士院会員に選定。二〇〇六年、宮中講書始の儀にて御進講（講題：中国の神事芸能）、二〇〇七年に重光瑞宝章を受章。

二〇一一年までの状況で、日本語論文六八本に対して、英語論文は七本、中国語論文は六三本。著書には『中国祭祀演劇研究』（東京大学出版会、一九八一：中国語訳　北京大学出版社文学史研究叢書、二〇〇八）、『中国の宗族と演劇――華南宗族社会における祭祀組織・儀礼および演劇の相関構造』（東京大学出版会、一九八五：中国語訳　上海古籍出版社海外漢学叢書、一九九二）、『中国郷村祭祀研究――地方劇の環境』（東京大学東洋文化研究所、一九八九）、『中国巫系演劇研究』（東京大学出版会、一九九三）、『中国演劇史』（東京大学出版会、一九九八：中国語訳　北京広播学院出版社　戯劇戯曲学書系　二〇〇二と北京大学出版社　文学史研究叢書　二〇一一）、『明清の戯曲――江南宗族社会の表象』（創文社、二〇〇〇、中国語訳　北京広播学院出版社戯劇戯曲学書系、二〇〇四）、『中国地方戯曲研究――元明南戯の東南沿海地区への伝播』（汲古書院、二〇〇七）、『中国鎮魂演劇研究』（東京大学出版会、二〇一六）。このほか、中国語による書き下ろしとして『古典南戯研究――郷村、宗族、市場之中的劇本変異』（中国社会科学出版社中国社会科学院民俗学研究所系、二〇一二）。

学会では東方学会（評議員・監事）や日本中国学会（理事・学術専門委員・監事）などで要職を歴任。一九七二年の熊本大学での集中講義以来、三〇の大学で集中講義を行う。中国文学科のほか、東洋史学科や宗教学科での集中講義も少なくない。

Ⅱ　東京大学における中国語教育の実践

一　東京大学教養学部前期課程の中国語教育――軌跡と展望

楊凱栄／吉川雅之／小野秀樹

1　はじめに

本稿は東京大学教養学部前期課程（以下、前期課程と称する）に於ける中国語の教育について、一九九九年以降約一五年間の変遷を述べ、今後の課題を思索するものである。中華圏、とりわけ中国大陸（以下、中国と称する）の急速な経済発展に呼応して、一九九〇年代初期以降、世界各国の大学では中国語教育への取り組みが盛んになった。日本はその規模に於いて、主要国の一つであると言ってよかろう。しかし、言語教育として成功しているかと言えば、決して楽観はできない。

言語教育にとって重要な要素の一つである教材を取り上げれば、それに気付くことは難しくなかろう。書店には数多くの中国語教材が並んではいるが、その殆ど全てが入門か初級の教材であり、中級水準の教材は大いに限定される。上級教材はと言えば、レベルの定義自体が未だ諸家の間で意見の一致を見ていない(1)。同時に、学習者層は、裾野は広いが、レベルが上がると共に急激な先細りを呈している。英語のようにレベルや目的に応じた教材が体系を成す状況にはほど遠いものがある。

カリキュラムや教授法については、満足のいく効果を生み出す体制やメソッドの模索が各大学で行われているものと推察されるが、それぞれが有する制約や理念の違いもあり、他大学にそのまま転用できる汎用的なモデルというものは未だ登場していないように思われる。本稿で取り上げるのは東京大学教養学部という一組織を対象としたケーススタディではあるが、複雑な組織・制度と比較的大規模な学習者数が存在する環境下での取り組みとして、中国語教育、延いては言語教育に於ける一参考例となれば、幸いである。

なお、本稿で一九九九年を対象期間の上限とするのは、数値を主としたデータをどこまで遡ることができるかに因るところが大きい。決して東京大学延いては日本の高等教育機関に於ける中国語教育の時代区分を反映するものではないことを、予め断っておきたい。

2　東京大学教養学部の特色と外国語教育の現状

(1)　教養学部の東京大学に於ける位置付け

東京大学の学部教育は前期課程（1・2年生）と後期課程（3・4年生）に分かれており、前期課程はその殆どの授業が駒場Ｉキャンパスで行われている。そして、大多数の授業は、教養学部・総合文化研究科の教員が担当している。学部1・2年生は、三年次での進学先の如何を問わず、教養学部前期課程に所属し、「科類」という枠組みで分類される。東京大学は大学入試（前期日程）を学部単位ではなく、科類単位で行っており、この文科Ｉ類、文科Ⅱ類、文科Ⅲ類（以上を「文科」と呼ぶ）、理科Ｉ類、理科Ⅱ類、理科Ⅲ類（以上を「理科」と呼ぶ）の六つの科類は、東京大学の教育の特色の一つとなっている。

前期課程と後期課程とで学生の属する組織区分が異なっているわけであるが、これにより学生にとって進路について考えをまとめる時間が入学後に確保されるため、文理の垣根を越えて後期課程での専門を選ぶ学生も少なくない。加えて、東京大学の前期課程では、教員の層の厚さと職員の積極的な支援により「広く深く学ぶ」ことが可能となっている。

東京大学は大学入試（前期日程）を学部単位ではなく科類単位で行っているため、大多数の学生は三年次での進学先となる学部や専攻・学科について、二年次の早い時期に決断することになる。進学先の内定には競争が存在し、そこでは一年次夏学期以来の成績が大きく影響する。この制度を「進学振り分け」制度と呼ぶ。この制度を有効に維持させるために諸制度が設けられているが、成績で優評価を与える学生数について、受験生の三割を基準とする規定が学内に存在する。これを「優三割」規定と呼ぶ。

(2)　部会とカリキュラム

東京大学の前期課程では数多の授業が開講されているが、その運営は主に「部会」という組織が単位となって担っている。本稿で述べる授業の多くは、外国語科目の担当部会の一つである「中国語部会」が開講母体となっている。

一九九九年以降，前期課程では二度のカリキュラム改革を経験してきた。新しいカリキュラムは二〇〇六年度と二〇一五年度に導入され、それぞれ当該年度に入学した一年生から適用が開始されている。本稿で取り上げるのは、その大部分が二〇〇五年度までの（旧）カリキュラム下と、二〇一四年度までの（新）カリキュラム下における事象であることを断っておきたい。尚、二〇一五年度に導入された現行のカリキュラムでは、外国語の履修に関する規則のみならず、授業時間や授業期間もそれ以前とは異なっているため、本稿では取り上げない。

(3)　前期課程での外国語履修

前期課程では全科類の学生は、既修外国語（いわゆる第一外国語）と初修外国語（いわゆる第二外国語）をそれぞれ一つ履修することが義務付けられている。大多数の学生は既修外国語として英語を選択するが、ドイツ語やフランス語、中国語、イタリア語を選択することも可能である。初修外国語としては、一九九九年度の時点で、中国語の他にドイツ語、フランス語、スペイン語、ロシア語、そして韓国朝鮮語（文系のみ）が選択可能であった。二〇〇二年からは韓国朝鮮語が理系でも選択することができるようになる。また、二〇〇七年にはイタリア語も初修外国語の隊伍に加わった。

二〇〇六年から二〇一四年まで行われたカリキュラムでは、一年次の初修外国語は文科では週に三コマ履修することになっていた。文法中心の授業が二コマであり、これを「一・二列」と呼ぶ。会話中心の授業が一コマであり、これを「演習」と呼ぶ（二〇〇五年度入学までの旧カリキュラムでは「三列」と呼んだ）。一般に「一・二列」は日本語話者の教員が、「演習／三列」は母語話者の教員が担当する。二年次では初修外国語を履修することになっているのは文科のみであり、文科Ⅰ・Ⅱ類が第三学期（二年生夏学期）、文科Ⅲ類が第三学期と第四学期（二年生冬学期）に履修することになっていた。理科は、二〇〇六年入学からの新カリキュラムでは、二年生での初修外国語の履修が無いが、二〇〇五年度入学までの旧カリキュラムでは、第三学期と第四学期でも履修が課されていた。

一年次の既修外国語は、文科・理科を問わず週二コマ履修することになっている。二年次では第三学期に週一コマ履修することになっている。

以上が、いわゆる「必修」科目としての外国語である。「選択」科目としての外国語については第四節で触れる。

3　中国語教育の需要と供給——初修外国語の場合

本節では、前期課程に於ける中国語教育を、需要と供給のバランスから概観する。需要の指標としては履修者数とクラス数を、供給の指標としては教員数と担当コマ数を挙げる。第四節で述べるように、前期課程で開講されている中国語の授業は多種に及ぶ。本節では、履修者数が最も多い「初修外国語」の状況を取り上げて論じることにする。

(1)　履修者数

初修外国語で中国語を選択する学生の増加は、一九九九年以降に二度ほど顕著な趨勢として現れた。一度目は二〇〇〇年代初期であり、一九九九年度の時点で履修者数（一年生、以下同じ）は既に七〇〇名を超えていたのが、二〇〇三年度には八八〇名近くまで増加した。二度目は二〇〇〇年代末期であり、その趨勢が続いた二〇一一年には九〇〇名を超えた。表1は初修外国語の履修者数を列挙したもの、図1はそれをグラフ化したものである。

全科類の入学者数そのものが二度（二〇〇〇年度と二〇〇四年度）減少しているため、単純な比較は難しいが、中国語は概ね二〇〇一年以降の約一〇年間に一・二六倍にまで履修者が増え、二〇一二年度に始まる僅か三年間でその増加分が一気に消失したことが窺える。二〇一二年度以降の中国語の履修者数の減少は、国際関係が影響を及ぼしたと思われる。

表2は一九九九年度から二〇一五年度までの履修者数を科類毎に示したもの、図2はそれをグラフ化したものである。なお、二〇一五年度の各科類の入学者数は、文科Ⅰ・Ⅱ類が七九二人、文科Ⅲ類が四九三人、理科Ⅰ類

表１　入学者数と中国語履修者数（1年生初修外国語）

	1999	2000	2001	2002	2003	2004	2005	2006	2007
中国語	708	748	742	853	877	843	874	876	872
入学者	3,402	3,304	3,295	3,294	3,301	3,104	3,133	3,127	3,118

	2008	2009	2010	2011	2012	2013	2014	2015
中国語	874	800	856	937	832	736	651	687
入学者	3,140	3,123	3,123	3,140	3,127	3,122	3,115	3,114

図１　中国語履修者数（1年生初修外国語）

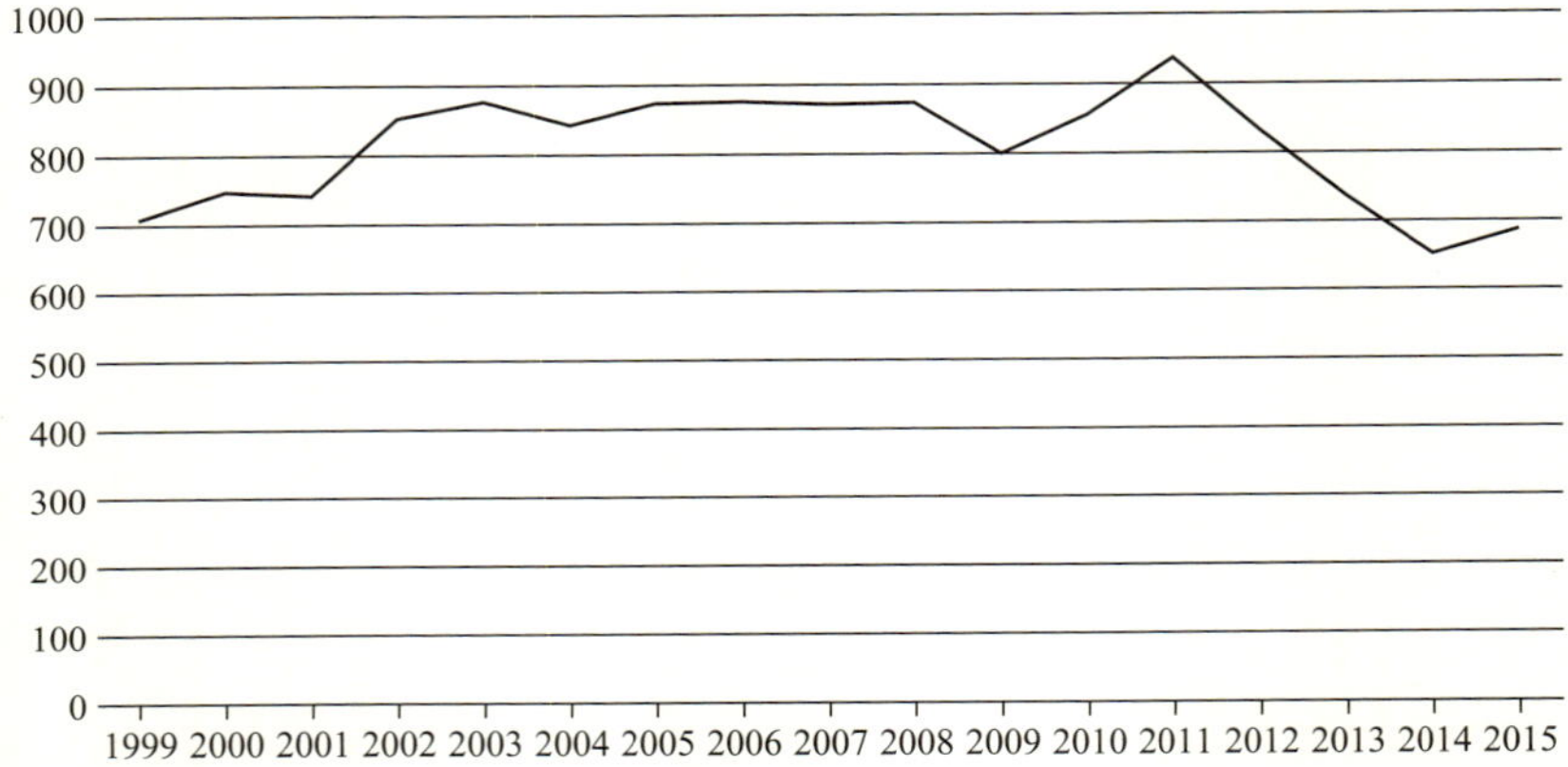

が一二〇一人、理科Ⅱ・Ⅲ類が六五八人である。

表２から分かるのは次の三点である。

①文科Ⅰ・Ⅱ類と理科Ⅰ類の履修者数は増減が激しいこと。

②文科Ⅲ類の履修者が漸減しており、文科Ⅰ・Ⅱ類と理科Ⅰ類とは異なる様相を呈していること。

③理系の履修者数が二〇一一年度に急増したこと。

①については、二〇〇四年度に文科Ⅰ・Ⅱ類の履修者数が減少しているが、これは法科大学院の設立に伴い文科Ⅰ類の募集人数が削減されたことによるものである可能性が高い。②については、学生が中国語を人文科学や社会科学に於ける基幹言語として捉えていない可能性が窺えるため、今後専門課程に於いて中国語がその生存空間を広めることが望まれる。

表 2　中国語履修者数（1 年生初修外国語）

	1999	2000	2001	2002	2003	2004	2005	2006	2007
文科Ⅰ・Ⅱ類	227	269	257	306	329	272	288	293	301
文科Ⅲ類	123	122	121	129	128	108	132	139	121
理科Ⅰ類	248	230	262	272	290	305	315	305	312
理科Ⅱ・Ⅲ類	110	127	102	136	130	158	139	139	138
文科　計	350	391	378	445	457	380	420	432	422
理科　計	358	357	364	408	420	463	454	444	450
全体	708	748	742	853	877	843	874	876	872

	2008	2009	2010	2011	2012	2013	2014	2015
文科Ⅰ・Ⅱ類	289	255	287	292	241	239	203	208
文科Ⅲ類	118	110	122	122	117	106	82	93
理科Ⅰ類	325	298	298	357	316	254	247	259
理科Ⅱ・Ⅲ類	142	137	149	166	158	137	119	127
文科　計	407	365	409	414	358	345	285	301
理科　計	467	435	447	523	474	391	366	386
全体	874	800	856	937	832	736	651	687

図 2　中国語履修者数（1 年生初修外国語）

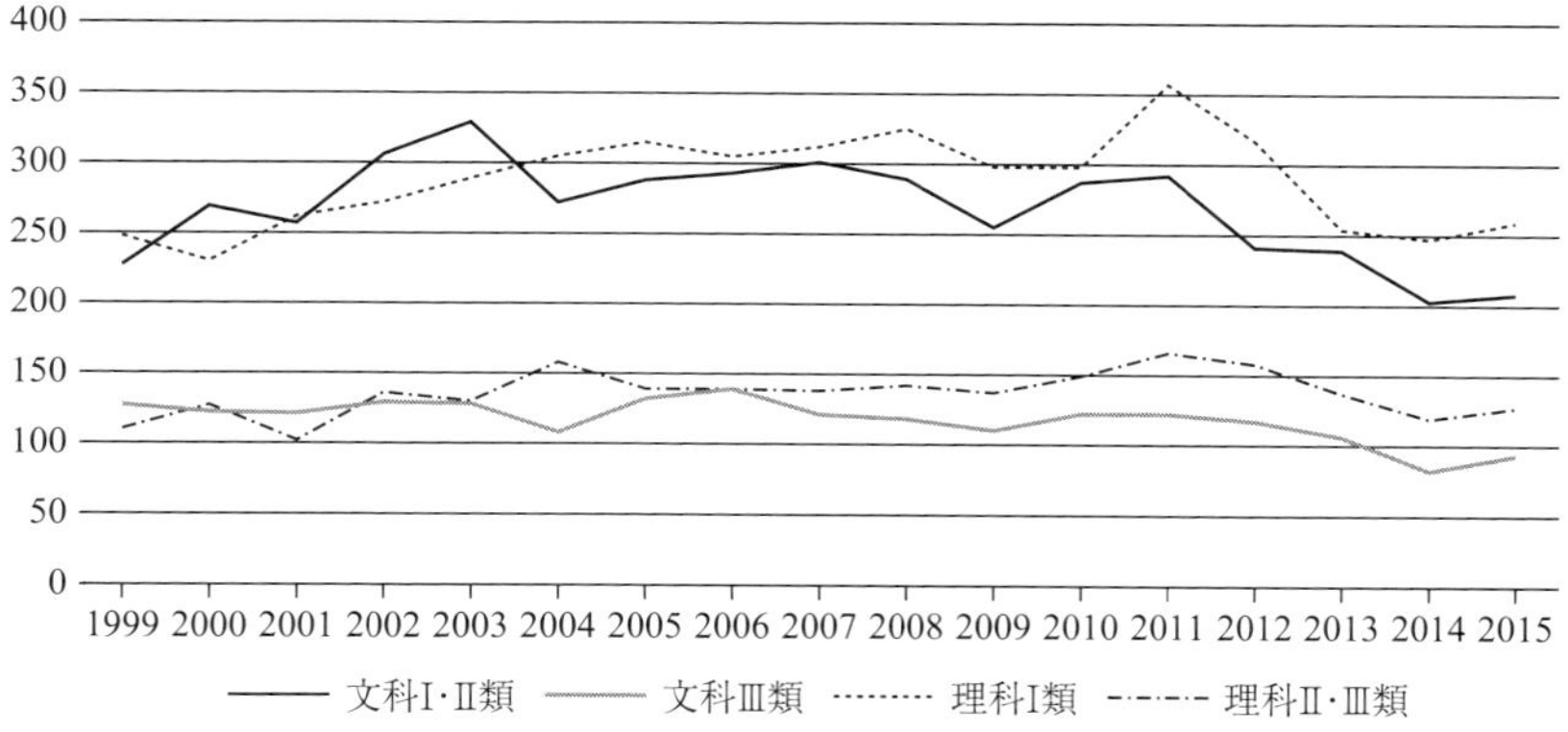

次頁に掲げた表3は中国語履修者の学年全体に占める割合を科類毎に算出したもの、図3はそれをグラフ化したものである。

表3と図3からは、学年全体に占める中国語履修者の割合が、二〇〇二年度以降文科Ⅰ・Ⅱ類で突出していたことが分かる。最高値は二〇〇七年度の三八％である。それ以外の科類で、学年全体に占める中国語履修者の割合が三〇％に達したのは二〇一一年度の理科Ⅰ類のみである。

(2)　クラス数と教員数

外国語教育では、クラスの規模は学習効果に強く影響する重要な要素の一つである。この点で、前期課程の初修外国語は長年にわたり、理想とは遠い環境下に置かれていたと言わざるをえない。二〇〇五年度まで、一クラス当たりの学生数が六五名を上限として運営されていたからである。この状況は、二〇〇六年に導入されたカリキュラムによってようやく改善された。このカリキュラムの下では、初修外国語授業の少人数化が計られ、一クラスは三五名を上限として運営されるようになった。これにより、学習効果は向上したと考えられる。ただし、少人数化はクラス数の大幅な増加をもたらし、初修外国語（一・二列）の開講コマ数が相応に増加することとなった。表4に中国語のクラス数（一年生初修外国語）を掲げる。

初修外国語は、文科のクラスでは文法中心の授業を週に二コマ、会話中心の授業を週に一コマを、それぞれ履修することになっている。そのため、クラス数が一つ増加すると、開講コマ数は三つ増加することになる。理科のクラスでは演習は設けられていないが、それでもクラス数が一つ増加すると、開講コマ数は二つ増加することになる。中国語授業の運営母体である中国語部会は、そもそも専任教員が少なく、授業の多くを非常勤教員に頼ってきていたのであるが、新カリキュラムの導入に伴う開講コマ数の増加により、この傾向は更に強まることになっ

表3　中国語履修者の学年全体に占める割合（1年生初修外国語）

	1999	2000	2001	2002	2003	2004	2005	2006	2007
文科Ⅰ・Ⅱ類	23%	27%	26%	32%	33%	34%	36%	37%	38%
文科Ⅲ類	24%	24%	24%	26%	26%	22%	27%	28%	25%
理科Ⅰ類	20%	20%	22%	23%	25%	26%	26%	26%	26%
理科Ⅱ・Ⅲ類	17%	20%	16%	21%	20%	24%	21%	21%	21%
文科　計	24%	26%	25%	30%	31%	30%	33%	34%	33%
理科　計	19%	20%	20%	22%	23%	25%	25%	24%	25%
全体	21%	23%	23%	26%	27%	27%	28%	28%	28%

	2008	2009	2010	2011	2012	2013	2014	2015
文科Ⅰ・Ⅱ類	36%	31%	35%	36%	30%	30%	26%	26%
文科Ⅲ類	24%	23%	25%	25%	24%	22%	17%	19%
理科Ⅰ類	27%	26%	30%	30%	27%	21%	21%	22%
理科Ⅱ・Ⅲ類	21%	21%	23%	25%	24%	21%	18%	19%
文科　計	32%	28%	32%	32%	28%	27%	23%	23%
理科　計	25%	24%	24%	28%	26%	21%	20%	21%
全体	28%	26%	27%	30%	27%	24%	21%	22%

図3　中国語履修者の学年全体に占める割合（1年生初修外国語。科類毎に算出）

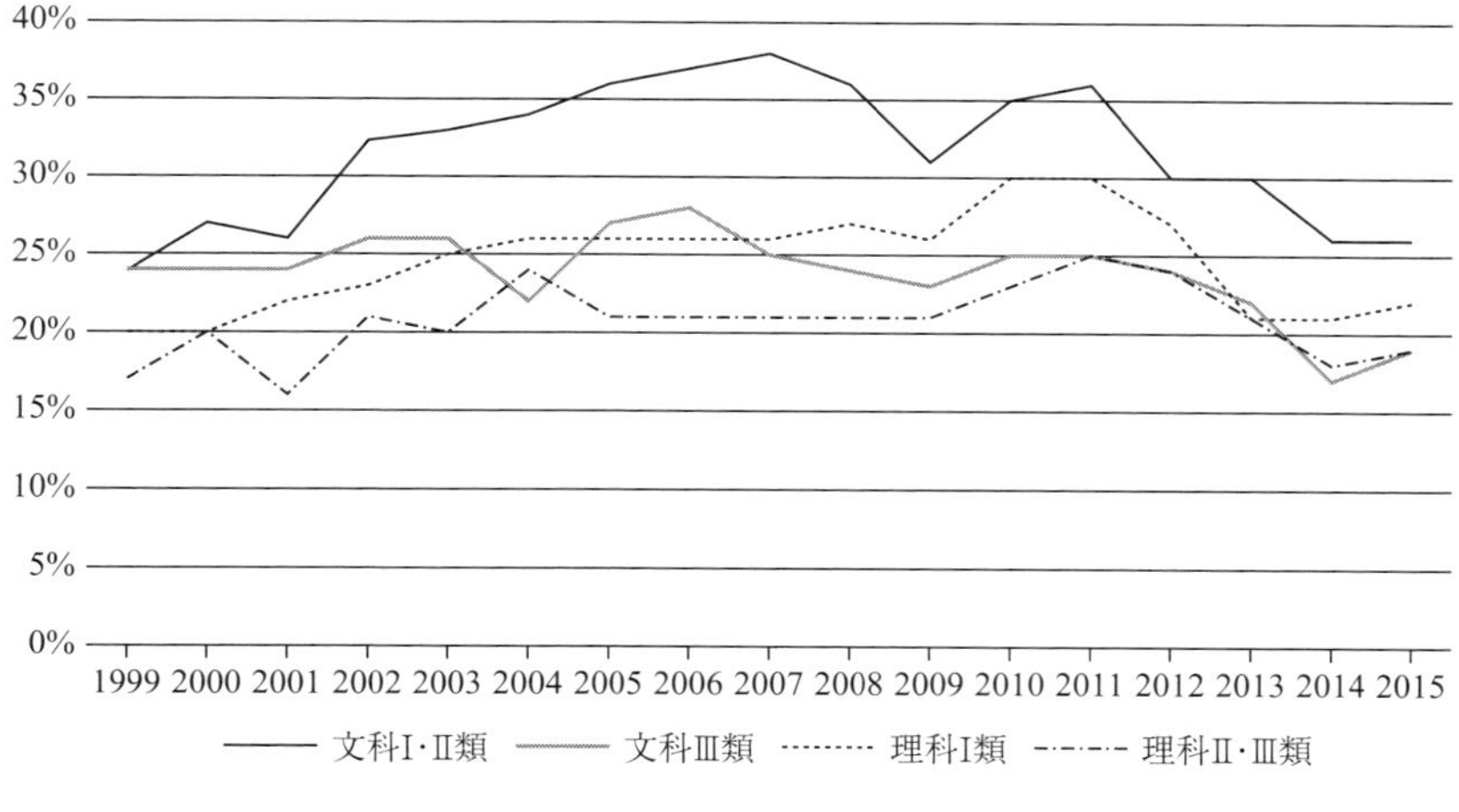

表４　中国語のクラス数（１年生初修外国語）

	2005	2006	2007	2008	2009	2010	2011	2012	2013
文科Ⅰ・Ⅱ類	6	8	9	9	8	8	8	7	7
文科Ⅲ類	3	4	4	4	4	4	4	4	4
理科Ⅰ類	7	9	9	10	10	9	10	10	9
理科Ⅱ・Ⅲ類	3	4	4	4	4	4	5	5	5
文科　計	9	12	13	13	12	12	12	11	11
理科　計	10	13	13	14	14	13	15	15	14
全体	19	25	26	27	26	25	27	26	25

表５　中国語部会の専任教員数（特任教員や外国人教員を含まない）

年度	1999	2000	2001	2002	2003	2004	2005	2006
人数	11	11	11	12	12	12	12	12

年度	2007	2008	2009	2010	2011	2012	2013
人数	12	13	13	13	13	13	13

た。

中国語部会の専任教員数は一九九〇年代後期から増加が図られてはきたものの、初修外国語をはじめ開講する授業が不断に増加しているため、十分な人数を確保できたとは言い難い状況が続いてきた。表５は専任教員数の変化を示したものである。

特に、近年は後期課程（教養学部３・４年生）のカリキュラム再編の流れを受け、３・４年生向け授業の負担が増しており、一部の教員が担当義務の授業以外に「増担」で前期の授業を担当するという事態も起きている。しかし、専任教員の更なる増加について、決して展望が開けているわけではない。

以上のような状況の下、中国語部会では、限られた人的資源の中で前期課程における中国語の教育体制の整備と教材開発の改革に取り組み続けて来た。その内容は複雑かつ多岐にわたるものであるが、次節でその主要なものをいくつか取り上げ、経緯や主旨について概説する。

4　需要の多様化に対する取り組み

(1)　多様な授業とコースの提供

中国語部会は前期課程に関して、多様な授業やコースを提供してきた。これは一朝一夕に成し遂げられたものではなく、一九九〇年代から部会が掲げてきた、理想的な中国語教育を目指す着実な積み重ねの結果である。そして、学生から絶えず寄せられる要望に対して真剣に取り組んだ結果でもある。本節ではそれらについて述べる。

●既修外国語

前期課程では初修外国語だけでなく、既修外国語（第一外国語）にも複数の選択肢が用意されている。中国語もその中に含まれており、中国語の既修クラスは、これまで毎年度一クラスが設けられてきた。既修外国語として中国語を履修した場合、授業数は一年次が週二コマ、二年次が週一コマである。履修者数は表6に掲げるように、二〇一二年度までは概して漸増傾向にあった。

ただし、数値には表れない問題が、中国語には存在している。それは、履修（希望）者の属性の変遷、そして中国語運用能力の隔たりである。既修クラスの履修を希望する学生には、主に次の三種類が含まれている。

①日本国内の高校に在学して、中国語を外国語として学習した者。
②中国をはじめ海外の高校に在学して、中国語を学習した者。
③高校で中国語を学習していないが、親が中国語母語話者である者。

①と②の間の運用能力の差は、必ずしも同じ授業を運営する上での支障となるものではない。しかし、③は

表６　中国語履修者数（1 年生既修外国語）

年度	1999	2000	2001	2002	2003	2004	2005	2006	2007
人数	3	1	1	6	5	9	10	11	4

年度	2008	2009	2010	2011	2012	2013	2014	2015
人数	7	12	16	3	14	19	7	9

家庭内使用言語が中国語である場合が多く、①②との隔たりは歴然としていることが多い。そのため、①②と同じ授業を履修させることでは、理想的な教育効果が得られない場合も多い。二〇〇〇年代中期までは既修クラスの履修希望者は①と②を主としていたが、近年は③が顕著となってきている。解決策としては、既修クラスを複数設け、入学時点での運用能力に応じて履修者を分けるという方法が考えられるが、中国部会の教員数から判断して、その余裕は無い。直近の二〇一三年度の場合、既修クラス履修希望者のほぼ全員が③に該当する学生であった。開設当初の理念として、既修外国語は①を履修者として想定していた。しかし、近年では①に該当する履修者は激減し、代わって③が大多数を占める情況となっている。日本の大都市に於ける多言語化の急速な進行によって、中国語に関する限り開設当初のの理念はもはや維持できない段階に至っていると考えられ、早急な対応を必要としている。更に付け加えるならば、③に該当する履修者は、実質的にはネイティヴスピーカーとしての資質を備えている反面、完全な母語話者でもないという非常に微妙な状態にある。彼ら自身が大学で中国語の履修を希望する動機の最たるものは「きちんと中国語を身につけたい」ということであり、それに対する教授法および教育内容の構築と整備も、喫緊の課題となっている。

●インテンシヴ・コース

インテンシヴ・コースは週二コマ開講される授業を履修することで速達を図るコースであり、「読む・聴く・書く・話す」の四能力を総合的に高めることを目標として、一九九四年に開設された。一年次のクラスと二年次のクラスとが用意されており、ともに「会話」の授業と

「聞き取り」の授業（いずれも週一コマ）を履修するようになっている。インテンシヴ・コースは必修の授業ではない。そのため、一年生の場合、必修である初修外国語（文科週3コマ、理科週2コマ）で中国語を履修し、更にインテンシヴ・コースを履修した場合、文科だと週五コマ、理科だと週四コマ中国語を学習することになり、高い習熟度が期待される。インテンシヴ・コースは、当初は一クラスのみを運営していたが、近年は希望者の増加に応じて三クラスで運営されている。一クラス当たりの定員は三〇名前後を目安としているため、希望者が多い学期は抽選を行っている。ここ数年は抽選で漏れる学生数が非常に多く、さらなるクラス数の増加が求められ、差し迫った課題の一つとなっている。

インテンシヴ・コースは長年に渡り独自の教材を有していなかったが、二〇一〇年度より自主編集の教材を使うようになり、二〇一三年度からはより体系立った内容の新教材を使うようになった。今後はこの新教材を用いることで、より高い学習効果が得られるものと期待される。

●トライリンガル・プログラム（ＴＬＰ）

トライリンガル・プログラムは、二〇一三年度に始動した新しいプログラムである。二〇一三年度から、前期課程では既修外国語の英語の授業に、習熟度別クラスを導入することになった。大学入試試験に於ける英語の成績に応じてクラス分けを行い、特に上位一割の入学者に対しては母語話者による授業を用意するというものである。この一割の入学者の中の希望者に対して、英語と同時に中国語にも速達コースを提供しようという構想がこのプログラムである。初年度は四五名の応募者が有った。

このプログラムでは、必修である初修外国語と同コマ数の授業を履修し、かつインテンシヴ・コースと同数のコマ数を履修することになっているため、高い学習効果が期待される。加えて、計五コマの授業を同じクラスで受講するため、テキストの進度や授業運営などにも他のクラスとは違った内容や進度を盛り込むことが可能で、総合的に中国語の体系的な授業を効率的かつ高濃度で提供することが見込まれている。始動したばかりのプログラムであるため、今後さまざまな点で整備と充実化を図っていく必要があるが、英語のみならず中国語も高いレベルで使いこなせる学生を養成するという目標の下、嘱望されている。

●選択外国語⑵（初級、中級）

必修科目である初修外国語や既修外国語とは別に、選択科目（第三外国語）としても中国語は開講されている。通常毎学期とも、初級では会話、作文、中級では会話、読解、作文、表現練習といった授業が用意されている。履修者が特に多いのは初級の授業であり、履修制限をかける、或いは他の授業への振替を行うといった対処を要することがこれまでに何度も有った。中級は、一年次に学んだ中国語の能力を更に高めるため履修する学生が主であり、比較的少人数で行われているが、二年次に必修科目が設けられていない理科の学生が多く参加する傾向が見られるのが特徴である。

●広東語、上海語、台湾語

広東語、上海語、台湾語（閩南語・福建語）といった中国南部の言語が、「方言」という扱いを受けながらも、実は中華人民共和国の国家語である「普通話」や中華民国（台湾）の標準語である「國語」との間には、ゆうに言語間の差異を凌ぐ隔たりを有することは、周知の事実である。また、香港・澳門での生活に広東語は不可欠であり、台湾の人々との信頼を構築する上で台湾語は極めて有益である。その重要性に対する認識は部会教員の間で一九九〇年代には共有されており、広東語の専任教員による授業が一九九八年に開始されたのに続き、上海語

資料1　中国語履修モデル（2012年度分。ここでは第1～3学期の部分のみを掲げる）

学期	①	②	③
既修生	G5-G9	G6-G8	G7-G9
	G5-7：中級（会話Ⅰ・作文Ⅰ・表現演習Ⅰ） G7-9：中級（会話Ⅲ・作文Ⅲ・演習Ⅲ） G9-10：中級（会話Ⅴ・作文Ⅴ）	G6-8：中級（会話Ⅱ・作文Ⅱ・表現演習Ⅱ） G8-10：中級（会話Ⅳ・作文Ⅳ・演習Ⅳ） G10-：中級（会話Ⅵ・作文Ⅵ）	G7-9：中級（会話Ⅲ・作文Ⅲ・演習Ⅲ） G9-10：中級（会話Ⅴ・作文Ⅴ）
インテンシヴコース（文理）	G3	G5	G6
	G1-3：初級（インテンシヴコース）2コマ	G4-6：初級（インテンシヴコース）2コマ	G5-7：中級（インテンシヴコース） G7-9：中級（会話Ⅲ・作文Ⅲ・演習Ⅲ）
文Ⅰ-Ⅱ	G2	G4	G5
		G3-4：初級（会話・作文）	G5-7:中級（表現練習Ⅰ・中級会話Ⅰ・中級作文Ⅰ）
文Ⅲ	G2	G4	G5
理科生	G2	G4	G3-5：中級（演習）Ⅰ G5-7：中級（表現練習・会話Ⅰ・作文Ⅰ）
	G1-2：初級（演習）Ⅰ	G3-4：初級（演習）Ⅱ G3-4：初級（会話・作文）	
第三外国語として始める	G1：初級（第三外国語）Ⅰ	G2：初級（第三外国語）Ⅱ G1：初級（第三外国語～冬からの中国語）	G2：初級（第三外国語～冬からの中国語）Ⅰ

が二〇〇一年、台湾語が二〇〇四年に開講された（但し。上海語と台湾語は主に非常勤教員が担当）。更に、履修者からの要望を受け、二〇〇七年以降は広東語の中級が開講されるようになった。

　これらの諸言語は前期課程が開講母体となっているが、受講者には前期課程のみならず、後期課程や大学院の学生も含まれている。また、履修者数も文科理科双方が拮抗している。このことは、所属や専門を超えて、全学的に重要な学習の場を前期課程が提供している証左と言えよう。

　東京大学でこれら諸言語の授業を開講することは、コミュニケーションという実益としての重要性だけに因るものではない。アジアの地域言語とそれに支えられた文化を研究しようとする学生を育成する重要性も強く意識されている。それゆえに、これらの言語が、中国語と同様に、学術に於け

資料2　中国語グレード表（2012年度分。ここでは中級の部分のみを掲げる）

	夏学期			冬学期		
	科目	到達度	時限	科目	到達度	時限
中級	インテンシヴコース	G5-7	月1	冬学期開講せず		
	インテンシヴコース	G5-7	金4	冬学期開講せず		
	演習Ⅰ	G3-5	月2	演習Ⅱ	G4-6	月2
	演習Ⅴ	G9-10	月3	演習Ⅵ	G10-	月3
	演習Ⅴ	G9-10	木4	演習Ⅵ	G10-	木4
	表現練習Ⅰ	G5-7	水5	表現練習Ⅱ	G6-8	水5
	会話Ⅲ	G5-7	月1	会話Ⅳ	G6-8	月1
	会話Ⅰ	G3-5	木1	会話Ⅱ	G4-6	木1
	会話Ⅲ	G5-7	木1	会話Ⅳ	G6-8	木1
	会話Ⅴ	G7-9	木4	会話Ⅳ	G8-10	木4
	作文Ⅰ	G5-7	月1	作文Ⅱ	G6-8	月1
	作文Ⅲ	G7-9	木4	作文Ⅳ	G8-10	木4
	作文Ⅴ	G9-10	金4	作文Ⅵ	G10	金4
	夏学期開講せず			テクスト分析	G9-10	月1

る基幹言語としてより広く学ばれるよう期待したい。

(2) 授業やコースの体系化

上述のとおり、前期課程の中国語教育は、多様な科目とコースを提供してはいるものの、履修者の要望は近年更に多様化しつつある。そこで、二〇〇六年度からの新カリキュラムの施行に合わせて、開講する授業を、科類と難易度を基軸に体系化することを試み、二〇〇八年度に「中国語履修モデル」（資料1）と「中国語グレード表」（資料2）として公開し、教員や履修者への周知を図った。

「中国語履修モデル」では、東京大学での四年間八学期の学習でどのように運用能力を強化していくか、路程が示されていると言ってよい。中国語の学習を単に1・2年次のみで終わらせず、四年間かけて学生を育てていくという中国語部会の理念が前面に出たものとなっている。「中国語グレード表」では個々の授業が「中国語履修モデル」に於けるどの位置に当たるのかが明示されている。これにより、教員はどのような授業を行えばよいか、学生は自分がどの授業を履修すればよいか、ともに判断しやすくなった。

5　教材作成への取り組み

(1)　一年生初修外国語（一・二列）

一九九九年度以来、一年生初修中国語では統一教材を使用している。東京大学教養学部では、進学振り分け制度の公正な運用のため、前述の「優三割」規定をはじめとする様々な工夫が施されてきた。初修外国語に於ける統一教材の導入も、制度の公正な運用を支える工夫の一つであり、クラス間で不公平が生じないようにするため実施されたものである。統一教材を使用することで、学習内容と教授方法の均質化だけでなく、学期末試験の範囲の統一も達成されつつある。

表7は一年生初修中国語の教材を列挙したものである。

統一教材の導入以降、専任教員は数年毎に新しい教科書を著し、それが統一教材として使用されてきた。そして、新しい教科書の編集過程では、既存の教科書について共有された課題の改善・解決を積極的に行ってきた。特に、二〇〇三年度に出版された『現代漢語基礎』、二〇一〇年度に出版された『基礎漢語』、そして二〇一三年度に出版された『現代漢語基礎（改訂版）』（いずれも白帝社刊）は、言語研究を専門とする教員が総力を挙げて作成したものである。文法項目についての詳細な説明は、国内の教材としては類を見ない高水準なものであると言ってよい。そして、殆ど全ての例文を母語話者が発音したCDが付されている。『基礎漢語』と『現代漢語基礎（改訂版）』では新出語彙の発音もCDに収録されている。そして、『現代漢語基礎』と『現代漢語基礎（改訂版）』の巻末には、各課で学習した内容の定着を確認するためのワークブックが付されており、『現代漢語基礎（改訂版）』ではその音声もCDに収録されている。これらは、いずれも意欲的な学習者にとって有用なコンテンツとなって

表７　１年生、２年生初修中国語の教材

	1年生 初修 （文科 1･2列）	1年生 初修 （理科）	1年生 初修 （文科 3列／演習）	1年生 初修 （理科 補助教材）	2年生 初修 （第3学期 文科）	2年生 初修 （第3学期 理科）
1999	現代中国語基礎［改訂版］	北京の風	表現する中国語	無し	無し	
2000	現代中国語基礎［改訂版］	北京の風	表現する中国語	無し	現代中国語読解　試行本）	
2001	現代中国語基礎（試行本）	北京の風	表現する中国語	無し	現代中国語読解2　試行本）	
2002	現代漢語基礎（試行本）		表現する中国語	無し	園地	
2003	現代漢語基礎		表現する中国語	無し	園地	
2004	現代漢語基礎		表現する中国語	無し	園地	
2005	現代漢語基礎		表現する中国語	無し	園地	
2006	現代漢語基礎		表現する中国語	無し	中国語読解2006	
2007	現代漢語基礎		表現する中国語	無し	中国語読解2007	—
2008	基礎漢語（試行本）		表現する中国語	《基礎漢語》補助教材	行人	—
2009	基礎漢語（試行本）		表現する中国語	《基礎漢語》補助教材	行人	—
2010	基礎漢語		表現する中国語	《基礎漢語》補助教材	行人	—
2011	基礎漢語		基礎漢語 口語演習教材（試用）	《基礎漢語》補助教材	行人	—
2012	基礎漢語		基礎漢語 口語演習教材	《基礎漢語》補助教材	行人	—
2013	現代漢語基礎［改訂版］		基礎漢語 口語演習教材	《基礎漢語》補助教材	時代（試行本）	—

おり、語学教育上の「アフターケアまで備えた構成」を目指したものとして、国内刊行の中国語教材の一つの到達点を示しているものと自負する。

現代中国語の文法研究が本格的に発展したのは比較的近年のことであり、文法研究の歴史はまだ浅い。中国で文法研究は文化大革命による中断を一時期経験しており、再開されたのは一九八〇年代である。それ以前は専ら比較的少数の研究者によって文法研究は担われていた。一九八〇年代に入ると、外国の新しい言語理論や知識が紹介され、質量ともに新たな展開を見せる。一方、日本で現代中国語の文法研究が盛んになったのは一九九〇年代と考えられている。但し、それ以前に大阪外国語大学をはじめとする幾つかの高等学府において、少人数によるものではあるが質の高い研究が行われていた。その研究は視点や手法に日本独特な面も有ったため、中国の研究者からも高く評価されていた。その後、中国から来日した研究者や留学生の中で中国語の研究に加わる者も現れ、その成果は中国語教育へと還元された。しかし、英語と比べると、言語理論、教育文法ともに方法論が確立しているとは言えない。そのため、初級の学習項目といえども「何故この形式は成り立つ・成り立たないのか」を解明した学術研究が未だに存在していない現象がいくつも残されている。『現代漢語基礎』では、現代中国語文法を専門とする教員が、この種の隔靴掻痒の感を無くすよう、細かい説明を施した。『現代漢語基礎』を授業で使用した際に履修者から寄せられた更なる疑問は、後継の『基礎漢語』と『現代漢語基礎（改訂版）』で説明文に取り込むなどし、改良を怠らないようにしている。資料3はその一例であり、『現代漢語基礎（改訂版）』第一四課の〝把〟構文に関する部分（一一八―一一九頁）である。

このように周到な説明を教科書に盛り込むことは、授業を担当する教員の違いによって履修者が不利益を被ることの無いようにする上でも重要な役割を果たしている。

(2)　一年生初修外国語（演習／三列）

記録に残っている限り、一年生の初修中国語（三列）で統一教材が使用されたのは一九九九年に遡る。『表現する中国語』がそれであり、二〇一〇年までの長期に渡って使用され続けた。二〇一一年度からは中国語部会の教員によって『基礎漢語　口語演習教材（試用）』（二〇一一年度）、『基礎漢語　口語演習教材』（二〇一二年度）、『現代漢語基礎　口語演習教材』（二〇一三年度）が作成、使用されている。これは『表現する中国語』が一・二列の教科書に準拠するものではなく、学習内容が一・二列と三列とで相前後することがあったため、学習内容が対応する教科書を使用した方が、習熟度が向上するとの見解の下に自主制作されたものである。

資料３『現代漢語基礎（改訂版）』“把”構文

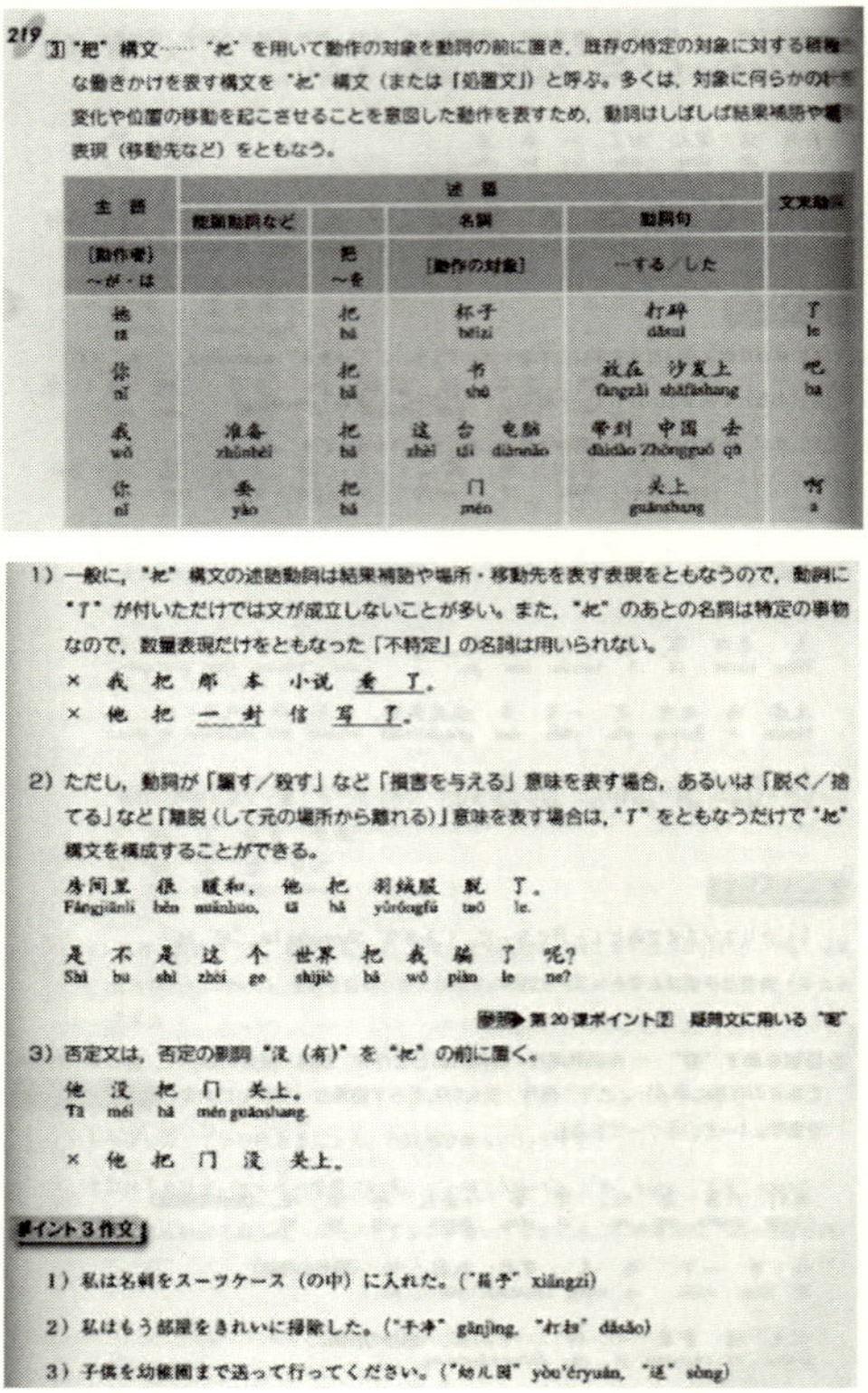

219 3] "把" 構文……"把" を用いて動作の対象を動詞の前に置き、既存の特定の対象に対する積極的な働きかけを表す構文を "把" 構文（または「処置文」）と呼ぶ。多くは、対象に何らかの変化や位置の移動を起こさせることを意図した動作を表すため、動詞はしばしば結果補語や場所表現（移動先など）をともなう。

主語	述語				文末助詞
	能願動詞など		名詞	動詞句	
[動作者]～が・は		把 ～を	[動作の対象]	…する／した	
他 tā		把 bǎ	杯子 bēizi	打碎 dǎsuì	了 le
你 nǐ		把 bǎ	书 shū	放在 沙发上 fàngzài shāfāshang	吧 ba
我 wǒ	准备 zhǔnbèi	把 bǎ	这 台 电脑 zhèi tái diànnǎo	带到 中国 去 dàidào Zhōngguó qù	
你 nǐ	要 yào	把 bǎ	门 mén	关上 guānshang	啊 a

1）一般に、"把" 構文の述語動詞は結果補語や場所・移動先を表す表現をともなうので、動詞に "了" が付いただけでは文が成立しないことが多い。また、"把" のあとの名詞は特定の事物なので、数量表現だけをともなった「不特定」の名詞は用いられない。

× 我 把 那 本 小说 看 了。

× 他 把 一 封 信 写 了。

2）ただし、動詞が「壊す／殺す」など「損害を与える」意味を表す場合、あるいは「脱ぐ／捨てる」など「離脱（して元の場所から離れる）」意味を表す場合は、"了" をともなうだけで "把" 構文を構成することができる。

房间里 很 暖和，他 把 羽绒服 脱 了。
Fángjiānli hěn nuǎnhuo, tā bǎ yǔróngfú tuō le.

是 不 是 这 个 世界 把 我 骗 了 呢？
Shì bu shì zhèi ge shìjiè bǎ wǒ piàn le ne?

参照▶第20課ポイント2　疑問文に用いる "呢"

3）否定文は、否定の副詞 "没（有）" を "把" の前に置く。

他 没 把 门 关上。
Tā méi bǎ mén guānshang.

× 他 把 门 没 关上。

ポイント３作文

1）私は名刺をスーツケース（の中）に入れた。（"箱子" xiāngzi）

2）私はもう部屋をきれいに掃除した。（"干净" gānjìng, "打扫" dǎsǎo）

3）子供を幼稚園まで送って行ってください。（"幼儿园" yòu'éryuán, "送" sòng）

演習教材の狙いは主に二つあると言える。ひとつは一・二列の授業で学んだ文法事項をしっかり確認し、定着させることであり、もうひとつは自分の考えていることを中国語で話し、意思伝達できる能力を養成することである。さらに、一・二列の授業で学んだ内容に加えて表現の幅を広げるため、日常頻繁に使うような身近な語彙や話題を中心に、履修者の中国語の実践能力を向上させることを目指して教材を作成してきた。

演習教材の構成は、各課とも複数の会話スキットと、その内容に応じた置き換え練習問題（これは中国における伝統的な会話能力の養成法でもある）、そして練習問題から成っている。各課のすべての会話文は、一・二列の授業で使われるテキスト（二〇一三年度の場合、上掲の『現代漢語基礎（改訂版）』）の対応する課で学習する文法事項が盛り込まれた形になっており、履修者は会話スキットを学習しながら同時に一・二列の授業で学んだ文法事項の確認ができる仕組みになっている。

資料４は『現代漢語基礎　口語演習教材』第一四課の〝把〟構文を含んだ対話文（一三六頁）であり、内容として資料３に対応する部分である。

二〇一三年度に使用された『現代漢語基礎　口語演習教材』について言えば、会話や置き換え練習を執筆するに当たり、中国でよく使う語彙以外にも、東京大学周辺で生活している学生の日常を考慮して、東京周辺の地理やファーストフード、家庭教師のアルバイトなど非常に身近な話題やテーマ、それに関連する語彙などを意識的に盛り込んだ。従来、中国語のテキストは「中国」のことを知り、それを憶えて使うという、中国発信の情報を基に作成されたものが多くを占め、たとえば日本人学生が中国に留学し、現地で色々な出会いや体験をしていくというモチーフのものが多かったが、発想を転換して、「中国語で日本に居る自分自身の身近なことを表現する」というアイディアを盛り込んだのが大きな特徴の一つだと言ってもよい。異文化交流とは、相手のことだけを一方的に知るのではなく、自分自身（自国）のことも発信しなければならないのであるから、履修者の側の情報を中国語で正確に伝達することも重要であるという狙いが含まれている。

なお、理科の学生には演習の授業が開講されておらず、一・二列のみの履修となっている。そのため、文科の学生に比べ会話や応用の習得が後手に回りやすい。そこで、理科の学生には補助教材を提供している。この試みは二〇〇八年度から始められ、『基礎漢語』に準拠した補助教材である『《基礎漢語》補助教材』を授業中に使用し、弱点を補強するというスタイルが取られた。

資料4 『現代漢語基礎　口語演習教材』"把"構文

第十四课

会话一　CD2-43

A：妈妈，弟弟 把 衣服 弄脏 了。
Māma, didi bǎ yīfu nòngzāng le.

B：那 你 给 弟弟 洗 一下 吧。
Nà nǐ gěi didi xǐ yíxià ba.

A：可是 我 要 看 电视 了！
Kěshi wǒ yào kàn diànshì le!

B：现在 离 电视 节目 开始 不 是 还 有 半 个 小时 吗？
Xiànzài lí diànshì jiémù kāishǐ bú shì hái yǒu bàn ge xiǎoshí ma?

替换练习 1　CD2-44

A：弟弟 把 衣服 弄脏 了。
Didi bǎ yīfu nòngzāng le.

B：那 你 给 弟弟 洗 一下 吧。
Nà nǐ gěi didi xǐ yíxià ba.

①	弟弟 didi	作业 zuòyè
	写错 xiěcuò	辅导辅导 fǔdǎo fǔdǎo
②	妹妹 mèimei	自行车 zìxíngchē
	骑坏 qíhuài	修一修 xiū yi xiū
③	小王 xiǎo-Wáng	易拉罐 yìlāguàn
	当成可燃垃圾 dàngchéng kěrán lājī	重新整理一下 chóngxīn zhěnglǐ yíxià
④	秀子 Xiùzǐ	手机 shǒujī
	落在地铁上 làzài dìtiěshang	找找 zhǎozhao
⑤	弟弟 didi	还没洗的衣服 hái méi xǐ de yīfu
	放到衣柜里 fàngdào yīguìli	放到洗衣机里 fàng dào xǐyījīli

資料５　『《現代漢語基礎》補助教材』“把”構文

【3】次の文を把字句にしなさい。

(1) 你快点穿好衣服。
→（解答）你快一点把衣服穿好。

(2) 他已经做好作业了。
→（解答）他已经把作业做好了。

(3) 他还没看完书。
→（解答）他还没把书看完呢。

(4) 我想学会这门 技术《jìshù》。
→（解答）矢印我想把这门技术学会。

【5】次の文を否定の形にしなさい。

(1) 他把衣服弄 脏《zāng》 了。
→（解答）他没(有)把衣服弄脏。

(2) 他把信 寄《jì》 出去了。
→（解答）他没(有)把信寄出。

(3) 桌子上 铺《pū》 着一块 布《bù》。
→（解答）桌子上没(有)铺着一块布。

(4) 我 一直《yìzhí》 站着。
→（解答）我没(有)一直站着。

二〇一三年度からは『現代漢語基礎（改訂版）』に準拠した『《現代漢語基礎》補助教材』を使用している。資料５は『《現代漢語基礎》補助教材』第一四課の〝把〟構文に関する部分（二八―二九頁）であり、やはり内容として資料３に対応する部分である。

左側の問い３は〝把〟構文を用いた文への変換を学習するために設けられており、右側の問い５（一）（二）は〝把〟構文の否定形に否定詞「没」を用い、「不」を用いないという事項を押さえるために設けられたものである。このように補助教材には、既習の文法事項を確認する練習問題に加えて、聞き取り問題や、演習教材と同様の置き換え練習問題が盛り込まれており、演習の授業が開講されていないギャップを少しでも埋めるべく、内容が構成されている。

(3)　一年生インテンシヴ・コース

インテンシヴ・コースの教材作成は、長年にわたり懸案として横たわっていた。毎年度人気を博するコースであり、かつ学生のモチベーションも高いため、綿密に練られたカリキュラム設計が望まれる。しかし、教材作成はどうしても一年生初修外国語のもの（演習／三列を含む）が優先され、二年生初修外国語のものがそれに次いで重要視されてきたため、インテンシヴ・コースの教材作成まで手が回らないという状況が続いていた。状況の打開が図られたのは比較的最近の二〇一〇年度のことであり、専任教員が外国人教員の助けを借りて、作成が試みられた。ただし、当初は週ごとにテキストをプリントアウトして教室で配布するという方式で進められており、製本されたものではなかった。製本されたものを学期初めに履修者に渡すことができるようになったのは、二〇一三年度のことである。以下、この二〇一三年度版について述べる。

二〇一〇年度から二〇一一年度にかけて、「聞き取り」の教材は自主制作したものを使用していた。それが先に述べたプリント配布方式のものである。実際に授業を担当する外国人教員の強い要望と助力の下、二〇一二年度に「聞き取り」教材の製本化と改訂を進めた。そしてもう一方の「会話」用のテキストが二〇一三年度に自主制作され、ここにすべての教材が揃った。

「聞き取り」教材は、前述の演習教材のコンセプトをある程度継承し、内容面では必修のテキストに準拠した文法事項の配列となっている。演習の授業に加えて、さらなる定着化を図ると同時に、「聞く」ことに内容を特化することで、日本人学習者の最大の弱点とも言えるリスニング能力を向上させるのが大きな目標である。「聞き取り」教材には、もうひとつ「朗読編」というセクションを設け、中国の有名な詩（古典と現代）や短い文章、三字経など、中国で人口に膾炙している韻文や散文を掲載した。周知のように中国語の世界では日常会話の端々に文学作品の言い回しや四字熟語などが頻出するが、文法事項や語彙ばかりの学習だけでなく、有名な文学作品の一端を諳んじることで、中国人とのより円滑なコミュニケーションを目指すと同時に、中国の思想や文化の理解を深めてもらうのがその狙いである。

これに対して「会話」教材は、必修のテキストとはまったく無関係に、独自の話題と会話文による内容で構成されている。その代わりにほぼすべてが東京大学生の日常に関する内容で構成されており、自分自身の大学生活に関することをほぼすべて中国語で表現することを求めている。これは、演習教材について述べた、「中国語で日本に居る自分自身の身近なことを表現する」というコンセプトを継承し、発展させたものである。インテンシヴ・コースの二つの授業（「聞き取り」と「会話」）を履修することにより、学習者は中国のことを広く理解すると同時に、自分の側の情報をも中国語で発信できる能力を養うことができる、というのがこのコースの設計目標と言ってよい。

なお、二年生のインテンシヴ・コースについては、二〇一三年時点ではまだ市販の教材を使用しており、一年生のような独自開発の教材を用いるには至っていない。会話の授業では『時事中国語の教科書』、聞き取りの授業では『中国語リスニング道場』を使用している。一年生の教材作成がひとまずの成就を見たため、二年生の教材についても作成プランの提示とそれに基づいた作業がまたれる。

(4)　二年生初修外国語（第三学期）

二年生初修外国語（第三学期）の教材は、一九九九年度までは各教員が異なるものを使用していた。そして、授業の形態は読解能力を重視するものが多かった。

先述のとおり、前期課程での教育は三年次で専門課程に進学する上で大きな影響を及ぼす。特に成績によって進学可能な専攻・学科が異なってくるという事情が有る。そこで、二年生の教材を統一することで、不公平感を減じることが部会内で検討された。そして、部会内に設けられた作業チームの主導で、二〇〇〇年度と二〇〇一年度に試行本が作成された。二〇〇〇年度のものが『現代中国語読解（試行本）』、二〇〇一年度のものが『現代中国語読解2（試行本）』である。この二年の試行期間を経て、翌年には『園地』（東京大学出版会）が正式に刊行される。『園地』は全体で一七篇の文章から成る読解中心の教材であり、難易度に沿った三部構成となっている。第一部では全ての語に発音記号であるピンインが付されているが、第二部では常用語にピンインは付さず（資料6を参照されたい）。第三部ではピンインは一切付されていない。教材の統一が求められるのは第三学期までであるが、本書の第三部には難易度の高い文章が盛り込まれるなど、第四学期の授業でも使用できるよう配慮が施されている。使用された文章のジャンルは多岐にわたり、哲学や数学に関わるものも含まれている。これは、中国

資料6　『園地』第13課（p.132-133）

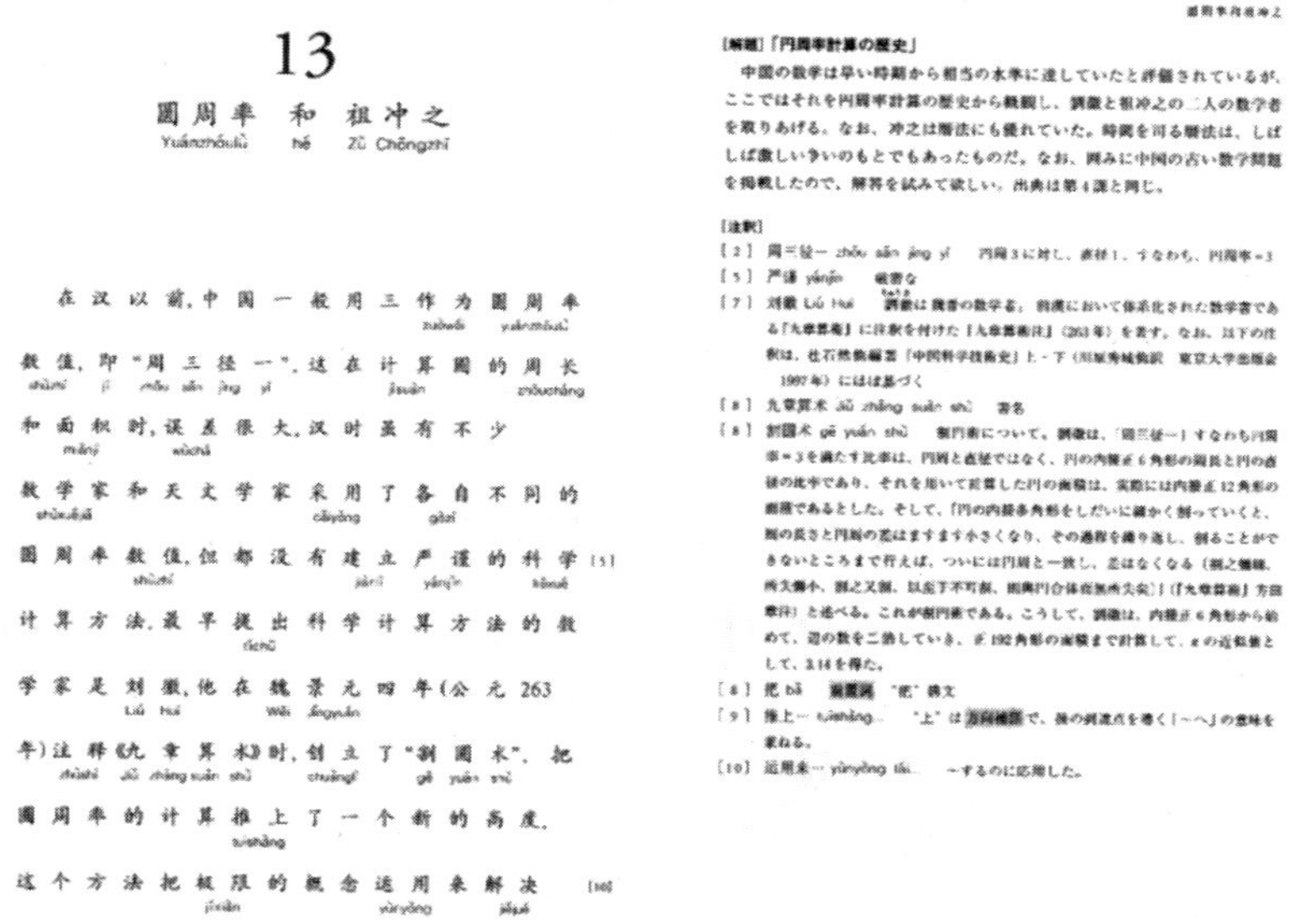

13

圓周率《Yuánzhōulǜ》 和《hé》 祖冲之《Zǔ Chōngzhī》

在汉以前，中国一般用三作为《zuòwéi》圆周率《yuánzhōulǜ》
数值《shùzhí》，即《jí》"周三径一《zhōu sān jìng yī》"，这在计算《jìsuàn》圆的周长《zhōucháng》
和面积《miànjī》时，误差《wùchā》很大。汉时虽有不少
数学家《shùxuéjiā》和天文学家采用《cǎiyòng》了各自《gèzì》不同的
圆周率数值《shùzhí》，但都没有建立《jiànlì》严谨《yánjǐn》的科学《kēxué》 [5]
计算方法。最早提出《tíchū》科学计算方法的数
学家是刘徽《Liú Huī》，他在魏景元《Wèi Jǐngyuán》四年（公元263
年）注释《zhùshì》《九章算术《Jiǔ zhāng suàn shù》》时，创立《chuànglì》了"割圆术《gē yuán shù》"，把
圆周率的计算推上《tuīshàng》了一个新的高度。
这个方法把极限《jíxiàn》的概念运用《yùnyòng》来解决《jiějué》 [10]

圆周率和祖冲之

［解題］「円周率計算の歴史」

中国の数学は早い時期から相当の水準に達していたと評価されているが、ここではそれを円周率計算の歴史から概観し、劉徽と祖冲之の二人の数学者を取りあげる。なお、冲之は暦法にも優れていた。時間を司る暦法は、しばしば激しい争いのもとでもあったものだ。なお、囲みに中国の古い数学問題を掲載したので、解答を試みて欲しい。出典は第4課と同じ。

［注釈］

［2］周三径一 zhōu sān jìng yī　円周3に対し、直径1。すなわち、円周率＝3

［5］严谨 yánjǐn　厳密な

［7］刘徽 Liú Huī　劉徽《りゅうき》は魏晋の数学者。前漢において体系化された数学書である『九章算術』に注釈を付けた『九章算術注』（263年）を著す。なお、以下の注釈は、杜石然他編著『中国科学技術史』上・下（川原秀城他訳　東京大学出版会1997年）にほぼ基づく

［8］九章算术 Jiǔ zhāng suàn shù　書名

［8］割圆术 gē yuán shù　割円術について。劉徽は、「周三径一」すなわち円周率＝3を満たす比率は、円周と直径ではなく、円の内接正6角形の周長と円の直径の比率であり、それを用いて計算した円の面積は、実際には内接正12角形の面積であるとした。そして、「円の内接多角形をしだいに細かく割っていくと、辺の長さと円周の差はますます小さくなり、その過程を繰り返し、割ることができないところまで行えば、ついには円周と一致し、差はなくなる（割之彌細、所失彌少、割之又割、以至于不可割、則與円合体而無所失矣）」（『九章算術』方田章注）と述べる。これが割円術である。こうして、劉徽は、内接正6角形から始めて、辺の数を二倍していき、正192角形の面積まで計算して、πの近似値として、3.14を得た。

［8］把 bǎ　処置表現　"把"構文

［9］推上… tuīshàng…　"上"は方向補語で、後の到達点を導く「～へ」の意味を兼ねる。

［10］运用来… yùnyòng lái…　～するのに応用した。

語部会がその共通認識として目指してきた「中国語を通して諸学問に触れる」という考えを反映したものである。中国語を決して現代中国を理解するためだけの道具と見なさない学風は、学生の志す専門分野が多岐にわたる教養学部にとって、自らの存在意義とも相俟って重要なものとなっている。

『園地』はその後二〇〇五年度まで使用された。二〇〇五年度からはやはり部会内の作業チームの主導で後継教材の作成が進められ、二〇〇六年度と二〇〇七年度に試行本が作成された。二〇〇六年度のものが『中国語読解二〇〇六』、二〇〇七年度のものが『中国語読解二〇〇七』である。試行本を使用している時期に、前期課程ではカリキュラム改革が行われ、理科は初習外国語が一年生のみとなったため、『中国語読解二〇〇七』は文科のみで使用された。次いで二〇〇八年に刊行されたのが『行人』（東京大学出版会）である。『行人』は全体で一二篇の文章から成る読解中心の教材であり、難易度に沿った三部構成となっている。第四学期の授業でも使用できるよう配慮が施さ

れている点でも『園地』の性格を引き継いだものとなっている。その一方で、①注釈が細かく設けられている、②文法説明をコラムとして設けている、など『園地』と異なる点も目立つ。また、使用された文章も時事に関するものが多く、『園地』と性格を異にする。本書は「中国というレンズを通して世界を見る」という思潮が強調された一冊と言えよう。

『行人』はその後二〇一二年度まで使用された。二〇一二年度にはやはり部会内に作業チームが編制され、後継教材の作成が進められた。二〇一三年度に登場した試行本『時代』が第三代の統一教材である。『時代』の作成では、企画の段階で、文科Ⅲ類の三クラスに対し『行人』についてのアンケート調査を行い、そこで得られた回答が参考にされている。この点で先行する二書が教員側の理念を前面に出して作成されたのとは些か異なる。『時代』の設計は、アンケート調査の回答で目立った要望を反映したものとなっており、見開きの右頁に文法問題やリスニング問題を盛り込んでいる。これは先行する二書には無かった要素である（『園地』にも巻末に「文法ドリル」が付されてはいるが、課文と連係したものではない）。また、各文章とも字数が少なめとなっているが、これもアンケートの回答を反映したものである。

その一方で、試行本『時代』には未解決の課題も残されている。その筆頭は、一年生統一教材で扱った内容との接合であろう。一年生で学習した内容を二年生の最初に確認しておくことは、学習効果の面から考えて有益である。見開きの右頁に盛り込んだ文法問題はこの課題を意識したものとなっているが、有機的な接合という目標からすると、まだ十分とは言えない。しかし、数年毎に変更される一年生統一教材との接合は、二年生統一教材が同期的に改変されることを必然的に意味する。この点で、有機的な接合は大変重い負担を前提とするものであり、中国語部会の現有の総力を以てしても尚不足が予想される。

6　終わりに——教材や授業以外での取り組み

本稿を締めくくるに当たり、教材や授業以外での取り組みについて、触れておきたい。

中国語部会が教養学部・大学院総合文化研究科の協力を得ながら行っている取り組みの一つに、「中国語よろず相談」が有る。教養学部・大学院総合文化研究科では初年次活動センターという施設を立ち上げ、二〇〇八年一〇月から運用を開始している。学生と教職員との交流の場として活用されているが、自習目的での利用も認められており、文科理科を問わず学習相談にも積極的に活用されている。中国語も週に一回、一時間半ではあるが「中国語よろず相談」と称する学習相談の時間帯を設けている。そこでは中国語を専門とする院生が、授業の内容から中国語検定の勉強法まで幅広く学生の質問に答えている。また、「中国語でしゃべランチ」という情報交換の場も設けられている。

海外との交流としては、既に中国の復旦大学や南京大学に学生を派遣することが慣習化している。二〇一四年からは先述のＴＬＰの整備によって、夏季休暇を利用したサマースクールも行われている。また、大学間における相互理解と協力を目的の一つとするAIKOM（Abroad in Komaba 教養学部短期交換留学制度）では、協定校との間で交換留学を毎年行い、中国の北京大学、復旦大学、南京大学へ学部生を送り出してきた。

注

（1）例えば、日本中国語検定協会が掲げる級の認定基準でも、二級及びそれ以上については「複文を含むやや高度の中国語」、「社会生活に必要な中国語」といった抽象的な表現にとどまっている（http://www.chuken.gr.jp/tcp/grade.html 二〇一三年九月八日アクセス）。

（２）この他に、後期課程で開講されている授業として中国語上級が有る。これは二〇〇五年に設けられたもので、高度な技術を身につけることを目的としている。

付録：一九九九年度から二〇一三年度までに使用した中国語教材のリスト

●一年生初修外国語統一教材（一・二列）

伝田　章

一九九一『現代中国語基礎 作文』東京：内山書店。

一九九九『現代中国語基礎（改訂版）』東京：内山書店。

木村英樹・小野秀樹

一九九五『北京の風』東京：白帝社。

駒場中国語教育研究会（編）

二〇〇一『中国語発音テキスト』東京：東京大学教養学部前期課程中国語・朝鮮語部会。

二〇〇一『現代漢語基礎（試行本）』。

木村英樹・張麗群・楊凱栄・吉川雅之

二〇〇三『現代漢語基礎』東京：白帝社。

楊凱栄・吉川雅之・張麗群

二〇〇八『基礎漢語（試行本）』東京：白帝社。

駒場中国語教育研究会（編）楊凱栄・吉川雅之・張麗群

二〇一〇『基礎漢語』東京：白帝社。

小野秀樹・木村英樹・張麗群・楊凱栄・吉川雅之

二〇一三『現代漢語基礎［改訂版］』東京：白帝社。

●一年生初修外国語統一教材（演習／三列）
楊凱栄
　一九九九『表現する中国語――初級会話テキスト』東京：白帝社。
駒場中国語教育研究会（編）
　二〇一一『基礎漢語　口語演習教材（試用）』。
　二〇一二『基礎漢語　口語演習教材』。
駒場中国語教育研究会（編）渡辺昭太・李佳樑・小野秀樹
　二〇一三『現代漢語基礎　口語演習教材』。

●一年生初修外国語統一教材（理科用補助教材）
駒場中国語教育研究会（編）
　二〇〇八『《基礎漢語》補助教材』。
　二〇〇九『《基礎漢語》補助教材』。
　二〇一〇『《基礎漢語》補助教材』。

●二年生初修外国語統一教材
東京大学中国語・朝鮮語部会（編）
　二〇〇〇『現代中国語読解（試行本）』東京：東京大学教養学部前期課程中国語・朝鮮語部会。
東京大学駒場中国語教育研究会（編）
　二〇〇一『現代中国語読解（試行本）』東京：東京大学教養学部前期課程中国語・朝鮮語部会。
　二〇一三『時代：中国語講読教材』。
東京大学教養学部中国語部会（編）
　二〇〇二『園地：中国語講読教材』東京：東京大学出版会。
　二〇〇八『行人：中国語講読教材』東京：東京大学出版会。
駒場中国語教育研究会（編）
　二〇〇六『中国語読解二〇〇六』。

二〇〇七　『中国語読解二〇〇七』。

●一年生インテンシヴ・コース統一教材

楊凱栄・張麗群
　二〇一〇　『旅して学ぶ中国語』東京：朝日出版社。
駒場中国語教育研究会（編）孫軍悦・王雪萍・小野秀樹
　二〇一三　『現代漢語基礎　初級インテンシヴコース　リスニング教材』。
駒場中国語教育研究会（編）王雪萍・孫軍悦・小野秀樹
　二〇一三　『インテンシヴ会話教材 説漢語』。

●二年生インテンシヴ・コース統一教材

遠藤雅裕・陳淑梅・柴森
　二〇〇八　『中国語リスニング道場』東京：朝日出版社。
三潴正道・陳祖
　二〇一〇　『時事中国語の教科書　二〇一〇年度版』東京：朝日出版社。
　二〇一一　『時事中国語の教科書　二〇一一年度版』東京：朝日出版社。
　二〇一二　『時事中国語の教科書　二〇一二年度版』東京：朝日出版社。
　二〇一三　『時事中国語の教科書　二〇一三年度版』東京：朝日出版社。

●第二編　戦後日本における中国研究と中国認識

第二編は、本書の中核部分にあたる。中国研究者が、戦後日本の中国研究の流れとともに研究の中に現れた中国認識を様々な角度から検討する。取り上げられるのは、文学、歴史、経済、思想各領域のトピックである。

代田智明「戦後近現代中国文学研究管窺――モダニティ・中国・文学」は、竹内好や魯迅研究会を中心に、戦後の政治状況と密接な関係のもとにあった日本の近現代中国文学研究の諸相を論じ、近年の状況にも一瞥を加える。

中津俊樹「『プロレタリア文化大革命』研究からみる日本人の中国認識――文革終結以降の動向を中心として」は、文革終結後の日本の文革認識と研究状況を批判的に論じ、二一世紀以降の文革研究の可能性に論及する。

田島俊雄「『属地的経済システム論』からみた計画経済期の中国」は、一九七〇年代から二〇〇〇年代以降現在までの中国経済研究が、計画経済期の中国をいかに捉えようとしてきたかを、個々の研究業績に対する評価を加えつつ、年代毎に筆者個人の研究史とからめてたどる。

伊藤博「日本における中国金融業の研究状況（一九四五年～七九年）」は、金融を財政と切り分けたうえで、戦後日本の中国金融業研究の進展を年代毎にたどる。

伊藤徳也「戦前から戦後にかけての日本の周作人研究者の態度」は、共産主義運動と抗日運動双方に批判的なまなざしを向けた周作人を、日本の研究者がいかに認識し研究してきたかをたどる。

石井剛「『シナ学』の現代中国認識――平岡武夫の天下的世界観をめぐって」は、「シナ学」者平岡武夫の議論とそれに対する武田泰淳等の反応を検討することによって、古典中国学を基にした包括的な中国史観と現代中国に対する現実的な認識との関係を問う。

村田雄二郎「戦後日本の辛亥革命研究と辛亥百年」は、辛亥革命百周年記念東京会議を中心に、日本および海外における辛亥革命研究の最近の動向を整理する。

田原史起「『発家致富』と出稼ぎ経済――二一世紀中国農民のエートスをめぐって」は、二一世紀中国の出稼ぎ農民の事例を検討し、戦後日本の中国認識の中に欠けていた農民に対する想像力のあり方を問いかける。

I

戦後日本の中国研究——文学、歴史、経済

一　戦後近現代中国文学研究管窺——モダニティ・中国・文学

代田智明

はじめに

敗戦から現在まで七〇年近くという長い時間にわたって、該当する「研究史」を概括する大それた資格は私にはないし、実際その任に堪えるほどの広範な視野と見識を持ち合わせていない。「正史」ともいうべきものは、もっと優れた公平な論者が、後の時代に編纂することであろう。ここでは、私の狭い知識と限られた関心に基づいて、与えられた責務を塞ぐものにすぎない。さてこの分野をことばの上で「近代（現代）・中国・文学」というふうに簡略化すると、実はそのまま拙稿の副題に結びつく。研究を形作っているこの三つの要素は、七〇年という歴史的時間の幅のなかで、その価値や意味あいを大いに転換させてきた。先人の蓄積をいしずえとして、今後の研究のよすがとしようとするならば、三つの概念の変貌が、なまなかならぬ課題として立ちはだかっているように思われる。混沌とした、整理しがたい、不透明な変化があって、いまもそれは、継続し確定していないがために、今後の研究に対しても、混沌とした、整理しがたい、不透明な記述となるしかないだろう。

初めから言い訳ばかりのようだが、ここでは少なくとも三つのいずれかはア・プリオリな前提としない、疑いの眼差しに裏付けられた研究を叙述の関心の中心とする。羅列的で網羅的な「研究史」を企図してはいないからでもある。したがって、僭越なことを述べれば、個別の研究として価値が認められるにしても、そうした眼差しを見いだせないものについては、ここでは省いてしまうこととなる。とくに個別研究に関する著書論文、研究者の氏名は、当然あるべきはずの固有名詞であっても、失礼ながら私の意図から外れる場合、言及されないこと、魯迅研究をこととする筆者として、そこに重点が行ってしまうことを予めお断りしておきたい。たとえ対象が限定されたとしても、個別の研究に対する評価ではなく、むしろそこから中国近現代文学研究のあり方を意識して叙述する企図であることは、留意されたい。そこではやや恣意的に話題が選択されることも、付言しておかなければならない。

いくらか議論を先取りすることになるが「文学」とは何かについて、私見だが先に限定を提示しておこう。これは人文社会諸科学において、文学研究の独自性、他の諸分野との差異性をある程度提示しておく必要が感じられるからである。そのこと自体が、「文学」のア・プリオリ性の揺らぎを証してもいよう。二〇世紀前半において、そんな叙述は無用の長物であっただろうから。文学は、当たり前のことだが、ことば——私の書き慣れた言い方では「テクスト」——に関する知的アプローチである。だが、言語学や心理学、社会学、歴史学などと異なり、集団や組織に属しても、およそ何らかの形で、そこから切り離された「個人」という枠組みを抽出して、その意識や生存のあり方を問い、描き、分析検討することを対象としている。テクストとは、その「個人」とことばと歴史的社会的背景が交叉するトポスである。「小説」がかつて文学の中核となったのは、たとえば「私」の個別的な悩みや喜びは、なにがしか一般性を求める論文やエッセイでは書き尽くせない部分を残すからだと言えよう。むろんそうした境界を破壊しようとする文学の試みも生じてくるのだが。もっともこの定義は前近代文学からすると、ややズレが生じかねないから、この「文学」概念が「個人」と関連して、literature なるヨーロッパ由来の

「近代」と深い関係にあることは間違いない。それで文学が、モダニティ（近代性）と決して切り離して語れないことが、既にここで明らかになるだろう。

中国が文字の国であり、重厚な「文」の伝統があることは、言わずもがなである。しかも「個人」の成立は、半植民地状態にあった二〇世紀前半の中国においては、綱渡りをするような危なっかしい事態であった。新しい「文学」は難産であった。それに続く人民共和国の建国、文化大革命、改革開放、経済を初めとする急激な近代化の進展、という現代中国の劇的な変遷も、文学に大きな影響を与えないわけにはいかなかった。だからテクストを読む上でこれらの歴史現象は重要な背景をなしている。文学はテクストを第一次資料とするが、テクストを理解するためには、創作者である書き手の内面はもとより、書き手の周囲の外的状況、要するにテクストの背景にある歴史的社会現象を無視することはできない。当該文学は、モダニティと深く関係し、近現代中国という独自の歴史的磁場のなかで、紆余曲折の歩みを辿った。三題噺のなかに、中国を提示せざるをえないのは、そのためでもある。ここまでは、ざっと研究対象の位置と意味をかいつまんで述べたまでである。私の課題は、それが日本において、どのように「研究」されたか、ということであった。なお利便上、そして前後関係を示すために、以下大雑把ではあるが通時的叙述を試みることとする。

1　竹内好を中心に——敗戦という事態

一九四五年の日本の敗戦が、日本という歴史的社会の磁場に測り知れない影響をもたらしたこと、それはおそらく、いまもいくら「脱却」とわめいたところで潜在的に、トラウマのように残存していることは指摘しておくべきだろう。だが、それは日本の知的意識にとって必ずしもマイナスの要件だけを与えたわけではない。なぜなら、そこから日本文化や文学に対する刺激的な対象化が行われ、新しい再生の議論が開始され展開したからである。いまだ「論壇」なる公共空間が成立していた当時、代表的なオピニオン・リーダーには、丸山眞男、加藤周一などがいたが、当該分野と関わる人物では、竹内好がとりわけ際立っている。

戦前においては、中国の近現代文学自体がアカデミズムの研究対象にすらなりえなかった。竹内好、武田泰淳、増田渉、岡崎俊夫、小野忍などが一九三四年に結成した「中国文学研究会」は、その意味で、パイオニアの名誉を担っている。会が機関誌として出していた『中国文学』は、戦後いったん復刊されたが、会の主宰者ともいうべき竹内の提案で廃刊された。とはいえ、戦後当初の中国近現代文学研究を基礎付け、牽引したのが、彼らであったことは否定できない。なかでも竹内好の活躍は、めざましいものがあった。

竹内の影響は、彼の生前はもとより、死後も消長はあるものの、現在まで継続し、むしろ中国において強い関心の対象となっている（『魯迅与竹内好』二〇〇八年、上海書店出版社、なる編著が好例だろう）。竹内の議論をいまさら繰り返すのは無用とも思うが、都合上付け加えておく。竹内によれば、日本の近代化は、西洋文化の受容の側面では、簡単に遅れ＝敗北を認めて、従来の自己を放棄した（あるいは自己そのものがなかった）ためスピーディーであったが、新しいものは常に与えられるという思考の中で「抵抗」の要素はなく、いわば「転向」であった。それに対し中国の近代化が困難を極めたのは、敗北感を忘れず、自己に固執し続けたためで、長い間敗北感を抱き続けた。それが強い「抵抗」という意識の運動を生み出し、自己自身でありつつ「内部から自己を否定する」ことで新しい自己を産み出したので、これをいわば「回心」と言うべきである。敗戦という事態を迎えた日本の近代化は、この中国との差異性を深く認識するところから始めなければならない、云々（「近代とは何か——魯迅を手がかりに」）。

この議論は、社会主義中国への憧憬というもうひとつの関連する要素とあいまって、日本の知識界に大きな影響をもった。文革の実態が明らかにされていった八〇年代初頭まで、全体ではないにしても、中国に引き寄せられた多くの青年たちの心を捉え続けたと言えよう。確かに、竹内の指摘は日本近代化批判、もっと広い意味で言えばヨーロッパ近代批判という意味では、多くの示唆が与えられる価値をいまでも有している面がある。しかし実際の所、その中国論は、巧妙なロジックを弄することで知的魅力を醸し出す一方、ひどく観念的であり、それ自体は現実離れした産物であった。その罪過は小さくない。省察しておくべきことは、日本の中国観においては、本居宣長以来、中華文明から離脱したいという願望が、その見方を歪めた一方、「一衣帯水」の距離があるゆえに、実態を知らない希望的憧憬が伝統的に受け継がれてもいた。竹内は、多くの優れた作家たちが書いた中国探訪感想文の貧しさや京都学派との論争のなかで、その双方に対し批判的でもあったが、彼の議論も、やはりその陥穽から免れているとは言いがたいところである。

けれども、竹内の議論には、冷静に考えると瞠目すべき側面を見いだせることも事実であろう。そもそも副題から察せられるように、この中国論は、魯迅の知的軌跡を、まずは毛沢東に、さらには人民共和国に重ねることによって成立するものであった。一文学者の生涯を、一国の近代化過程に類推するなどという荒技は、研究として、現代からはとんでもなくとうてい思いもよらない。そう言うだけでは貶義にすぎないだろうが、この議論の背景に、政治と文学を包括する極めて大きな枠組みがあったことは、強調されなければならないのだ。そこには、経済や政治は表象として、文化的根源（エートス）こそが社会と歴史を駆動しているという信念すら、読み取れようというものである。しかもこの議論は、ヨーロッパ近代のモダニティとは異なる、その矛盾を超越した別の近代化の可能性を中国に見出そうとしている、と読むこともできる。たとえば坂井洋史は「竹内は、中国革命が『個の問題、自我実現の問題』をも解決するものであると納得したかった」と指摘する（『懺悔と越境』、二〇〇五年、汲古書院）。一時期の論調のように竹内を近代主義者だと規定するのは、いまさら徒労に思われるが、西洋近代批判の言説として考察する余地は、いまだにあろう。その背景に戦時中の座談会「近代の超克」の痕跡を見出すことも、無駄ではあるまい。要するに、竹内の構想の根底には、モダニティを軸とした考察が纏わり付いているのだ。そうすると、戦前の『魯迅』に始まる竹内の知的軌跡は、敗戦という事件をきっかけとして、近代・中国・文学の全体的世界に向かい合うという経験として見て取れる。私見だが、竹内が今後とも読み継がれる意味は、その中国論や中国現代文学論そのものの価値ではなく、それらも含めたところの、その根源にある、状況に拮抗する思想的態度にあるように筆者には思われる。思想家としての竹内好は、厳然として存在すると言わざるをえない。

ところで、一九四四年に書かれ、竹内の名をその後世間に知らしめた『魯迅』について、ここの課題からして、ひと言触れておこう。竹内は、「私は私であって私でない。もし私が単なる私であるなら、それは私であることですらないであろう。私が私であるためには、私は私以外のものにならなければならぬ時機というものは、かならずあるだろう。それは古いものが新しくなる時機でもあるし、キリスト者がキリスト者になる時機でもあるだろう。それが個人にあらわれれば回心であり、歴史にあらわれれば革命である」(竹内、同上)と述べる。魯迅と中国革命の類推も窺える箇所だが、それは置いて、魯迅論におけるこの「回心」の過程、『野草』『彷徨』における苦悩葛藤の時期に焦点を当てる魯迅像は、竹内が嚆矢であった。緻密な論証やテクスト分析がなされていない論述が、かえって解釈の幅を拡げ、経典性を強めることとなる。大きな意味でこの枠組みを超える研究は、残念ながらいまだに存在していないと言ってよいだろう。一九八〇年代以降は、汪暉や孫歌など中国の研究者にも、影響を与えた。中国文学研究全体にとってはともかく、魯迅研究において竹内好が、大きなハードルになっているのは、こうした意味においてである。

戦時中出征する直前に脱稿した、いわば「遺書」のように書かれた竹内『魯迅』では、魯迅の「宗教的な罪の意識」「根柢にあるものは、ある何者かに対する贖罪の気持ち」を指摘していた。戦後も既述「キリスト者の回心」のようなことを述べている。もっとも『魯迅』における厳粛な雰囲気は、状況のしからしめるところもあって、戦後の評論を読むと、さほど冷厳で透徹したディスクールは感じ取れない。のちに伊藤虎丸が、竹内の「エピゴーネン」を自称して、そこから「終末論」を引きだすのだが、戦後の竹内から終末論を読み取るのは、些か難しいところだ。なお「終末論」が拙稿で取り上げられるのは、当該分野や魯迅論の枠組みに不可欠というだけではない。現在の状況において、モダニティを一方で支える「個人」の形成に、重要な示唆を与えていると思われるからである。詳細は省略せざるをえないが、筆者の拙い旧稿を参照されたい（「魯迅論と個の自由な主体性について――伊藤虎丸をきっかけとして」）。

その意味ではむしろ、終末論的に敗戦という事態を意識したのは、同じ研究会の同志で、作家でもあった武田泰淳であろう。泰淳のユニークさは、自らを魯迅に批判される者に同定した創作「L恐怖症」などにもあらわれるが、より重要なのは、根底にある「滅亡」の感覚であった。泰淳は「滅亡は私たちだけの運命ではない。生存するすべてのものにある。世界の国々はかつて滅亡した。世界の人種もかつて滅亡した。これら、多くの国々を滅亡させた国々、多くの人種を滅亡させた人種も、やがては滅亡するだろう。滅亡は決して詠嘆すべき個人的悲惨事ではない。もっと物理的な、もっと世界の空間法則にしたがった正確な事実である」と述べる。これなど私には、魯迅「思うにすべての事物は、転変の中にあって、いずれもがなにがしか中間物である。〔……〕すべてに中間物がある。あるいはこう言ってもよいだろう。進化の連鎖において、すべては中間物であると」（「写在『墳』後面」）という言述と裏腹のように思えてくる。中間物は、いずれ「滅亡」する運命なのだから。そして泰淳のことばに、むしろ「終末論」的な感覚が読み取れないだろうか。泰淳はこの一文の結末でこう述べている。「滅亡の予告は〔……〕平常の用意をはなれ、非常の心がわりをせよと要求している。大きな慧知の出現する第一の予告が滅亡であることは、滅亡の持っている大きなはたらき、大きな契機を示している」（以上泰淳は「滅亡について」）と。

2　魯迅研究会を中心に――安保闘争から一九六〇年代

竹内好の系譜は、都立大学（現・首都大学東京）の研究者を中心とした雑誌『北斗』に引き継がれ、中国文学研究会の文学評論的雰囲気は継承されたが、竹内のような存在は生まれなかった。魯迅研究で言えば、戦後大学に入った世代を中心として、東京大学を拠点に魯迅研究会が創られ、そこから多くの研究者が輩出された。また関西では相浦杲、その門下の釜屋修、山田敬三らによって、中国文芸研究会が結成され、「月報」を出すだけでなく、雑誌『野草』を半年刊で出版し、現在まで続いている。研究対象も、近代では魯迅、郁達夫、郭沫若、茅盾などに限られていたが、より多くの作家に研究が着手された。人民作家と言われた老舎、三〇年代以降に活躍した巴金などはもとより、人民文学の旗手とされた趙樹理などにも大いに焦点が当てられた。そこである種の中国現代文学ブームが起こり、多くの作品が翻訳されて文学選集が編纂され出版に至る。それらは貴重なものではあったが、やはり社会主義中国と中国革命への「羨望」「愛着」「憧憬」といった動機から、切り離されたものではなかったと言わざるをえない。竹内好のことばの顰みにならえば「「新しいものを」求める」のは、与えられる予想があるからだ。そして与えられる予想は、かつて与えられた、いまでも与えられている、将来も与えられるだろうという、与えられる環境のなかで形成されてきた心理傾向がもとになっている」（竹内、同上）。真理、進歩が与えられるものとして、中国現代文学が存在した。そんなムードが一部に確実に存在していたのである。そんななかで、一九六〇年の安保闘争とその挫折が、研究の色彩をいくぶん変えていく。

竹内自身は、都立大学の職をなげうって、安保闘争の運動の渦中に参加し、「人民政権」の樹立を夢見て、「民主か、独裁か」など数多くの檄文のようなエッセイを書いたが、闘争の衰退と共に、自らの評論活動を縮小せざるをえなかった。その後雑誌『中国』に、大上段に中国を語るのではなく、細々とした事象を『中国を知るために』三集として連載した。戦前の中国滞在経験をもとにしたものだが、それ以前の中国論よりも、中国の現実を理解するのに、当時の私のような初学者にとって啓蒙的役割を果たしてくれたと言えよう。

魯迅研究会は、「魯迅に学ぶ」姿勢ということを目標に掲げ、文学研究として如何なものか、という世評もあったが、むしろ安保闘争などの政治状況をくぐり抜けることで、成果を生み出していった。彼らの「読書会」の方法は、テクストを丹念に読み、他の事実関係や歴史的事件を絡ませて、実証的にテクストの解読を決定しようとするものであった。中国文学研究会は、相互批判の苛烈さで有名であったが、テクストの読解という点では、従来の文学趣味的な感性的批評に留まった嫌いがある。これに対して、魯迅研究会は、初めて厳密な文献実証的な方法を取り入れたと言ってよい。アカデミズムとしてある意味で当たり前のことだとも言えるが、彼らの周囲だけでなく、今日の研究方法における最低限の技術的スタイルを創りだしたと言うことができるだろう。魯迅研究において、初期魯迅の評論に関する典拠探索では北岡正子が、魯迅の伝記的生涯と彼が関わった論争については丸山昇が、『野草』のテクスト分析の嚆矢ともいうべきものを木山英雄が、それぞれ優れた業績としてまとめている。

しかし魯迅研究会が「魯迅に学ぶ」という目標を公言したのは、魯迅研究をアカデミズムとして、完成させようという意図からではなかったのはもちろんである。むろんそこには立ち位置の濃淡があり、研究会はやや政治的色彩の強い第一分科会と、それに反撥した第二分科会に事実上分裂した。前者の中心とも言える丸山昇は、中国革命に対する強い肯定的感情から、魯迅に接近し、魯迅の軌跡のなかから、日本の改革につながる知識人像を引きだそうと試みたのである。自ら改革を目指す一員を自覚する中で、それと結びつけて魯迅の言動を解読しようとしたのであって、対象の外側から自分の位置をはずして対象の言論を分析したのでは、決してなかった。丸山にとっては、竹内好は乗り越えるべき批判の対象であり、竹内が魯迅の日本滞在時代に革命団体「光復会」に参加したとするのに否定的であったことに対し、事実として参加していたことを認め、竹内の偏った文学性に疑義を呈したこともあった。やや誤読とも言えたが、政治と文学という話題に対して、竹内の姿勢を批判したこともあった。しかし、中国と文学とを日本の状況との関わりで研究しようとした点で、対象に対する研究姿勢と研究者の立ち位置という意味では、重なる側面も少なくない。

ところで丸山が中国革命に共鳴した事象に「思想改造」があった。ソ連のスターリニズムが、敵と断定した者を刑罰の対象としかしなかったのに対し、中国共産党は、日本軍兵士を含め敵対者に対し、思想教育を通じて、過誤を認識させ、新たな立ち位置を獲得させて、社会に役立つ道を与えた。これが「思想改造」である。典型的な例として、ラストエンペラー愛新覚羅溥儀がいるが、丸山は、その自伝『わが半生』翻訳者のひとりでもあった。その意味では「思想改造」という形の成長物語は、プロレタリア階級戦士に自らを変革するストーリーとしても、社会主義中国文学の典型的な物語パターンでもあったから、文学研究に深く関係していたのである。彼が卒業論文において丁玲を扱ったのは、丁玲が延安の整風運動、毛沢東「文芸講話」を通じて、思想改造を身をもって経験したからであった。あえて言えば、丸山による「思想改造」の追体験なのである。

丸山は、素朴な進歩主義者でもあって、モダニティに対して直接的に議論を展開することはなかったが、私としては「思想改造」こそ、実はモダニティが抱える重大な焦点のひとつであったと認識している。前近代においては、権力に対する忠誠従順は求められても、内面の権力への適応は閑却されていた。というより柄谷行人ふうに言えば、そもそも個の内面そのものが、権力が国民国家化し、共同体社会のルールとして制度化されるとともに、せり出してくるのである。それによって初めて、近代的表現としての文学が生まれるのだ。だからこそ「思想改造」という制度も可能になるのであって、社会主義中国のヒューマンな性格と見えるものも、モダニティの制度的管理による視線の範疇にあるのにすぎない。これと同類または延長線上に、延安における「整風運動」や、のちの文革における批判運動があるので、それらが「思想改造」の暴力的逸脱なのではないことは指摘しておかなければならないだろう。このことは、私としては何度か示したが、本格的な議論の機会を得られないまま、丸山の物故によって議論を磨くことはできなかった。一見政治的事象に思われるかも知れないが、実は文学表現や思想に関わるモダニティの検討に欠くことの出来ない課題だったはずなのである。

それに対し第二部会のひとり高田淳は、もとよりアカデミズムの手続きを強く意識していたが、むしろ個人の体験を重視し、そこから文化的関心を引きだした。モダニティという抽象的議論には無縁だったが、「思想改造」を含めて中国革命には冷ややかであった。晩年は魯迅を離れ、明の滅亡を生き抜いた王船山など前近代の知識人を研究する。同じ分科会には新島淳良がいて、作品論的な魯迅論を書いたが、文革をめぐるトラブルの渦に巻き込まれて大学をやめ、ヤマギシ会に出入りした。

3　文革の残した亀裂とポスト文革

文革は中国近現代研究全体に甚大な対立とその遺恨をもたらした。研究史からはやや逸脱するが、そのことも述べておかざるをえない。なぜならその傷痕は、多くいまだなお修復に至っていないからである。前節で述べた中国現代文学ブームに与った多くの文学研究者は、そう言ってよければ、「中国派」であり、イデオロギー的には、マルクス・レーニン主義者、少なくとも進歩的左派であった。それゆえ日中共産党の対立、文革の礼賛否定は、対岸の政治的事件ではまったくなく、研究者間の人的交流を阻害し、さまざまな中国関係組織、団体のなかで、激しい排除の論理が猛威をふるった。この面では少なからず中国側の干渉もあったはずなので、その責任も小さくはない。

いずれにしても文革が終結し、中国共産党によってその誤りが正式に認められてから三〇年以上たつのだが、排除側となった文革礼賛派のほとんどは沈黙し、排除された文革否定派の多くは、いまだに強い被害者意識のなかにある。論理的には、文革そのものを歴史的に、あるいは文学的に、検討することが、最も合理的な知的判断であろう。中国で文革に対して自由な研究ができない政治状況にあるのと比べると、日本では若い研究者による文革研究が、かなり進められてきた。それによって、文革そのものに対する認識は、かなり冷静で客観的なものになりつつある。だが、文革に端を発する日本における対立感情については、事実関係も含めて、もう少し調査研究がなされるべきだろう。福岡愛子『日本人の文革認識――歴史的転換をめぐる「翻身」』（新曜社、二〇一四年）は、このテーマに関する数少ない業績だが、礼賛派の沈黙をある程度破る貢献はあるにしても、否定派の被害感情はあまり分析されていない。直接この問題に関わっていない者として、両者の姿勢については、いずれに対しても、やや違和感を覚えざるをえないのである。大袈裟に歴史的責任などということではなく、礼賛派または排除派は、経緯を述べて然るべきだし、否定派または排除された側も、敵対感情むきだしで対応するのは如何かと感じる。研究発表の場で、この対立を何も知らない若い研究者に持ち込むのを目撃したことがあるが、これは理不尽というものではないだろうか。

筆者が中国語を学び始めたのが一九七二年であるから、私がまったく、文革に関わっていない訳ではないことを述べたうえで、それでも第三者的位置から見ると、この事態は異常に思える。この異常さもまた、研究史におけるひとつの主題となりうるであろう。この感情的対立はいったい何であったのかと。両者のひとびとは、そもそも政治的立場を知的立ち位置と取り違えている、セクト的で教条的なイデオロギーの持ち主なのではないか、という疑いを筆者はもたざるをえないのだ。

そのなかで、ある集会で自らの思想的遍歴を披露し、いまだに文革の本質を支持すると述べたある研究者には、その立場を私個人は支持しないが、別の意味で勇気ある態度と考える。丸山昇は、激しく文革を批判したひとりだったが、文革の実態を解明すべく、「かつて文革に幻想をもった真面目な研究者たちとの対話・協力も回復しなければならない」（『文革の軌跡と中国研究』一九八一年、新日本出版社）という考えを述べており、これも敬服すべき態度と言うべきだろう。丸山はこの課題を、のちに『文化大革命に到る道』（二〇〇一年、岩波書店）にまとめた。文学に関わる政治的事件を中国の歴史のなかで検討し、「社会主義」とは何であるのか、を問い直した名著である。

歴史的に見れば、丸山が見通したとおり、文革の否定はそのまま中国社会主義の理念の崩壊につながる潜在的契機をもっていた。研究対象に対する基礎的作業はもとより意義は残るが、広い意味で社会主義的観点に基づく文学研究方法そのものが、問われることとなった。この傾向は改革開放後の新時期文学の発展とともに、より拡大していく。この間、竹内好は時事的話題には沈黙し、魯迅の翻訳を晩年の作業として『魯迅文集』をほぼ完成させた。魯迅研究では、伊藤虎丸が竹内好を基礎として継承しつつ、近代的個人形成を目指した文学として、魯迅を描き出している。西洋近代を中国に根付かせるという観点からして、モダニティに対して近代主義的であることは自明だが、すでに一部触れたように、魯迅の思想的姿勢に「終末論」的なものを見出していた点は、留意すべきだろう。伊藤の魯迅論は、現在になって中国で高く評価されているが、これも一九七〇年代の大学紛争に対するレスポンスとしても書かれたことは付言しておきたい。

八〇年代以降、研究会の組織化や雑誌の発刊が盛んとなり、新時期文学の研究では、釜屋修を中心として「当代文学研究会」が創られ、毎年「会誌」が出されている。また北海道大学の『饕餮』、神戸大学の『未明』のほか、京都大学出身の研究者による同人誌『飈風』などの雑誌も刊行された。また文革中の研究がすべて不毛であったわけではないのは言うまでもない。魯迅以外で言えば、数少ない専門的概説書として竹内実の『現代中国の文学展開と論理』（一九七二年、研究社）が挙げられる。当時としては、胡風批判、丁玲批判、反右派闘争などを正面から取り上げ、問題点を整理した優れた書物であった。

文革終結後の傾向として、中国では新時期文学という新しい手法の詩や小説が登場した。形式は多様であったが、西洋から受容したばかりのモダニズムなども援用され、それを分析する研究にも、新しさが求められることとなった。ポスト文革の八〇年代は、中国でもそうであったと言えるが、日本でも文学研究の方法論ブームの時代である。西洋では以前からフォルマリズムが流行し、そこから文学作品研究がテクスト分析として読解の方法を確立していた。さらにジュネットやロラン・バルトの方法論やテクスト分析研究に発展し、バフチーンのポリフォニー理論に基づいた理論が、作品の立体的な分析に貢献していく。背景に記号論やポスト構造主義が席巻する論壇の状況も生まれていた。要するに、ニュークリティシズムによる文学批評・研究が、欧米から輸入され、日本文学などアジアの文学研究にも影響を及ぼしつつあったのである。これに対する中国近現代文学研究の反応は、すばやかったとは言えない。原因としては、初めから欧米の動向に疎いという傾向があっただろう。そのうえ安易な流行の理論輸入は、竹内好の言うような「優等生文化」であり、新しいものを真理とし、自己をもたない「転向文化」だという、見方が加わっていたかも知れない。丸山昇や伊藤虎丸の魯迅研究会の世代はもとより、魯迅研究会を継承するような形で生まれた「中国三十年代文学研究会」に参加していた世代、それに対し、文革中に対抗意識を持っていた「中国派」の研究者、いずれからも無視か、リジェクトされた。彼らの多くは、その後も欧米理論には馴染まなかったようだが、それらが現在の若い研究者にとって常識になっていることは、事実が証明している。私は、おそるおそるニュークリティシズムの理論を読みあさって、テクスト分析を試みていた。まったく独学による自己流なので、厳密な意味で、その方法論を身につけているとは、いまでも言いがたい。しかし私には、それらをろくに読みもしない者に批判された「記憶」があり、これまた理不尽だとしか言いようがないことである。

もっとも、一方で方法そのものを自己目的化したような論文も、閲覧したことがあり、テクスト分析自体が最終目的とされることには、私としては抵抗がある。方法論はあくまで手段であり、何かしら知的世界に向けて新しい視界を開くことが、知性の目的であるべきであろう。繰り返すことになるが、モダニティ、中国、文学という「概念」が、この七〇年あまりの時間を経て、大きく揺らいでいることに自覚的ではない研究が、単なるマニアックな蛸壺研究に終わることは、心に銘じておきたいものである。さらに言えば、問題意識を介在させず、単に文献的実証性と研究対象の隙間を埋める目的のみを果たそうという研究も、研究の将来性が疑われることだろう。

4　知識人像の差異――現在の研究における小さな波乱

戦後の研究の概略というよりは、いくつかの先人の研究を題材に、主観的感想とあるべき研究の私見の提示のような文章になってしまった。最後に、ほとんど話題にはなっていないのだが、私がある場所で最近コメントしたある研究に関する相互応答について、経緯を紹介し、現在の研究状況の一端を垣間見ておきたい。それが、われわれの「文学」研究をめぐる深い考察を導く可能性があるかもしれない、と考えるからである。

近年、周作人の研究についても、日本で緻密で優れたものが現れている。そのひとつに、伊藤徳也『「生活の芸術」と周作人――中国のデカタンス＝モダニティ』（二〇一二年、勉誠出版）がある。この書物は、周作人のエッセイ「生活の芸術」を彼の思想の中軸に据えながら、彼が文学芸術に関して「無用の用」を主張した思想的奥行きを論じたものである。興味深いのは、古典形式では、全体が部分を支配するのに対して、頽廃形式つまりデカタンスは、部分が全体を支配するという理論的前提に立って、「モダニゼーションとは、実は、古典形式の頽廃形式なのである」という立ち位置から、周作人の思想を論じることであろう。「部分が全体を支配する」というモダニティの発想は、既出坂井洋史の「全体性の断片化、未知の断片を求めての自己拡張［……］」と規定した、文学研究のすぐれてモダンなテクストという記述に符号しそうでもある。むろん坂井がここで批判的に取り扱っているのに対し、伊藤は批判的なのではない。デカタンスの内容については、当然一般的な定義とは異なるので、詳しくは該書を参照して頂きたい。

さてこの著書に対して、かつて周兄弟に関する研究者でもあった尾崎文昭から、高い評価とともに一定の批判がなされた（「周作人の『中国新文学の源流』論と「儒家」論について」『周作人と日中文化史』勉誠出版）。高い評価とは、伊藤の議論によって一九二〇年代から三〇年代にわたる周作人の思想的形成が一貫性をもって説明されたことである。ただし、そのままでは一九四〇年代の周作人まで見通すことはできないのではないか、というのが批判点であった。そこでは周作人「新文学の源流」にある、社会的関心としての「載道」に対する、個人的関心としての「言志」という対立概念について、周作人の文学観をこれで整理するのは「トンチンカン」だと述べている。そして「生活の芸術」に示されるような「倫理の自然化」と並んで、一九四〇年代はとくに「儒家」を自称する以上「道義の事功化」つまり社会的主張も無視できないはずだ、と指摘していた。

この批判に対し、伊藤は「周作人の中国文学史論と『儒家』標榜――拙著に対する尾崎さんからの批判に応える」（『中国文芸研究会報』第三八三号）で応答し、周作人においては「『無用の用』風の逆説はおそらく根本的には否定されていない。つまり「言志」「載道」の対立軸は根本的なところでは保持されたままである」と述べた。「言志派」は「頽廃派」の別名ですらあると、伊藤は言う。

そこで尾崎はさらにこれに応答し、「伊藤徳也氏の反論に応答し、あわせて周作人の新文学源流論と儒家論を補論する」（『颱風』第五二号）において、自分の論が「社会参与の試みの追求という点では、伊藤氏の『無用の用』の観点は三〇年代にも維持されていたと言っているのと大差ない」としつつ、「載道」「言志」については「思想統一傾向」「反思想統一傾向」と言い換えた方がよいと提言する。さらに周作人の言説について、「書くからには読者を想定しているわけだから、言表自体が社会性を伴っている」はずだと述べた。詳細を省いているので、分かりにくいと思うが、ここで気が付くのは「無用の用」ということばの解釈が、どうも伊藤と尾崎では異なるということである。尾崎は、あきらかに戦術としての「無用の用」と理解し、「用」つまり「社会参与」に重点をおいているのだ。

これに対し伊藤は「周作人の文弱性」（『周作人研究通信』第一号）で、これを明らかにしてこう述べていた。――「『無用の用』とは結局『用』だ」と最初から言ってしまっては、単なる「用」になるだけなので、「無用の用」はまずとにかく「無用」でなければならないということである。〔……〕「無用」が「無用の用」になるためには、必ず逆説を通過しなければならない、そこには「逆説を含んだ二段階の構造」がある――と自説を敷衍している。伊藤の場合、まずは「無用」が前提となって議論が展開するのである。さらに周作人の基本理念として取り出した生活の芸術を、尾崎が「自己コントロールの心術」として概括するのを批判し、それが自己完結したものではなく「他者と共有する目に見える社会文化形式」だと主張する。そして結論的に、尾崎の周作人思想の整理は、彼の「特性、つまり文弱性をほとんど無視することになるのではないだろうか」と述べ、それが「政治学的平面化」につながると批判するのであった。現在のところ、応答はこれ以上なされていないが、おそらく尾崎としては、周作人＝文弱な知識人説には賛同しないだろう。中国知識人の伝統から言っても、社会的責任を担う意識がもっと強いはずなのだから。それで、尾崎は一九三〇年代では潜在的だったが、四〇年代にかけて周作人の言述に「社会参与」の強い意識があったと主張したと思われる。

どちらが適切かについて、ここでコメントしようという訳ではない。私が感じ取れることに、中国の知識人像、あるいはディスコースについて、ふたつのやや対照的なイメージがここに提示されているのではないか、ということである。ひとつは、ある種隠遁のようなカモフラージュをしつつも、実際には自己の目指す「思想革命」を成し遂げようとする、社会参与の意識が強い知識人像である。もうひとつは、「言志」と「載道」の狭間で苦悩し、実践にはほとんど関与できなかった、「凡人」であり「文弱」な知識人像である。前者は、政治的社会性から知識人を見るのに対し、後者は、個の社会性を無視はしないが、個人の内面性から知識人を見ようとする、と概括できようか。この知識人像の差異は、意外に大きな問題を、中国文学研究にもたらしていると私には思えてならない。

実は、魯迅研究においても、同じではないが類似した対照的イメージを取り出すことが可能であろう。魯迅研究において、近年の労作としては、長堀祐造『魯迅とトロツキー――中国における『文学と革命』』（二〇一一年、平凡社）が挙げられる。一九二〇年代魯迅の文芸観において、トロツキーの『文学と革命』の影響が大きかったこと、とりわけそこで提示された「同伴者」概念が、変えられようもない自己という魯迅の苦悩葛藤を救ったことを、詳細に実証した著作である。これに対して、魯迅研究会世代の木山英雄が、書評のなかでやや難解な文章を用いて、一部批判を提示している（『中国図書』二〇一二年四月号）。「いったい『同伴者』なるものが、著者も断るとおり〔……〕もっと普通には政治的利用の対象や政治的な蔑称にすら類したことは、時を逐ってますます明らかな事実だった。しかし著者はそれをあくまでトロツキー的な意味において、魯迅の自己規定ならびに棺を覆うての定論とするのである」。さらには「光復会」、辛亥革命、北伐などにおける挫折経験を織り込むと、魯迅の革命観はもっと具体的で、「腐朽久しい老大文明の癒やしがたい閉塞感」から来ているだろうと述べ、左聯の「仲間」に対する「憤懣を鳴らしたりしながら彼が演じた粘り強い戦いは、本人自身の用語法で『革命者』と呼ぶに値する別の一端をなす、というか、両端相俟っての三十年代魯迅な訳だろう」と一言する。要するに、「同伴者」などという脇役の規定のみでは、三〇年代に戦闘的雑文と味方に対する批判的言辞を書き綴った魯迅像はカバーしきれない、魯迅はもっと自立した強固な知識人だというのである。

ここでは、私は長堀に近いと言明しておく。それはともかくとして、長堀の「同伴者」魯迅像が、二〇年代『野草』『彷徨』時期に認められる、自らの落伍の危機意識に苦悩と葛藤する魯迅と符合するのに対し、木山の書評にある魯迅像はもっと戦闘的で、革命に対し明確な志向性をもった知識人ということであろう。なるほど、魯迅研究会を継承する議論とも言えるところである。ともかく、これまた私からすると、社会的参与に当然の如く積極的な知識人像と、内面の課題において、自らを省察し尽くした知識人像という対照を形作る。いま是非は、読者の判断に任せよう。

実はもうひとつ、周兄弟に留まらず、類推させる研究が存在しているのだ。津守陽「「におい」の追跡者から「音楽」の信者へ――沈従文『七色魘』集の彷徨と葛藤」（『中国研究月報』二〇一三年一二月号）は、沈従文が一九四九年に自殺を企図したことを、従来は郭沫若を初めとする左翼からの脅迫めいた批判に臆した果てのものとするのが一般的だったのを、別に解釈する。津守は、一九四〇年代の沈従文のテクスト分析によって、それを文学創作の模索の過程における行き詰まりに帰結させていた。当論文は、太田記念賞を受賞した優れた論考であるが、ここにも政治的社会的方向からの解釈と、内面的もっと言えば、日本の文学者のごとき文学性の隘路という解釈との、対立する構図が透けて見える。

とりあえず、すでに述べたように、文学が個人的苦悩や葛藤によって創作されるという前提から出発すべきだろう。近年の成果として、いわゆる「文学的研究」が、テクスト分析の方法論によって格段の進歩をもたらし、中国文学の分析に新しい財産を創りだしたことは指摘しうる。しかし「文学」自体が尻つぼみの状態にあり、マニアの「オタク」的研究になりかねず、社会的広がりを失っている事実も認識すべきだろう。これに対し「中国」という要素は、すでに触れたが「文」の社会的政治性をないがしろにできないことを示唆している。モダニティに対する射程――とりわけ「終末論」に対する留意――は、この両者を相対化し、総合化する機能をもつ。中国近現代文学における、竹内や丸山の遺産には、これらを総合的に取り入れた視点があった。これらのバランスこそ、中国近現代文学研究の難しさ、であると同時に醍醐味であるかもしれない。ここではそのことに、もう少し自覚的であることによって、このジャンルの、それこそ現代社会における魅力がいくらかでも添えられることが、私たち研究者に求められているのではなかろうか。

二　「プロレタリア文化大革命」研究からみる日本人の中国認識
——文革終結以降の動向を中心として

中津俊樹

はじめに

「プロレタリア文化大革命」（一九六六―一九七六：文革）の発動に伴い、日本国内では文革の性質に関する研究や文革肯定派と批判派による議論が展開された。その後、毛沢東の死去とそれに続く「四人組」の逮捕（一九七六）、「四人組裁判」さらに中国共産党第一一期六中全会での「建国以来の党の若干の歴史問題に関する決議（以下「歴史決議」）の採択（一九八一）により、中国当局が文革全面否定の姿勢を鮮明にすると、日本での文革研究もそれと軌を一にするかのように低調期に入った。後述するように、文革研究そのものが中国研究者による関心の対象から外れたわけではなかったが、少なくとも日本国内において文革を学術研究の対象として捉え直す、という動きが大きな潮流とはならなかったのも事実である。その間、香港では、中国本土での発行が難しい文革関連の研究書や回想録等が相次いで出版された。それらには、中国本土の研究者による優れた研究も多く含まれていた。それにより、「林彪事件」（一九七一）に代表される文革期の重要事件や紅衛兵の活動等について、従来知られる事の無かった様々な事実が明らかになった。また、香港中文大学「中国研究服務中心」等を拠点として文革研究が現在も進展している。これらは、文革研究を新たな局面へと進展させる上で貴重な成果であるといえる。反面、それらが日本の中国研究者に影響を及ぼし、さらに日本での文革研究を本格化させる起爆剤となる事は、必ずしも無かったように思われる。その結果、日本における文革研究や文革期の個々の事象に関する理解と、香港でのそれとの間には、著しい差違が生じることとなった。これが、「歴史決議」採択後の日本における文革研究の特徴といえるかもしれない。

また、中国研究者以外の人々に着目した場合、文革が日本国内における学生運動に及ぼした影響も関係し、ある時期までは文革は論壇における一つのテーマであったが、一九八〇年代以降、文革は急速に関心の対象から外れていったように思われる。文革研究自体も主観的なレベルでの関心の対象とはなりえても、本格的に取り組むテーマとしての重要度は低下していった事は否めないであろう。それと同時に、日本人の中国を巡る関心は中国共産党一一期三中全会（一九七八）以降本格化した中国の改革・開放政策とそれに伴う経済建設、「天安門事件」（一九八九）、あるいは日中間における「歴史認識」を巡る問題へとシフトしていった。表面的な事象にのみ注目するならば、文革に対する日本人の関心は文革発動から一五年前後、毛沢東の死去と「四人組」の逮捕から数えれば五年程度で、ある意味で「賞味期限」を迎えたのである。その後、山崎豊子が小説『大地の子』［文藝春秋、一九九一］で文革を取り上げ、同作品のドラマ化に際しても文革に関するシーンが含まれていたが、日本の読者や視聴者にとっては過去の中国におけるエピソードの一つ、というイメージ以上の関心を呼ぶことはなかったように思われる。また、ユン・チアン、土屋京子訳『ワイルド・スワン（上）（下）』（講談社、一九九三）は文革の実態を多くの読者に知らしめたものの、日本人が再度、文革に関心を持つに至る契機とはならなかった。かつて日本人の少なくとも一部を熱狂させ、マスコミや論壇においてベトナム戦争と並ぶトピックの一つであった文革はこうして、人々の関心や探究の外に押しやられた。同時に、文革研究に関しても「壮大なる時代錯誤」［吉越弘泰『威風と頽唐──中国文化大革命の政治言語』太田出版、二〇〇五：五八八」とする声が現れるようになったのである。

その後、文革の発動から四〇年を迎えた二〇〇六年と前後して、日本国内で文革関連の著作や研究論文が相次いで発表され始めた。加えて、近年の尖閣諸島の帰属を巡る中国でのいわゆる「反日デモ」に象徴される日中関係の緊張や、二〇一二年三月段階での薄熙来（重慶市共産党委員会書記）の失脚（「重慶事件」）等に関連し、毛沢東のカリスマ性に対する憧憬や文革時代への郷愁が今なお中国社会において一定の基盤をもって存在している事が、日本のマスコミなどでも取り上げられるようになった。それらの内容に関しては興味本位の域を出ていない部分も否定できないが、一方で、それらの報道は文革がなお中国においては過去の出来事とはなりきっていない、という事実を日本人が認識する上での契機となり得る側面をも有している、といえる。このような中で、現代中国研究の重要課題の一つである文革研究が再度、徐々にではあるが「日の目を見る」形になりはじめた。本稿では以上の点を踏まえた上で、日本国内での文革研究について特に二〇〇〇年以降の研究動向に着目しながら、分析を進める。その上で、現在の文革研究の特徴を手がかりとして、日本人の中国認識について考察したい。

1 中国における文革否定と日本人の文革認識

(1) 日本国内における文革研究と文革認識をめぐって

馬場公彦は近年、第二次世界大戦の終結から日本と中華人民共和国の国交正常化に至るまでの時期の日本人の中国像についての論考において、文革と同時代の日本の論壇における、文革を巡る言説について考察を展開している。馬場によれば、「同時代の日本人の眼で文化大革命（文革）の勃発と推移を眺めなおした時、何よりもそれは複雑で掌握しがたい前代未聞の事態」であり、その性格を「人民が自発的に立ち上がる大衆運動なのか、権力者による群衆動員型運動なのか（中略）。中国革命からの逸脱なのか、その延長線上での新たな展開なのか」を把握する事が、中国研究者を中心とする論壇にとっての大きな課題となった。ただ、馬場も指摘するように、文革を巡る中国からの情報は「取材制限が厳しく、壁新聞などの内容を伝えるその情報は断片的で統制がとれたものとはとうてい言いがたかった」という状況が存在していた〔馬場『戦後日本人の中国像――日本敗戦から文化大革命・日中復交まで』新曜社、二〇一〇：二三九〕。同時代の日本における文革研究は、このような条件下で行われる事となった。加えて、この時期の文革研究は国分良成が指摘するように「あまりにも政治的」すぎるという「弱点」が存在し、ゆえに「文革は『研究』や『分析』の対象であったというよりは、ある一定の政治的なメッセージの代替であったほうが妥当」〔国分編著『中国文化大革命再論』慶應義塾大学出版会、二〇〇三：二〕という側面が存在していた。無論、それらの潮流から距離を置いた上で文革の本質を捉えようとする試みも存在していた。例えば、中嶋嶺雄は文革開始後の比較的早い時期に、文革の持つ権力闘争としての性格に着目し、かつ既存の共産党、国家・地方官僚機構に代わる「臨時権力機構」としての革命委員会の設立を中国の「兵営国家」化の表現として位置付けるなど、文革を「研究」「分析」の対象として捉えた上で、同時期の論壇における潮流とは異なる、独自の研究を進めた〔中嶋嶺雄『北京烈烈』筑摩書房、一九八一〕。ただ、当時においてはやはり、国分が指摘する潮流が主流であった。

その後、周恩来、毛沢東の死去と「四人組」の逮捕（一九七六年）を経て文革が事実上終結し、中国共産党第一一期六中全会（一九八一）において歴史決議が採択され、文革が公式に全面否定されて以降、日本国内での文革研究は一時、低調期に入った。文革発動一〇周年を迎えた一九八〇年代半ばには、加々美光行らが文革への再検討を試みた〔加々美編『現代中国の挫折――文化大革命の省察』一、二、アジア経済研究所、一九八五、一九八六〕。だが、全体として見れば、先述のごとく文革研究はかつてのように多くの研究者が取り組む対象ではなくなっていた。橋爪大三郎は中国国内外における文革研究がまだまだ数少ない、と指摘した上で、その理由として「第一に、重要な資料や証言の大部分が埋もれたままであり、正確で客観的な分析を進めることが困難であるため。第二に、文化大革命はまだ『政治的に敏感な問題』であって、自由な議論や研究ができないため。第三に、文化大革命という現象が、類例のない特殊な出来事であって、それをどのように考察・分析すべきかについての、有用で標準的な考察の枠組みが存在しないため。第四に、文化大革命を理解することは現代中国を理解することであり、すなわち、現代世界を理解することであるという知識界や一般読者の認識が不十分であるため」という四点を挙げている［王輝、中路陽子訳、橋爪大三郎・張静華監修『文化大革命の真実――天津大動乱』ミネルヴァ書房、二〇一三：六三五］。橋爪のこれらの指摘のうち、第一と第三の問題は本稿の筆者も含めた文革研究者がほぼ必ず直面するものである。関係資料と当事者の証言を巡る問題は、それが中国国内の政治・社会状況による制約を著しく受けるという現状を踏まえた場合、現時点でそれが大きく改善される事は期待し難い。この状況においては、既に公開された資料を用いる以外に研究を進める方法は存在せず、結果的に新たな研究成果の発表が困難になる。ただ、それは必ずしも資料自体が絶対的に少ないという事を意味するわけではない。かりに、研究者が一定量の資料が確保できた場合、今度は分析すべき資料の余りの多さ、さらにはある出来事の全貌をミクロ、マクロ双方の視点から捉える事の難しさに直面する事になる。そこで、研究者は文革研究を巡る新たな困難にぶつかるのである。資料を巡るこのような問題が、文革研究の進展に一定の影響を及ぼしている事は否定できないであろう。その一方、これは日本における文革研究や文革認識、さらには中国認識にのみ特化されるものではない事も事実である。この点から言えば、資料を巡り同様の状況を抱えていたはずの他国――例えばアメリカ――の現代中国研究者と日本の現代中国研究者の間の、文革研究に関する意識の差を感じざるを得ないのである。

さて、橋爪の上述の指摘において、日本国内における文革認識さらに中国認識に関わるものは、第四の問題、すなわち「文化大革命を理解することは現代中国を理解することであり、すなわち現代世界を理解することであるという知識界や一般読者の認識が不十分であるため」という点であろう。文革と同時期の日本の論壇において文革がベトナム戦争と並ぶトピックとなり、研究者や評論家が様々な立場から論争を展開していた事実を踏まえれば、一九八〇年代以降、文革への関心が急速に失われた事はそれ自体、「熱しやすく冷めやすい」とされる日本人の性格を反映しているように見える。もちろん、その背景にはそれに加え、文革を巡る論争が当事者間にもたらしたある種のわだかまりや感情的しこりも存在している事は、否定できないであろう。このような事情を考えれば、論壇が文革への関心を失うか、あるいは個々の論者が文革に何らかの思いを持っていたとしてもそれ語る事を避け始めたのは、やむを得ない事であったかもしれない。ここには、橋爪が指摘する「知識界の認識不足」とは異なる性質の問題が存在しているといえよう。

また、「一般読者」の側に視点を移した場合、そもそも大多数の日本人にとっては、マスコミによる文革報道は中国社会における何らかの激変の可能性を伝える限りにおいて、一定の話題性があったと考えられる。特に、日中戦争を経験した世代にとっては、マスコミが伝える中国の激動は自らの人生における中国との関わりと相まって、様々な思いを引き起こすものであったに違いない。文革に関する各種の評論も同様の性格を有していたであろう。しかし、それが研究者や評論家あるいは学生運動参加者以外の人々にとって「物珍しい」「センセーショナルな話題」、あるいは一種の懐旧の念を引き起こすもの以上の関心事となり得たか、と言えば、疑問の余地が大いに存在する。それは端的に言えば、文革がマスコミ報道におけるトピックの一つであり、その内容に視聴者に文革の熱気を感じさせるものや話題性があったとしても、大多数の日本人にとっては結局、現実にほぼ影響をもたらさない外国の出来事以上の意味を持ち得なかった、と考えるのが自然と思われるからである。であるならば、「一般読者」が文革に関して、橋爪が指摘するような認識を持つ事はそもそも難しかったであろう。おそらく、中国と特段の関わりを持たない論壇の人々に関しても、このような要素は程度の差こそあれ存在していたと思われる。

このような状況においては、中国に何らかの形で現実的な関わりを持つ人々を例外とすれば、文革に対する大多数の日本人の意識は本質的に傍観者の域を出る事はなかったであろう。日本人が本質において、傍観者としての立場から文革という「物珍しい」社会現象を観察し論じていたとするならば、一九八〇年以降にその「物珍しさ」が失われるに及び、日本の論壇から文革に関する議論が急速に消えた事は必然的であった、といえるかもしれない。これも、戦後日本における日本人の中国認識の縮図であるといえよう。

(2) 中国研究者における文革認識

では、中国研究者全般に着目した場合、橋爪の上述の指摘と類似した認識、即ち、「文革を理解する事は現代中国を理解すること」という見方が程度の差こそあれ、一般的な問題意識として共有されているか、といえば、必ずしもそうとは断言できないのも事実である。無論、中国研究という概念がカバーする内容や研究対象が歴史、文学、人類学等多岐にわたり、その方法論も異なる以上、中国研究者全てが文革の重要性を認識する事を期待するのには当然、無理がある。ただ、文革前後に研究生活に入っていた中国研究者について言えば、個々の専門分野に関わりなく何らかの形で文革の影響を受けたはずである。勿論、このことをもって中国研究者全体が文革に関心を持つべき理由とはならないが、少なくとも他分野の研究者と比較した場合、文革の歴史的ないし今日的意義に関して何らかの認識を持ってもよいように思われるのである。ただ、現状をみれば、文革は中国研究者にとってさえ必ずしも関心のテーマとはなりえていない、という事実が存在している事は否定できないであろう。ここで、この問題に関する筆者自身の個人的経験について述べてみたい。筆者は大学院修士課程に入学して以来、今日まで文革研究に取り組んできた。筆者は元々、関東地方のある大学で学ぶうちに現代中国研究に本格的に関心をもつに至った。その後、現代中国研究が盛んな首都圏や関西、中部地方ではなく、ある地方都市の国立大学の修士課程に入学した。筆者の文革研究はここから始まった。その年はちょうど、文革発動から三〇周年という節目の年であった。そして、筆者が研究生活の最初の段階で筆者が驚いたのは、文革研究というテーマに対する、その大学の中国研究の先生方の反応であった。先生方は最終的に文革研究の意義を理解して下さったのだが、始めの頃は文革を研究テーマとして選択した事を奇異に感じた方々が比較的多かったようである。中国研究以外を専門とする先生方からのこのような反応は想定の範囲内であったが、中国を研究対象とする先生方から「なぜ今さら、そんな事をするのか？」、「そんな〝虚しい事〟を研究してどうするのか？」という反応や、あるいは筆者がある種の政治的立場ないし思想的信念に基づき文革研究を選択した可能性を念頭に置いたと思われる、警戒にも似た反応が戻ってきた時には、文革研究に対する一種の抵抗感が――中国を研究対象とする研究者の間に――未だに存在している事実をまざまざと感じ、驚いたのを覚えている。筆者はここで初めて、文革研究が中国研究者のなかにおいてさえ今なお学術的関心の対象としてではなく、政治的イメージをもって連想されている、という事実に図らずも直面し、内心驚愕したのである。筆者のこのような認識の背景には、文革を巡る過去の論争や日本国内での文革研究自体に対する理解不足が大きな影響を及ぼしていた事は言うまでもないが、一方、文革を研究対象とする事に対する周囲の反応という点に着目するならば、その背景には現代中国研究が盛んな首都圏などの地域と、そのような環境が必ずしも充分ではなく、従って現代中国研究に対する関心が高くはない地方都市の大学・研究機関との間の環境の相違、さらにはそこから生じる認識の差違も影響を与えた事は間違いないであろう。以上は十数年前の段階における筆者の個人的経験という、ごく狭い範囲の出来事に過ぎないが、この状況には今のところ本質的な変化は生じていないと考えて差し支えないであろう。ここからは、文革という出来事がその同時代に生きた中国研究者にとってさえ主観的なレベルでの関心事ではあっても、より大きな問題意識をもって取り組む課題となりえていないか、あるいは純粋な学術的関心の対象として捉えられていない、という側面が見えてくるように思われるのである。当然のことながら、これは、中国研究者である以上は何らかの形で文革に対する関心を持ち続けるべきである、という事を意味するものではないが、実際に文革が中国研究者自身にとっても必ずしも関心の対象ではない、という事は否定できないであろう。これらはある意味で、筆者が現代中国研究が必ずしも盛んでない地方都市の大学という研究環境に身を置いたからこそ、身をもって理解し得た、文革と現代中国を巡る日本の中国研究者の認識の一側面といえるかもしれない。これを文革研究に関する橋爪の上述の四項目の指摘と併せて考えるならば、第四の指摘は広義の意味での中国研究者全般にも該当するものであるといえよう。であるならば、それ以外の「日本の知識界」における文革への認識の低さはある意味で当然といえるのではないだろうか。

(3)　現代中国研究者と文革認識

一方、現代中国研究を専門とする研究者の場合は、自身の研究が何らかの形で文革と関わる可能性が高くなる。「一貫して『文革』とは何であったのかという問題意識から離れられないで生きてきた」という意識は程度の差こそあれ、現代中国研究者が共有するものであったと言ってよいであろう〔佐治俊彦「リグデン文学との出会い」、リグデン、佐治俊彦・ブレンサイン訳『地球宣言――大草原の偉大なる寓話』教育史料出版会、二〇〇九：五〇五〕。

にも関わらず、先述のごとく、毛沢東の死去から「四人組」の逮捕、「歴史決議」の発表による中国での文革全面否定という流れの中で日本における文革研究も事実上低迷期に入り、文革そのものを学術研究の対象として捉え直す動きは、現代中国研究においても必ずしも大きな潮流とはならなかったように思われるのである。あたかも、文革という一大現象とそれに対する関心が、文革の終結から間もない段階で早くも「時代遅れ」となったかの如くであった。その背景には、文革の発動と軌を一にした、日本の現代中国研究者の間での文革を巡る論争とそこから生じた、この種の議論に対する一種の厭戦的雰囲気あるいは文革を論じることへの葛藤とでもいうべき意識が影響を与えたと見てよいであろう。加えて、以下の要因も文革研究が低調期に入る上で一定の影響を及ぼしたのではないだろうか。たとえば、第一に「歴史決議」により提示された文革全面否定という中国側の公式見解が、文革期に出現した様々な惨劇ひいては文革の性格を如何に理解すべきか、という問題に対する中国指導部からの回答としての性質を不完全ながらも有するものであったこと、第二に文革後の中国が改革・開放政策により経済発展への道を歩み始めた状況を踏まえ、研究者の関心が文革後の「現実の」中国へとシフトしたこと、第三に文革研究を巡る中国国内での制約から生じる、研究蓄積や資料の少なさ——などが考えられる。このうち、第一の点に関しては、「歴史決議」が文革の「被害者」側——そして、権力闘争としての文革の「勝者」——が下した政治的「結論」である以上、その内容が文革の過程で出現した現実や、その「結論」の「受け手」の側となる中国内外の文革研究者の心情と合致する側面が存在しているにせよ、客観的とは言い難いものであった。無論、中国現代史における「歴史決議」の位置付けや、それが文革研究における里程標としての役割を果たした事からいえば、それ自体に一定の意義が存在している事は否定できない。しかし、ある歴史的事件を政治的必要性を踏まえて評価する事が内包する問題が、それによって相殺される訳ではない。その意味では、「歴史決議」自体に対する異論——すなわち、文革を「否定」することへの反発ではなく、政治的必要に基づく恣意性が歴史研究に影響を及ぼす事への異論——が、日本の文革研究者から一定の規模で提起され、そこから文革研究が盛り上がりを見せる状況が存在してもよかったと考えられるのである。実際、「歴史決議」の問題点を指摘し異議を唱えた研究者は少なくなかったものの、全体的に見れば「歴史決議」における文革評価への批判的検証、ひいては文革そのものを学術的検討の対象として捉え直すという試み自体は、必ずしも盛り上がりをみせなかった。日本の現代中国研究者は本来、「歴史決議」という中国当局の政治的必要性に基づく文革評価から自由であるはずだが、結果的に「文革を見る目に甚大な影響を及ぼしてきた『文革徹底否定論』や一九八〇年『林彪・四人幇裁判』史観」〔吉越、前掲書、一二〕の影響を本質において、無意識のうちに受けてしまったように見える。

ちなみに、先述の第三の要素に着目するならば、日本における文革研究が進展しなかった理由を日本の現代中国研究者における「歴史決議」への「消極的な納得」のみに帰する事は、評価としてやや厳しい事も否めないであろう。その一方、先に指摘したように、欧米の現代中国研究者が資料へのアクセスを巡る制約や研究蓄積の少なさという問題において、日本の現代中国研究者と同様のハンデを抱えていたにも関わらず、文革の発動直後から一貫して文革研究に取り組み、注目すべき成果を発表し続けていた事実に着目するならば、そこから文革を巡る両者の認識の差を感じざるを得ないのも事実である。それは単に文革という対象への認識のみならず、現代中国をいかに捉えるかという問題に関する認識の差の縮図であると見てもよいかもしれない。

(4)「文革＝一〇年」説の受容を巡って

「歴史決議」との関連でいえば、「歴史決議」が提起した「文革＝一〇年」という時代区分に対して――各段階の性質に着目し、「前期文革」「後期文革」とする定義は存在したが――、その妥当性自体を問う試みも文革全体に関する研究と同様、必ずしも拡がりを見せなかった。「一〇年」という区切りには分かりやすい部分が存在する事は事実であるが、それが中国指導部による文革認識を反映したものであった点を踏まえれば、それを日本の文革研究における共通認識とする事の是非に関して、更なる議論が必要であったかもしれない。それは、個々の研究者が「歴史決議」の内容とは別に文革の性格を如何に理解するか、という本質的な問題についての探究をより深化させる契機ともなりえたと思われるのである。

だが、実際にはこの問題は個々の研究者の個人的な関心や検討課題の一つとはなりえても、それ以上のレベル、すなわち研究対象へと発展する事はなかった。それにより、「文革＝一〇年」というイメージが結果的に定着することとなった。それは単に年数という「数字」上の問題に止まらず、結果的に「歴史決議」が提示した文革評価が様々な形で日本国内の文革研究にも影響を与える状況を、多少なりとも生みだしたといえよう。文革における個々の現象を明らかにする事には一次資料へのアクセスの困難さも含めた問題が存在しているのに対して、「時代区分」に関する研究は文革という現象をいかに捉えるか、という認識がキーとなる。いわば、個案研究と異なり、資料の少なさなどはさほど大きな問題とはなりえないと思われる。この点から言えば、「文革＝一〇年」というイメージに対する再検討は、文革研究において比較的着手しやすい対象であったといえる。もちろん、この問題を関心の対象として研究を進める場合でも、文革の全体像をいかに把握するか、あるいは文革の性格をいかなるものとして理解するか、という根本的かつより大きな問題に関して認識を深める必要があるため、個案研究とは異なる難しさが存在する事も否めないであろう。

そのような点を念頭に置いて考えた場合でも、「文革＝一〇年」というイメージそのものを研究対象とする事はそれ自体、資料不足という制約から自由になった上で文革への認識を問い直す、一つのきっかけとなり得るものであった。ここに、日本の現代中国研究者が「歴史決議」による文革評価から距離を置いた上で、文革研究を再度進めるチャンスが存在していたといえる。

しかし、現実には文革研究そのものと同様、「文革＝一〇年」というイメージに対する本格的な再検討が積極的になされる事はなかった。「『文革徹底否定』史観や一九八〇年『林彪・四人帮裁判』史観」〔吉越、前掲書、一二〕が日本の現代中国研究者の文革認識に及ぼした影響の断片を、ここからも垣間見る事ができるかもしれない。

これらを外国の文革研究の状況と比較した場合、たとえば、ある外国人研究者は自身の文革研究の前提として、

「文革＝群衆が権力者に叛逆した一九六六年から一九六九までの三年間のみ」、「一九六九年から一九七六年＝権力者が群衆に反撃した歴史」との認識を示している。この研究者はそれに基づき、「歴史決議」による「文革＝一〇年」という区分は中国当局が「故意に引き延ばした十年」であり、「その目的は彼等（＝当局：引用者注）に対する群衆と社会の反抗と恥辱を曖昧なものにし、文革を四人組が行った十年の悪事に帰そうとする」事にあるとして退けている［陳佩華『毛主席的孩子們：紅衛兵一代的成長和経歴』桂冠図書公司、一九九七：五］。ここには、文革の年数を単なる「数字」の問題としてではなく、自己の文革認識に関わるものとして捉え、かつ「歴史決議」から極力自由になろうとする姿勢が存在している。当然の事ながら、この事例をもって文革研究に関する外国人研究者の姿勢を代表させる事は出来ない。その一方、ここにも文革研究をめぐる日本と外国の研究者の姿勢の違いが示されている事も、否めないように思われるのである。少なくとも、「歴史決議」に由来する「文革＝一〇年」という時期区分を漠然と受け入れる日本の研究者の姿勢からは、文革研究を研究対象とする個々の研究者における文革認識が必ずしも見えてこない。ここにも、日本における文革研究と中国認識の特徴が存在していると言えよう。

2　二一世紀日本における文革研究とその特質

(1)　二一世紀の日本における文革研究の新たな展開

そして、文革の発動から四〇年以上を経た今日、日本国内での文革研究は新たな局面に入った。文革から三〇年目の一九九六年、中国人研究者が監修した『中国文化大革命事典』が中国ではなく日本で出版された頃から、日本国内でも再度、文革研究に対する関心が集まり始めた。そして、二〇〇〇年代に入り日本国内での文革研究は再度活況を呈してきた観がある。特に近年、尖閣諸島の帰属を巡る日中間の緊張関係や中国社会での経済格差の問題に関連して、毛沢東のカリスマの残像に頼るかの如き傾向が中国社会で見られ始めた事や、薄熙来〔重慶市共産党委員会書記〕が推進した「唱紅歌」運動に象徴される、文革期への回帰を想起させる政治手法〔「重慶模式」〕と同氏の失脚〔「重慶事件」二〇一二年〕、あるいは二〇一三年に始動した習近平新体制のメンバーが、毛沢東時代の党・国家高級幹部の子弟からなる、いわゆる「太子党」を中心していると同時に、彼等が文革期には紅衛兵として活動していた経歴などは、文革が再度、日本において注目される一つの契機となった。

文革研究そのものに関して言えば、関係資料へのアクセスの難しさなども含め、文革という「一大政治事件の全体像をどのように理解すべきかは、必ずしも容易な作業ではない」〔天児慧『中国の歴史一一　巨龍の胎動　毛沢東vs鄧小平』講談社、二〇〇四：一七三〕という状況に劇的な変化は無いものの、「文革とは一体、何であったのか？」という関心の高まりを背景に、多様な角度から文革像の検討を試みた意欲的な研究が相次いで発表されている。先述した国分良成編『中国文化大革命再論』〔慶應義塾大学出版会、二〇〇三〕は文革に関して、政治、外交、軍事など多様な方面から考察を行っている。紅衛兵・造反派組織の行動原理に関しては、楊麗君、金野純がそれぞれ群衆の動向に着目した上で研究を行っている。楊は群衆組織による文革への参加を、「公民権」の獲得という観点から分析している〔楊麗君『文化大革命と中国の社会構造』御茶の水書房、二〇〇三〕。金野は楊と同様の関心を持ちつつ、群衆が政治運動に動員される過程に着目し考察している〔金野純『中国社会と政治動員——毛沢東時代の政治権力と民衆』御茶の水書房、二〇〇八〕。また、谷川真一は地方での武闘をめぐる一連の論考において、武闘拡大のメカニズムについて検討している〔谷川真一「延安における武闘（一九六八—一九六八年）」『中国研究月報』二〇〇八年四月〕。文革期の中国指導者の動向についての研究としては、「林彪事件」（一九七一）に関する姫田光義の論考が存在する。姫田は林彪事件に関する中国側の公式発表と距離を置いた上で、中国国内や香港等での先行研究や関係者の回想録等の内容を踏まえ、同事件の再検討を試みている〔姫田光義『林彪春秋』中央大学出版部、二〇〇九〕。また、文革を巡る「記憶」が文革後の中国において如何に表出ないし再生産されるか、という点について、福岡愛子は「記憶」と「忘却」という観点から検討している〔福岡愛子『文化大革命の記憶と忘却――回想録の出版にみる記憶の個人化と共同化』新曜社、二〇〇八〕。一方、吉越弘泰は文革期の公式文献や指導者の講話における語彙や論理を「政治言語」と位置付けるという、これまでの文革研究では見られなかった視点から文革の特質について研究している〔吉越、前掲書、二〇〇五〕。毛沢東の図像などに象徴される「プロパガンダ芸術」に着目した牧陽一らの研究は、文革のシンボルともいえる毛沢東をモチーフとした様々な題材を取り上げる事により、芸術という角度から文革像を検討している〔牧陽一・松浦恒雄・川田進『中国のプロパガンダ芸術――毛沢東様式に見る革命の記憶』岩波書店、二〇〇〇〕。文革期の文学に関しては従来、日中双方において関心の対象とされて来なかったが、岩佐昌暲はこれらを「文革期文学」と位置付け、紅衛兵の手による詩を紹介している。岩佐は中国でこの分野の研究が進んでこなかった理由について、「この時期の文学が『政治の道具』として機能しており、文学としての玩味に耐えるものでも、文学研究の対象になりうるものでもなかったこと、その結果この時期が文学的に低調、暗黒の『文学空白』の時代だと意識されていたということ、そのために研究者が研究意欲をそそられなかった」ことに加え、「文革期に対して中国共産党が明確な否定を行っており、この時期に生まれた文学作品を研究することが学術的に積極的な意味をもつものとは考えられなかった」ことを挙げている。その上で、岩佐は「日本においても状況は同じであった」と述べ、「文革期に生み出された文学をまともに取り上げた研究はほとんどなかったと言ってもいいのではないか」と指摘している〔岩佐昌暲・劉福春編『紅衛兵詩選』「刊行にあたって」中国書店、二〇〇一〕。岩佐のこの指摘からは、日本の現代中国研究者が文革認識あるいは文革研究を巡る姿勢において事実上、「歴史決議」以降の中国当局の文革に関する公式見解の影響を受け入れ、その結果、本来は中国での文革研究と歩調を合わせるべき必然性は何ら存在しないにも関わらず、実際にはそのような方向で文革を認識してきた、という特徴が明らかになるように思われる。端的に言えば、日本における文革研究あるいは文革認識は基本的に中国のそれを踏襲する形で展開されており、そこからの自由を前提とした独自の視点が著しく欠如していたと考えられるのである。これについては先述の如くであるが、この意味において、岩佐の指摘は日本における文革研究あるいは文革認識の特徴を考える上での、興味深い示唆を提示しているといえよう。

以上はいずれも新たなテーマからの研究であるが、共通項としては、それらが漢族社会を検討対象としている点を指摘し得る。

(2)　少数民族地域での文革を巡って

それに加えて近年では、これまで日本の現代中国研究者による関心が必ずしも高いとは言えなかった、非漢族地域での文革というテーマが取り上げられるようになった。加々美光行はこの問題について、中国の民族問題について論じた際にチベットとウィグルの事例を取り上げて考察している。加々美は少数民族地域での文革の特質として、「実権派も造反派もともに『階級』こそが意思決定主体であって、民族はいささかも意思決定主体たりえないとみなしていたこと」と「良き『階級』出身者（実権派）または自己に造反した真に革命的な『階級』（造反派）はやはりそれぞれ世界性を帯びた存在であるとみなされ、少数派民族内の良き『階級』出身者または革命的な『階級』と民族の壁をこえてむすびつきうる」という二点の特徴が存在していたため、「外来の漢民族活動家はかりに少数派民族の運動参加のないままで運動を展開しても、なおかつ少数派民族のなかの革命『階級』の全面的代弁者たりうると信じられていた」と指摘する［加々美光行『中国の民族問題――危機の本質』岩波現代文庫、二〇〇八：一一七―一一八］。では、少数民族の側は、文革を巡る漢民族のこのような意識ないし姿勢をいかに受け止めたのであろうか。また、それは少数民族にいかなる影響を及ぼしたのであろうか。楊海英は内モンゴル自治区での文革を巡る動きを漢族によるモンゴル族への「ジェノサイド」と位置付けた上で、「内モンゴル人民革命党冤罪事件」を巡る動きに着目し、モンゴル族が文革に巻き込まれる過程を、現地での聞き取り調査や関係資料の収集により明らかにしている。楊は内モンゴルの文革で粛清の対象となった人々の多くが、「満洲国」時代に日本式の教育を受けた知識人であった事実を取り上げ、内モンゴルでの文革と日本の歴史的関わりを指摘する［楊海英編著『内モンゴル自治区の文化大革命一～五』風響社、二〇〇九、二〇一一、二〇一三。楊海英著『墓標なき草原――内モンゴルにおける文化大革命・虐殺の記録（上）（下）（続）』岩波書店、二〇〇九、二〇一一］。また、同地での文革を題材としたリグデンの小説はフィクションという形ではあるが、文革とモンゴル族の関わりを知る上で示唆に富んだ内容であるといえよう［リグデン、佐治俊彦・ブレンサイン訳、前掲書］。加えて、チベットでの文革に関しては、ツェリン・オーセル、ツェリン・ドルジェらが、従来知られる事の無かったチベットでの文革の実態を、多くの未公開写真と共に明らかにしている［ツェリン・オーセル、ツェリン・ドルジェ、藤野彰・劉燕子訳『殺劫――チベットの文化大革命』集広舎、二〇〇九］。チベットでの文革の展開とその特質について、一九六九年六月に発生した「ニェモ事件」を巡る動きを軸として検討した、M・C・ゴールドスタインらの研究は、チベット人が文革に関与するに至る過程を、チベットでの群衆組織間の対立の展開に加え、一九五〇年代後期のチベットにおけるいわゆる「民主改革」へのチベット人の反応などに着目しながら分析している［M・C・ゴールドスタイン、ベン・ジャオ、タンゼン・ルンドゥブ、楊海英監訳、山口周子訳『チベットの文化大革命――神懸かり尼僧の「造反有理」（原題：On the Cultural Revolution in Tibet）』風響社、二〇一二］。その内容に関しては、ゴールドスタインが「肝心な所で民族問題の本質から上手に逃げている印象を受ける」、「終始、『客観』という軽薄な衣を著者が脱ぎ捨てようとしない政治的な姿勢は、学問の一層の発展の妨げになっている」と楊海英が指摘するように、チベットの文革という、研究対象の持つ特殊性に起因する限界が存在する事も否定できない［楊海英「強盗の論理を「奴隷」の視点からよむ――『チベットの文化大革命』の背景と性質」ゴールドスタイン、同上：三六八］。にも関わらず、チベットでの文革の実態を知る上で多くの示唆を提示している事は間違いないであろう。

(3)　「中国」＝「漢族社会」？──「五五通りの文革」という視点からの、新たな中国認識

先述の如く、少数民族地域での文革はこれまで、日本国内の文革研究者が積極的に関心を持つテーマとは必ずしも言い難い部分があった。その理由について、藤野彰は「文革全体から見れば、チベットや新疆ウイグル、内モンゴルなどの文革はしょせん辺境の同時代史のひとコマであり、大きな幹から分かれた、細く小さな枝葉の部分にすぎない」という捉え方が存在してきたこと、「政治的文脈から見れば、少数民族側の被害をとりたてて強調することは、漢民族側の〈加害性〉を浮き彫りにする事につながりかねず」、過去の民族問題と現在進行中の民族問題との連動を封殺するために、「二重に封印」してきた、と指摘する［藤野彰「チベットの文化大革命──現在を照射する歴史の闇」ツェリン・オーセル等、藤野・劉訳、前掲書：三八二─三八三］。いわば、少数民族をある意味で軽視し、その結果として彼等の文革経験への関心が高まらなかった事が、少数民族地域での文革研究が進んでいない理由という事になるであろう。

少数民族地域に関しては、各地域の政治情勢などに起因するフィールドワークの難しさ等という現実的な問題も存在しているが、藤野のこの指摘が日本の研究者における文革への関心にも当てはまると考えた場合、そこからは次のような特徴を見出しうるであろう。それは、日本国内での文革研究が「中国」と「漢族社会」を無意識のうちに同一視していた、という点である。たとえば、文革を見る際に「漢族世界のことしか視野に入っていなかったので、この大人災が少数民族にとっていかに苛酷なものであったかという発見」を、ある種の契機にする事は決して特殊なものではなく、むしろ日本の現代中国研究者が文革を考える上でごく一般的なものであったといえ

るかもしれない［佐治、前掲文、五〇五］。しかし、多民族国家である中国においては、文革の展開に各民族ごとの文化的・社会的背景に起因する地域差が存在していた事は容易に想定し得る。いわば、民族の数だけ文革の特徴にもバリエーションが存在していたはずなのである。それは単に民族ごとの文革経験やそれに対する対応の相違というレベルに留まるものではない。より具体的に言えば、それは「漢族」由来の文革が他民族に波及し、後者独自の伝統的価値観や社会的特色、日常生活の基盤としての共同体が――彼等にとっては漢族由来の「外来」の衝撃により――破壊され存亡の危機にさらされていく過程そのものであり、自らの主体的意思とは無関係に直面せざるを得なかった苦難の歴史であったといえる。それが少数民族の数だけ存在していたのである。いわば、「五五通り」の文革がもたらした「五五通りの」苦難が存在していたといえる。このように考えれば、少数民族にとって文革は決して「辺境の同時代史の一コマ」「枝葉の問題」として処理され、あるいは認識されるべき問題ではあり得なかったのである。であるならば、既存の文革研究において少数民族地域の問題がそのように扱われてきたとすれば、そこからは――研究者個人の意図と関わりなく――本質的な部分において少数民族の置かれた立場への共感を欠くか、その存在を無意識のうちに等閑視し、文革から受けた傷を「まだ完全に冷静に語れない」という彼等の心情に思い至らなかったという事実が浮かび上がるのである［楊、二〇〇九、上、九］。それは、これまでの文革研究が「漢族」の文革を「中国」の文革と同一視し、結果として五五の少数民族が経験した「五五通り」の文革が存在していたという、根本的な事実を見落としていた事に他ならない。

そして、日本の現代中国研究者が文革を考える際にこのような問題意識や視点を積極的に有していたかといえば、それが程度の差こそあれ欠落していた事は否めない。それは、近年日本国内で刊行された少数民族地域での文革に関する研究が――先述の加々美のものなど、ごく少数のものを除けば――、ほぼ全て外国人研究者の手によるものであるという事実にも示されている。少数民族地域を対象とした研究を行う場合、当該地域の言語や文化等に関する基礎的な理解が必要である事などを考えれば、この種の観点から文革研究を行う事は必ずしも容易ではないであろう。ただ、文化人類学の分野において中国の少数民族を対象とした研究蓄積が存在している事を踏まえた場合、同様の方法によって非漢族社会における文革を研究する事は不可能な作業ではないとも思われるのである。にも関わらず、現在までのところ、日本人研究者がこの種のテーマに必ずしも関心を示してこなかった事実からは、「中国＝多民族国家」という事実を、指摘されるまでもない自明のものとして理解しつつも、一方では「中国」と「漢族社会」を無意識のうちに同一視する——換言すれば、ある意味で漢族と同じ視点に立った——見方の影響さえ見出せるのである。そこからは、たとえば「チベット人の反乱は『民族』の主体性を取り戻そうとする『民族主義』の現れであったといえよう。意思決定主体としてはいささかも『チベット民族』を認めない、いってみれば『民族』としては意思を持たない単なる風景としてのみ漢人から扱われたチベット人の、それは決起であった」という、少数民族の置かれた状況への共感に基づく見方やは生まれづらいであろう〔加々美、前掲書、一二二〕。逆に言えば、これらの問題を改めて認識する事は、中国の少数民族が「漢族」という、彼等にとっては他民族である集団が発動した文革に如何に巻き込まれたか、あるいはそれが各少数民族の社会や文化の在り方に如何なる影響を及ぼしたか、という観点から文革を考えるのみならず、多民族国家としての中国の姿を捉え直す上で重要なヒントとなるはずである。

おわりに——文革研究と中国認識の新たな可能性

本稿では、文革終結から二一世紀を迎えた今日に至るまでの文革研究の動向とその特質に着目した上で、日本における文革認識という視点から中国認識の特質について検討した。そして、以下の二点を指摘した。第一に、日本の現代中国研究者をはじめとする中国への関心を持つ人々が、「歴史決議」以降の中国当局の公式見解の影響を――その必然性が存在しないにも関わらず――無意識のうちに受け、事実上それに基づき文革認識を組み立てていたこと、第二は、日本での文革研究が「漢族」社会と「中国」を――やはり無意識のうちに――同一視し、観念的には「多民族国家」中国というイメージを自明のものとして「理解」しつつも、実際には少数民族への関心が著しく欠如したものになっていたこと、である。これらは無論、現代日本における中国認識の一側面に過ぎず、それをもって全てという事は出来ない。その反面、日本における中国認識が程度の差こそあれ「漢族」中心的視点から形成され、またある部分、特に現代史評価と関わる分野においては、研究者個人の主観的意思とは関わりなく、中国当局の政治的必要性に基づく価値判断の影響から自由になり得ていない事も、否定できないように思われるのである。であるならば、これらの特質を認識した上で克服し現代中国の姿を捉え直していく事が、今後の日本における中国認識の発展における鍵となるといえよう。

最後に、現代中国研究の新たな可能性を考える上で、日本近現代史と文革との関わりについて述べておきたい。楊海英はこの問題について「満洲国」を通じた日本と内モンゴルの関わりを取り上げ、同地域での文革は「日本と関係がないわけではない」と指摘する〔楊海英『続・墓標なき草原』岩波書店、二〇一一：四〕。確かに、中国を含む北東アジアと日本近代史との関わりに着目すれば、内モンゴルなどの旧「満洲国」地域での文革は日本人にとってある程度身近な問題と認識されてもよかったはずである。チベットに関しても河口慧海らを通じた接点が存在した事を考えれば、同様の事を指摘し得る。いわば、少数民族地域での文革は日本人にとって「見知らぬ土地」で発生した縁遠いテーマではなく、日本近現代史ともリンクする部分を持っていたのである。また、関智英は南京での文革に関して、「文革からさかのぼることわずかに二十数年前の南京の街には数万人規模で日本人が暮らし」ていた事実を指摘する〔董国強、関智英・金野純・大澤肇編訳『文革　南京大学一四人の証言』築地書館、二〇〇九：

一五〕。日中戦争時の「南京事件」も含め、日中近現代史における日本と南京のこのような関わりは同地での文革の展開にも何らかの影響を及ぼした、と考えるのが自然であるように思われる。当然ながら、これは南京や旧満州地域のみならず中国の他地域にも該当する事であるといえる。しかし、この問題を含め、日中近現代史との連続性という観点から文革を捉えるという試みはこれまでなされていない。逆に言えば、日中戦争等に象徴される日本近現代史と文革研究の融合という新たな可能性がここに生じ得ると考えられるのである。そして、これは日本人研究者が積極的に取り組むべき課題である、といえるかもしれない。

以上のような点を踏まえ、日本における現代中国研究と中国認識が新たな段階へと進むことを期待したい。

三　「属地的経済システム論」からみた計画経済期の中国

田島俊雄

はじめに

「属地的経済システム論」とは、制度・政策的要因によって顕著になった産業組織的分散化傾向を示す「中国的産業組織」という用語と並び、計画経済期から移行経済期についての中国経済を研究する中で徐々に形成された筆者の考え方である。それらをより明示的な形で示したのは、後者については田島「中国的産業組織の形成と変容――小型トラック産業の事例分析」（『アジア経済』第三七巻第七・八号〔一九九六年七・八月号〕）、前者については同「中国の財政金融制度改革――属地的経済システムの形成と変容」（毛里和子編集代表『現代中国の構造と変動』第二巻、東京大学出版会、二〇〇〇年）においてである。

すなわち後者についての論文では、「中国が歴史的に地方分権的な経済システムをとり、多くの基幹産業において地方分散的な産業組織が形成されたことは、改革開放前には自明」であり、「一九七〇年代初頭には『五小工業』と呼ばれる主として県レベルの地方国有企業、すなわち鉄鋼、化学肥料、農業機械、電力、セメント、農薬などの重工業が、地域経済における生産財・資本財供給の担い手として大いにもてはやされ」、「また今日でいう『郷鎮企業』が『社隊企業』として注目されるようになるのも、この時期以降である」として、積載量二トンクラスの小型トラック産業を事例に、一九七〇年代半ば以降における属地的な生産および市場構造について論じている。

つぎに前者についての論文では、「財政金融システムの属地的性格」とは「中国国有企業の属地的性格」に続く筆者の造語であるとし、両者をまとめ「中国における経済システムの属地性」として、以下の認識を展開している（七四—七五頁）。

すなわち「国有企業の『属地性』とは、従来の中国的な計画経済のもと、国有企業の圧倒的部分は各級地方政府にかならず所属し（「分級管理」）、市場面で規制・保護を受けるのみならず、資金・用地用水・労働力の需要と供給の面においても、地方の党・政府との間に相互依存的な関係が形成されていたことを指」しており、その含意は、「冷戦構造にも規定された計画経済の『分級管理』化＝地方分権化を背景に」、財政・金融・企業といったサブシステムが属地的に組織され、「それぞれが制度的に補完されることにより、経済システム全体の『属地性格』が強固に形成されたことにある」。その結果、一九五〇年代末以降の中国の経済モデルは、「ソ連型社会主義計画経済の中央集権的性格とは、明らかに異なる」。

このような筆者の認識は、とりあえず計画経済期の中国経済に即した議論であるが、「市場経済の低発達」な中華民国期や王朝期の中国経済にかかわる議論でもある。たとえば日中戦争後の四川で市場圏の調査を行ったスキナーは、クリスタラー[1]、レッシュら[2]によるヨーロッパの市場発展をモデルとする経済立地論（「中心地理論」）に依拠し、歴史的な中国の市場圏を、多段的な階層よりなる六角形の構造としてとらえている[3]。ヨーロッパにおいて歴史的な産業革命が、伝統的な「局地的市場圏」を出発点としつつ展開されたことは、日本では大塚久雄の名を冠した「大塚史学」によってもつとに知られる[4]。

一方、計画経済期の中国についての議論としては、たとえばSchurmanは、ユーゴにおける企業自主権の拡大やソ連における一九五〇年代の地方分権化との比較のもとに、一九五八年の大躍進に前後する経済システムの特徴を、行政レベルの地方分権化に求めている[5]（いわゆる「分権化Ⅱ」）。またDonnithorneは、文革期の中国経済をcellular-economyと特徴づけ、地方政府および企業の自給自足的性格を主張している[6]。

日本においても小島麗逸「土に根づく中国経済」（『世界』一九七二年一一月号）は、七〇年代初頭に展開された「二本足」工業化路線、とりわけ人民公社各級の「社隊企業」[7]や県レベルの「五小工業」[8]に着目し、ローカルな局地的市場圏が重層的に積み重なって形成されるゆるやかな構造として、当時の国民経済を想定した。また中兼和津次「中国の経済制度」（野々村一雄『社会主義経済論講義』青林書院新社、一九七五年）は、分権化の内実として地方政府による集権的地域経済運営を想定しつつ、他方におけるトップリーダーの鶴の一声によって動員される「緩い」集権体制として、毛沢東時代の経済システムを定式化した[9]。

それでは計画経済期の中国経済を、筆者はどのように学んできたのであろうか。

1　一九七〇年代の中国経済研究

筆者が東京大学の大学院修士課程に入学したのは一九七五年で、所属は農学系研究科の農業経済学専攻課程、大学院の演習では農政学講座に属し、多くは日本農業を研究対象とする農業経済学の授業を受講した。また当時、日中覚書貿易（ＭＴ貿易）を引き継ぐ形で組織されていた日中経済協会の調査研究活動に参加する機会があり、農林省の受託事業である農業委員会の研究プロジェクトに参加し、大学院生でありながら委員として研究活動、執筆活動に参与した。この研究活動は嶋倉民生調査課長（アジア経済研究所より出向、のちに愛知大学教授）のもとに組織されており、河地重蔵教授、近藤康男名誉教授、川村嘉夫研究員などより中国農業研究の手ほどきを受けた。

他方で大学院の経済学研究科においては、小島麗逸研究員（アジア経済研究所）を招いて大学院生による自主ゼミが開催されており、これにも参加する機会に恵まれた。この自主ゼミは日本経済史を専攻する金子文夫、窪田宏などが中心で、ソ連経済を研究する上垣彰、栖原学、農業経済から森久男、都市工学から熊本一規、越澤明、国際関係論から松田はるひ、学外から石原享一などが参加し、石川滋の『中国における資本蓄積機構』（岩波書店、一九六〇年）や、刊行されたばかりの小島麗逸『中国の経済と技術』（勁草書房、一九七五年）などを勉強した。

当時の中国経済研究にあって、我々のような若手中国経済研究者にとって石川滋の影響は傑出しており、石川を主査としてアジア経済研究所（アジ研）に設けられた中国経済の統計的研究、その延長にある長期展望のプロジェクトにかかわる刊行物は、我々にとって必読の先行研究であった（石川滋編『中国経済発展の統計的研究』Ⅰ—Ⅲ［調査研究叢書第七、二〇、三四集］、アジア経済研究所、一九六〇—六四年、同編『中国経済の長期展望』Ⅰ—Ⅳ、アジア経済研究所、一九六四—一九七一年）。

当時の中国は対米対ソの冷戦下に置かれ、情報公開も進まず、政治の研究者のみならず経済研究者にとっても、データの入手は至難であった。当時かろうじて刊行されていた『人民日報』や『紅旗』、後に四人組の刊行物として廃刊となる『学習与批判』などの文章から断片的な情報を集め、これらを集約し、経済学の枠組みに則った議論を展開するには、資料収集のみならず基礎的な経済理論の学習という意味で、大変な労力が必要であった。こうした石川らの手法による研究成果として、尾上悦三『中国の産業立地に関する研究』（アジア経済研究所、一九七一年）があり、さらに当時認識され始めた小型農村工業にかかわる研究業績としてIsikawa, Shigeru, *Chinese method for Technological Development-Case of Agricultural Machinery and Implement Industry,* paper presented at OECD Symposium on Science, Technology and Development in a Changing World, Paris, April, 1975、石川編『中国の科学技術に関する一研究』（日本経済研究センター研究報告№.三五、一九七五年）、前出の小島麗逸（一九七五）などがあった。赤木昭夫・佐藤森彦『中国の技術創造』（中央公論社、一九七五年）なども化学肥料産業を中心に、小型工業の技術基盤について検討を進めていた。そして海外にあっても、アメリカの議会報告という形で、中国の農村工業についての調査報告が出るような状況であった（Joint Economic Committee, Congress of the United States, *China: A Reassessment of the Economy,* Washington. D. C: U.S. Govt. Print. Off, 1975, The American Rural Small-scale Industry Delegation, *Rural Small-scale Industry in the People's Republic of China,* Berkeley; University of California Press, 1977, Sigurdson, Jon, *Rural Industrialization in China,* Cambridge, Massachusetts; Harvard University Press, 1977）。

他方で日中戦争期に源流をもち、日本で展開されたユニークな中国研究として、ドライファーミング（乾地農法）にかかわる「農法論」の世界があり[10]、アジア経済研究所に設けられた研究会を拠点に、熊代幸雄、山本秀夫らの戦前からの中国研究者が小島や川村らと精力的に研究成果を刊行した。ここでは戦前からの農法論の蓄積の上に、一九六〇年代にもかろうじて刊行されていた『中国農報』などのバックナンバーと新聞記事の断片的な叙述を基に、農業技術の比較検討が行われていた（山本秀夫『中国農業技術体系の展開』アジア経済研究所、一九六五年、熊代幸雄『比較農法論——東アジア伝統農法と西ヨーロッパ近代農法』御茶の水書房、一九六九年、熊代幸雄・小島麗逸編『中国農法の展開』アジア経済研究所、一九七七年）。

こうした研究状況を踏まえ、筆者が一九七〇年代に試みたのは、まずもって当時の中国で力を入れて推進されていた農業の多毛作化の研究であり、農村工業の研究であった。

前者については上海郊外を例に、戦前から戦後の一九七〇年代に至る稲作を中心とした作付体系の変遷、すなわち農業の多毛作化をテーマとして、「中国における三熟制作付体系の形成」と題する修士論文を書き、公刊物としては田島俊雄「中国における稲作機械化一貫体系」（『中国経済研究月報』一九七八年六月号）、および「農業の多毛作化と農村工業」（小島麗逸編『中国の都市化と農村建設』龍渓書舎、一九七八年）の形でまとめた。[11]この研究では、満鉄上海事務所が占領地における特務工作の一環として実施した華中農村調査のデータ（松江県および上海県）を初期条件として援用でき、一九六〇年代に至る状況が断片的であるが資料的に確認され、一九七〇年代については『学習与批判』誌に上海をはじめとする江南地域における農業・農村工業の状況が豊富に紹介されており、さらに一九七六年に自身で上海を訪れた際にかろうじて古書店で見つけた中共松江県委員会主編『松江水稲』（上海科学技術出版社、一九六二年）などの資料が活用できた。こうして日中戦争期の一九四〇年代から一九七〇年代半ばに至る稲作の生産力展開を追跡でき、さらに日本との比較で農業集約化の程度と段階を相対化して議論することができた。余談であるがこの研究成果を一九七七年秋の段階で京都で行われた学会で報告したところ、会場の最前列にいた天野元之助より、報告が食い足りない旨のコメントをもらった記憶がある。満鉄上海事務所調査役として、戦時下の華中調査を自ら担った天野とは、そもそも体験の質が違うことは自明であろうが、これを機に天野の知遇を得たことは、筆者にとって何物にも代え難い経験であった。

つぎに農村工業の議論は、小島麗逸編の前掲書で掲げる「都市化なき社会主義」論を詰めるにあたり、農村における過剰人口を吸収する論理として農業の内包的深化のみならず農村工業の展開を分析することの必要から手がけたという背景がある。こうして選ばれたのは、南方ではなく北方における農村工業化の典型にして、満鉄による冀東農村調査の対象県であった河北省遵化県の事例であった。同県を中心とする農村工業の分析は、小島編『中国の都市化と農村建設』の刊行とほぼ同時期に、中兼和津次・田島俊雄「中国における農村工業システムとその展開」（『技術と経済』一九七八年一〇月号、通巻一三九号）、田島俊雄「中国における中小鉄鋼企業の存立条件」（『中国研究月報』第三六九号［一九七八年一一月号］）として相次いで公刊されている。後者の論文では、農村工業化の背景として、中央政府による供給では満たされないローカルな需要が存在し、かつ農村工業の赤字を補填しうる地方的な財政収支の構造、すなわち地方財政の相対的な独立という制度的条件の存在を主張した。ちなみに遵化県の地方国有鉄鋼企業は一九八〇年代以降、折からの市場経済化と民営化のもと、企業組織・生産規模の拡大と周辺企業の兼併を経て、粗鋼生産規模にして中国鉄鋼産業中の12位（二〇一一年）に位置する北京建竜重工集団に発展している。

一九七九年四月より筆者は国家公務員（農林水産技官）に採用され、農林水産省傘下の農業総合研究所にて職業として中国研究を始める。時あたかも、一九七八年一二月の中共第一一期三中総の直後であるが、華国鋒体制の中国は、復活した陳雲のもと、まずもって経済調整政策を推進する。

2　移行経済期の中国経済研究

1　一九八〇年代

農水省の試験研究機関で中国研究を始めた筆者にとって、農業総合研究所の一員として各分野、多様な地域を研究対象とする農業経済分野の専門家より学識を吸収できたことは大いなる収穫であった。しかし他方、役所の制約のもと、自前の研究プロジェクトを持たぬことと海外渡航にかかわる制約が大きいことは、研究を進める上で大きな障害であった。

当時の中国は、一九八二年の段階でようやく『中国統計年鑑』が刊行されるなど、資料状況には好転の兆しはあったものの、農業経済研究に不可欠な現地調査などは困難であった。この時期に公刊された筆者の主要な研究業績は以下の通り。一見して明らかなように、書評や制度の解説、理論指向のデスクワークなど、基礎研究に傾斜したものであった。

・（書評）Ｊ・シガードソン『中国における農村工業化』（『アジア研究』第二六巻第二号、一九七九年）
・（記録・解説）「黒龍江省元県営工場技師との面談記録」（『中国研究月報』一九八〇年三月号）
・（書評）Ｇ・Ｗ・スキナー著、今井清一ほか訳『中国農村の市場・社会構造』（『農林水産図書資料月報』第三一巻六号、一九八〇年）
・「労働費の評価と農産物生産費——阪本・藤村両氏の議論に関連して」（『アジア経済旬報』一九八〇年八月下旬号）
・「中国の土地利用と労賃・地代」（『アジア経済』第二三巻第三号、一九八二年）
・「中国の農産物生産費調査」（『一橋論叢』第八七巻第五号、一九八二年）
・「人口問題からみた中国経済」（『経済セミナー』一九八二年一〇月号）
・「生産責任制下の地域農業づくり」（近藤康男・阪本楠彦編『社会主義下甦る家族経営——中国農政の転換』農山漁村文化協会、一九八三年）
・「中国の食料需給と流通・価格政策」（『農業総合研究』第三八巻第二号、一九八四年）
・「江南デルタの多角化」（渡部忠世・桜井由躬雄編『中国江南の稲作文化』日本放送出版協会、一九八四年）
・翻訳「四川省現地調査——小作事情および小作料引下げ計画」（Ｗ・Ｉ・ラデジンスキー著、Ｌ・Ｊ・ワリンスキー編、斎藤仁・磯辺俊彦・高橋満監訳『農業革命——貧困への挑戦』日本経済評論社、一九八四年）
・「中国の人口センサスと戸口問題」（『一橋論叢』第九二巻第二号、一九八四年）

ただし一九八〇年前後の時期、アジア経済研究所の中兼和津次研究員、同所に復帰していた嶋倉民生研究員による「人民公社制度研究会」に参加し、中国東北よりの帰国孤児を対象とするインタビュー調査を通じ、生産隊による集団経営の非効率性について知る一方、各地域における農村工業の展開構造を比較し、「農村工業の雇用・賃金構造」（嶋倉民生・中兼和津次編『人民公社制度の研究』アジア経済研究所、一九八〇年）をまとめることができた。また山本秀夫氏を招く形で小島麗逸研究員によって組織された同じくアジ研の「天野本研究会」に参加し、中華民国期の農業経済について系統的に学び、さらに歴史分野の研究者と知り合うことができた。これらのことは、筆者にとってその後の研究を進める上で、かけがえのない財産となった。

一九八四年四月、農水省より出向する形で東京大学社会科学研究所（社研）に異動し、結局社研で三〇年間にわたり、中国経済研究に従事することになる。

社研ではまず「中国の農業固定資本形成と労働蓄積」（『社会科学研究』第三七巻第五号、一九八五年）を書き、国民所得における資本形成の面から、計画経済下の労働力動員による農業資本形成の意義を論じ、経済研究にかかわる一種の通過儀礼を果たした。ついで石川滋教授の推薦を受け、国際文化会館の新渡戸フェローに選ばれ、一九八五年九月より二年間、家族と共に北京および上海で暮らすことになる。北京では中国社会科学院経済研究所および同農村発展研究所に所属し、とくに経済研究所では張曙光研究員と同じ研究室で毎日議論するとともに、朱蔭貴、袁鋼明研究員ら、今日に至るまで親しく付き合う友人研究者に恵まれた。[12] また農村発展研究所では、同研究所の研究基地のある山東省陵県に赴き、念願の農村調査に従事できるなど、[13] 同様に充実した研究生活を送ることができた。さらに一九八六年秋より一年間滞在した復旦大学では、当時大学院生であった童適平氏（現・獨協大学教授）とともに温州にでかけ、当時売り出したばかりの民営企業主体の温州モデルを体験できたことも、大きな収穫であった。

一九八七年九月に二年ぶりに帰国し、より本格的に大学教師としての研究教育に参画することになる。しかしこの時期の研究は、以下にみるように引き続き理論指向の強いものであり、一九八九年に起きた六四事件の影響もあって、本格的な実証研究には至らなかった。

・（共著）小島麗逸編『中国経済統計・経済法解説』（アジア経済研究所、一九八八年）

・「中国における経済研究の現状」（『中国研究月報』第四八七号、一九八八年）

2　一九九〇年代

一九八七年九月に帰国し、大学院の授業を本格的に担当することになり、多様な関心をもつ院生たちへの対応が、筆者の研究領域の多様化と深化を促した。

一九九〇年前後に演習に参加し、学位論文をまとめた院生達の研究成果として、たとえば以下のものがある。

・李春利『現代中国の自動車産業』（深山社、一九九七年）
・郝燕書『中国の経済発展と日本的生産システム――テレビ産業における技術移転と形成』（ミネルヴァ書房、一九九九年）
・李捷生『中国「国有企業」の経営と労使関係――鉄鋼産業の事例〈一九五〇年代〜九〇年代〉』（御茶の水書房、二〇〇〇年）
・苑志佳『中国に生きる日米生産システム――半導体生産システムの国際移転の比較研究』（東京大学出版会、二〇〇一年）
・呉暁林『毛沢東時代の工業化戦略――三線建設の政治経済学』（御茶の水書房、二〇〇二年）
・黄紹恒『台湾経済史中的台湾総督府』（遠流、二〇一〇年）

まず帰国直後に頼まれた山川出版社の企画になる中国史シリーズのうち共和国経済史の部分について、みずからの枠組みをあらかじめ学界に問うべく、一九五六年の中共第八回党大会を転機とする地方分権化の流れを追う形で、「中国の経済変動――大躍進・小躍進と経済改革」（『アジア経済』第三一巻第四号、一九九〇年）を書いた。ついで研究指導という教育上の必要もあり、すでに一九七八年に地方鉄鋼産業について書いた経験も踏まえ、法政大学の研究プロジェクトの研究成果として「中国鉄鋼業の展開と産業組織」（山内一男・菊池道樹編『中国経済の新局面』法政大学出版局、一九九〇年）を執筆した。この研究では、中国冶金企業名録編輯部『中国冶金企業名録』（冶金部情報標準研究総所、一九八五年）を北京の書店で見つけ、一九八〇年代半ばの全中国における鉄鋼産業の企業名、企業規模、戦前にまで遡る設立年次、基本的な工程などを一覧表示できたことがブレークスルーとなり、敵産も含めた民国期の企業を前提に、第一次五カ年計画期、大躍進期、三線建設期、一九七〇年前後の小躍進期（五小工業）といった時期に企業勃興が起き、鉄鋼業においても産業組織が分散化する状況を確認できた。

これを受け、同様に教育上の必要もあり自動車産業に手を拡げ（「中国自動車産業の展開と産業組織」『社会科学研究』第四二巻第五号、一九九一年）、ソ連モデルの中型トラックメーカーとして出発した第一汽車製造廠、第二（東風）汽車製造廠、それに三線建設期の大型トラックメーカーを例外に、中国の自動車産業は地方レベルもしくは雑多な所管部門の設立になる極めて分散した産業組織構造を有すると主張した。同様に、一九八〇年代に各地で競ってテレビ生産ラインを導入した経緯も踏まえ、中国企業の属地的性格と産業組織期の分散化傾向をまとめて活字化した（「産業組織からみた中国国営企業改革の課題」『中国研究月報』第四五巻第八号、一九九一年、「経済改革期の産業組織と供給構造」［石原享一編『「社会主義市場経済」をめざす中国――その課題と展望』アジア経済研究所、一九九三年］）。

同時期、中国の財政問題を研究テーマとする院生が現れたことから、一九七〇年代の地方工業勃興の背景となる政府間財政関係について取り組む気になり、神野直彦教授の教えを受け、また折からの分税制改革を受け、とくに地方国有企業の属地的性格を明らかにすべく、「中国の国有企業改革と政府間財政関係」（『中国研究月報』第四八巻第四号、一九九四年）を急遽まとめた。ここでは財政収入の担い手が歴史的に地方であったことを確認し、王朝期と変わらぬ人民共和国期における財政関係の「地方分権・中央集中的性格」を説明した。

さらにこの時期、中国留学時の友人である張曙光・袁鋼明研究員と共同調査を実施し、東北の自動車産業を回る過程で、各地の小型トラック産業が同一の雛形の下（ＢＪ一三〇型）、同様のエンジン（四九二Ｑガソリンエンジン）、トランスミッションを装備し、それぞれ各地の局地的市場を独占している状況を理解することができ、前出の「中国的産業組織の形成と変容――小型トラック産業の事例分析」（『アジア経済』第三七巻第七・八号、一九九六年）として発表した。この論文は後に江小涓研究員（現・国務院副秘書長）らとの共同研究に活かされることになり、「中国式産業組織的形成及其在転軌過程中的変化：軽型汽車産業的案例研究」（江小涓等著『中国体制転軌中的増長、績効与産業組織変化：対中国若干行業的実証研究』上海、上海三聯書店・上海人民出版社、一九九五年）、さらには "Formation of Chinese-type Industrial Organization and Its Changes in the Process of Transition: A Case Study of Light-duty Truck Industry" in Jiang Xiaojuan (ed), *China's Industries in Transition: Organizational Change, Efficiency Gains, and Growth Dynamics*, New York: Nova Science Publishers, Inc, 2001 の形で中国語版、英語版が刊行されている。

この一九九〇年代は、農村調査のプロジェクトにも忙殺された。

中兼和津次教授を中心に、一九八九年の六四事件前の段階で陳錫文（元・中央農村工作領導小組副組長）、杜鷹（元・国家発展和改革委員会副主任）、周其仁（現・北京大学教授）らの若手と共同研究のプロジェクトについて話し合われ、日本側の受け皿として中国農村研究会が組織され筆者も加わった。政治的な環境変化を受け、研究プロジェクトは国務院発展研究中心農村部および農業部農村経済研究中心、中国社会科学院農村発展研究所を網羅する形で一九九〇年代から二〇〇〇年代前半にかけ、中国各地で現地調査が実施された。共同研究の成果は以下の形で公刊されている。

・中兼和津次編著『改革以後の中国農村社会と経済』（筑波書房、一九九七年）
・中兼和津次編『中国農村経済と社会の変動――雲南省石林県のケーススタディ』（御茶の水書房、二〇〇二年）
・田島俊雄編『構造調整下の中国農村経済』（東京大学出版会、二〇〇五年）

また個人的には、これらの調査を活用しつつ、自らの調査をまとめる形で、以下のように研究成果を発表している。

・『山東省武城県農村調査報告』（東京大学社会科学研究所調査報告第二六号、一九九三年）
・「華北大規模畑作経営の存立条件」（『アジア経済』第三四巻第六・七号、一九九三年）
・『中国農業の構造と変動』（御茶の水書房、一九九六年）

一九九七年一二月、筆者は農村調査で滞在していた中国雲南省路南県の招待所で体調不良を覚え、帰国後に緊急入院となり、第一線の研究に戻るのは一九九九年の秋であった。

3 二〇〇〇年代以降

二〇〇〇年代に入り、徐々に研究教育活動に復帰した。この時期には金融論、化学工業論、台湾経済史をテーマとする大学院生が演習に参加し、二〇〇三年には人文社会系研究科（文学部）より、歴史学専攻の院生も参加するに及び、研究プロジェクトの骨格ができ、二〇〇四年四月に、社研のグループ研究として「東アジア経済史研究会」を立ち上げた。当初のメンバーは、王京濱（学振外国人特別研究員）、峰毅（経済学研究科博士課程）、湊照宏（同）、松村史穂（人文社会系研究科博士課程）、加島潤（同。いずれも当時）であり、一年かかって田島俊雄編『二〇世紀の中国化学工業――永利化学・天原電化とその時代』（ISS Research Series No. 17、東京大学社会科学研究所、二〇〇五年）をまとめた。基本的な問題意識は、中華民国期に遡り、中国および植民地・台湾における化学工業の発展を跡づけ、さらに中華人民共和国期に関しては一九七〇年前後における小型化学工業プラントの形成と、移行経済期以降の産業組織の変容を論じるというものであった。

化学工業についてのまとめを受け、二〇〇五年以降は電力産業にテーマを移し、堀井伸浩（アジア経済研究所）、王穎琳（経済学研究科博士課程）、門闖（同。いずれも当時）が新たに加わり、二〇〇八年には同様の枠組みで田島俊雄編著『現代中国の電力産業――「不足の経済」と産業組織』（昭和堂、二〇〇八年）を刊行している。ここでは人民共和国期における上からの広域電力ネットワークの形成のみならず、これと表裏の関係にある一九六〇年代以降の「農村電網」の取り組みに着目し、電力産業にもみられる属地的経済システムの構造について、各地の状況を分析している。

前後して二〇〇七年四月に人間文化研究機構と東京大学の共同事業である現代中国研究拠点が社研に設けられ、筆者が責任者、加島潤が事務局担当の特任助教となるなど、以後、同拠点と東アジア経済史研究会は表裏の関係で機能することになる。

電力産業についての研究成果を受け、次なる課題として二〇〇七年秋にはセメント産業のプロジェクトが始まる。これには海外より、かつての経済研究所の研究仲間である朱蔭貴（復旦大学）および復旦の院生だった盧徴良（西北民族大学）、台湾より陳慈玉（中央研究院）、蕭明禮（台湾大学ＰＤ）、さらには三線建設の専門家である呉暁林（法政大学）が加わり、中国および台湾を比較しつつ、今日まで続く中国におけるセメント市場の拡大と産業組織の分散化傾向、さらには近年における構造調整の試みについて、同様に各地の状況にもとづいて議論した。この研究成果は田島俊雄・朱蔭貴・加島潤編著『中国セメント産業の発展――産業組織と構造変化』（御茶の水書房、二〇一〇年）として刊行され、さらに中国語版が田島俊雄・朱蔭貴・加島潤『中国水泥業的発展：産業組織与構造変化』（中国社会科学出版社、二〇一一年）として刊行されている。

セメント産業に関する日本語・中国語版の研究成果の刊行を受け、次なる研究テーマとして機械産業に取り組むこととなった。二〇一一年三月一一日に起きた東日本大地震の影響や、同年末以降の筆者のさらなる長期療養、構成メンバーの相次ぐ転出などを受け、共同研究はやや下火になっているが、二〇一三年二月には峰毅・王穎琳『中国機械産業の発展――紡織機械とセメント機械の事例』（東京大学社会科学研究所現代中国研究拠点研究シリーズ No.一一、二〇一三年）として研究成果が刊行されている。

東アジア経済史研究会および関係する若手研究者によるモノグラフとして、以下の業績がある。

・王京濱『中国国有企業の金融構造』（御茶の水書房、二〇〇五年）
・峰毅『中国に継承された「満洲国」の産業――化学工業を中心にみた継承の実態』（御茶の水書房、二〇〇九年）
・王穎琳『中国紡織機械製造業の基盤形成――技術移転と西川秋次』（学術出版会、二〇〇九年）
・門闖『中国都市商業銀行の成立と経営』（日本経済評論社、二〇一一年）
・洪紹洋『台湾造船公司の研究――植民地工業化と技術移転（一九一九―一九七七）』（御茶の水書房、二〇一一年）
・湊照宏『近代台湾の電力産業――植民地工業化と資本市場』（御茶の水書房、二〇一一年）
・伊藤博『中国保険業における開放と改革――政策展開と企業経営』（御茶の水書房、二〇一五年）
・加島潤『社会主義体制下の上海経済――計画経済と公有化のインパクト』（東京大学出版会、二〇一八年）

むすびに代えて

計画経済期の中国経済に関しては、《当代中国叢書》編輯部編『当代中国的経済体制改革』（中国社会科学出版社、一九八四年、同『当代中国的経済管理』中国社会科学出版社、一九八五年）などにより一九八〇年代の段階でマクロコントロール・システムの変遷やマクロ・セミマクロな「経済管理」について、分野ごとに制度の変遷が叙述され、さらに《当代中国的経済管理》編輯部編『中華人民共和国経済管理大事記』（経済管理出版社、一九八六年）において、一九四九年の中華人民共和国成立以降を対象に、計画経済期から移行経済期にかけての経済状況、政策状況が詳細かつ時系列的に記録されている。また薄一波によって書かれた『若干重大決策与事件的回顧』（上下巻、中共中央党校出版社、一九九一、九三年）、とりわけ五〇、六〇年代の政策決定過程に関する叙述は研究史の空白を埋める貴重な記録である。さらに馬泉山『新中国工業経済史（一九六六―一九七八）』（経済管理出版社、一九八八年）は、文革期研究にかかわる史料制約のもとで書かれた本格的な研究で、この時期の経済状況を知る上で不可欠の先行研究となっている

前後して中国では、政治的な制約を受けざるを得ない通史的研究の欠を埋める形で、分野ごとの省志、県志や企業志が出されるに至っている。また中華人民共和国国家経済貿易委員会編『中国工業五十年：新中国工業通鑑』（中国経済出版社、二〇〇〇年）は、中華人民共和国期の工業発展にかかわる基本資料が網羅されているなど、研究者にとっての必読文献となっている。

こうした史資料状況の改善にも拘わらず、計画経済期に関する内外の研究状況は立ち遅れていると言わざるを得ない。中国の場合は政治的な制約から致し方ない面はあるものの、日本の場合もそうした中国の言論・政治状況によるバイアスを引きずる形で、ステロタイプ化された計画経済期の理解がいまだにまかり通っているといわざるを得ない。

この点を日本で刊行された中華人民共和国経済史に則して検討し、結びに代えたい。

日本で出された計画経済期の中国に関する通史的研究として、宇野重昭・小林弘二・矢吹晋『現代中国の歴史一九四九～一九八五』（有斐閣、一九八六年）がある。本書は一九八〇年代前半の資料的制約の厳しい時期にあっても、

克明な資料収集にもとづき、特に当時の政策状況を解明した出色の先行研究であった。次いで筆者による田島俊雄「経済」（松丸道雄、池田温、斯波義信、神田信夫、濱下武志編『中国史』第五巻清末—現代、第三章　中華人民共和国、山川出版社、二〇〇二年）があるが、この出版企画は一九八九年の六四事件以前に執筆分担が行われ、刊行までに時間がかかったことと、その間に経済状況が急速に変化したことから、何度も書き直しが行われたという経緯がある。これらは刊行されてすでに一〇年以上経つが、残念ながらこれらを踏まえつつ、これを乗り越えて新たな歴史認識を打ち出すような通史は出されていない。たとえば中国経済についての教科書的な研究書として刊行された加藤弘之・上原一慶編著『中国経済論』（ミネルヴァ書房、二〇〇四年）では、編者の間で計画経済期に対する理解が異なるように思われる。また久保亨『社会主義への挑戦——一九四五—一九七一』（岩波書店、二〇一一年）では、政策状況については述べられているものの、実体経済に即した議論は希薄であるとの印象をもつ。民国期経済と中華人民共和国期の経済をつなげて先駆的に議論した久保亨『中国経済一〇〇年のあゆみ——統計資料で見る中国近現代経済史』（創研出版、一九九一年）を学んだ者として、歴史学者による中華人民共和国経済史研究のさらなる深化を期待したい。

注

（1）クリスタラー／江沢譲爾訳『立地論研究』大明堂、一九六九年
（2）レッシュ／篠原泰三訳『レッシュ経済立地論』大明堂、一九六八年
（3）G・W・スキナー著、今井清一ほか訳『中国農村の市場・社会構造』法律文化社、一九七九年。
（4）大塚久雄『欧州経済史序説』時潮社、一九三八年。
（5）Schurmann, F., *Ideology and Organization in Communist China*, University of California Press, 1966.
（6）Donnithorne, A., "China's Cellular Economy: Some Economic Trends Since The Cultural Revolution", in *China Quaterly*, No. 52., 1972.
（7）当時の人民公社・生産大隊のレベルで取り組まれた集団所有制企業を指す。人民公社は80年代半ばに郷鎮政府に再編され、

生産大隊は行政村に移行したが、経済組織である社隊企業は、農村レベルの私営企業や合資企業を含め、今日いうところの郷鎮企業に継承されている。

（8）県、場合によっては地区（省級行政区と県級行政区の間に位置する行政単位）レベルで取り組まれる鉄鋼、化学肥料、セメント、発電、農業機械などの地方国有企業を指す。（田島「五小工業」、岡本隆司編『中国経済史』名古屋大学出版会、二〇一三年を参照）。なお日本では社隊企業と五小工業を混同してとらえる議論があるが（「社隊企業」［天児慧ほか『岩波現代中国事典』岩波書店、一九九九年］）、両者は産業連関上の関係はあっても、所有制や管轄・所属する組織はこのように異なる。

（9）エルマン／佐藤経明・中兼和津次訳『社会主義計画経済』岩波書店、一九八二年）では、中国の計画経済をむしろ「緩い計画」としている。

（10）田島「農業農村調査の系譜――北京大学農村経済研究所と『齊民要術』研究」（末廣昭編『「帝国」日本の学知』第六巻、岩波書店、二〇〇六年）。

（11）同様に戦前の日本による中国農村調査に依拠し、その後の展開を追跡した日本人による業績として、中兼和津次『旧満洲農村社会経済構造の分析』アジア政経学会、一九八一年、中生勝美『中国村落の権力構造』アジア政経学会、一九八九年、さらには三谷孝編『中国農村変革と家族・村落・国家――華北農村調査の記録』第一巻、第二巻、汲古書院、一九九九年などがある。

（12）「八〇年代的経済所和張曙光研究員」『経済学家茶座』総第四七輯、二〇一〇年。

（13）「山東省陵県農村調査報告」（『中国の統計調査制度とデータ精度の関連に関する研究――中香台比較吟味』昭和六三年度文部省科学研究費補助金重点領域［Ⅰ］研究成果報告書、一橋大学経済研究所松田芳郎研究室、一九八九年三月）。

四　日本における中国金融業の研究状況（一九四五年～七九年）

伊藤　博

はじめに

本稿では、一九四五年から七九年にかけて日本で発表された中国金融業に関する論文・研究書および資料（以下、論文等という）の内容を検討することによって、当時の中国認識の一端を示したい。

初めに、どのようにして検討の対象とする論文等を選び出したのかを述べておきたい。

まず、アジア・アフリカ総合研究組織（一九六七）『日本におけるアジア・アフリカ研究の現状と課題　文献目録・解題　中国・経済』、アジア経済研究所（一九六九）「日本におけるアジア、アフリカ、ラテン・アメリカ研究」『アジア経済』およびアジア経済研究所（一九七八）「七〇年代日本における発展途上地域研究――地域編」『アジア経済』に記載された論文等から中国金融に関するものを選び出した。

次に、論説資料保存会（二〇〇一）『中国関係論説資料索引（創刊号―第五〇号）』ＣＤ－ＲＯＭによって、「金融」をキーワードとして検索し、上記期間に発表された論文等を抽出した。同様に、東京大学と国立国会図書館のＯＰＡＣおよびＣｉＮｉｉ（国立情報学研究所論文情報ナビゲータ）で、「中国金融」および「中国経済」をキーワードとして検索を行い、金融関連の論文等を選び出した。

以下では、対象期間を便宜的に三つ（一九四五年～六〇年、六一年～七〇年、七一年～七九年）に区分し、その時期に発表された論文等の内容を振り返りつつ、中国認識のあり方を探りたい。

1　一九四五年～六〇年の研究動向

外務省調査局第五課（一九四七―一九四九）『外務省調査局資料　調五資料』は、外務省調査局第五課が実施した中国関係の調査報告であり、一九四七年から四九年まで作成された。この調査報告は「調五資料〇号」と称された。金融については、第八号「華北区暫定対外為替弁法」、一三号「華北区暫定外国為替管理弁法、同実施細則」、一五号「華北区暫定私営金融業管理弁法」、一六号「新民主主義経済と商業銀行」「華北区暫定金銀管理弁法」で、金融関係規定の解説が行われた。一一号「中国経済概論」冒頭に、「中国経済の現状を知ることは、民間貿易の再開された今日、とくに急務とするところである」と記載されており、本調査には日中貿易拡大に備える意図があった。

日本銀行調査局（一九四八）『中国の金融制度』は、日本銀行調査局が作成した調査報告書である。民国期以前の中国経済における封建性や後進性は金融面に現れているとし、金融業の欠点を一〇個明示した。その上で、一九四七年九月一日に公布された「銀行法」の内容を解説し、その実施状況に関心を示した。

村松祐次（一九四九）『中国経済の社会態制』は、中華人民共和国建国以前の金融制度について、次のように述べた。すなわち、国定的な規格はなく、あらゆる金融機関が貯蓄の受け入れ、利付信用の付与、雑種貨幣の売買という共通の機能を果たす。金融機構全体が未分化で、平板で単調である。金融業は必ずしも専業化せず、一般の商人

（たとえば、百貨店など）や官吏によってさえ広く営まれていた。金融制度における政府の立ち位置は、寛大に高利を払う借り手であるか、インフレーションを強行する撹乱者であるか、一時的な貸し手であった。政府に対する民間の期待は、規制でなく放任であり、公共的立場の自覚ではなく契約的信義の遵守であった。すなわち、最も少なく干渉し、最も少なく侵害する状態を維持することが最良の政府であると考えられていた。さらに、アヘン戦争以後の通貨制度を次のように活写した。

1　一八四二年～一九三五年一一月（幣制改革以前）

この時期は、「雑種幣制」であり、統一的な貨幣法制による規制はない。相互に確定比率で連結されていない多種類の通貨が独立して流通する制度であった。そこでは、貨幣売買と銀行業務を兼営する銭荘によって、雑種通貨相互間の市場的秩序（銭相場）が作られ、その上で流通が行われた。

中国政府（含む省政府や軍閥）は、貨幣の発行および交換利益の追求においては、大変積極的であるが、一方、通貨制度を全体として統一し、これを維持しようということに対しては全く不熱心であり、両者は好対照をなす。そのため、「雑種幣制」が長期間続いた。この傾向は、金融制度や財政収支における態度と同様である。（政府の私人的傾向）

2　一九三五年一一月～一九三七年七月

紙幣の発行権を四つの国家系銀行（中央・中国・交通・中国農民）に集中し、国民政府がそれらの銀行の経営権を掌握した。これは、来るべき戦争に備えるため、戦力の集中を金融業界においても行おうとした結果である。国家系銀行は、戦費調達のため紙幣を増刷し、インフレーションを招いた。当時、アメリカの銀買上法により銀価が騰貴し、中国国内に深刻な恐慌が起こりつつあったため、通貨価値の基底を銀から切り離し、管理通貨制度を創設するために上記の集権的措置が採られた。

３　一九三七年～一九四九年

終戦後は、ほぼ自動的に「雑種幣制」へ回帰した。米ドルや香港ドルが流通しているが、これは昔、スペイン銀貨やメキシコ銀が流通していたのと同様の現象である。

経済安定本部総裁官房調査課（一九五二）「中共の貨幣管理と資金計画——中国経済政策の新方向」では、中国は、一九五〇年一二月に「貨幣管理実施弁法」と「貨幣収支計画編成弁法」の二つの法令を公布したと述べ、次の通り解説した。

ここで言う「貨幣管理」とは「通貨管理」の意味ではなく、資金の合理的使用のための計画およびこの計画に基づく資金管理を指し、この管理を通じて行われる物資の分配調整を示す。

これらの法令によれば、銀行は国営企業・政府機関・軍などの総合的な経理部門となり、決済は全て帳簿上で行う。各機関は、原則的に人件費を国営銀行から現金で受け取るほか、現金を使用しない。

二つの法令の目的は、国家銀行の機能を通じて、国家全体の収支計画に基づき、原料あるいは製品の購入と販売を調整し、資金の回転を速めて、国家経済における通貨の流通量を少なくさせようとするものだ。それによって、各機関が予定以上に原材料や製品を抱え込んだり、逆にそれらが別の機関で不足するのを回避しようとした。

ソ連との相違点については、ソ連はこの政策を企業の完全国有化後に行ったのに対して、中国は企業の国有化が不十分なうちにそれを実行しようとしている点にある。東北では一九四九年四月から資金収支計画を実行したが、それは国営化が進展した基礎の上での成功であった。中国全体でこれが上手くいくかは予断を許さない。

世界経済調査会編[1]（一九五二）『最近の中国財政・金融・物価問題』では、「第三章　中国の金融・通貨政策」において、主に中国人民銀行の機関紙『中国金融』第一巻第五号に掲載された「財政経済の総方針と国家銀行の中心任務」の内容を紹介した。それによれば、一九五一年の財政・経済工作の総方針は「国防の強化、市場の安定、重点建設」であった。具体的には、幣制の統一が進むとともに、国家銀行の機能が強化されたと述べられた。山名正孝（一九五四）『中国経済の構造的研究――経済変動の基調と構造与件』では、一九五〇年時点で、中国財政は従来の「分散」から「統一」へ大きく転換し、徐々に「均衡化」へ向かっているとされた。

共同綱領第三九条の規定によれば、金融事業は国家の厳重な管理下におき、通貨の発行権は国家に帰属させ、外貨管理は国家銀行の手によって行う。合法的な私営金融業は、国家の監督と管理を受ける。これを金融機関の面から見ると、国家銀行の権限強化、私営銀銭業に対する厳重な管理と国家銀行への従属、外国銀行支配の排除である。

しかし、当初は中国人民銀行の私営銀銭業に対する統制は上手くいかなかった。私営銀銭業は、表面的には人民銀行の指導に服しつつ、実態としては、「地下銭荘」として投機活動を行うとともに、生産事業へ貸し出しを行うことにより生き残りを図った。これに対して、国家銀行は自ら預金の吸収に務め、集中した資金を国営企業に投資して、産業の急速な発展を企図した。国家銀行は、国営企業に対する投融資を行うのみならず、金融管理の範囲を超えて、生産管理にも携わった。

「人民銀行券」（人民幣）の普及を図り、かつインフレーションを抑制するため、人民銀行は貨幣流通・資金回転を強力に統制した。現金の集中・節約、預金貸付の計画的運営、通貨発行・流通の計画化を行うとともに、国営企業の生産・流通も計画化することにより、インフレを阻止した。

事態の基調は、分裂的・停滞的であった旧中国経済の近代的統一化と計画的発展であるとされた。徳永清行

（一九五八）「中国金融の規制——推移を課題として」『東亜経済研究』復刊第三集では、中華民国期を中心に、「銀行法」および類似の規定の内容を解説した。

徳永清行・三木毅（一九五八）『新中国の金融機構』は、「第一章　金融機構の変貌」で中華民国成立以降の金融機関の整備状況を回顧しつつ、その時期に現れた金融組織に関わる改変構想を明らかにした。さらに、中華人民共和国建国から一九五〇年代における金融機関の構成の変化を略述し、ソ連との対比を行った。人民共和国における金融機関は、貨幣信用の資本手段としての職能は制限された一方、計画立案やその管理の職能が強化されたと結論付けた。(2)「第七章　銭業の消滅」では、中国の国土は、大きく分けると華北と華中・華南に分割できると述べた上で、金融の系列もこの区分に従って観察できるとした。(3)「第十章　結論」では、金融機関と金融政策の歴史を振り返り、新中国建国後の金融・通貨政策を概観した。(4)上記以外の章では、主に人民共和国建国以後の状況を扱った。(5)本書の一部は、三木毅（一九七一）『中国回復期の経済政策——新民主主義経済論』に取り込まれた。

金融制度研究会（一九六〇）『中国の金融制度』は、一九三五年の幣制改革から一九五〇年代までの金融制度の変遷を扱った専著である。記述は、金融業に関わるほぼ全ての範囲をカバーしており、一九六〇年当時における最も包括的な研究書である。「附論　中国占領地区における日本の貨幣金融政策」は、当時初めて公刊された資料を含んでいる。

石川滋（一九六〇）『中国における資本蓄積機構』では、社会主義経済における貯蓄の決定は、各生産セクターにおける発生所得の労働・非労働生産要素間への分配分の決定という形で行われるとされた。分配率決定メカニズムにおいて重要なのは、実質賃金率あるいは実質賃金収入の決定原則である。労働生産性は、個別産業の賃金決定に関する限り、さほど重要ではない。賃金の大部分を占める食糧の需要は、個人所得分配分の計画的決定、食糧の生産、配給、消費のコントロールによってある程度規制できると述べられた。

ところで、この時期（一九四五年～六〇年）の重要論文とされる藤本昭（一九五九）「中国における工業化方針の新しい展開」『研究と資料』第五号および杉野明夫（一九五九）「中国における人口論論争と社会主義建設の総路線」『研究と資料』第五号は、金融に言及していない。

この時期（一九四五年～六〇年）の研究を通観すると、次の諸点が見出せる。

第一に外務省や日本銀行あるいは経済安定本部など政府機関が主体となって調査研究をしているケースが目立つ。本稿で取り上げた一〇件のうち、四件が該当する（含む政府所管団体のもの）。これらの研究は、中国金融の現状を乏しい資料の中から把握しようという政府の意図から出発しており、そこで得られた知見を民間貿易の発展に活かしたいと考えていたことが窺われる。第二に、石川滋（一九六〇）が中国経済の分析に計量的手法を導入し、独創的な成果を挙げた。第三に、村松祐次（一九四九）がアヘン戦争以降一九四九年までの金融制度の変遷について、明確なイメージを喚起した点が注目される。第四に、この時期の最も包括的な研究書は金融制度研究会（一九六〇）であり、執筆者は桑野仁・江副敏生・谷良平・山下竜三・米沢秀夫だった。

2　一九六一年～七〇年の研究動向

宮下忠雄「第三章　財政・金融」天野元之助編著（一九六一）『現代中国経済論』では、財政に関して、一九五〇年代において、収入の源泉が「国営企業および事業収入」と「工商各税」であり、この二項目で収入の約九割を占めるようになったと述べた。財政支出の面では、一九五二年以降、経済建設費と社会文教費の占める割合が、国防費と行政費を上回り、新中国財政の平和性と建設性を示しているとされた。

金融については、人民元の出現とその普及およびインフレの収束過程が説明された。さらに、中国人民銀行や華僑投資公司など個別の金融機関の概要を紹介した。

菅沼正久（一九六三）「中国における社会主義農村金融の展開」『土地制度史学』第五巻第三号では、人民公社の成立過程において、国民経済の後進性という条件が、農業組織の展開に対してどのような特異性をもたらすのかという問題意識に基づいて、農業金融の側面、特に貨幣流通の展開メカニズムが重点的に分析された。

宮下忠雄（一九六五）『中国の通貨・金融制度』は、一九三〇年代から一九六〇年代前半を対象に、中国の通貨・金融制度の変遷を考察したもので、全八章で構成される包括的な研究書である。第一章および第二章では、中国ソビエト区や辺区・解放区において、区毎に貨幣が発行され、それが日系通貨や蔣介石政権通貨とどのように通貨戦を行ったかが分析された。第三章では、人民幣による幣制統一とその価値の安定化過程が考察された。

第四章では、一九五六―五七年のインフレの原因を追究し、それが重工業化優先に偏った第一次五ヵ年計画そのものにあったと結論付けた。第五章では、中華人民共和国における金融機関の概要が紹介され、国家機関における現金使用の制限が行われた状況が述べられた。

第六章では、上海における私営金融業の社会主義改造を取り上げ、一九五二年の段階で金融機関の社会主義改造が全国レベルで完成されたとされた。

第七章では金融政策が紹介され、第八章では農村信用合作組織の歴史的発展状況が述べられた[6]。

藤本栄治郎（一九六七）『中国経済史』は、陳燦編纂『中国商業史』（高級商業教科書）の翻訳を中心に、加藤繁『支那経済史考証』などの諸論文の内容を加味して書かれた中国経済史である。殷周から始めて、中華民国二五年までの経済を通観した。金融については、貨幣制度を中心に言及した。

天野元之助（一九六七）『現代中国経済史』は、大学で現代中国経済論を講じる際の講義案をまとめて、教科書の体裁にしたものである。著者が、旧中国（解放前）に対する理解の上に立って、中華人民共和国建国以降、一九六〇年代までの社会経済の変革過程をまとめた。金融については、「第五章　国営経済とその役割　五　国営金融と保険事業」の項で言及した。そこで、中国人民銀行を中心とする中国の金融機構の概要を解説し、中国人民保険公司の営業種目にも触れた。

雄松堂フィルム出版（一九六七年）『中国近代経済資料』は、近現代中国に関する資料をマイクロフィルムの形で収集したもので、全部で六四巻ある。金融については、リール三「上海金融組織概要」、リール四「中国之新金融政策」、リール三七「財政部銭幣司章制彙編」、リール三八「農村金融救済処工作報告」、リール四一「中国債券彙編」、リール四二「上海金融組織概要」が含まれている。

米沢秀夫（一九六八）『中国経済論』は、中国経済を主に流通部門を通して考察した。金融に関しては、「第十章　中国の貨幣・信用制度」において、マルクス経済学に則り、人民元の持つ機能、貨幣流通の計画化、信用管理、銀行業務などについて解説した。

高橋誠（一九六八）「西原借款の財政問題」『経済志林』第三六巻第二号は、西原借款は、日本の財政資金による段祺瑞政権への政治的援助であったと述べた。当時の内外政治情勢への配慮から、その政治的本質を隠蔽するため、手の込んだ操作や手続きがとられたとされた。

大塚恒雄（一九六九）『中国経済の基礎構造』では、「第十章　復興期の貨幣」において、中華人民共和国建国前後の貨幣政策を詳述した。中国共産党支配地域で発行された「蘇鈔」や「信用券」から説き起こし、それが金や銀などではなく、粟などの実物を基礎として発行されたことを述べた。さらに、中国人民銀行設立以降、人民元の普及がどのようになされ、それが一九五五年のデノミネーションへ繋がったかが詳しく説明された。全体として、物価の安定をもたらした中国政府の貨幣政策を肯定的に評価した。

中嶌太一（一九六九）「転形期における『中国銀行』の綿業投資の構造」『社会科学研究』第二〇巻第五・六合併号は、近代銀行の代表であった中国銀行が、民族産業の中核であった綿工業に対して、一九三六年前後にどのような投資活動を行ったのかを組織論的に捉えようとした。結論として、一九三四年から三七年の前半にかけて、中国銀行は貸付と株式投資を通じて、独自の紡績資本系列を創りだし、そこでは産業資本化が指向されるとともに官僚資本化が進行したとされた。

ところで、この時期（一九六一年～七〇年）の重要論文とされる藤本昭（一九六二）「中国の工業化過程における工農業関係の発展」『研究と資料』には、金融についての言及はない。さらに、アジア経済研究所（一九六二）『中国経済発展の統計的研究』および石川滋編（一九六四―一九七一）『中国経済の長期展望』アジア経済研究所も重要な業績であるが、こちらにも金融に関する言及はない。

この時期（一九六一年～七〇年）の研究を振り返ると、次の諸点が見出せる。

第一に、この時期の論文等一〇件のうち最も包括的な研究書は、宮下忠雄（一九六五）であり、一九三〇年代から六〇年代の中国金融を語る際、本書を逸することはできない。第二に、前期（一九四五年～六〇年）にはほとんど見られなかった民国期の個別案件（西原借款や中国銀行の綿業投資）に関する研究が現れた。研究の専門化に向けた萌芽であると認められる。第三に、民国期以降の資料をマイクロフィルムの形で収集した雄松堂フィルム出版（一九六七）が刊行され、資料の閲覧が比較的容易になった。

３　一九七一年～七九年の研究動向

藤本昭（一九七二）「第四章　中国財政をめぐる若干の動き」『現代中国経済の基本問題　経済企画庁昭和四五

年度委託調査報告書』では、中国は一九六八年の段階で、国内外の公債を全て返済し、内外債務依存から脱却したと述べた。文革収拾後、財政管理の面で新たな「地方分権化」の方向が見られるとした。それは初等教育を人民公社の生産大隊へ移管する動きや人民公社における協同医療制度の普及、および地方小型工業建設に現れている。その特徴は、末端の権限が強化されるとともに経費負担も公社農民に課されるというところにある。労働者の企業管理への直接参加を通じた企業の経済計算制の強化が図られるとともに、農工間のシェーレを縮小しようという動きも見えるとされた。

高橋誠（一九七一）「西原借款の展開過程」『経済志林』第三九巻第一・二合併号では、西原は寺内内閣において、対中政策形成という役割を果たしたと述べた。西原借款の役割は、北京政府において親日派政権を擁立し、その政権に日本の意図に沿った政策を行わせるための政治工作にあった。その究極の目的は、段祺瑞政権を強化し、これによって中国の軍事的統一を行わせることにあったとされた。

三木毅（一九七一）『中国回復期の経済政策――新民主主義経済論』では、いわゆる「回復期」（一九四九―五二年末）の経済政策全般について、その間に中国政府が公布した決定や規定を丁寧に読み解き、その内容と意味を解説した。金融に関しては、「第七章　資本主義金融業の統合と改造」「第九章　貨幣管理制度の発展」「第十章　貨幣制度の統一」「第十一章　金融制度の集中」「第十二章　物価の統制」の各章において詳しい分析がなされた。

久保田真司（一九七一）「中国の対外貿易における人民幣決済の動向」『中国経済の新しい動向』では、中国は一九六九年以降、国際通貨不安に対処するため、自由圏諸国との貿易において、従来決済通貨として使用してきた西欧の基軸通貨にかわって、人民幣建て決済方式を採用する動きが顕著になっていると述べた。中国の外貨獲得源である香港においても、人民幣建てによる大陸向け送金や定期預金設定などが試みられた。これらの動きは、国際通貨不安という状況下において、第三国通貨使用による為替リスクを回避したいという自己防衛的な性格を有しているとされた。

鈴木武雄監修（一九七二）『西原借款資料研究』は、当時ほとんど未公開であった一二〇冊におよぶ勝田家文書（大蔵省財政史室所蔵）、勝田龍夫氏から提供された勝田家所蔵資料および大蔵省保存のその他資料を分類整理して資料編とし、それに解題を付した資料集である。本書によって、「西原借款」に関する正確な資料を客観的に整備して後世に残そうとした。

山内一男他（一九七二）『中国経済図説』では、「財政・金融・商業」編（藤本昭執筆）において、中華人民共和国建国前後から一九七〇年代初頭を対象にして、各金融機関の概要を説明した。加えて、預金規模の拡大状況および工業貸付・農業貸付・商業貸付の実施状況を解説した。国内外において、人民幣の価値が安定している点が強調された。

草野文男（一九七二）『現代中国経済』では、「新中国の金融と貿易の構造および方式」編で、金融に関して、中国人民銀行の設立とそれにともなう通貨（人民幣）の統一状況が解説され、同行の権限強化により金融機関の統一と私営金融機関の統合が図られた点が説明された。さらに、人民幣の信用拡大のために採られた措置が簡明に解説された。

大塚恒雄（一九七三）『中国経済の変貌』では、「第五章　中国の貨幣政策」において、中国の貨幣に関する機能を広範囲に観察した。本章は、主に一九六〇年代前半に中国で発表された関連論文を土台として執筆されており、中国政府の公式発表に近い。

坂野正高・田中正俊・衛藤瀋吉編（一九七四）『近代中国研究入門』では、「Ⅷ　現代の中国経済」において経済研究の手引きが記されている。金融については、宮下忠雄（一九六八）『中国の通貨制度』清明会が紹介されているのみである（財政については、宮下忠雄［一九六八］『中国の財政制度』アジア経済研究所が紹介されている）。

江口久雄（一九七四）「清朝道光年代の銀価騰貴に関する覚書」『集刊東洋学』第三二号は、銀価の騰貴は、道光年代に至り顕著になったと述べた。その原因は、中国から海外への銀の流出であった。銀流出の形態は二つあり、一つはアヘンの流入によるものであり、もう一つは紋銀とスペインドル（洋銀）の交換によるものとされた。本論文は、後者について、当時の清朝官僚の所論を検討することにより、緩慢ではあるが、中国にとって銀の損失がもたらされたと結論付けた。

濱下武志（一九七四）「十九世紀後半、中国における外国銀行の金融市場支配の歴史的特質――上海における金融恐慌との関連において」『社会経済史学』第四〇巻第三号は、一八八三年の上海における金融恐慌の経緯を整理し、外国銀行が中国においてどのような機能を果たしたのかを考察した。その結果、外国銀行は中国金融市場の理解が浅かったため、在華洋行と連携をとらざるを得ず、自己の安定化のために、政治的役割（清朝政府への借款供与）を担っていくこととなったと分析した。

宮下忠雄（一九七五）「人民幣幣制下の安定価値計算制度」故村松祐次教授追悼事業会編『故村松祐次教授追悼論文集　中国の政治と経済』では、人民幣出現後数年間に中国政府が採用した安定価値計算制度の変遷を跡付けた。分析の対象は、工資分（一定の種類の実物――食糧、綿布、食用油など――を基礎として貨幣をもって支払う賃金計算の単位）制度、折実（実物換算）預金ならびに貸付制度、折実公債制度である。これらの制度は、「物の経済」を採用することを通じて、国民経済の運行と民衆の生活をインフレから守ろうとする消極的措置であるとされた。それは中国政府の「物財貨幣思想」に根ざしていた。

大森とく子（一九七五）「西原借款について――鉄と金円を中心に」『歴史学研究』第四一九号では、新しく公表された資料に基づき、西原借款の中心課題が製鉄所借款と金券発行にあったことを明らかにし、それが日本の国家的懸案である製鉄原料の確保・通貨問題・鉄道敷設権を解決することを目的とするものであったと述べた。

日本政府は、かつて朝鮮と台湾で同様の企てを行い、それを中国にも持ち込もうとしたとされた。

大谷正（一九七五）「満州金融機関問題――第一次世界大戦前後の在満日本人商工業者の運動を中心として」『待兼山論叢（史学篇）』第九号は、第一次世界大戦前後の在満日本人商工業者が組合等を組織して、長期低利の事業資金供給を目的とする満洲特殊銀行設立を要求する運動を展開し、それが日本の国内政治に一定程度影響を与えたとした。

濱下武志（一九七六）「近代中国における貿易金融の一考察――十九世紀前半の銀価騰貴と外国貿易構造の変化」『東洋学報』第五七巻三・四合併号は、一八三〇―四〇年代の銀価騰貴問題を検討した。銀の中国からの流出が当時の外国貿易の構造的変質の結果であるとともに、そこから新たな貿易取引関係が生まれたとする。貿易に必要な運営資金を供給するため、イギリスを中心とする外国銀行が中国へ進出した。一方、銭荘の活動が拡大したことにともない、外国商人は内地貿易において、銭荘を利用したと述べられた。

中国資本蓄積研究会編（一九七六）「第三章　中国の資金調達構造――マネー・フロー表による接近」『中国の経済発展と制度』では、第一次五ヶ年計画期（一九五三―一九五七年）の資料に基づき、資金循環表（マネー・フロー表）を作成し、投資資金の調達構造を検討した。その結果、膨大な投資は、主に「財政資金」と「銀行資金」でまかなわれていたことが明らかになった。（残りは「自己資金」であるが、ウェイトは小さい）「財政資金」は、財政部が商業および工業セクターの蓄積を財政機能を通じて吸い上げ、それを中国人民建設銀行経由で、主に工業セクターに設備資金として供給した。農村は、鋏状価格差および金融取引を通じて、その蓄積を商工業セクターに提供した。「銀行資金」の主たる源泉は、預金および通貨であり、これらが中国人民銀行から各投資主体へ貸し出された。その大半は、商業セクターの運転資金（過半は農産物買い付け資金）に振り向けられた。預金の過半は政府セクターによるものであり、「銀行資金」も実質的には財政資金を主要な源泉としていた。

大竹愼一（一九七六）「日満通貨統制と金銀二重経済」『一橋論叢』第七五巻第五号では、満洲国成立直後の建設ブーム（いわゆる「満州景気」）と世界的農業恐慌が、重工業を担う同地の日本人経済のみに恩恵をもたらし、農業と在来工業を担う在満洲中国人経済には不況をもたらしたと述べた。この二重構造を緩和し、対満投資を安定化するには、日満通貨統制・幣制一体化が必要であったが、その前提となる条件（在満銀経済強化や日本側の資金不足解消のための外資導入など）を整えることができず、逆に条件を悪化させたとされた。

日本貿易振興会（一九七六）『中国経済関係主要言論目録』は、経済の分野毎に、中華人民共和国建国後から一九七〇年代半ばまでを対象として、『経済研究』『人民日報』『新華月報』『光明日報』『新華半月刊』に掲載された論文や記事の題目を表示した。

江口久雄（一九七六）「阿片戦争後に於ける銀価対策とその挫折」『社会経済史学』第四二巻第三号は、清朝の銀価騰貴対策が、アヘン戦争を境として、対外貿易の操作から通貨制度の操作へ変わったとした。アヘン戦争後、清朝の「有識官僚」は初めて、自国の通貨制度や国内経済そのものを問題として取り上げ、現行の経済制度に内在する疑問としてそれを深く考えるようになった。

北村敬直（一九七八）『清代社会経済史研究』は、清代の社会経済史に関わる論考を五編集めた論文集である。「第一章　清初の社会と経済」において、政治と経済の中心が北と南に分離したことおよび海外から銀が流入したことにより、自給自足の自然経済が崩れ、銀経済が全国規模で広がったと述べられた。(7)

松野周治（一九七八）「一九一〇年代東北アジアの経済関係と日本の対満洲通貨金融政策」『経済論叢』第一二一巻第一・二号は、一九一〇年代（明治末～大正中期）に東北アジア（日本・朝鮮・満洲）に生じた経済関係の変化を、主に貿易面を中心に明らかにしようとした。寺内内閣は、満洲金本位化・朝鮮満洲金融一体化政策を進めようとしたが、それは三地域における貿易緊密化・日本の対満洲資本輸出増大といった変化に適合し、それを促進する政策であったとした。しかし、当時、日本の金融力は脆弱であったため、これらの政策を完遂することはできなかった。[8]

日本国際貿易促進協会編（一九七九）『中国経済の三十年』では、中華人民共和国建国三〇周年の折に、その間の各産業分野の状況変化を回顧した。「第五章　物価は安定、財政は健全化——財政・金融・商業の三十年」（杉野明夫執筆）において、金融機関の概要・貨幣価値の安定状況・金利の変化などについて、中国側の発表を基に概説した。

この時期（一九七一年〜一九七九年）を通観すると、次の諸点が見出せる。

第一に、取り上げた二二件のうち一〇件が個別案件に関する論考であり、従来の概論的研究から専門化の方向へ進んだことが見て取れる。テーマとしては、「旧満洲における通貨金融制度」、「清朝後期における銀価騰貴」および「西原借款」に対する関心が高かった。第二に、第一次五ヶ年計画期に関して、資金循環表（マネー・フロー表）を作成し、資金の動きを分析しようとする試みとして、中国資本蓄積研究会編（一九七六）が現れた。本研究によって、中国における投資の源泉は広義の「財政資金」であり、それは商業および工業部門の蓄積であったことが実証的に示された。石川滋（一九六〇）ではフェルドマン・ドーマーモデルを改良した分析の枠組みにより、貯蓄と分配のメカニズムが考究されたが、それに続く計量的な実証研究の成果と言える。第三に、いわゆる「回復期」（一九四九年〜五二年末）に関して、その経済政策を綿密に跡付けた三木毅（一九七一）が発表された。本書は、資料的な面で、「回復期」の経済研究の基礎をなすものである。第四に、草野文男（一九七二）で示された人民幣の発行とその普及に関する説明は簡潔明瞭であり、研究の範とすべきものである。

おわりに

本稿では、一九四五年から七九年の間に発表された中国金融に関する論文等の内容を検討した。中国においては、財政と金融の一体化が指摘されており[9]、両者を併せて論ずるという方向性がありうる。しかし、限られた紙面において検討内容を明確化するため、本稿では対象を金融に限定した。

対象期間全体を通じて、明らかになったことは次の通りである。まず、戦後の中国金融に関わる研究は、官庁による情報収集と現状分析からスタートした。それは、再開した民間貿易を下支えすることを目的としていた。研究内容は概括的なものが主体であった。

一九六一年以降になると、それ以前には見られなかった個別案件に関する研究が出始め、専門化を指向する萌芽が見られた。一九七一年以降は、専門化の方向が顕著となったが、「旧満洲における通貨金融制度」、「清朝後期における銀価騰貴」および「西原借款」に対する関心が深かった。

一方、中国金融を全体として理解しようという取り組みも継続して行われ、金融制度研究会（一九六〇）や宮下忠雄（一九六五）といった包括的な研究が生まれた。計量的な分析としては、石川滋（一九六〇）や中国資本蓄積研究会（一九七六）が優れた研究成果を示したが、参照できる資料が第一次五カ年計画期のものに限られていたため、継続的な研究が難しい状況だった。

注

（1） 世界経済調査会は、外務省所管の財団法人であり、世界各国の経済情勢の調査分析を行っている。

（２）第一章は、徳永清行（一九五七）「中国金融機構の整備過程について」『同志社商学』第九巻第五号に基づいている。
（３）第七章は、徳永清行（一九五七）「中国金融の一系列について」『同志社商学』第八巻第六号に基づいている。
（４）第十章は、徳永清行（一九五七）「新中国の金融」『東亜経済研究』復刊第一集に基づいている。
（５）三木は、本書に先立ち、（一九五六）「新中国における人民幣デノミネーションについて」『経済論叢』と（一九五八）「新中国における私営銀銭業の社会主義改造」『経済学研究』を執筆した。
（６）宮下は、本書の各章の基となる個別論文（「中国ソヴェートの貨幣と貨幣政策」『国民経済雑誌』、「新中国の金融制度」『国民経済雑誌』、「中共辺区の経済と通貨」『経済学研究年報』、「上海私営銀銭業の社会主義改造」『経済学研究年報』、「中国農村信用合作組織の発展」『国民経済雑誌』など）を一九五〇年～六〇年代に執筆した。
（７）本章の基になった論文は、一九四八年に発表された。
（８）松野には「帝国主義確立期日本の対満洲通貨金融政策」『経済論叢』一二〇巻第一・二号、一九七七年という論考もある。
（９）たとえば、田島俊雄（二〇〇〇）「第三章　中国の財政金融改革――属地的経済システムの形成と変容」『現代中国の構造変動　二　経済――構造変動と市場化』や大橋英夫（二〇〇〇）「第二章　中央・地方関係の経済的側面――財政・金融を中心に」『現代中国の構造変動　四　政治――中央と地方の構図』を参照。

参考文献

〈本稿全体に関するもの〉

アジア・アフリカ総合研究組織

一九六七『日本におけるアジア・アフリカ研究の現状と課題　文献目録・解題　中国・経済』。

アジア経済研究所

一九六九「日本におけるアジア、アフリカ、ラテン・アメリカ研究」『アジア経済』。

一九七八「七〇年代日本における発展途上地域研究――地域編」『アジア経済』。

論説資料保存会

二〇〇一『中国関係論説資料索引（創刊号―第五〇号）』ＣＤ－ＲＯＭ。

〈個別の論文等：本文掲載順〉

外務省調査局第五課
一九四七―一九四九　『外務省調査局資料　調五資料』外務省。
日本銀行調査局
一九四八　『中国の金融制度』日本銀行。
村松祐次
一九四九　『中国経済の社会態制』東洋経済新報社。
経済安定本部総裁官房調査課
一九五一　「中共の貨幣管理と資金計画――中国経済政策の新方向」（謄写版印刷）。
世界経済調査会編
一九五二　『最近の中国財政・金融・物価問題』（謄写版印刷）。
山名正孝
一九五四　『中国経済の構造的研究――経済変動の基調と構造与件』中央経済社。
徳永清行
一九五八　「中国金融の規制――推移を課題として」『東亜経済研究』復刊第三集。
徳永清行・三木毅
一九五八　『新中国の金融機構』有斐閣。
一九五七　「中国金融機構の整備過程について」『同志社商学』第九巻第五号。
一九五七　「中国金融の一系列について」『同志社商学』第八巻第六号。
一九五七　「新中国の金融」『東亜経済研究』復刊第一集。
三木　毅
一九五六　「新中国における人民幣デノミネーションについて」『経済論叢』。
一九五八　「新中国における私営銀銭業の社会主義改造」『経済学研究』。
金融制度研究会
一九六〇　『中国の金融制度』日本評論新社。
石川　滋
一九六〇　『中国における資本蓄積機構』岩波書店。

宮下忠雄
　一九六一　「第三章　財政・金融」天野元之助編著『現代中国経済論』ミネルヴァ書房。
菅沼正久
　一九六三　「中国における社会主義農村金融の展開」『土地制度史学』第五巻第三号。
宮下忠雄
　一九六五　『中国の通貨・金融制度』アジア経済研究所。
　一九五二　「中国ソヴェートの貨幣と貨幣政策」『国民経済雑誌』。
　一九五四　「新中国の金融制度」『国民経済雑誌』。
　一九五七　「中共辺区の経済と通貨」『経済学研究年報』。
　一九六三　「上海私営銀銭業の社会主義改造」『経済学研究年報』。
　一九六四　「中国農村信用合作組織の発展」『国民経済雑誌』。
藤本栄治郎
　一九六七　『中国経済史』法律文化社。
天野元之助
　一九六七　『現代中国経済史』雄渾社。
雄松堂フィルム出版
　一九六七　『中国近代経済資料』。
米沢秀夫
　一九六八　『中国経済論』勁草書房。
高橋　誠
　一九六八　「西原借款の財政問題」『経済志林』第三六巻第二号。
大塚恒雄
　一九六九　『中国経済の基礎構造』白桃書房。
中嶌太一
　一九六九　「転形期における『中国銀行』の綿業投資の構造」『社会科学研究』第二〇巻第五・六合併号。
藤本　昭

一九六二「中国の工業化過程における工農業関係の発展」『研究と資料』。
アジア経済研究所
一九六二『中国経済発展の統計的研究』。
石川滋編
一九六四―一九七一『中国経済の長期展望』アジア経済研究所。
藤本　昭
一九七一「第四章　中国財政をめぐる若干の動き」『現代中国経済の基本問題　経済企画庁昭和四五年度委託調査報告書』
アジア政経学会。
高橋　誠
一九七一「西原借款の展開過程」『経済志林』第三九巻第一・二合併号。
三木　毅
一九七一『中国回復期の経済政策――新民主主義経済論』川島書店。
久保田真司
一九七一「中国の対外貿易における人民幣決済の動向」『中国経済の新しい動向』アジア政経学会。
鈴木武雄監修
一九七二『西原借款資料研究』東京大学出版会。
山内一男他
一九七二『中国経済図説』日本経営出版会。
草野文男
一九七二『現代中国経済』早稲田大学出版部。
大塚恒雄
一九七三『中国経済の変貌』白桃書房。
坂野正高・田中正俊・衛藤瀋吉編
一九七四『近代中国研究入門』東京大学出版会。
江口久雄
一九七四「清朝道光年代の銀価騰貴に関する覚書」『集刊東洋学』第三二号。

濱下武志
　一九七四　「十九世紀後半、中国における外国銀行の金融市場支配の歴史的特質——上海における金融恐慌との関連において」『社会経済史学』第四〇巻第三号。
宮下忠雄
　一九七五　「人民幣幣制下の安定価値計算制度」故村松祐次教授追悼事業会編『故村松祐次教授追悼論文集　中国の政治と経済』東洋経済新報社。
大森とく子
　一九七五　「西原借款について——鉄と金円を中心に」『歴史学研究』第四一九号。
大谷　正
　一九七五　「満州金融機関問題——第一次世界大戦前後の在満日本人商工業者の運動を中心として」『待兼山論叢（史学篇）』第九号。
濱下武志
　一九七六　「近代中国における貿易金融の一考察——十九世紀前半の銀価騰貴と外国貿易構造の変化」『東洋学報』第五七巻三・四合併号。
中国資本蓄積研究会編
　一九七六　「第三章　中国の資金調達構造——マネー・フロー表による接近」『中国の経済発展と制度』アジア経済研究所。
大竹愼一
　一九七六　「日満通貨統制と金銀二重経済」『一橋論叢』第七五巻第五号。
日本貿易振興会
　一九七六　『中国経済関係主要言論目録』日本貿易振興会。
江口久雄
　一九七六　「阿片戦争後に於ける銀価対策とその挫折」『社会経済史学』第四二巻第三号。
北村敬直
　一九七八　『清代社会経済史研究』朋友書店。
松野周治
　一九七八　「一九一〇年代東北アジアの経済関係と日本の対満洲通貨金融政策」『経済論叢』第一二一巻第一・二号。

一九七七 「帝国主義確立期日本の対満州通貨金融政策」『経済論叢』一二〇巻第一・二号。

日本国際貿易促進協会編

一九七九 『中国経済の三十年』日本国際貿易促進協会。

田島俊雄

二〇〇〇 「第三章 中国の財政金融改革——属地的経済システムの形成と変容」『現代中国の構造変動 二 経済——構造変動と市場化』東京大学出版会。

大橋英夫

二〇〇〇 「第二章 中央・地方関係の経済的側面——財政・金融を中心に」『現代中国の構造変動 四 政治——中央と地方の構図』東京大学出版会。

Ⅱ　中国認識を語る人々

一　戦前から戦後にかけての日本の周作人研究者の態度

伊藤徳也

本文では、周作人という一人の近代中国知識人に関する日本人による研究を扱う。中国研究全体から言うと、本文が扱う範囲は極めて限定されたものである。ただ、周作人という知識人が数多くの中国知識人の中でもいくつかの面で突出しているので、研究対象として、一定の典型性、代表性は備えているとは言えるだろう。突出しているのは、共産主義運動と抗日運動という近代中国史の主流を形成する流れに対して批判的な観点を持っていたという点である。もちろん作家としての読者の多さと影響力の大きさもあった。実際は反共でも反抗日でもなく、言わば、彼は彼であろうとしただけなのだが、だからこそ、周作人という人物に対する評価には、中国主流派の価値観が如実に映し出されることが多い。

さて、まずは、周作人が歴史的にどのような人物だったかを確認しておこう。

周作人は中国の文化史に大きな足跡を残した近代の文人である。五四新文化運動の中ではリーダーの一人として大きな影響力を発揮した。一九二〇年代以降も有力な批評家評論家として大きな影響力を維持したが、自らも散文作家として独自の風格を発揮し、追随者（鐘敬文、趙景深、鄧雲郷、鐘叔河、張中行等）を出した。しかし、左翼思潮が強くなった二〇年代末以降の文壇においては、厳しく批判されることが多くなり、逆に彼は左翼の言論態度に批判の目を向けて、一部に隠然たる影響力を維持しつつ、徐々に孤立していった。現在の地点から見るなら、影響力を相対的に失った三〇年代以降の彼の作品こそ、彼の雑文作家としてのオリジナリティが発揮されたものだったとも言えるが、中華人民共和国公認のほとんどの中国近代文学史は、二〇年代末以降の周作人に肯定的な評価を与えてこなかった。

さて、雑文作家というのはつまりは社会文化批評を事とするいわゆる文明批評家である。三〇年代以降発言は減ったものの多くの時評を周作人は書いた。言論はそのままその時々の政治状況を反映したものだったが、一方で、彼自身が筆を執ることなく身をもって政治的状況に飛び込んで行くこともあった。一九二〇年代半ばには日本の多くの人士と接触し、その結果、帝国日本は民国中国の仇敵だという信念を得た。そして彼は「排日」を提唱した。それは一時的な感情論ではなかった。おそらく戦争終結までその信念が揺らぐことはなかったと考えられる。知日派の周作人が行った排日の呼びかけは、多くの論者の排日論よりも中国の世論に大きなインパクトを与えたはずである。[1]ところが、日中戦争開始後、彼は南方へ避難することを躊躇、拒否し、日本支配下の北京でいわゆる「偽職」を歴任せざるを得なくなった。彼が中国近代文学史の主流から決定的にはずれるようになるのはこのあとである。彼はその後さらに日本の傀儡政権の閣僚級のポストを二年間勤め上げた。この際の利敵行為のために戦後「漢奸罪」を問われ下獄した。[2]戦時中の彼の行為は周作人という名に消し難い「漢奸」という刻印を残し、中国ではほぼタブーに近い存在になった。彼が中国大陸でまともに研究対象として取り上げられるようになったのは一九八〇年代以降で、研究書が公刊されるようになったのは八〇年代半ば以降である。[3]

さて、このような経歴を持つ文化史上の人物に対して、日本の研究者はどのような態度を取り、いかなる見方をしてきたのか。

日本の研究界においても大きな画期となるのは大雑把に言えば戦争終結の前／後と文化大革命終結の前／後に

なる。これはおそらく周作人研究に限った話ではない。戦前は、研究というよりは評論、アカデミズムというよりはジャーナリズムの態度に近かった。周作人が対日協力者として負の烙印が押されるのは戦中以降なので、「漢奸文人」として彼を考察する試みは当然戦前にはない。現在の目から見てこの時期なされた考察の中には、示唆深い指摘や探究、試みがあった。今ではほとんど忘れ去られているような重要な問題に対する吟味もなされたことがあった。戦後の状況を照らし出すためにも、戦前の状況はむしろ詳細に検討する意味がある。戦後から文革終結までの研究は、主に戦前に生まれ戦後の教育を受けた研究者たち（木山英雄、飯倉照平）によるもので、文革終結後には、戦後生まれ世代（村田（松岡）俊裕、尾崎文昭）による研究が続々と現れ始めた。

周作人は一九二〇年代から日本語雑誌に取り上げられることがあった。特に、武者小路実篤（一八八五―一九七六）や「新しき村」に関連した日本語雑誌には、頻繁に周作人に対する言及や周作人の作品が掲載された。これらはもちろん研究とは言えないが、当時の日本の中国認識の一端を示すものではある。武者小路らの同時代中国に対する認識は、大正のころ（一九一〇年代後半から二〇年代前半）全盛だったいわゆる「支那趣味」とは大いに違った。中国文化の一部を切り取って自身の作品の魅力的な意匠にするのではなかった。また、明治までの文人趣味を断ち切っていたという意味でも新鮮だった。彼らにとって中国は、理想主義的な「人類」「自我」「個性」の共有を考えるための友人、対話者の住む空間だった。周作人はその友人の好もしい代表者だった。周作人と武者小路らとの交際は戦後まで長く続いた。武者小路のこの種の中国認識は日本近代史の中でも特例的なものと言えるだろう。

周作人が研究対象として重視されるようになるのは、竹内好（一九一〇―一九七七）らの中国文学研究会の成立以降である。一九三四年の夏七月一五日から八月一八日まで、周作人が家人とともに来日したが、その際竹内らは、日本の文人にも声をかけて、周作人と同時に来日した徐祖生（一八九五―一九七八）と彼を歓迎する会合を八月四日に開いた。これが中国文学研究会の旗揚げとなった。当時周作人は数え年五〇を自身でニヒルに祝った旧体詩を中国の著名な雑誌（『現代』第四巻四期〔二月〕と『人間世』第一期〔四月〕）に発表して大きな波紋を起こした直後だった。彼は非左翼の友人先達からの多くの唱和を受ける一方で、左翼の論客からは、旧時代の士太夫そのままの「過去の幽霊」（胡風）だといった厳しい批判攻撃にさらされた。

中国文学研究会の同人でこの数年前に魯迅の面識を得て親密な関係にあった増田渉（一九〇三―一九七七）は、リアリズムが中国文学の歩むべき正統であるという信念から、周作人を批判する「周作人論」を『中国文学研究月報』第九号（一九三五年）に発表した。それとは対照的に、同じ年に、周作人を長い中国文学史の中でも特筆に値するすぐれた文人として持ち上げたのが、やはり中国文学研究会同人の松枝茂夫（一九〇五―一九九五）だった。その「周作人先生の立場」は、『支那語学報』創刊号に発表された。松枝は一九三〇年から三一年にかけて北京に留学した際、周作人を訪ねるために服部宇之吉（一八六七―一九三九）と竹田復（一八九一―一九八六）から紹介状をもらっていた。服部は、一九二四年に日中文化事業に関わる折衝の中で日本側代表として北京を訪れ、周作人から接待を受けたことがあった。その時服部と周は何度も話をかわしていた[4]。松枝は、にもかかわらず、あまりに内気であったため、留学中周作人を訪れず、また、三四年の周作人歓迎会に同席しながら言葉は交わさなかったという[5]。しかし、翌三六年三月には周作人に直接書簡を送り文通を開始した（文通はその後長く続いた[6]）。その際に松枝は自分が書いた「周作人先生の立場」を周作人に送った。松枝は周作人を崇拝していた。後年筆者がある論文を松枝に送った際の返事の葉書（一九九〇年五月三一日付）には、「周作人の真価が万人に認められるまでには当分まだなかなかヒマがかかりそうですね。トーエンメイ〔陶淵明〕が大詩人と仰がれるまでには死後六〇〇年以上もかかったことをなんとなしに思い浮かべています。」とあった。並はずれて内気で奥手でありながら、松枝の周作人評価はその後もついにまったくぶれることはなかった。その意味ではほとんど剛直ですらあった。

松枝は、同じ年に、周作人の作品を九編翻訳して収めた『北京の茶菓子』を山本書店から出版したが、このあと堰を切ったように周作人の翻訳を公刊することになる。書籍として出版されたものだけでも、

1『北京の茶菓子』山本書店　一九三六年
2『周作人随筆集』改造社　一九三八年
3『中国新文学の源流』文求堂　一九三九年
4『周作人文芸随筆抄』冨山房　一九四〇年
5『瓜豆集』創元社　一九四〇年
6『結縁豆』実業之日本社　一九四四年

以上計六冊を数える。松枝は他に『紅楼夢』の翻訳なども出しており個人の仕事として驚異的な分量だが、ここでは、それだけ中国関係物の需要が大きかった当時の状況の異常さに着目しておきたい。一九四四年には『周作人先生の事』という本が光風館から出版されている。ここには、周作人ゆかりの日本の文化人が周作人のことについて語った文章が集められている。武者小路実篤を始め、谷崎潤一郎、堀口大学、林芙美子、佐藤春夫、吉川幸次郎、武田泰淳……といった面々である。編者は方紀生、周作人の弟子の一人である。無名の方紀生がこれだけの面々の原稿を一人で集めたというよりは、時局が執筆者たちに筆を執らせたと言うべきだろう。周作人その人も一九四一年から華北政務委員会（実は日本の傀儡政権）の教育総署督弁という政府要人を二年間勤め上げており、『周作人先生の事』の中にも、北京の教育総署で周作人の督弁としての職務ぶりを実見した加藤将之、臼井亨一の文章が収められている。ただ、すべてを時局の反映とみなすのも一面的だろう。松枝の旺盛な周作人の翻訳は、少なくとも周作人の名とその作品を多くの日本人に知らせるに至った。

松枝は周作人の翻訳をしたばかりではない。翻訳は研究というよりは紹介に近い業績だが、一九三七年に周作人の著訳目録を松井秀吉と共編で発表している。[7] これはジャーナリズムの域を脱したアカデミックな業績と言える。一九四〇年には三五年の「周作人先生の立場」をもとに、当時としてはほぼ網羅的な周作人の評伝をまとめあげた。一字たりとも周作人を批判する文言が含まれておらず周作人崇拝者としての面目躍如といったところだが、松枝以外にこれだけ網羅的に周作人の足跡を辿った者は他にいなかった。戦前から戦後文革終結後まで、日中を含めて皆無だった。その意味で松枝の業績は特筆に値する。

さて、松枝の後輩にあたる竹内好は、周作人の作品の翻訳はしなかったが、何度も周作人に論及した。研究会を起こした一九三四年は、中国の文壇で小品文ブームがあった年で、同時代の中国の文壇の様子を伝えるべく、その運動の主導者であった林語堂と陰で理論的支柱となった周作人に何度か触れている。松枝とは対照的に竹内は、細部を紹介するよりも大局的な意味や傾向を抽象し分析しようとした。一九三〇年代半ばにおいても周作人が左翼以外の文壇で大きな支配力をもっていることを指摘し（「今日の中国文学の問題」一九三五年）、また、周作人は小品文に特色があるとしても、同時に社会風刺にも富んでいると指摘して、松枝とは違う周作人の一面を強調した（「現代小品文特編輯」解説）。「最近の中国文学」（一九三六年）では、林語堂による小品文運動の提唱とその理論的後ろ盾となった周作人の「中国新文学の源流」の内容を比較的詳しく解説したうえで、竹内独自の分析を打ち出している。小品文ブームの弱点や問題点を批判するだけではなく、中国文壇全体の構造的な動きを捉えようとする観点と文体は、当時の日本はもちろん中国にもなかった彼独自のものだ。松枝の仕事は周作人の文学の内実を紹介しようとしたもの、竹内の仕事はそれを文学史や大局の中に位置づけ意味づけようとしたものだったといえようか。つまり松枝と竹内は互いに補い合うような関係にあった。竹内は「現代中国文学の特質」（一九三七年）で、小品文派を、現代文学の矛盾に対する批判者として見ている。このような観点からの小品文運動に対する文学史的解釈は、それ以前はもちろん、その後も誰もまともに示したことがない。

竹内の大局観は彼の中国文学研究会に対する態度と密接な関係にあったと言えよう。彼が旗揚げした研究会は、研究の対象として、多くの選択肢の中から「中国」「文学」を選び、さらに研究会の名称には含めていないが「近代」を選んだ。中国を選んで、中国経済や中国社会、中国政治へと研究主体の目を向けなかった。当然中国を対象とした商業経済活動に携わることもなかった。その種の人士が中国語を単なる道具＝実用語としてみることに対して批判的だった。そうした竹内の言論は、戦後の新制大学の教育課程に教養としての中国語が組み込まれるための足場になったと言えよう。（一九九〇年代以降また実用語化傾向が濃厚になってきている。）また彼は、文学を選んで、欧米の文学を研究対象とせず、中国文学の価値・意味を説き続けた。そして中国文学を選んで、中国の古典文学を主な研究対象とはしなかった。中国固有の中国らしさを突き詰めていくと、中国古典文学に行き着くはずだが、竹内は敢えて近代中国文学を研究対象に定めた。彼は、そうした選択をしたこと（中国文学研究会を設立したこと）の意味を、ちゃんと議論として説明しなければならなかった。もちろん史実としては、研究会の設立が先で説明が後とは限らないが、言わば「言いだしっぺ」としてゼロ地点から近現代中国文学研究を構想しようとした竹内が大局観を必要としたのは当然だろう。

考えてみれば、現在の日本における近現代中国文学研究の枠組みは、当時の竹内が目指した（同時代）中国文学研究の枠組みとそれほどかけ離れてはいない。竹内はその後アカデミックな大学制度の中に一時身を置いたあと結局辞職して在野の研究者となるが、研究枠組みとして言うなら、現在の日本のアカデミックな近現代中国文学研究という学科の起源は、竹内の中国文学研究会にあるといっても過言ではない。近年、日本の高等教育機関・研究機関からいくつかの近現代中国文学の講座が消滅し、この学科の存在意義が激しく問われているが、その意味でも、再度竹内の中国文学研究会の意義を振り返るべき時が来ているのかもしれない。奇しくも現在、国際関係と世界情勢は当時と似通いつつある。

閑話休題。竹内にとっての研究対象としての中国は、標本のような無機質な対象ではなかった。研究主体である自身と切り離された単なる観察対象ではなかった。むろん研究するには研究対象を対象化する操作が必要だが、それだけなら、同時代の中国文学を研究対象に選ぶ意味はなかったはずである。彼は、中国文学研究会の目的を「中国文学の研究と日支両国文化の交驩」と書いている。簡単に言えば研究と文化交流だが、彼の言説をいろいろ読むと、実は、交流する関係そのものが極めて大切であったように思えてくる。中国文学研究会が、当時の日本で一般的だった「支那」を敢えて使わず「中国」を使ったことはよく知られている。それは単に倫理的なポリティカル・コレクトネスであったばかりではなく、それによって自身らの日中間の交流にもたらされる利益を計算したものでもあったらしい。しかし北京留学中の竹内は「支那と中国」（一九四〇年）で「自分の仕事を中国文学と呼びたくない」「僕は日本語の響を純粋にするためにも今は支那といいたい。」と記している。日本人研究者としての研究主体と中国文学という研究対象との関係は、彼にとって安定した固定的なものではなかったことが窺える。彼は、研究主体と中国という研究対象との関係をラディカルに問わざるを得なかった。

竹内は戦後にも一度、まとまった分量の文章の中で周作人に比較的詳しく言及した。戦後二〇年の一九六五年に発表した「周作人から核実験まで」という文章である。中国が最初に核実験を行ったのは一九六四年である。この中で竹内は、中国の核実験に対して「不幸な出来事」「あってはならない、あらしめてはならない出来事」「この出来事を残念に思わぬ人は少いでしょう。」と述べた上で、「理性をはなれて、感情の点では、言いにくいことですが、内心ひそかに、よくやった、よくぞアングロサクソンとその手下ども（日本人をふくむ）の鼻をあかしてくれた、という一種の感動の念のあることを隠すことができません。」と言ったのである。もちろん中国の核実験と周作人あるいは周作人研究とは直接の関係はない。周作人は、日本人をはじめとする外国人の、中国と中国人に対する蔑視そして無責任で共感のない中国観と中国人論に対して、魯迅などよりずっと単純に憤ることが多かった。そんな侮蔑されることの多かった中国が、核実験によって容易に侮りを受けない存在になったということを、周作人に触れながら竹内は記念しているのである。周作人は実はこの文章の主題ではない。しかし、主題ではないところに竹内はかなり字数を使っており、しかも、日本の周作人研究者の態度に対する非常に重要な提言を行っている。

まず、周作人の対日協力について、竹内はこう述べている。「周作人はすぐれた文学者であります。」「日本文化の理解の深さでは、たぶん彼はどの外国人にもひけをとらぬでしょう。」「彼が協力者の汚名を着たのは、まことに残念なことですが、これには日本人側の責任もないとはいえません。」「たとい彼の政治的判断がまちがっていたにせよ、文学者あるいは文学研究者としての業績を、その理由のために没却すべきではない、ということだけを申しておきたい。」「不幸な事情のため、戦後、周作人の名はかえりみられなくなりました。」「われわれは一度周作人を政治的に使用した。この利用はまちがいであった。この点は認めねばなりません。が、さればといって今のように周作人の名をわれわれの文学遺産から抹殺してしまうのは、まちがいを改める道ではありますまい。」「今からでもよいから、もう一度発掘して、正当に評価しなすべきであります。」この大胆な呼びかけは、その後の周作人研究の扉をこじ開け、日本の周作人研究のための清新な風を呼び込んだ。中国人にとって周作人はタブー的な存在であったが、日本人にとっても、意味合いは異なっても、触れにくいという点では同じだったからである。

さらに竹内は、この文章の中で、戦前の松枝によって作られた周作人像の一面性を批判している。それによれば、松枝の周作人像は「いささか好好爺に堕している」「周作人は、魯迅におとらず複雑な性格である。それを単純化しすぎた」「戦闘的批評家の部分が脱けて、ディレッタントの部分が不当に拡大している」と指摘した。ただし、竹内はそれを単純に松枝の研究主体としての不備、失敗とは見なしていない。時局が、それを許さなかったという点も的確に説明している。竹内は、周作人が日本を果敢に批判した文章が「一つも日本に紹介されなかったのは、残念」と指摘した。このあたりは、「中国認識」の問題というよりは「中国表象」の問題、それも研究者個人の問題というよりは、日本社会全体の問題といった方が的確だろう。この問題は戦後研究を始めた木山英雄が、周作人の日本批判の翻訳も収めた『日本文化を語る』（一九七三年）を翻訳・出版することによって解消された。

木山は周作人の対日協力の問題に関しても、竹内の問題提起に応えた重要な実証的研究を行った。書物になった（『北京苦住庵記』筑摩書房）のは一九七八年、その前身の「周作人淪陥顛末」全一一回を『思想』に連載したのは一九七六年一月号から七七年二月号にかけてであった。近代中国を研究する日本人研究者として、立場を離れて、真に客観的に周作人の対日協力を語ることは、原理的に不可能ではないとしても、実際は極めて難しい。竹内が言ったように周作人の対日協力には「日本側の責任」もあるとすると、日本人が中国で主流の周作人批判の尻馬に乗るのは無責任ということとなる。もちろん周作人の苦渋の選択とその結果はわかっているので、称賛したり高く評価することもできない。そこで木山はこの著述において、徹底的に周作人に同情し寄り添い、彼が置かれた状況をなるべくその通り追体験しようとした。このような態度を中国人が示すと同国人からの厳しい批判にさらされるので、中国人にはこのような態度はとれない。二〇〇四年の新版（『周作人「対日協力」の顛末――補注『北京苦住庵記』ならびに後日編』岩波書店）で木山はそうした日本人としての立場を「逆用」したと振り返っている。

さて、竹内の文章が発表された翌年から翌々年（一九六六年から六七年）にかけて、その後の周作人研究に大きな影響を与えた重要な論文が二人によって発表された。木山の「実力と文章の関係、その他」[8]（六六年）、「周作人――思想と文章」[9]（六七年）および飯倉照平の「初期周作人についてのノート（Ⅰ）（Ⅱ）」[10]（六六、六七年）である。周作人研究の専門化が始まった。木山は六三年に魯迅の『野草』論を出しており、「実力と文章の関係、その他」

などは、魯迅周作人兄弟の「抜群の共通性」を論じている。主流中の主流であった魯迅を非主流中の非主流の周作人と並列させて論じる木山の姿勢は極めてユニークで空前絶後のものである。七〇年代以降にも同様の態度に基づいた周兄弟比較論を発表しており、異彩を放っている。「革命アジア」への関心を文字にしているように、中華人民共和国建国に対する深い共感と今後の期待があったように見受けられるが、それとは一応別に、芸術的自律性や作家的個性への深い洞察があった。この時期の日本の研究者の中には、建国＝共産主義の主流イデオロギーにほぼ同化して、徹底的な周作人批判を書いた者もいたが、木山の周作人研究は、戦前以来の竹内の態度をかなりまともに学んで咀嚼し、研究主体としての自律性を守ろうとするものだった。「周作人――思想と文章」は日本の周作人研究の専門化の第一歩だったが、ここには、竹内ばりの「大局観」つまり周作人に対する歴史的相対化が強力に働いており、八〇年代以降多くなる細分化された専門研究とは一線を画している。「周作人――思想と文章」は、ちょうど魯迅研究における竹内好『魯迅』のような位置にある。文中、周作人の対日協力に対する言及もあり、竹内の提言を真摯に受け止めた跡が窺える。一方、飯倉の論考は、細分化された周作人研究への入り口を開いたと言えよう。

研究は研究対象の相対化と細分化の両輪によって発展深化するが、一九八〇年代前半くらいまでは、この両輪がバランスよく働いていたように思われる。尾崎文昭「陳独秀と別れるに至った周作人――一九二二年非基督教運動の中での衝突を中心に」[11]（一九八三年）は、近現代中国政治思想史中の思想性と政治性の矛盾をえぐり出して中国大陸の研究者に感銘を与えたが、この論文とその反響は、思想性と政治性との間の強烈な矛盾を抱え込んだ中国および中国人社会というイメージが、一九八〇年代において、強いリアリティを持っていたことを示すように思われる。

相対化と細分化の両輪のバランスはそのあと崩れ、ほぼ細分化一辺倒となる。文革の終結と八九年の六・四天安門事件（およびベルリンの壁崩壊）は、周作人研究を、それまでよりも、大局的な中国認識や世界観から切り離して自律化する方向に作用したように見受けられる。この時期以降の周作人の研究論文で、竹内ばりの歴史的大局観が直接窺えるようなものはほぼ皆無である。ただし、このことによって、研究は幅を広げ、深まった。状況は、周作人以外の作家研究でもほぼ同様であろう。

自律化を進めた日本の周作人研究は、周作人という中国の知識人を大所高所から評価するよりも、周作人の内面に即して、その事跡や知的形成、思想的変遷を辿ることによって、彼に対する認識と理解を深めようとするものが多くを占めた。それらは、木山英雄『北京苦住庵記』が取った態度と基本的に波長を同じくしていると言えよう。中国の研究者から日本の研究は往々にして「実証」的と称されることが多いが、そうした態度と実証性は相補い合い、互いに強化しあう関係にある。「専門化」、「細分化」、「自律化」と呼ぶゆえんである。

注

（1）伊藤徳也『「生活の芸術」と周作人――中国のデカダンス＝モダニティ』（勉誠出版、二〇一二年）第一一章「廃帝溥儀の処遇をめぐって」。
（2）木山英雄『周作人「対日協力」の顛末――補注『北京苦住庵記』ならびに後日編』（岩波書店、二〇〇四年）。
（3）張菊香・張鉄栄《周作人年譜》（南開大学出版社）が一九八五年、李景彬《周作人評析》（陝西人民出版社）と舒蕪《周作人概観》（湖南人民出版社）が一九八六年。
（4）注1伊藤徳也著書第一二章「文化事業への関与」。
（5）小川利康「資料　周作人・松枝茂夫往来書簡　戦前編（1）」（『文化論集』三〇、二〇〇七年）所載一九三六年三月九日付松枝茂夫周作人宛書簡。
（6）小川利康／止庵編『周作人致松枝茂夫手札』（広西師範大学出版社、二〇一三年）参照。
（7）「周作人著訳目録」（『中国文学月報』三〇号、一九三七年八月）。
（8）『現代アジアの革命と法（上）』（勁草書房、一九六六年）所収。

（9）東京大学文学部中国文学研究室編『近代中国の思想と文学』（大安、一九六七年）所収。
（10）『研究』三八、四〇（神戸大学文学部、六六、六七年）所載。
（11）『日本中国学会報』三五（一九八三年）所載。

二　「シナ学」の現代中国認識——平岡武夫の天下的世界観をめぐって

石井　剛

はじめに——日本古典中国学と東アジアにおけるモダニティ

日本の古典中国学は、アジアにおけるモダニティの構想という高度に文化政治的なアジェンダと、江戸儒学の遺緒を継ぎながら近代学制の中でも命脈を保ち続けた漢学（「漢文」に関する学問）との双方をうちに抱えながら発展してきた。国学が華夷世界観を相対化する中から生まれてきたことにも現れているように、漢文に載せられた中国文明は、日本の民族的セルフ・アイデンティティを省察するための媒介としてかつて決定的な機能を果たした[1]。また、ポスト日露戦争という歴史的文脈の中で生まれた東洋史学は、「西洋に対する劣等感と、その反射としての東洋に対する優越感[2]」を内在していたとも言われる。

今日、古典中国学は、時に「東洋学」などと総称されながら、相変わらずその学統を継いでいるが、それはおおむね「中国」という地域に関する総合的人文知でありつつも、地域研究として行われている中国研究（Chinese studies）とは必ずしも一致していない。というよりも、戦前の東洋史学について旗田巍（一九〇八—一九九四）は、かつて「現実ばなれのしたことを研究するのが、正しい研究であると考えられた[3]」と述べている。今日の状況の中で、古典中国学が現実の中国とまったく無縁でいられるはずもないが、これらをつなぐ距離感をどう処理するのかという問題は今なおつきまとっている。溝口雄三（一九三二―二〇一〇）が一九九〇年代に取り組んだ「知の共同体」運動は、そのような距離感をあるしかたで突き破ろうとした試みだったろう。一九九四年には東京大学文学部の中国哲学研究室が中国思想文化学研究室に改称されたが、その背景には、「中国哲学」というディシプリンの中で語られてきたディスコースが、中国の現実から乖離したままで行われてきたことに対する反省と批判が作用していた。

江戸時代以降の漢文ディスコースによって内面化した中国と、同時代的に存在する現実の中国という、一つにして異なる中国とを同時に意識せざるを得ないのが、日本における近代シノロジーの特徴であると言えるだろう。「中国哲学」から「中国思想文化学」への改称は、そのようなジレンマを、「現実の中国」の側から解消しようとした動きであったと言いうるのかもしれない。しかし、そこには別の可能性はなかったのだろうか。本稿では、中華人民共和国の成立という画期において、古典中国学がどのようにそれに対峙したのかを振り返りつつ、このことを問いなおしてみたい。

用語について簡単に説明しておく。筆者が述べる「古典中国学」とは「シノロジー」に対する試訳である。もちろんこれは日本語の中で一般化していない。戦前の大学教育では、「支那哲学」、「支那文学」、「東洋史学」がそれぞれシノロジーの一翼を担っていたが、戦後になると「支那」は蔑称と見なされて「中国」へと変わり、「東洋史学」だけが旧称のまま存続する。敢えて「支那」と表現せざるを得ない場合にも「シナ」とカタカナで書くことが多い。本稿もそれに倣っている。「sino」が語源的には「支那」と一致するという議論もある。だが、日本固有の近代的文脈の中で、「支那」が侮蔑的なコノテーションを内包していたことは事実であり、それを顧慮することなく、語源学的事実を盾にシノロジーを「支那学（シナ学）」と呼ぶ脱政治化的処理がふさわしいとは思われない。[4] かといってSinologyをカタカナで「シノロジー」と言い換えておけばいいというものでもなさそうだ。したがって、本稿では敢えて訳語としてはこなれない「古典中国学」という言い方をしてみた。以下の分析では、「シナ学」、「支那学」という用語がたびたび登場するが、それらはいずれも歴史的名辞、もしくは本稿が言及する使用者特有の用語として参照されている。本稿のタイトルについても同様である。

1　中華人民共和国建国前夜の平岡武夫と「シナ学」

一九四九年夏、岩波書店の時評雑誌『世界』八月号は、「中国の現状をどうみるか――シナ学者のこたえ」という巻頭特集を組んだ。折しも、中国大陸では南京と上海が相次いで陥落し、もはや共産党政権の樹立は時間の問題という段階を迎えていた。『世界』に限らず、『中央公論』や『改造』など、当時の日本国内論壇を代表する月刊誌は、同年来、中国関連記事を相次いで掲載していた。その多くがジャーナリスティックな情報とそれに基づく形勢分析であるなかで、『世界』のこの特集は、文字通り、「シナ学者」に現在の中国情勢を語らせるという点でユニークな存在であったと思われる。原稿を寄せたのは、仁井田陞（一九〇四―一九六六）、吉川幸次郎（一九〇四―一九八〇）、松本善海（一九一二―一九七四）、貝塚茂樹（一九〇四―一九八七）、平岡武夫（一九〇九―一九九五）と、当時としては若手から中堅と言える研究者たちであった。いずれも後に戦後を代表する学者として、日本の「東洋学」に大きな功績を残していることは周知に属する。[5] この特集は、いわば、王朝崩壊後の中華民国の歩みを横目で見ながら、中国に関する人文学的研究を積んできた若手学者による同時代的考察であった。

彼らのうち、当時京都大学助教授だった平岡武夫は、北京留学中に顧頡剛（一八九三―一九八〇）と知り合い、一九四〇年にはその『古史辨自序』を翻訳している。この特集で並び立つ数人と共に、知中派の中国哲学研究者として、将来を嘱望されていたはずである。

平岡武夫は、京都大学を卒業したのち、一九三六年より北京に留学、途中七七事変（盧溝橋事件）に遭遇するなどして、二年後に帰国、京大人文研の前身である東方文化研究所研究員を経て、戦後は京都大学で教鞭を執った。東方文化研究所で従事した『尚書正義』の校訂作業が古典中国学研究者としての礎を築いたと言われ、『経書の成立』（一九四六年）、『経書の伝統』（一九五一年）では、『尚書』を経典の核とする経書論・経学史論を展開した。その後の研究は、唐代文化研究や『白氏文集』研究に力点が置かれるようになったので、その研究生涯を俯瞰すれば、哲学者と言うより文学者と呼んだほうがふさわしいであろう。ただし、それは近代的学制の範囲で分類した場合のことであって、平岡本人にとっては、そのような違いはその学問的関心を名指すのに適切ではなかったろう。なぜなら、彼の関心は、漢字によって構成されるエクリチュール（文）の特殊性を普遍的な視野のもとで論じきろうとする点にあったからである。本稿がこの人物に関心を寄せるのも、近代的ディシプリンの分節と経学的伝統において立ち現れてくる「文」をめぐる知の体系との緊張こそが、哲学的問題を内包しているからだと言ってよい。彼自身は、その学問的関心を「シナ学」と呼び続けている。(6)

平岡武夫がこの特集のために寄せたのは、「天下的世界観は動かない」と題するエッセイであった。そのなかで彼は、戦時中に自らが発表した「天下的世界観」仮説は、共産党が政権を掌握したとしても揺らぐことはないであろうという論旨を展開している。この文章の言葉を借りると、「天下的世界」とは、「近代国家のように、主権や領土の観念にかまけることをせず、個人の上に国家をおかず、そして個人の生活を直接に宇宙の調和・秩序に結びつけ、その結びつけ役を天子または為政者とする(7)」ような世界である。この世界は、周王朝成立以来の中国文明史を構造的な理論モデルとしてとらえたものだ。それは「文化と道義と富」が最も集中する王都を中心とする周圏構造をなし、中心の周囲で「四方に広ろがる土地は、距離に反比例して、文化・道義・富が稀薄になり、その程度に応じていくつかの区域に分かれ」、そして、「最も外部の無限の周辺が、それらを持たない四夷または四海（海は漢人の意識において、晦である。うみではない。文化の光のいまだ及ばぬ所を意味する。）となる」という。[8] このような世界モデルは、周代に確立したあと清朝に至るまでの長きにわたって適用可能であるという。平岡は、「天下的世界観」の有無を基準として、中国史を（一）殷より前（天下的世界観以前の時代）、（二）周より清まで（天下的世界観の時代）、（三）民国より後（天下的世界観の人類史的意味が問われる時代）の三段階に分けている。[9]

マルクス主義史学の影響とともに、一九三〇年代以来、「アジア的生産様式」に基づくアジア停滞論をめぐって、日本の東洋史研究者の間でも論争が行われていた。第二次世界大戦後、日本帝国主義の敗北と中国革命の進展という事実を前にして、従来の「進んだ日本、遅れた中国」という暗黙の共通了解は動揺しはじめる。旧来の停滞論では、中国革命の現実を説明できないことは東洋史学界のなかでも明らかであった。『世界』の特集に記事を寄せた仁井田陞や松本善海は、停滞論の克服と発展史観の適用可能性を追求しようとした代表的若手研究者であった。[10] そのようななかで、周代から清代までを内部で発展と変化は認められるものの、「天下的世界観の時代」としてひとくくりにしてしまう平岡武夫の議論は、一見、アナクロニズムに見える。

実際、平岡武夫の中国文明論に、かつて津田左右吉（一八七三―一九六一）が白鳥庫吉（一八六五―一九四二）を評して、「Mass を見て Individual をみない代りに、政治的現象を説く時には権力者を見て民衆を見ない弊」[11] があると述べたのと同様の限界が見られるのは明白だ。平岡は、「中国人」を「中国の農民」という大きな括りの mass によって代表させておいた上で、「中国人は一定の生活の可能性を絶対的に信じて」おり、[12]「とっくの昔に近代を超え」て展開した中国の歴史に刻まれた「天下的世界観」は、「幾多の経験を積み重ねた後に、人間がたどり着き、落ち着くべき世界の姿」なのだという。[13]

平岡が「天下的世界観」が「動かない」ことを説明するために引用するのは、周作人（一八八五―一九六六）とリチャード・ウィルヘルム（Richard Wilihelm）という二人の中国文化論である。[14] 彼らは共に、「中国人」を自然順応主義的な人生観と世界観を堅持する集団であると見なしている。

「天下的世界観は動かない」は、一九四三年に発表された周作人の「中国の思想問題」に対する要約から始まる。周作人は、数千年来不変の儒家思想は、儒家思想が成立するより前からすでに存在していたのだと述べる。周作人において儒家思想とは、何らかの経典や教義によって演繹的に示される知の体系ではない。それは、生物的本能を相互に認め合うことから出発して成立する相互扶助的精神である。それによって、中国人は、自分のために他人を損なうことなく、また、聖人のように自分を損ねてまでも他人を利することもなく、「共存共栄」をはかって生きてきたというのである。

いったい、周作人は、淪陥区に生活する作家として、民族の存亡の危機に際して、何を言わんとしたのか。儒家思想とは経典によって体現されているのではなく、経典が成立するよりも前から、身体化されたアートとして中国人の道徳規範と行為様式を規定していたと彼は言う。そのような世界に対して必要な政治とは、特定のイデオロギーを代表するものではなく、ただ生存の本能にしたがって生活する人々の安寧を維持しうる「防乱」的装置であれば良い。このように述べる周作人にとって、「中国人」は、帝国主義や植民主義や、それらに対する抵抗の論理としての社会主義思想や抗日革命といった近代の政治的現実を超絶した存在であるかのようだ。

だが、平岡武夫は、ほぼ手放しでこの周作人の中国文明論に同調し、「いま、国民党政府を送り、中共政府を迎える人々の心」も同じであると言う。[15] 彼らは、要するに、「宇宙の調和と秩序（これを彼らは天と概念づける）を絶対的に信じている」のであり、そうであるが故に、「徹底した楽観主義者であり、同時に、極端な自然順応者」なのである。[16]

平岡は、次にウィルヘルムの中国農民観に賛意を示しながら、中国の農民たちは、「太陽が朝に野らの彼方から出るように、彼らの家を出る」、「彼らには、能率とか増産とかは第一の問題にはならない」ような、「安分と順応の生活を、骨のずいから楽しむ人々」であると述べる。[17] 国民党の失敗は、そのような農民の自然順応主義に反した近代化路線が畢竟「土地に合わぬ苗を育てる」[18] 企てだったからであり、中国には「近代」にはそぐわず、独特の論理が長い時代の変化を超えて貫いているのだと平岡は述べる。

『世界』では、一九四八年に入ってから中国の土地改革をめぐる記事が複数掲載されている。平岡の「田園中国」イメージは、農村からの革命のダイナミズムを無視するかのような極端なアナクロニズムでないとすれば、農本主義的思想から近代の乗り越えの可能性を見通そうとするロマン主義的近代批判の一つのヴァージョンとも見紛う。だが、これは従来の中国研究に抜きがたくあった中国停滞論や中国無国家論に通底する中国蔑視観や、それを単に裏返すことによって成り立つ中国文明礼賛論かつ反近代的農本主義にすぎないのであろうか。

「シナ学者の答え」と銘打ってあることからも感じられるとおり、『世界』の企画自体、古典中国学研究者にとっては、ある種挑発的なものであったろう。編集からの挑発に正面から反応を示したのは、松本善海であった。「中国の苦悶と中国研究者の苦悶」というその文章のなかで、現実に対する知的なコミットメントを避けることで学問的な独立を保ってきた「支那学」（すでにこのときには「中国学」に看板替えしていたが）が、中国の現状を分析するに足る言語を持ち合わせていないという「苦悶」を隠そうとしない。松本によれば、「中国の停滞性」が常識化している中国研究においては、中国の近代革命もまた、本質的には殷周革命以来繰り返されてきた易姓革命と異ならないという結論が導かれるか、それとも、「中国のいっさいが面目を一新する」ような変革が人民解放軍の勝利によってもたらされると考えるかのいずれかの選択しかない。松本の選択はこのどちらでもない。彼は「中国の停滞性」という常識化した歴史像そのものを改変していくべきであると説く。[19] トーンは異なるが、吉川幸次郎や貝塚茂樹の発言もおおむね松本的な傾向に歩調を合わせようとする様子がうかがわれる。

寄稿した「シナ学者」たちはそれなりに、模範解答を求めようと努力したと言うべきなのだろう。[20] それらに比べると、平岡の認識は、現実を前にした東洋史学者の「苦悶」が必ずしも共有されているようには見えないし、「シナ学者」の面目と中国の現状を分析することばとの双方を一新するようなインパクトにも欠けている。つまり、平岡の論考は、語弊を恐れずに言えば、陳腐かつ無反省的なのである。この特集記事に対しては、竹内好（一九一〇―一九七七）や、左派系の研究者が集まる中国研究所から厳しい批判が寄せられる。それらは特定の論文に対するものではないが、平岡の文章が、そうした批判の矛先として最も無防備なものであったことは当時の回想からもうかがえる。[21]

注意すべきなのは、平岡のこうした「天下的世界観」論を支えているのが、周作人のいわゆる儒家思想に対するオプティミスティックな肯定だけではないということだ。順応主義的人生観・自然観について詳細に語りつつ、平岡は、文章の終わりになって、それ以前とはまったく異なった議論へと唐突に話題を切り替える。

いかに安分と順応の世界観に生きる者とはいえ、「寝て、食て、垂れる」だけの生活に、人間の精神は満足しない。中国人の精神生活は漢字と漢字文章の世界において営まれた。天下的世界観の実証も、ここにつかまえられ、宗教的情熱でさえも、ここに満たされていたのである。[22]

ウィルヘルムに倣って、「寝て、食て、垂れる」だけの生活が中国人の自然順応主義であると断言したにもかかわらず、それでは「人間の精神は満足しない」と述べるのだとしたら、中国人の生活方式は、精神的な堕落もしくは落伍を示すものでしかない。これが現実の中国に対する無理解と単純化の典型例であると見られても反論するのは難しいだろう。

しかし、それにしても、なぜ「田園中国」的自然順応主義は、「個人の上に国家をおかず、そして個人の生活を直接に宇宙の調和・秩序に結びつけ、その結びつけ役を天子または為政者とする」ような「天下的世界観」と結びつき、さらに、「漢字と漢字文章」において、その実証が捕捉されると言っているのだろうか。「寝て、食て、垂れる」という生物的な生活が精神生活の下に統御されているのだとしたら、両者を結びつけるのはまさに政治であろうし、同時に、そのような政治は、漢字によって表現されたディスコースによって指示されていると言うことにならざるを得ない。したがって、人文学者平岡にとって重要だったのは、「中国人の精神生活」における政治の問題であり、「漢字と漢字文章」の政治だったということにならざるを得ない。

2　近代中国の世界史的意義

『世界』における平岡の議論は、そう見えるほどには現実に対する無理解と「シナ学者」の頑迷固陋を表しているのではないらしい。実は、平岡は『世界』の編集に迫られて急遽この記事を執筆したのではなく（その点で、松本が吐露した当惑を平岡は共有していない）、すでに一九四七年という早い段階で、この記事の内容がより詳細に発表されていた。

『東光』という雑誌に発表された「天下的世界観と近代国家」というこの論文は、「民国革命」と三民主義の登場を画期とする中国文明の近代的変革の意義を「天下的世界観」の側から分析したものである[23]。彼は、辛亥革命以来、国共内戦の現在に至るまでのプロセスを、人類史的に生じている不可避の近代化プロセスであると見る。同時に、帝国主義に代わって冷戦構造を演出することになった米ソ両大国の存在を、一般的な近代国家とは異質の国家体制であると見る。そして、両者の力のせめぎ合いを背景としつつ展開している国共内戦は、自ずと、近代的国家とは異なった、新しい体制を求める苦闘にならざるを得ないと考えている。そのような歴史認識のもとで、平岡は「天下的世界観」による「第二のルネッサンス」を期待する。

彼の予感は、戦犯裁判を行う国際法廷の精神において成立している。

> 戦犯を裁く国際法廷は、戦勝者が戦敗者を裁くのではなく、人類の文明の名において非人道・反平和の罪を裁くことを宣言し、いま裁く者の地位にある者も、世界の平和を乱し、人類の文明を破るならば、やはり同じ裁きを受けるべきものであることを明らかにした。あたかも「天」を説いた周王朝の賢人のように。そしてまた、国家の名によって個人の責任を蔽い得ないことをも明らかにした。すべての個人が一様に、直接に、人類の平和と文明に対して責任を持つという。これは、近代の対立していた国家の一つ一つが、それぞれに、おのれの国家を絶対至上とし、それをもって一切の価値の準則にしていた従来の考えから見るならば、まったく大きな精神革命である。自分の氏族の祖先神を絶対神聖としていた殷の人々の精神が、一氏族の絶対性を斥けて、天の名の下に世界を考える周の人々の精神に変ったほどの変り方である。(24)

国際法廷に対する些か理想化された理解のしかたはさておくとしても、このような考え方は反近代的な中国古典文明礼賛論とは異質な歴史観である。個人の発見が近代によって初めて可能となったことは、平岡にとって自明であった。「天下的世界観」は、自我を有する個人に対して目を向けることがなかったと彼は言う。そうであるが故に、「自我をもつ近代人の立場から国家を建設しようとする」(25)民国革命は評価されるのであり、中共が近代国家体制に厳しい批判を加えつつも三民主義を基本綱領としていることが評価されるのである。すなわち、中国文明における近代とは、「天下的世界観」によっては正しく「凝視」されることのなかった「民」（people）の発見であった[26]。その意味で、平岡にとって、中国は中華民国の成立によってすでに近代国家化を少なくとも理念的レヴェルで達成していたのである。

だが、第二次世界大戦の終結によってもたらされたのは、近代国家体制とは異なる体制の登場とそれらの軋轢であり、同時に、国家ではなく、直接に個人と結ばれる人類全体の平和と文明を構想する「精神革命」であった。中国は民国革命の近代的理念を現実に具有する新国家建設を完成しようとして、それを目前に迎えつつ、この新たな人類史的転換に巻き込まれたのだ。平岡は言う。

国共の対立は世界の対立に通じることを思い、中国はこの対立を解決して、公正と平和の一つの世界に導くための方途を求める道場であり、中国の苦悩はすなわち世界の苦悩を代表して背負い、それを救済せんとするものであるならば、いかに中国の使命は栄光に輝いていることか[27]。

後述するように、漢字の歴史の中で「民」概念は、「天」概念と共に登場したと平岡武夫は考えている。「天下的世界観」とは、「民」に対する代理としての「天」が王朝のレジティマシーを保証していくような世界観であり、歴史観であったと言ってよい。ところが、民国革命は、「天」の下にある総体的存在としての「民」を第一義に置換した点で、「天下的世界観」を覆す巨大な歴史の転換であった。これは、「天下的世界観」の成立の画期となった殷周革命に次ぐ、大きな転換であったと平岡は言う[28]。国共内戦から中共の勝利へと向かって推移しつつある中国大陸は、そのようなドラスチックな転換を経た上での、新たな条件をいままさに経験しているのであり、しかも、その経験は、米ソ二大勢力の抗争という近代の転換点において進行しているのである。このような認識に立つ平岡の現代中国分析は、竹内好が「自分たちの古い中国観をタテに」して「夢みたいなことを」言っていると

罵倒した「京都派の古い『支那学』者」の中国論とは趣を異にする。(29)

『世界』での平岡は、「シナ学者」としての立場から中国の現状について発言することを求められた。「シナ学者」は決して、彼の学者としてのセルフ・アイデンティティに反した役回りではなかったし、彼は、この特集でたしかに中国の現状を、「シナ学者」としての見地から論じて見せた。それは当時新しく興りつつあった新たな東洋史観に比べるといかにも固陋であると見なされた。だが問題は、だからと言って、蔑視観に対する自己反省と中国革命に対する衝撃から生まれてきた新しい東洋史観がじゅうぶんに進歩的であったということにはならないことだ。

東洋史学者たちは、きわめて近代主義的に、近代国家中国の成立に向かう歴史観を再構成しようとした。ネイション・ステイトを単位とした国際連合が組織され、国民の名において人類の恒久平和を希求する日本国憲法がまばゆいばかりに戦後の希望を彩っていた時、彼らの自己反省と再出発は、たとえそれが過去の残滓を含んだ不徹底なものであったとしても、貴重な一歩であったに違いない。だが、それらは近代的な視点から「中国」を総体として見ることに長けていたが、同時に、そうすることによって、「中国」を領有し、それを目的化している。

さらにそこでは、近代的国民国家の完成を目指すという歴史観そのものが、戦前から変わったわけではない。変わったのは、現代中国に対する評価のしかたであり、中国史を見る尺度のほうである。近代へと向かう直線的歴史観はそのままにしておいて、そこへ近づくのは日本が先か、中国が先か、という議論をベースにして、日本と中国の位置づけが、戦前と戦後において逆転しているのである。

もう一度、近代建設をやり直すところからやり直すべきだという判断が、敗戦の自己反省から生じていることは、『東光』に寄せられたフランス文学研究者桑原武夫（一九〇四―一九八八）の書簡からもうかがわれる。

平和を求めることは今日の人間の努力の対象でなければならないが、しかし、それは彼方にある理想です。西洋のシナ学者は、シナを勉強し、またこれを愛するにせよ、近代超克のモデルをシナに見ている人間は一人もないと思うのです。（近代の超克は、近代への意欲と行動のはてにしか可能ではなく、その超克を理念的に追求してはならぬというのが私の考えです）その意味で「東光」はあくまで「新しい近代人の心」をもって進んで頂きたいと思います。[30]

一九四七年八月の『東光』創刊号の巻頭言には、二度の世界大戦を経て、近代は極限を迎え、「矛盾と対立、克服と創造の時代」から、「人間の歴史の第四の時代」としての「調和と統一、安分と享受の生活を根本義とする時代」が始まろうとしているとある。そして、それは「シナ文化」の「非近代性」から触発を受けるべき時代であるという。[31] これを書いたのは平岡自身であり、桑原の書簡はこの巻頭言に応答したものである。戦前の「近代の超克」論に似たものをこの巻頭言に感じ取ることは、戦後を生きようとする知識人の良心でもあっただろう。桑原のいう「新しい近代人の心」はそれを示している。

一方、「天下的世界観と近代国家」が示しているのは、民国革命を画期とする中国における近代化に対する平岡の正当な評価であり、中国の現状がまさに、「近代への意欲と行動のはてに」生じてきた近代への反動を呈しているという判断である。「近代」なるものを何らかのテロスを内包した歴史運動における一定の段階であり、やがてそれは「超克」されるべきであるという前提が、桑原と平岡の双方に見て取れる。その意味では、桑原と平岡の違いは、同じ目的論的歴史観の中で、現今の中国情勢を近代化の途上と見るか、「超克」への途上と見るかのちがいに還元することができる。だが、そうであったとしても、桑原は、平岡の中国論が、桑原やその他多くの「シナ学者」がそうであったような近代化論とは土俵を違えていたことを適切に評価してはいない。桑原の問題意識は、中国をどうみるかという問題である以上に、戦後の再出発を決意した日本知識人のナショナル・アイデンティティがなさしめた責任感の表出ではなかったか。しかし、それは、良心に基づくものではあったが、やはり内向的な問題意識であった。

実は、『世界』の特集に対する批判もまた、そこを不問にしていたのではないか。そして、まさにこの点において、寄稿者のなかで最も保守的に映じた平岡の議論がじゅうぶんな検討を経ることなく、固陋な「支那学者」の時代錯誤的発言に帰せられたのである。

３　哲学的介入の可能性

結果的に、『世界』論文では、陳腐な田園中国論の旧套に堕しているようにしか見えなかった議論の後に、次のようなことばがあることに、従来、特段の注目が集まっては来なかったようだ。

漢字を考えないシナ史は、人間を考えない近代史と同じく、意味をなさない。なんとそのようなシナ史が多いことか。しかし、このことは、彼らの天下的世界観の理解と表現が、漢字・漢字文章によってなされるそれらに限定されていることでもある。この限界は、まったくきびしく反省され批判されねばならない。この限りにおいては、漢字が特殊であるように、天下的世界観も特殊性を免れないのである。いわゆるシナ学が、シナ学に止まって、学問一般の基盤にまで来なかったのは、漢字の底をつくこと（シナ哲学はここに成立する）がなく、漢字の約束の上に成立していたからである。[32]

平岡にとって重要だったのは、「天下的世界観」を現実の生活方式のなかに実証することではなかった。そうではなく「天下的世界観」を載せているエクリチュールの構造こそが最大の関心事だったのである。その意味で平岡は、東洋史学の変革よりもよりドラスチックな変革を唱えている。もはや、いや、平岡はそもそも、中国という地域の歴史や文化に対する包括的な理解、もしくは、そのための理論を得ようとしてはいない。代わりに彼が求めているのは、漢字と漢字によって構成されるエクリチュールの「底をつく」ことである。これを彼は哲学の名で呼んだ。平岡は中国の歴史を理解し、それを理解するための理論ではなく、「哲学」を明確に希求しているのである。漢字は特殊であると平岡は言う。特殊であるということは、普遍ではない。だが、特殊であることに無自覚なまま対象に没入している限り、対象の特殊性は認識されない。平岡は、その意味で中国史や東洋史を拒絶するだけではなく、これまでの「シナ学」をも拒絶している。[33] 彼にとって大切だったのは、漢字という特殊な存在の論理を明らかにすることによって、「学問一般の基盤」に寄与していくことであった。これは、歴史学とは別種の普遍性を探究することにつながる。平岡はそれを「理法」の名で呼ぶ。

西洋の人文の上に成立する理法は、中国では、そのままでは決して妥当しない。もとより世界的な理法はあるはずであり、学問はそれを明らかにするのでなければならない。しかし、その理法は、西洋の歴史だけを知って、全人類の歴史を知らぬ人にはつかめないものである。[34]

平岡は、アプリオリな原理――「世界的な理法」――の存在を信じている。そのためには、西洋だけではなく、「全人類」の歴史を理解することが必要である。このような態度はまさに哲学的であり、平岡は、漢字とそれによって紡がれるエクリチュールに対する問いの実践を「シナ哲学」の名で呼んだのである。

平岡武夫は、自らの学問を「シナ学」と呼ぶ。だが、彼が「シナ学」という用語をきわめて限定的に使っていたという事実をここでは確認しておきたい。平岡にとって「中国」と「シナ」は同じではない。同時代的にいま向き合っている地域とその文化（辛亥革命によって成立した中華民国以降の中国）に対して、彼は正確に「中国」と呼んでいる。したがって彼の同時代の中国に対するポジションは明快であり、その上で、彼は中国研究者ではなく、「シナ学者」たろうとしている。

彼によれば、「シナ」とは、明確に、中国史におけるある段階的区分において特に名指される名称である。その段階とは、「天下的世界観の時代」、すなわち、周から清までの時代であり、これは「中国のシナ時代」であり、「シナ学」とは、この歴史時代に関する学知の総体であった。[35] 彼によれば、「シナの人文の歴史」は、漢字文章を通じて理解されるはずのものであった。「天下的世界観」とは、漢字文章において示されていた世界観であり、それを理解するためには、漢字テクストの内部に入り、その実践的意義を読み解くしかない。

そうである以上、平岡武夫の関心は、そもそも、いまそこにある現実の中国をどのように理解し、それをどのように叙述するのかという問題には向いていないはずだった。[36] 中国史のある段階において、生成し、発展し、体系化されてきた経書と経学の内部において現れる限りでしか「シナの人文」は理解されないし、それこそが、彼自身の「人生探求」において重要な問題であった。[37] 彼は、経書研究を通じて「シナ人の精神生活」を理解しようとした。[38] したがって、平岡にとって、「シナの人文」、「シナ人の精神生活」とは、社会文化史的な対象について言われているのでも、地域研究の対象として扱われているのでもなく、経書というエクリチュールの体系と、それをめぐる解釈学的実践の思想について言われている。「私たちが東洋人であるというきびしい事実は、観念の操作だけで変えられるものではない。私は、シナ人のあり方に、われわれ東洋人のあり方の一つの典型を見る。そして、一面において、そのシナ人のあり方に私自身を対決させると共に、同時に、人間の歴史におけるそれの意義を見きわめたいのである。[39]」と述べる平岡にとって、「シナ」とは、ヨーロッパの哲学におけるギリシャであり、経書の研究に「私自身」を投企させ、そこにおいて「人間の歴史」を考察するということは、経学体系における解釈学の実践に他ならない。そして、そうすることによって、平岡は「世界の理法」を追求しようとしているのである。その試みは、まさに、「シナ」（具体的には経書）の哲学であると言うべきであろう。地域的知として、現実の中国を特権的に領有しようとする「中国哲学」とは異質の哲学として、平岡は「シナ哲学」を構想していたのだ。そして、このような哲学的アプローチの対象として、平岡が最重要であると考えたのが、漢字であった。

漢字への注目は、漢文への回帰ではない。むしろ漢文は、漢字と漢字エクリチュールを特異な技法で内面化してしまうことで、平岡が目指す「シナ学」の存立条件を内側から否定する。したがって、漢文からの脱却こそが平岡にとって不可欠な最低限の要件であった。[40]彼は、「漢字の底をつく」ことを徹底しなければならないという。「底をつく」、つまり、漢字と漢字エクリチュールを脱構築することに近代批判の可能性を見いだそうとするのが、平岡における「シナ学」の要諦の一つだと言ってよい。

4　漢字と経書

平岡武夫は漢字と漢文こそに近代が捨象した価値が存在していると述べる。彼は、言語の本質を音声的側面に求めて、書記行為を音声言語の記録であると位置づける近代的言語観を逆転する。つまり、漢字の文字としての価値は、言語の音声的性質とは別個に成立した純粋な書記言語として出発した点にこそ求められる。漢字の特徴は、したがって、音声とは切り離した形体性と視覚性において確認される。

漢字の起源をたどると甲骨文まで遡ることができる。それは、卜占に関連づけられた記号であった。平岡は、しかし、甲骨文が単に卜占のことばを書きつけたものではなく、「王者の理法」の記録であったのだと述べる。平岡によると、亀甲に刻まれた文字は、卜辞（占うべき問いのことば）であるよりも、卜占の結果や、亀卜の後に行われたであろう行動の記録（しかもよいことの記録）である場合が多いことに着目し、「王者の使命に関与し、それを具体的に推進」していくものであったと推測する。卜占を行う人（貞人）は、その結果を刻する役割も果たす。貞人は同時に王者の行為の記録を司る史官でもあったと平岡は言う。すなわち、史官（＝貞人）は、卜占の実施と吉なる行為の記録に与ることによって、理想の王政を指示し、表象したのである。[41]

文字の効用は決して余事にあるのではない。文字の存在が王者の存在なのである。支那の文字は、原来かくの如き特性をもって誕生したのである。（中略）支那文化の人々は、話す言葉とは別に、概念を渾然たる姿に於て直観できるような文字、約言すれば書くための文字、見るための文字を、初めより持ったのである。[42]

原初の文字が亀卜において使用された書記符号であったことは、パフォーマティヴィティとしての言語の性質を一身に体現したものとして漢字が成立したことを示す。記録する、書くという行為そのものが、あるべき王者の行為を規定することであった。

だが、これだけではまだ、「書くこと」と書かれた文字は経典的地位を獲得してはいない。亀甲文において、亀卜と記録という二重の行為は、「王者の具体的な行為」のレベルに過ぎない。[43]経典であるということは、「そこに提示されている理念の意味が意味として発展し、客観的に認識され」[44]ること、言葉を換えていえば、ディスコースに普遍的な意味と価値があると認定されていることが必要となる。

そのようなディスコースの成立には、（一）普遍的な意味と価値を有する内容が含まれていること、（二）ディスコースを載せる記録メディアが、行為の意味から独立していること、の二要件が求められる。

（一）の画期は、殷周革命であると平岡は言う。周人は殷から周への王朝交代の原理として、「天」という概念を創出した。甲骨文には見られなかったこの字が、『尚書』には頻繁に登場するということは、殷周革命によって、王朝のレジティマシーを説明する原理が発見されたということを意味している。氏族的王朝であった殷に代わって成立した封建的王朝の周は、超氏族的な原理によって、王朝のレジティマシーを確保する必要があった。そこに「天」観念登場の外在的要因があったと平岡は言う[45]。

「天」は「民」と同時にあらわれた。殷代の甲骨文に「民」の文字はない[46]。革命の必然性と新王朝の正統性を担保するための装置としての「天」は、王者のためにあるというよりも、むしろ「民」の代表者である。『尚書』召誥篇「天亦哀于四方民」に見られるように、殷末の虐政によって流浪を強いられた民は天の憐れみを得た。それは、殷から周への王朝交代という現実に帰結する[47]。

平岡によれば、「天」は自然天ではない。銘文に遺されているように、それは人のかたちをかたどったものであり（図）[48]、「天／地」の「天」ではなかった。「天」とは、「先王を崇拝する内的精神が、超氏族的な観念を強要する外的現実にぶつかって、それを意味づけんとしたところに生まれてきた[49]」のである。

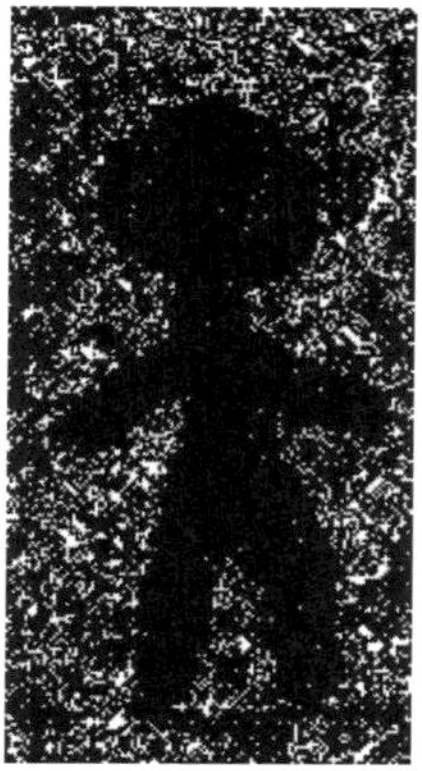
銘文に残る「天」

（二）に関しては、竹冊の登場が経典成立の画期を果たした。竹冊と亀甲や銅器との最大の違いとは何か。それは、竹簡が単に記録媒体としての用を果たすために加工されただけの機能中心的媒体であるのに対し、亀甲や銅器は、それ自体が、神聖性と権威の象徴であったということである。竹冊の登場は、「書く」行為をその「資材」から切り離すことを意味している。亀甲や銅器は、表面に字が刻まれているかにかかわらずすでに尊いものだが、竹冊自体は、何ら神秘性はない。同時に、竹冊においては「書くこと」自体が、卜占のような宗教的儀礼とは独立して重要となり、しかも、資材の拘束から自由に遂行されることが可能となった[50]。

経典の成立は、竹冊の上に記録が行われるようになって可能となる。そして、周王朝を成り立たせる「天」的理法を表現している『尚書』こそは、最も根本的な経であった。

儒家の経典（経書）とは何かという問題がここには存在しているが、平岡の議論において重要なのは、「経」という範疇が確立するより前に、「詩」、「書」、「礼」、「楽」があり、とりわけ、「詩」、「書」がエクリチュールとして、孔子よりも前に与えられていたということである。「詩」と「書」は、最も古い古典として、いずれも周王朝に対する賛美や思慕の精神を表現していた。そして、情緒的、ロマン的に周朝を讃える歌謡は、それだけでは経典たることはできず、その内容を経典的に解釈する精神がそれに先んじていなければならない。こう考える平岡は、最も古く、最も根源的な「経」として「書」にたどりつく[51]。後に『尚書』、『書経』と呼ばれるようになったこの経典は、かつて単に「書」と称された。「書く」行為が、「王者の理法」をパフォーマティヴに指示するエクリチュールの実践であり、そうであればこそ、最も根源的な経典は「書」そのものに他ならないというのである。そして、「書」における「天」観念の成立を以て、「天下的世界観」は定まったというのである。

「天」なる観念が、王朝交代の原理を説明し、周王朝のレジティマシーを保証したということは、同時に、周王朝が覆された場合にも、新たな革命王朝のレジティマシーが同じ観念によって保証されることを預定するということを意味する。したがって、「書」の経典化は、「天」観念が「王朝興亡の基底に、過去より未来にわたり、すべての歴史を貫くものとして認識[52]」されるようになったことによって可能になったということになる。平岡武夫は、「経」を定義して、「万世に普遍妥当の原理」であり、しかも、「王者の道」を内容にするものだと述べている[53]。以上の考察からもおおよそ明らかなとおり、このような「経」は、「天」観念と共に成立するのでなければならないし、しかも、「天」観念を革命の原理として言説化した『尚書』は、まさに「王者の記録」としての「書く」行為の延長において成立している。それが平岡武夫における「天下的世界観」の経学的基礎であり、漢字と漢字文章の実証的価値であるということになるだろう。

経書体系が確立するのは漢の天下統一以降のことであるが、秦の始皇帝が焼き捨てた経書を漢王朝が再び取り上げたのは、やはり、そこに書かれた「天下的世界観」が王朝のレジティマシーとしても指導原理としても重要だったからである。以降、経の精神は繰り返し再構築される。「シナの精神生活史の上に、文芸復興は、こうして繰り返されている[54]」のである。

「書かれたもの」がこのように経典的価値を伴って世界観を支配していくあり方において、「史」には特別の意味が付与される。それは、端的に言えば、自然界や物質生活ではなく、「書くこと」、「書かれること」の実践的プロセスそのものを「史」とする観念である。

> 彼らの理念の忠実な実践は常に天下の政治の形において考えられているにもかかわらず、現実の物質生活の充実と向上の面に向かわずして、彼らの天下的世界観を漢字文章に表現することの方向に行くのである。かかる仕事を、彼らは、史官の名において呼んでいた。それは、経学・文学・史学を総括した、知識人の最高の学問の場であった。（中略）経書を理念において理解し、その形の文学または歴史の書物を書き、古文を唱導することは、みな一つの心に出る[55]。

時代が下るにつれて、漢字は普及し、解放されていく。史官が殷周の太古のように特権的な地位を占めていた時代は、とうの昔に消失している。だが、それでもなお、「書くこと」は、復古的表現によって反復して「理法」

の再確認の実践となった。それは、史実中心の実証主義的歴史精神とは異なる、「史」の実践である。そこにおいて、真実は「書かれたもの」の中に表現される以外になかった。「天下的世界観」とはそのような、エクリチュールの理法に他ならないのである。

5　武田泰淳の批判

平岡武夫の「天下的世界観」に対する批判として、もう一つの事例を挙げておきたい。武田泰淳（一九一二—一九七六）の批判である。それは「現実感覚」において平岡に真っ向から対立するものとして味わい深い。一九四七年六月、『季刊中国研究』の創刊号で、武田は平岡の『経書の成立』に対する書評を発表する。(56) しかし、この「書評」において、武田は書評たることをほぼあきらめている。なぜなら、殷周革命論から展開される平岡の経書論が、武田自身の「現実感覚」から決定的にかけ離れたものだと武田は思ったからだ。平岡は、周王朝の成立を背景に成立した経書の成立に古代中国の精神文化の源を見た。それに対して、武田泰淳は、そのような「精神文化」そのものに対して、彼自身の「現実感覚」に照らして忌避感を隠さない。それは、第二次世界大戦が示した「厳酷な世界」と眼前に広がる「灰燼」を体験した武田自身が、周王朝ではなく、滅びた殷のほうにみずからを重ね合わせていたからにほかならない。

私たちは、眼前に展開された大きな事件の体験で、フラフラになるほど心をゆすられている。灰燼に帰したのは宮殿ばかりではない。身首の処を異にした、或は異にせんとする者の数ははかりがたい。私たちはこの厳酷な世界に対して、省察を加え、態度を決定することを迫られている。私たちは周の民というよりは、いくらか殷の民に似ている。（中略）自分が殷の民であるという悲哀の自覚、これだけは私が生きている以上消え去ることはなさそうだ。[57]

このように述べる武田にとって、「支那の精神文化」は、むしろ周代に成立した経書とは異なるところにおいてこそ求められるべきであった。それは例えば、延安の丁玲（一九〇四―一九八六）であり、竹内好の目に映じた郁達夫（一八九六―一九四五）であった。そしてそれは、武田泰淳らしく、破滅のあとに残された者としての欠乏感と悲哀と不安感に発するある種の感覚でもあった。

ただ何かが、生れようとする際のおそれ、期待、惑乱に似たものが有って、あの支那学的な言い方、あの誇りと自信にみちた言い方が、全くよその国の言葉のようにきこえるのだ。ある研究者は戦死しある学者は精神分裂症でたおれ、ある教授は引揚ののち自殺した。それらは暗い現実ではある。しかし、もっと暗いのは、私をとりまくこの霧である。理知の光のささぬ、感情の音もきこえない、この霧である。中国研究者、いな日本文化をになうものの前にたちこめる霧である。[58]

一方、平岡もまた別の文脈で「現実感覚」をとらえ、それに基づいて「天下的世界観」論を展開していた。それはこれまでにも見てきたとおりだ。武田の批判もまた、単にあるべき中国認識に基づきながら、「シナ学」を批判したものではないだろう。敢えて武田の視点を平岡と対照的に図式化するならば、殷周革命の勝者の側から漢字のパフォーマティヴィティとそれ故の「理法」を論じようとした平岡に対して、武田は、そのような理法によって征服された敗者の側からの呻吟であるとも言える。平岡が「天」から「民」へのレジティマシーの転換としての三民主義について、「三民主義を叫ぶ彼らの声は、絶体絶命の心の底から吐き出された血の絶叫となる。何人にも、それに逆行することを許さない[59]」と述べたとき、かろうじて武田の「現実感覚」と触れあう瞬間はわずかに生じる。

平岡にとっての「現実感覚」をもう一つ最後に挙げておきたい。それは、原子力の登場による人類史的危機の感覚である。

原子爆弾は近代科学の最高峰にあるものです。それはまさに近代科学の誇るべき成果です。人類の歴史が始まって以来、いまだかつて持ったことのない大きな威力です。しかしヒロシマ・ナガサキのギセイが教える所のものは、近代科学はやがて地球そのものを吹きと飛ばしてしまうものになりかねないということです。[60]

このように述べる平岡の目には、殷人たろうとする武田泰淳の「現実感覚」がどこまで映じていたであろうか。だが、「天下的世界観」の時代が民国革命によって終焉を迎えたことを認める平岡にとっても、「民」の主体化を経て到来すべき新しい「人間の歴史の第四の時代」には、別の理法が求められるべきではなかったろうか。その際に、なおも哲学としての「シナ学」を追求しようとするのであれば、「経書を念頭におかず[61]」に中国の古典世界から存分に栄養を受け取った武田泰淳との距離は、武田が慨嘆するほどに遠くはならなかったのかもしれない。その時、両者は、中国認識のための中国学とは異なる「理法」のディスコースとしての哲学と文学となっただろう。

古典中国学の側から、現実の中国をいかに理解するかという問いとは異なったレベルで中国のテクストとコンテクストを扱うこと。それは、そこを足がかりとして何らかの普遍を問おうとする試みにほかならない。平岡の「シナ学」とはそのようなものとしての可能性を有していたと言うべきであったし、武田泰淳とは趣を違えてはいたとは言え、普遍性をつかもうとする態度において、実は共通していたのではないだろうか。

注

(1) 松本三之介『近代日本の中国認識』以文社、二〇一一年参照。
(2) 増淵龍夫『歴史家の同時代史的考察について』岩波書店、一九八三年、四頁。
(3) 旗田巍「日本のおける東洋史学の伝統」、『歴史学研究』二七〇号、一九六二年。
(4) このことばに侮蔑的意図が含まれているか否かという問題には論争があるが、わたしは、「侮蔑が問題になるのは、主観の意図においてではなくて、受け取り手の反応においてなのだ」という竹内好の見解が正答であると信じる。竹内のこの批判は、「支那」ということばがインド語の「支那泥舎」に由来し、もとは侮蔑的ではなかったと考証した青木正児に対する反論である（竹内好、「犬養さんと吉川さん」、『竹内好全集』第一〇巻、筑摩書房、一九八一年、九五頁）。
(5) 江上波夫編『東洋学の系譜』第二集（大修館書店、一九九四年）は、彼らのうち松本善海と平岡武夫を除く三人の伝を立てている。この評伝集は、「東洋学」という術語のパフォーマティヴな性質が不可避的に含む政治性を敢えて不問にして編まれている。だが、近代の日本において、「東洋学の系譜」がなぜ、どのように生まれ、形成されていったのかという問題は、中国文明という日本人にとって他者でありつつ、奇矯なかたちで内面化されてもいる対象に対する認識のあり方を問い直すことにほかならない。それは、近代日本の民族知形成の特徴を批判的にあぶり出す有効な方法であると言える。
(6) 平岡武夫の生涯については、平岡武夫「シナ学四十年」（『人文』第九号、一九七三年）、平岡武夫「顧頡剛先生をしのぶ」（『東方学』第六二輯、一九八一年）、「平岡武夫先生年譜・著作目録」（『漢学研究』第二〇号、一九八三年）を参照。
(7) 平岡武夫「天下的世界観は動かない」、『世界』一九四九年八月号、二九頁。
(8) 同。
(9) 同。
(10) 仁井田陞「東洋とは何か」（『世界の歴史　Ⅲ』、毎日新聞社、一九四九年）、松本善海「中国社会史の新たなる課題」（『史学雑誌』第五八編第三号、一九四九年）はその代表的論著である。
(11) 津田左右吉「鼠日記」一〇月三日、五井直弘『近代日本と東洋史学』青木書店、一九七六年、一〇一頁からの二次引用。
(12) 前掲平岡武夫「天下的世界観は動かない」二八頁。
(13) 同、二九頁。

(14) リチャード・ウィルヘルムは、平岡武夫の紹介によると、一九〇〇年から二五年中国に生活した経歴を持つ。日本語に訳されたものとして、Chinesische Wirtschaftspsychologie, Leipzig: Deutsche Wissenschaftliche Buchhandlung, 1930（佐藤国一郎訳、『支那の経済心理』生活社、一九四二年）があり、平岡はこれに依拠している。平岡武夫「天下的世界観と近代国家」、『東光』第二号、一九四七年参照。
(15) 前掲平岡武夫「天下的世界観は動かない」、二八頁。
(16) 同。
(17) 同、二九頁。
(18) 同。
(19) 松本善海「中国の苦悶と中国研究者の苦悶」、『世界』一九四九年八月号、三二―三八頁。
(20) 中国史叙述の方法を変えるべきであると明確に述べた松本や、「新しい革命は、過去と未来とに亘る東洋の史的全過程に研究の情熱をもたないもの、殊に中国の古い過去にのみイデーをもち、自己のおかれている現在の具体的環境については目をとじているものには、とらえることができない」と言い切った仁井田陞（「中国近代革命の歴史的課題」、『世界』一九四九年八月号、一五頁）の議論はこの特集において最も精彩を放っていた。一方、吉川幸次郎や貝塚茂樹は、仁井田や松本が先導する東洋史学の新たな胎動を踏まえつつも、根本的な認識は、「史学者にとって決して我が国民の想像するほど驚嘆すべき現象ではない」（貝塚茂樹「現実の革命と学者の使命」、『世界』一九四九年八月号、四〇頁）のことばに象徴されるように、その保守性は払拭されておらず、彼らの「答え」には「優等生」的臭気が漂う。平岡の場合は、吉川や貝塚のようには東洋史の内部変革の動きに同調するそぶりすら見せていないという点で、その頑なさは徹底しており、現代中国に関心とシンパシーを寄せる人々からの批判はその限りでもっともである。
(21) 馬場公彦「戦後日本における対中認識回路の変容――雑誌『世界』関連記事に見る」（『中国研究月報』二〇〇一年九月号）、同『戦後日本人の中国像』（新曜社、二〇一〇年、八九―九二頁）参照。批判の文章は、竹内好（「中華人民共和国を解剖する」、『思索』一九四九年一二月号）、岩村三千夫「中国の現状を理解する鍵――『世界』に現れたシナ学的見解の批判」（『中国研究』第一〇号、一九四九年一一月）。また、馬場は、平岡の名を挙げて、『世界』記事に反感を持ったという野村浩一の回想にも言及している。
(22) 前掲平岡武夫「天下的世界観は動かない」三〇頁。
(23) 平岡武夫「天下的世界観と近代国家」、『東光』第二号、一九四七年一一月。
(24) 同、二〇頁。

(25) 同、一五頁。
(26) 平岡は言う、「西洋近代国家の民には、人間の自己凝視があった。自我の自覚と主張があった。(中略) しかるに、天下的世界観には、この人間凝視のことがない。」(同、一五頁)
(27) 同、二一頁。
(28) 平岡武夫『経書の成立——支那精神史序説』全国書房、一九四六年、二六三頁。
(29) 竹内好「新中国の精神」、『竹内好全集』第四巻、筑摩書房、一九八〇年、九一頁。
(30) 桑原武夫「編集者への手紙」、『東光』第三号、一九四八年一月、六二頁。
(31) 『東光』第一号「巻頭言」一九四七年八月。
(32) 前掲平岡武夫「天下的世界観は動かない」三〇頁。
(33) 「シナ学者が漢字漢文の世界に止まっているならば、彼はとうてい漢字漢文のあり様を客観的に見ることはできますまい。彼もまた結局は好事家の域を出得ないでしょう。(中略) 漢字漢文の重圧より脱却すべき第一の当事者は、実にシナ学者その人でなければならないのです。」平岡武夫「桑原武夫氏に答えて、シナ学を語る」、『東光』第四号、一九四八年、六四—六五頁。
(34) 前掲平岡武夫「天下的世界観は動かない」二九頁。
(35) 平岡武夫『経書の伝統』岩波書店、一九五一年、四頁。
(36) 平岡は、「シナ学」のアクチュアリティを問う桑原武夫に答えて、「アクチュアルなものは、私自身が身心をうちつけてする行動の場となり得るもの」であり、必ずしも「暦日の同時性」ではないこと、そのような意味でのアクチュアリティは「古典のシナ」にあると述べている。前掲平岡武夫「桑原武夫氏に答えて、シナ学を語る」、六一頁。
(37) 前掲平岡武夫『経書の伝統』二—三頁。
(38) 同、一〇頁。
(39) 同、二—三頁。
(40) 前掲平岡武夫「桑原武夫氏に答えて、シナ学を語る」六〇頁。
(41) 前掲平岡武夫『経書の成立——支那精神史序説』七二—一〇五頁。
(42) 同、一二〇頁。
(43) 同、二六九頁。
(44) 同、二七〇頁。
(45) 同、二〇六—二二三頁。

(46) 同、二三六頁。
(47) 同、二三二頁。
(48) 同、二四〇頁。
(49) 同、二四一頁。
(50) 同、二七三—二七五頁。
(51) 同、五七—六二頁。
(52) 同、二〇四頁。
(53) 同、一八頁。
(54) 前掲平岡武夫『経書の伝統』二五〇頁。
(55) 同、二五一—二五二頁。
(56) 武田泰淳「『経書の成立』と現実感覚」『季刊中国研究』第一号、一九四七年六月。
(57) 同、一〇三—一〇四頁。
(58) 同、一〇八頁。
(59) 前掲平岡武夫「天下的世界観と近代国家」一五頁。
(60) 前掲平岡武夫「桑原武夫氏に答えて、シナ学を語る」六二頁。
(61) 前掲武田泰淳、一〇五頁。

Ⅲ　新たな研究潮流

一　戦後日本の辛亥革命研究と辛亥百年

村田雄二郎

はじめに

二〇一一年は辛亥革命から一〇〇年にあたり、これを記念する活動が日本でも数多くもたれた。以下、私の関係した辛亥革命百周年記念東京会議「グローバルヒストリーの中の辛亥革命」（二〇一一年一二月一一―四日）について、その準備の経緯や会議での主要な論点を紹介し、日本および海外における辛亥革命研究の最近の動向を整理してみたい。なお、この会議は正確にいえば、「辛亥革命百周年記念日本会議組織委員会」の傘のもとに、財団法人孫中山記念会が主催した神戸会議（二〇一一年一二月一〇日、神戸大学六甲キャンパス）と連携しつつ準備されたが、東京会議と神戸会議はそれぞれ独立して企画・運営されたので、本稿ではもっぱら東京会議のみを扱うことにする。日本国内で開催された他の辛亥革命百年記念の国際会議については、別稿の久保亨・深町英夫・村田雄二郎「辛亥革命百周年記念活動　総括記録」（東洋文庫編『超域アジア研究報告』第九号、二〇一三年三月刊）を参照されたい。(1)また、神戸会議の成果は日本孫文研究会編『グローバルヒストリーの中の辛亥革命――辛亥革命100周年記念国際シンポジウム（神戸会議）論文集』（東京：汲古書院、二〇一三年）として刊行されている。

1　日本における辛亥革命研究

日本で本格的な辛亥革命研究が始まるのは、一九五〇年代からである。中華人民共和国の成立に刺激され、多くの中国研究者は中国革命の歴史をたどりなおす中で、革命の原点としての辛亥革命へ関心を向け始めた。

辛亥革命研究が本格化するには、「共産革命」の衝撃に加えて、一九五〇年代後半から資料の編纂・刊行が大陸中国と台湾で進展したことも大きく作用した。具体的には、大陸中国では一九六一年に辛亥革命五〇周年を記念する政府肝いりの会議が開かれ、これに前後する時期に、関連する文献や著述が陸続と出版された。中国史学会編『中国近代史資料叢刊』シリーズ中の『辛亥革命』全八冊（一九五七年）、張枬・王忍之編『辛亥革命前十年間時論選集』全三巻五冊（一九六〇年）、『辛亥革命回憶録』全八冊（一九六一―八一年）などがこの時期を代表する史料集である。これに対して、台湾に移った国民政府は、中国国民党中央党史史料編纂委員会の手で『国父全集』全六冊（一九五七年）や『中華民国開国五十年文献』全二一冊（一九六一―七四年）などの基本史料集を刊行し、孫文の革命運動の継承者たる立場を正当化しようとした。

日本では、国民政府下の台湾における辛亥革命研究の影響は局部的なものにとどまり、中国近代史研究者の多くは、大陸中国における公定歴史観である「辛亥革命＝ブルジョア革命」説をめぐって多くの議論を展開した。とくに焦点となったのは、清末中国の資本主義的発展をいかに評価し、中国の近代的変革の道程をどのように理解するかという、近代史理解の根幹に関わる問題である。その中で、辛亥革命を不徹底ながらも反帝・反封建の課題を遂行したブルジョア民主主義革命と捉える野沢豊[2]らの見方から、中国の「半植民地半封建」化を目指す絶対主義的変革とする横山英[3]の批判、さらに保守的で打算的な郷紳が主導した王朝革命にすぎないと見る市古宙三[4]

の論など、いくつかの説が提起された。

しかし、一九八〇年代以降、辛亥革命の性格や歴史的位置づけをめぐる論争は下火に向かう。中国大陸でも、ブルジョア革命説の退潮は近年著しい。これは、いうまでもなく中国での市場経済化の進展とイデオロギー状況の変化に対応するものである。たとえば、二〇一一年一〇月九日に辛亥革命一〇〇年を記念して人民大会堂で開かれた会議で、胡錦濤中国共産党総書記（当時）は「中華民族の偉大な復興」の起点たる辛亥革命の意義を強調し、専制王朝を打倒した「民主共和」を顕彰する。だが、「ブルジョア革命」には一度も言及していない（「在紀念辛亥革命一〇〇周年大会上的講話」）。明らかにこの半世紀の間に（より精確にいえば、一九九二年にはじまる「ポスト革命」期以降）、辛亥革命に対する公的評価の基軸は、「階級闘争」から「民族復興」にとって代えられたのである。

学術界における「革命」離れは、いっそう甚だしいように見える。中国史学会が主催し、二〇一一年一〇月中旬に武漢で開かれた国際会議「辛亥革命と百年中国」では、かつて盛んに論じられた革命性質問題は、事前に提示された論文公募テーマには含まれず、会議でもほとんど議論されなかった。公的に「ブルジョア革命」の看板が下ろされたわけではないが、一九九〇年代に中国と台湾をそれぞれ代表するようなかたちで、章開沅（華中師範大学歴史学部）と張玉法（中央研究院近代史研究所）が、辛亥革命の性格につき「ブルジョア革命」であるか「全民革命」であるか、熱っぽい論争を繰り広げた頃に比べると隔世の感がある。

日本でも、一九五〇年代から一九七〇年代にかけて、辛亥革命のブルジョア的性格が、反帝国主義評価の問題とあわせて、学界の大きな争点となった時期がある。が、いまはブルジョア革命の典型とされるフランス革命についても、その非ブルジョア性や革命の複合的性格（たとえば、フランス革命を貴族の革命・ブルジョアの革命・都市民衆の革命・農民の革命という異なる性格を併せもつ複合革命であるとするジョルジュ・ルフェーブル『一七八九年――フランス革命序論』の見解など）が提起され、革命史の一元的理解に対する反省を経て、中国史の領域でも、革命史の単線的な叙述は影を潜めるようになった。さらに改革・開放期のイデオロギー状況の変化も加わって、今日では、議論の枠組み（パラダイム）そのものがブルジョア革命説から遠く離れてしまったといえよう(5)。

この点、日本における辛亥革命研究史上、大きな転換点となったのが、一九八一年に武漢で開催された辛亥革命七〇周年記念国際会議である。この会議は、いまからふりかえると、日本の中国近現代史研究にとってきわめて重要な意味を帯びることになった。その理由は大きく分けて二つある。一つは、これが、一九七八年に「継続革命」から「改革・開放」に大きく路線を転換した中国が開催した初めての大規模な国際的学術会議であったことである。これに日本を含めた海外（ただし台湾からの参加者はなし）から数十名の学者が参加し、その後につながる個人的交流を促進したことで、文革後の中国の歴史学界が海外と本格的に往来する重要な転換点となった。

もう一つは、辛亥革命をめぐって一〇年ごとに公的な会議を開催する「記念史学」の一つの範型を武漢会議が示したことである。記念史学とは、辛亥革命に限らず、アヘン戦争、太平天国、戊戌変法、義和団、五四運動、あるいは孫文、毛沢東など「革命」に関わる重要な政治事件・人物を五年あるいは一〇年単位で顕彰すべく、盛大な行事と会議を行う大陸中国（あるいは「民主化」以前の台湾）の歴史学界の慣行を指す。記念史学という呼称には、権力やイデオロギーと結びついた非学術性を非難する含意もあるが、武漢会議は国際的記念史学の一つの原点となった。これをうけて、日本でも中国や台湾の記念会議や記念活動に呼応して、東京、神戸、京都などで一九八一年、一九九一年、二〇〇一年と一〇年の区切りごとに、辛亥革命や孫文を顕彰する国際学会が開かれてきた。

「記念史学」といかに向きあうか、われわれが辛亥百年を迎えるに当って最初に直面したのは、この問いである。

2　東京会議の組織と運営

二〇〇九年一月末、東京の渋谷に中国近現代史を専門にする三人の中堅研究者が集まった。二年後の辛亥革命一〇〇年記念会議について議論するためである。議論は、会議を開催するという前提からではなく、会議を開くべきか否かというところから、はじまった。というのも、二〇〇一年に日本女子大学で行われた辛亥革命九〇周年記念の国際会議のあと、それまで関東圏で辛亥革命研究の推進母体になっていた「辛亥革命研究会」（一九六七―二〇〇五）が解散し、後継の主催団体をどうするかという問題が浮上していたからである。辛亥百年の区切りに、特定の大学や公的機関あるいは財団や自治体が主催する会議や記念活動があちこちで催されることは事前に予想された。だから、あえて屋上屋を重ねて会議を開催するまでもないという声が、当初われわれの中になかったわけではない。そもそも、若手研究者には辛亥革命や孫文などへの学問的関心が薄いといった理由から、「記念史学」への懐疑も出された。しかし、少人数で問題点を洗い出しながら、討議を重ねてゆくうちに、会議を開催することの積極的意義がより強く感じられるようになり、日本の中国近現代史研究者をゆるやかに糾合するかたちで、二〇一〇年三月に、山田辰雄慶應大学名誉教授を委員長とする「辛亥革命百周年記念日本会議組織委員会」が発足するに至った。その最初の会議での議論をもとにとりまとめられたのが、二〇一〇年六月三〇日の日付をもつ以下の「趣意書」である。

二〇一一年は辛亥革命百周年にあたります。中国大陸や台湾では、これを記念するさまざまな行事や会議が挙行されることでしょう。かえりみれば、一九八一年に武漢、ホノルルで開かれた辛亥革命七〇周年記念国際シンポジウムは、中国の改革・開放政策の起動と相俟って、日本を含む多くの海外の学者が中国の学者と本格的に交流する重要な転機となりました。しかも辛亥革命研究のみならず、その後の日本における近現代中国史研究の進展に大きな影響を与えたことは周知の通りです。さらに一九九一年に辛亥革命八〇周年、二〇〇一年には九〇周年を迎え、これに関わる各種国際会議が中国、台湾や日本で開催され、地域や国をまたいだ学術面での往来はますます盛んになってきています。

近三〇年来のそうした国際交流の歩みをふりかえり、同時にまた、日本の中国研究の現状や課題を総括し、さらには人文社会科学全般における「中国」の重みを自省しようとするとき、辛亥革命百周年を迎えるこの機をとらえて、中国や台湾の学界の動きとも連携しつつ、日本ならではの独自の意義をもった研究集会や社会貢献が展開できないものかと、われわれは考えるに至りました。

そのため、われわれは数次の会合を持ち、日本での会議のあるべきかたちについて討議を重ねました。幸いなことに、神戸の財団法人孫中山記念会とも連携することができ、辛亥革命百周年の記念シンポジウムを、二〇一一年一二月に東京と神戸でそれぞれ開催することを目標に、しかるべき準備を進めることで合意するに至りました。これをふまえて、「辛亥革命百周年日本会議組織委員会」を立ち上げることになりました。

準備段階の討議では、従来型の記念史学としてではなく、辛亥革命の歴史的位置や日本にとっての意義を学術的に再考すべく、以下の三つの柱を基本コンセプトとしてたてることにしました。

【世界史の中の辛亥革命】前近代以来の中国史の縦の流れ、および同時代の他国の「革命」との連関・比較の中で、辛亥革命の歴史的位置を再考する。

【日本から見た辛亥革命】近代日本にとっての中国認識の問題、あるいは近代日中関係の展開の諸相を、辛亥革命を通して広く深くかえりみる。
【共和・憲政百年と辛亥革命】清末の予備立憲の試行から、民国期・人民共和国期、さらに台湾における各時期・各政権の憲政への取り組みを考察する上での起点として辛亥「共和」革命に注目する。

もちろんこれらはまだ暫定的な案であり、今後さらに組織委員会で討議を重ねていくつもりです。記念シンポジウムの形態やプログラム、また関連する社会連携イベントなどについても、組織委員会事務局を中心に素案を作成するつもりでいます。

なお、日程と会場については、二〇一一年一二月上旬にそれぞれ東京と神戸で一日から一日半の国際会議を開催することを想定しています。また、中国大陸、台湾、香港、シンガポール、韓国、米国などから複数の学者を招聘すること、若手（大学院博士課程学生、ＰＤ研究員、助教クラス）に公募の形式で報告の機会を与えること、日本語・中国語のほか英語によるセッションも設けること、などの試案が出ています。

各位におかれましては、上述の主意をお酌み取りの上、組織委員会の活動にご協力をいただきたく、謹んでお願い申し上げます。

組織委員会のメンバーは全二〇名。その下に事務局がおかれ、会議の実務を一手にになうことになった。一度限りの有志連合である。特徴的だったのは、特定の大学や学会をバックにせず、海外の諸機関との共催もしない、独立性のある組織運営を目指したこと、そのためゼロからの資金調達となり、準備に二年近い時間を費やさなければならなかったことである。組織委員会の副委員長をつとめた久保田文次が述べるように、一九八一年一〇月に東京で開かれた辛亥革命七〇周年を記念する国際学会は、「政界方面の了解を得、学界の大御所にご出馬をお願いしてやっと企画を実現できた」のに対して、一〇〇周年の東京会議では「企画・準備・組織・運営は、基本的に専門家の集団である組織委員会がすべての責任を持った。（中略）これは、日本や中国、アメリカ等の間の、国際関係の改善があり、中国大陸と台湾との学術交流がかなり自由になった時勢の変化の賜物である。[6]」たしかに、海外からの学者の招聘に際して、ビザ発給などの問題は起こらず、中国・台湾の学者を含めて、各国から参加した研究者は、ときに微妙な矛盾や対立をはらむ政治（および歴史認識）問題について、冷静かつ学問的に実のある議論を交わすことができた。七〇周年から一〇〇周年の間の三〇年におよぶ、大きな環境変化を物語るものだろう。学術の独立を掲げたわれわれの組織方針は、人選や運営方式の面で若干の摩擦を生じたものの、結果的には所期の目的を果たしたといってよい。

内容面から見ると、日本と世界という「グローカル（glocal）」な視座を打ち出したこと、研究者の世代継承を意識した人選を事務局主導で進めたこと、さらに若手研究者の公募報告（call for papers）を行ったことが、東京会議の意欲的な試みとして評価されてしかるべきだろう。そして、何より重要なのは、「記念史学」の伝統を十分に意識しつつ、学術的に意義のある会議にすること、会議の成果を踏まえて後世に残る知見や洞察に富んだ論文集を編むことであった。自画自賛に陥る危険を承知であえていうが、これらの目標はさいわいにも基本的に実現できたと思う。疑われる向きは、東京会議の産物である『総合研究 辛亥革命』をぜひ手にとっていただきたい。

もちろん、そうした成果は組織委員会の功のみに期すべきものではない。何より、広い意味での会議への参加者・関与者が協力してくださったおかげである。ごく当たり前のことだが、会議の成否はひとえに人的要素にかかる。先人が「記念史学」を含めて、数十年来の交流や協働の中で築いてこられた豊富な人的ネットワークなくして、東京会議の実り豊かな成果はあり得なかったことを、改めてここで確認しておきたい。

3　主要な論点と今後の課題

二〇一一年一二月二日の東洋文庫における特別講演会に続いて、三―四日に東京大学駒場キャンパスで開かれた東京会議では、各国・地域を代表する中国近現代史研究者が、斬新で高水準の研究報告を行い、コメンテーターおよび参加した専門家や一般聴衆と実りある討議を行った。とりわけ、辛亥革命から一〇〇年を経た今日、改めて革命の歴史的位置づけや性格をめぐって、グローバルな連関あるいは地域間の関係を視野に収めた報告が数多くなされ、またジェンダーや地域、民族・辺疆問題、国家と社会の関係、といった新しい視座から歴史の見直しを提起する論文が提出された。プログラムや報告の詳細は、前掲『総合研究 辛亥革命』をご覧いただくことにして、以下に会議の主要な論点や新たな研究動向について、五つの側面に分けて、私なりに整理してみたい。

1　立憲派の主導的役割

上述したように、辛亥革命の性格や歴史的位置づけをめぐる論争は下火になって久しい。とくに「本場」中国大陸におけるブルジョア革命説の退潮は著しい。これに代わって、脚光を浴びているのが、旧来の「革命史観」では「改良」路線とされ、革命派との敵対面、妥協・軟弱というマイナス面ばかりが強調されてきた保皇＝立憲派の役割であり、革命成就への貢献である。

辛亥革命における立憲派の主導的役割に着目する研究は、大陸中国でブルジョア革命説が主流となっていた一九六〇年代にすでにあらわれていた。代表作に挙げるべきは、張朋園『立憲派与辛亥革命』（中央研究院近代史研究所、一九六九年）と Mary C. Wright ed., *China in Revolution; the First Phase, 1900-1913*, New Haven; London: Yale

University Press, 1968. の二書である。前者は、通説となっていた孫文・国民党中心の歴史叙述を疑い、孫文崇拝や革命派の内部矛盾を実証的に指摘し、その後の立憲派評価に先鞭をつけた。また後者は、英文による最初にして本格的な辛亥革命研究の書であり、いまだ味読するに値する共同研究の成果である。その長篇の序章“Introduction: The Rising Tide of Change”の中で、編者のメリー・ライトは「一九〇〇年は近代中国の歴史において大きな転換点となった」と述べ、ナショナリズム、朝廷の諸改革、新たな社会階層の形成、革命の組織とイデオロギー、などの諸側面から辛亥革命の性格と意義を多角的に論じている。孫文ら革命派の辛亥革命への影響力や貢献はたいしたものではなく、むしろ清朝が推し進めた一連の改革や立憲派エリートの動向を重視している点で、今日の修正主義（revisionist）的観点を先取りしていたことが注視される。

立憲派と呼ばれる政治集団は、一九〇六年の予備立憲上諭を契機に、君主立憲制度の樹立と政治経済・社会文化に及ぶ全面的な刷新を求めた郷紳層や新型知識人らを指す。その思想傾向や階級基盤はもとより一枚岩ではないが、「革命瓜分」を根拠に、民主共和政を即座に導入することには反対し、清朝に徹底した立憲改革を迫り、利権回収や実業振興などの国権主義的政策を求める点で歩調をあわせた。海外に亡命した康有為や梁啓超ら保皇派も、一九〇八年に光緒帝・西太后が死去した後は、清朝内部の改革勢力に期待を寄せ、事実上、立憲派と合体し、憲政促進の一翼を担うようになる。とりわけ、一九〇九年に地方議会の前身たる諮議局が各省に設立されると、立憲派は政治の表舞台に登場し、国会の即時開設や憲法公布を求めて、清朝政府に対する請願運動を大々的に展開するなど、改革への圧力を強めてゆく。そこで目指された立憲改革とは、清朝の統治を前提とした上で一連の制度刷新を進め、最終的には自由選挙・国会開設・憲法公布の三点セットから成る近代的君主立憲国家を創出しようとするものであった。

辛亥革命に際して、国内の権力基盤が弱く、軍事的力量の面でも、袁世凱を核とする北洋集団に劣勢であった革命派が「勝利」することができたのは、革命の最終局面で、統率力を欠いた無能な朝廷に愛想をつかし、雪崩を打つようにして共和支持へと傾いた立憲派の帰趨に左右されるところが大きかった。実際、武昌蜂起が清帝退位・南北議和という妥協・互譲の形式で決着を見るに至ったのには、共和支持へと舵を切った北洋派集団の動向を的確に掌握し、革命派と北洋派の仲介を複数のルートで効果的に進め得た立憲派人士の貢献が多大である。革命派を中国新興ブルジョアジーの代表と見なしてきたブルジョア革命説には、個々の史実から見て明らかな無理があったといえる。今後は、革命派や立憲派といった政治集団と階級・階層の錯綜した関係を、具体的な政治過程の中で解きほぐしてゆく作業が求められよう。

2　変化と連続性

辛亥革命が政治制度や都市文化の面で大きな変化をもたらしたことは疑いない。いくら「不徹底」であったとしても、それはたしかに制度や文化面では大きな「革命」だった。だが、農村の経済構造や社会編成にどれほどの変化を革命がもたらしたのか、これは古くて新しい問題である。思想文化の面で見ると、魯迅『阿Q正伝』が描くところの郷村基層社会のように、変化は外在的なものだったともいえる。東京会議でも、ジェンダーの面で辛亥革命前後に生じた変化は、五・四運動期のそれに比べるとはるかに小さく、無視できる程度のものであったという見方が提起された。要するに、辛亥革命は社会革命としては、はなはだ不徹底だったというわけだ。

だが、巫仁恕の論文が明らかにするとおり、明代中期以降頻発した「民変」（民衆騒擾事件）は、辛亥期にあらわれた都市民衆の革命運動と連続する面をもちつつ、電報や新聞による情報伝達の加速化という新しい質を付け加えた[(7)]。辛亥革命期の民衆動員におけるメディアの重要性は、劉世龍も強調するところである[(8)]。

また、辛亥革命は南方各省の中央からの「独立」という地方主導の形態で展開した。その主力となった人々こそ、地方（省）エリート・有力者と呼ばれる新たな政治勢力であり、新政が生み出した新興社会階層であった。かれらは、清末にあらわれる国権回収・産業保護のナショナリズムの担い手でもあった。こうした新興エリート群の台頭と活動こそが、辛亥革命期の政治文化にそれまでと全く異なる新しい質をもたらし、二〇世紀中国の歴史の道程を大きく左右したことは疑いない。

会議に提出された多くの論文から浮かび上がるように、革命は経済や社会の領域に一律に変化をもたらしたわけではない。そこには変化の「時差」や緩急の違いがあった。さらに、制度や規範に関わる政治的課題の積み残しというかたちでの連続性も考えられる。これについては、金子肇が行財政の仕組みの変革という見地から、国税と地方税の区分けの試みとその挫折の過程を明快に整理している。(9) 一方で国家統合に関わる制度化が革命後も進まなかったのに対して、他方「民意」を代表する議会政治という前提は、袁世凱の帝制運動の渦中にあってすら、動かすべからざる規範原理として機能していた。これは清末の改革がもたらしたまぎれもない中国政治の一大変化といえる。このように、変化した要素（断絶）と変化しない要素（連続）が混在した辛亥革命期の中国政治のありようは、民主化への移行や中央・地方関係の調整など、今日の中国が直面する大きな政治課題と二重写しになって、辛亥革命の「今日性」をあぶり出すだろう。

3　「辺疆」の統合と「民族」の自立

辛亥革命は、「中国」という主権領域国家の枠組みをめぐる重要な課題を浮上させ、国家への統合と国家からの自立を目指すさまざまな政治勢力の対立や競合を引き起こすきっかけとなった。とくに、モンゴルやチベットなど清朝支配体制下で独自の統治システムと文化を育んできた地域では、清帝の退位が中央からの離心力を強める転換点となった。ところが、革命を基軸とする従来の歴史叙述では、辛亥革命の民族主義的性格を反帝国主義と排満倒清に見いだし、その両者をつなぐロジックとして清朝＝「洋人の朝廷」論を提起するのみであった。「辺疆」「民族」の動向に目に行き届いていたとはとうていいえない。

そこには、ジェームズ・レイボルドの挑発的な論考が考察するように、「漢人中心主義」が「辺疆」への視線を遮ってきたという、既存の歴史認識の偏りを見ることができる。[10] そうした問題意識から、ここ数年来、辛亥革命に前後する時期の「辺疆」統合と「民族」自立の問題に強い関心が寄せられている。中華民国初年の国民統合のスローガンであった「五族共和」への言及が増えているのもそうした趨勢と関係している。清朝の領土と境界を継承した現代中国で、数年来顕在化してきた民族問題（ethnic nationalism）への今日的関心がその背後にはあるのだろう。

東京会議では、モンゴルの「独立」を扱う橘誠の論文とチベットの動向を扱う小林亮介の論文が注目を集めた。[11] 前者は、辛亥革命が起こったとき、モンゴル内部には独立に向かう動きだけではなく、駐京モンゴル王公など清朝体制を支持する勢力があって一枚岩ではなかったことを指摘するとともに、内モンゴルではボグド・ハーン政権と中華民国への帰属の選択においても、単純な「あれかこれか」の二分法におさまらない複雑な様相を呈していたことを論じる。後者は、辛亥革命期のチベット社会の動向に眼を向け、東チベットの地域社会における中国およびダライ・ラマ政権との錯綜した関係をときほぐすことで、「独立」や「統合」には収斂しがたい複雑な政治過程を提示している。

橘論文、小林論文を通じて浮かび上がってくるのは、「中国」という枠組みの再編成をめぐる政治力学が、同時に「モンゴル」や「チベット」というまとまりを意識させ、民族意識のありようを変容させていくという、近代ナショナリズム特有の相互依存／対抗的現象である。領土分割の危機から生まれた漢人中心の中華民族主義が、モンゴルやチベットにおける単一の民族意識を刺激し、「辺疆」地域における紛争や反目を再生産する状況は、辛亥革命によって顕在化しながらも、この一〇〇年来、問題解決のいとぐちを見いだせないまま今日に至っているともいえよう。

４　清朝・北洋派の視点

最近の辛亥革命研究の最もめだつ変化として、「革命する」側の視点ではなく、「革命される」側の視点を重視する研究が増えていることがある。アメリカでは、早くに Wright 編前掲書や Joseph W. Esherick, *Reform and Revolution in China: the 1911 Revolution in Human and Hubei*（Berkeley: University of California Press, 1976.）が、孫文・革命派の役割を低く評価し、中国の変革において清末新政の果たした積極的作用を強調してきた。中国大陸では、一九八〇代からの改革・開放政策の展開とあいまって、予備立憲、教育改革、商工業振興、産業保護など、清末新政の一連の施策に対する評価が高まる一方である。東京会議に参加したジョセフ・エシュリックが述べるように、新政評価をめぐる否定から肯定への転換は、辛亥革命研究の変化を示す最も大きな特徴であり、かつてのように新政を清朝の欺瞞的で反動的な対応、最後の悪あがきと見る人はもはやほとんどいなくなった。[12] それどころか、新政によって生み出された多くの新生事物――新式軍隊、近代的学校、商会など商人団体、ジャーナリズム、鉄道・電信のネットワーク――なくして辛亥革命とそれに続く中華民国の産業発展や経済成長はあり得なかったのであり、新政はたとえその推進者が「自己保存」のために採用した政策だったとしても、疑いなく中国の近代化を前に進める一つの重要なステップとなったのである。

一九一二年二月、清帝退位の報を聞いた御史・惲毓鼎は、悲嘆の涙にくれつつ「亡国三妖」に「東洋〔日本〕留学生、新軍、資政院諮議局」を挙げた。[13] 清朝にとってみれば、半ば迫られるかたちでの改革の推進が、思いもよらぬ争乱勃発の結果、自らの「墓堀人」を準備したということになろう。

清朝に視点をおいたとき見えてくる光景は、中国近代化の起点としての輝かしい新政の遺産ばかりではない。

孫文・革命派を中心に据えた旧来の革命史観が、一八九五年の興中会蜂起にはじまり、一九〇一年に締結された屈辱的な辛丑条約（義和団議定書）を経て、最後に排満興漢の政権打倒に至る一連の成功物語を描いてきたことにも反省を迫る。とくに、焦点となるのは、袁世凱を領袖とする北洋派の歴史的評価である。孫文ら革命派を主人公とするブルジョア革命史観では、北洋派はまさに敵役以外の何者でもなく、袁世凱は革命の果実を奪い取った「窃国大盗」であった。

だが、そもそも「革命」ではなく「共和」に「辛亥変政」の意義を見いだす北洋派集団にとって、同盟会＝国民党の歴史解釈は反対闘争の合法化のために打ち出されたイデオロギーであり、事実としても「革命」は民国初年の社会に広く共有されたシンボル価値では必ずしもなかった。東京会議に提出された唐啓華の注目すべき論考が述べるように、実際はまさにそれとは逆で、革命の混乱を早期に収束し、共和国を平和裏に樹立した袁世凱の政治手腕に対する社会一般の評価は驚くほど高く、孫文を含めた革命派陣営も袁の統治による政権の安定を期待したからこそ、異論の余地なくかれを大総統に推挙したのである[14]。したがって、従来の歴史叙述にあったように、中華民国が清朝の権力と断絶した革命政権であるという命題も問い直されなくてはならない。唐啓華が指摘するように、「北洋政権は清朝を継承したのであって南京政府を継承したのではなく、北洋派の視点から辛亥を観れば連続性の方が断絶よりもはるかに大きい」とも見られるからである。こうした視点の転換は、狭義の辛亥革命への理解に反省を迫るばかりでない。第二革命（一九一三年）から護国戦争（第三革命、一九一五―一六年）の展開に辛亥革命の下限をおき、孫文による広東を基盤にした護法運動（一九一七―二二年）と北京政府の対峙状況を主軸に民国初年の政治過程を叙述してきた既往の認識枠組みにも再考を求めるものでもある。

もちろん、辛亥革命による清帝の退位と王朝の滅亡はまぎれもない非可逆的プロセスであり、中国にとっての進歩である。清朝からの視点を提起することは、清朝へのノスタルジーをかき立てるためでもなければ、革命を否定し、禅譲や復辟を肯定するためでもない。民国になっても「小朝廷」の主として紫禁城に住み続けたラストエンペラー溥儀が、馮玉祥の軍隊により唐突に宮城を逐われるのは、一九二四年一〇月のことである（北京政変）。それまで北京政府は清帝退位詔書に定められた「清帝優待条件」「皇族優待条件」「満蒙回蔵各族優待条件」を遵守し、逼迫する財政の中から律儀に歳費を「小朝廷」に支給していた。この約束を破棄したのが、孫文一派による国民党改組・黄埔軍官学校設立の動きに呼応した馮玉祥軍（国民軍）であった。ここに辛亥の南北和議は実質的に崩壊し、革命の第二ステージがはじまったともいえる。辛亥革命の終点を一九二四年まで引き下げることで見えてくる歴史の新たな光景は、決して殺伐とした荒野ばかりではないだろう。

5　認知と記憶のプロセス

辛亥革命を準備した清末の新政は、制度や法の改革だけでなく、知の構造を根本から転換する契機にもなった。制度の改革と知の転換が互いに影響し合いながら進展していったことは、近年、概念史や学術史の中で盛んに追求されている問題領域で、東京会議でも、桑兵が中央／地方、都市／農村、民族、教育など具体例にそくして、また狭間直樹が共和という辛亥革命期の体制変革の鍵用語となった概念について、つぶさに論じている[15]。

別に、近年研究が急速に進んでいる分野に、歴史の記憶をめぐる一連の問いがある。そもそも一九一一年一〇月から翌年二月にかけて生起した一連の政治変動を「辛亥革命」と捉えるのは、事後の各種「国慶記念」でのことであり、「革命」に対する解釈は、地域・階層・党派によって大きく異なるものであった。辛亥革命の語は、民国元年の早い時期から登場してはいるが、社会に定着することはなかった。当時唱えられたのは「光復」「反正」であり、記念されたのも「革命」ではなく「共和」であった。「辛亥革命」といういい方が広く社会に浸透するようになるのは、武昌蜂起から一〇年が経過した一九二一年頃のことである（梁啓超「辛亥革命之意義与十年双十節之楽観」)。清朝や北洋派にとってみれば、一九一二年二月に起こった政権交代劇は清帝の遜位(譲位)であり、革命でも建国でもなかった。さらに、袁世凱にとって自らを最高権力の座に導いたこの政治変動は、「改政(政体の改革)」という解釈を与えられていた。

このように、当事者や同時代においてすら、「共和」や「革命」に対する解釈や認知の仕方は多種多様であり、時代が下ると権力の合法性をめぐる争いとして、辛亥革命の「記憶の歴史学」が盛行するようになるのである。辛亥革命の記憶と記念に関しては、羅福恵・朱英編『辛亥革命的百年記憶与詮釈』(全四冊、武漢：華中師範大学出版社、二〇一一年)が、政府や政党が制定した「記念制度」のみならず、民間団体の活動やアカデミズムの人物評価に至るまで、詳細かつ多面的に語って余すところがない。たとえば、二月一二日の共和宣布・南北統一記念日が民国初年に祝日とされながらも、やがて袁世凱の権威失墜と命運をともにするかのように、人々の記憶の中から忘れ去られていったことが示すように、「共和」や「革命」を記念し記憶するプロセスは、辛亥革命に対する政治評価や政権合法化のための解釈と表裏一体のものだった。上述した「記念史学」の源流も、遡れば民国元年に発するといってよい。

おわりに

「百年に一度の会議」。そう口にしながら、われわれは東京会議の企画を立ち上げ、開催の準備に追われた。さらに、会議終了後は、論文集の編集に全力を傾注し、多くの実務をこなし、難題を解決してきた。うれしかったのは、会議の本体に付随して、今後の研究活動や成果発信につながるいくつかの副産物を得られたことである。

一つは、一般向けの講演会である。東京会議に先立ち、二〇一一年八月二〇日、中国同盟会発祥の地ホテルオークラ（旧坂本金弥邸）で、講演会「中国同盟会の成立と辛亥革命百周年」を開いた。久保田文次（日本女子大学名誉教授）、汪婉（中国社会科学院近代史研究所研究員）、村上勝彦（東京経済大学教授）の三名が、それぞれ「中国同盟会成立大会について」「辛亥革命前後における国民教育普及の試み」「大倉喜八郎と中国革命」と題する講演を行った。また、東京会議の初日には、財団法人東洋文庫で特別講演会を開いた。王建朗（中国社会科学院中国近代史研究所所長・研究員）「苦難の中の忍耐と前進——新発見史料から見た南京臨時政府の外交」、裴京漢（新羅大学校教授）「東アジア史上の辛亥革命」の二名に講演いただき、好評を博した。参加者が七〇名を超える盛況であったため、東洋文庫からは再度講演会を開きたいとの打診を受け、組織委員の久保田文次と村田雄二郎がそれぞれ「宮崎滔天と辛亥革命」「清朝から見た辛亥革命」のタイトルで、二〇一二年二月五日に特別講演会を行った。当日は、宮崎滔天の孫の蕗芺《ふき》氏、曾孫の黄石氏や滔天ゆかりの荒尾市の関係者も参列し、一〇〇名を超える聴衆を集めて、講演会は盛会のうちに幕を閉じた。

もう一つは、同じ東洋文庫のミュージアムで、孫文と親交があり、中国革命に身を投じた日本人として著名な宮崎滔天ゆかりの文物を、ミュージアムに特別展示のかたちで、二〇一一年一〇月から二月まで公開したことである。孫文・宮崎滔天の「筆談残稿」、毛沢東の滔天宛手紙、蒋介石の近衛文麿宛の手紙、革命派志士寄せ書き、魯迅や章炳麟の書（掛け軸）など、これまで門外不出とされていた貴重な歴史文物が一般に公開されたことは、辛亥革命がまぎれもなく日本をその舞台の一部とした世界史的出来事であり、日中関係が強力な人的絆の上に成り立っていたことを改めて知るいい機会にもなった。

辛亥革命を再考し、その歴史的意義を検証する作業は決して終わっていない。むしろ、錯綜する日中関係の今後を展望する上で、辛亥革命はこれからも、足元を照らす「たいまつ」として光を発し続けることだろう。それをどう受けとめるか、これは「記念史学」を超えて今回の会議がわれわれに残した大きな課題である。

［注記］本稿は村田雄二郎「序章　グローバルヒストリーの中の辛亥革命」（辛亥革命百周年記念論集編集委員会編『総合研究　辛亥革命』、東京：岩波書店、二〇一二年九月、一－一八頁）と重なる部分があることをおことわりしておく。なお、文中の敬称は省略にしたがった。

注

（1）主なものに、神奈川大学・清華大学・中国史学会主催「辛亥革命とアジア」（二〇一一年一一月五－六日、神奈川大学横浜キャンパス）、日本華人教授会議主催「辛亥革命一〇〇周年記念国際シンポジウム――アジア主義・近代ナショナリズムの再検討」（二〇一一年一一月一九－二〇日、東京大学本郷キャンパス）、東アジア近代史学会・福岡ユネスコ協会ほか主催「辛亥革命と東アジア」（二〇一一年一一月二九－三〇日、福岡エルガーラホール）がある。
（2）野澤豊『辛亥革命』東京：岩波書店、一九七二年。
（3）横山英『辛亥革命研究序説』、［出版地不明］新歴史研究会、一九七七年。
（4）Ichiko Chuzo, "The Role of the Gentry: An Hypothesis," Mary C. Wright ed., *China in Revolution: the First Phase, 1900-1913*, New Haven; London: Yale University Press, 1968.
（5）久保田文次「世界史における辛亥革命」、『孫文・辛亥革命と日本人』東京：汲古書院、二〇一一年、一七一－二一八頁。
（6）久保田文次「あとがきにかえて」、辛亥革命百周年記念論集編集委員会編『総合研究　辛亥革命』東京：岩波書店、二〇一二年九月、五九〇頁。
（7）巫仁恕「都市の民変から辛亥革命」、前掲『総合研究　辛亥革命』、一二七－一四四頁。
（8）劉世龍「白話文と社会動員」、同右、四八五－五〇六頁。
（9）金子肇「民国初期の改革と政治的統合の隘路」、同右、三〇一－三二二頁。
（10）ジェームズ・レイボルド「取り込まれゆく辺疆」同右、三四七－三六九頁。
（11）橘誠「辛亥革命とモンゴル」、小林亮介「辛亥革命期のチベット」、同右、三二三－三四六頁。
（12）ジョセフ・エシェリック「辛亥革命再考」、同右、五五三－五七一頁。
（13）史暁風整理『鋶鼎澄斎日記』第二冊、杭州：浙江古籍出版社、二〇〇四年、五六一頁。
（14）唐啓華「北洋派と辛亥革命」、前掲『総合研究　辛亥革命』、五二九－五五一頁。
（15）桑兵「辛亥革命期の知識と制度の転換」、狭間直樹「東アジアにおける〝共和〟思想の形成」、同右、六五－八四頁、二一一－二四〇頁。

一一　「発家致富」と出稼ぎ経済——二一世紀中国農民のエートスをめぐって

田原史起

はじめに

戦後日本の中国認識や中国研究——ことは「戦後」の「日本」に限られないだろうが——に一番欠けていたのは、社会の最末端にありつつ人口の大部分を占めてきた農民に対する学問的考察や内在的理解ではなかったろうか。戦後の長い期間、中国農村でのフィールド・ワークの機会自体が大きな制限の下にあったことからすれば、いわばやむを得ないこととはいえ、中国をめぐる学知は、政府側の代表者や高級知識人の世界観に軸足を置きすぎていたし、置かざるを得なかったといえる。農村や農民に関する学知は、その社会全体に占める比重の大きさとはアンバランスに、常に周縁部に追いやられてきたとの印象を免れない。

もちろん、中国農民に関する研究が皆無であったわけではない。改革開放後に解禁された——依然として種々の制約が付きまとう——中国農村でのフィールド・ワークに基づく研究で、単行本として刊行されているものに限っても、巻末の別表に挙げたほどの蓄積があるのである。しかし問題は、こうした蓄積が日本社会の知的財産としてはほとんど活かされていない点にある。中国に関する情報自体が日本の一般社会ではそれなりの需要があり、中国に関してならメディアや一般人を含めて一家言を持ちたがる人々が多い。にもかかわらず、別表に掲げたような良心的な学知は、日本の一般読者・市民にはほとんど伝わっていかず、農村に関しては情報の偏りが顕著である。

一つには、「発展の裏側に取り残された悲惨な農村」イメージ、一部のセンセーショナルな貧困、暴動、陳情などのイメージのみが針小棒大に伝えられる傾向である。農民負担をめぐる衝突が大きな問題となっていた一九九〇年代ならいざ知らず、「三農」（農業、農民、農村）に傾斜した優遇策がとられた胡錦濤政権期の一〇年を経た現在、「悲惨な農村」イメージはどう見ても実態にそぐわなくなっている。(1) 地元での就業機会の多い沿海部（東部）の農村はいうまでもなく、内陸部（中部・西部）の農民たちも、出稼ぎの収入によって確実に生活ぶりを向上させているからである。ここで関わってくるもう一つの偏ったイメージは、農村というと都市部での「農民工」（出稼ぎ農民）ばかりが、それも沿海部大都市の労働現場での彼ら・彼女らの姿ばかりが不釣り合いにクローズ・アップされる傾向である。(2)

小論の目的は、こうした戦後日本の中国農村認識における「偏向」を糾す、というような大それたことではもちろんない。ただ、筆者自身が近年来、フィールド・ワークで得た情報、それも研究の手薄であった内陸部農村——江西省の花村と甘粛省の麦村(3)——のミクロ・データを用いながら、中国の農民が何を考え、どういう論理で行動しているのかについて素描を行うことにある。そのために、中国経済の発展過程において、「世界の工場」での働き手となった内陸部からの出稼ぎ農民たちにフォーカスしたい。ただし、小論が扱うのは「農民工問題」ではなく、内陸部の農村コミュニティの文脈において彼ら／彼女らの出稼ぎ行動がどう位置付けられるのか、という点である。こうした作業は同時に、近年の中国資本主義と経済発展を舞台裏から支えてきた農民らの「エートス」解明のための試論でもある。

1 出稼ぎ経済の展開

1 出稼ぎ経済の中国的文脈

中国経済発展のけん引力となってきた中国農民の行動原理やその背景についていえば、その思想は「発家致富」の四文字に集約される。「発家致富」は「家を興し富裕に至らしめる」すなわち小農民の家庭や一族が世代を超えて栄え富むことにほかならない。きわめてシンプルな目標である。[4] 中国農民にさらに特徴的なのは、小農民世帯の労働力を家庭内分業に基づき合理的に配置することであり、基本的生計を維持するための農地経営に必要な労働力を確保した後は、余っている労働力を遊ばせず、ことごとく副業や出稼ぎに投入することで、世帯収入を最大化する、という戦略が採られる。ここに、中国農民の行動原理の特質が現れていると考える。

農民の考え方のなかに、「発家致富」のための「労働力配置戦略」の存在を指摘することは、中国社会に慣れ親しんだ者にとっては、さして目新しいものではないかもしれない。しかし、中国研究者にとって「当たり前」だと感じられていた点が他ならぬ中国的特徴であることは、決してまれではない。このような再発見は、他の地域との比較を意識することで可能になるものである。その意味で、中国農村研究を専攻する筆者が、二〇〇九年から文科省新領域研究「ユーラシア地域大国の比較研究」に関わらせてもらったことは、かなり大きな研究上の転機であった。ロシア農村やインド農村で、中国と同様の滞在型のフィールド・ワークを実施することにより、それまで無自覚だった中国の特徴を再認識することができたからである。

ロシアの農村住民は時間的なゆとりや文化生活の質を重視するので、金銭的な追求に対する執着は薄い。一例として、ロシアの村の人々にとっては、正教会が存在することも関係していようが、「週末」は他の曜日から厳然と区別されて存在し、「働かない」ことがちゃんと実践されている。このため、土日になると、「フィールド・ワーク中の筆者の受け入れ者である村長さんが働かないため、限られた時間を無駄にしないためインタビューの対象を自分で探さねばならず、苦労した。また別の文脈でインドでは、昼間から「なにもしていない」青年層、壮年層が村に滞留し、おしゃべりに興じるか、はた目から見れば「無為に」時を過ごしている。村の中心地や路地には、働いているわけでもない人々や子供たちで溢れ返っている。豊かさを求めて、少しでも余計に働いて生活をよくしよう、という発想は希薄である。各州の政権党が、次期選挙での票集めのために競って貧者の救済を行っていることも、こうした民衆の態度の背景となっている。

中国農村は両国のいずれとも似ていない。家庭内の労働力を「遊ばせない」からである。村のいろいろな場所を歩いてみた印象でも、ロシア農村ほど閑散としてはいないが、インドのように無為にぶらぶら過ごしている者も見受けられない。今世紀に入って以来、出稼ぎに出られる者はことごとく出稼ぎに出てしまうようになったからである。村に留まっている者には、家屋の新築や家族の面倒見など、留まっていることの「正当な」理由があり、週末だろうがなんだろうがせっせと働いている。これらは比較の視点から見て、非常に印象的な中国農民の特徴であり、中国資本主義発展のエートスをここに見出せるかもしれない。

家が栄え富むことを象徴する分かり易い即物的な目標は、後述するように家屋の新築である。そして家屋新築という目標達成と深く絡み合って展開しているのが、小農経営の中に組み込まれた「出稼ぎ経済」（中国語では「打工経済」）である。人類学者の周大鳴による大まかな定義［周　二〇〇六：五］によれば、出稼ぎ経済とは、農業を主とする農村で、外地への出稼ぎ者の割合が労働力全体の三〇％ほどを占め、出稼ぎが現金収入の主たる源泉となっているような状態を指す。

近年、「出稼ぎ経済」が中国内陸部で拡散してきた背景は、中国なりの社会的・時代的コンテキストから理解されねばならない。一つは、中国独自の都市＝農村関係、なすわち、毛沢東時代以来、形成されてきた都市と農村の二元的社会構造の問題がある。噛み砕いて言えば、一国の中での都市住民と農村住民の区別が重要な社会的亀裂を形成し、生活環境や公共サービスにおける都市の農村に対する優位、市民の農民に対する優位として固定化されてきたことがある。

この点、例えばロシアでは農村から都市への人口流出が顕著であるが、それは「出稼ぎ」などではなく、正規雇用を前提とした移動である。またロシアでは、農村が都市よりも「後進的」であるという考え方自体が存在せず、逆に都市市民は週末や夏季の休暇に郊外のダーチャ（別荘）で田園生活を過ごすことを至福の時と考えている。都市と農村はゆるやかに相互浸透している。

さらにインドでは、農村からの「出稼ぎ」が存在するものの、前述の通り、農村の誰もが都市を目指すわけではない。インド社会では都市＝農村、市民＝農民という区別が主要な社会的亀裂を形成しておらず、むしろ宗教やカースト、ジェンダーよる亀裂の方が重要である。ここから農村からの「出稼ぎ労働者」というカテゴリーは、それほど自明な存在とはならない。中国のような戸籍制度があるわけでもなく、農村からの「出稼ぎ者」と都市住民の中の労働者との分別は困難で、両者の境界は曖昧である［任・三輪 二〇一二］。

こうしてみれば、中国農民の「出稼ぎ経済」は都市＝農村の明瞭な区別と格差を前提とし、農民身分を持つ人々が、地元での農地経営に基盤を置きつつも、互いに競い合い、豊かさを夢見て都市に流れ込むなかで形成され、浸透していったとみることができる。

もう一つは時代的なコンテキストである。出稼ぎ経済が浸透する少し前の段階、一九八〇年代から一九九〇年代前半くらいまでの期間は、どちらかといえば先見の明のある一部の村民が、自らの社会的ネットワークを頼りに、他の村民の先駆けとして出稼ぎに出て行った時代であった［Solinger 1999; Sato 2003: 93-103］。他方で、多くの若い村民たちは沿海部に出稼ぎに出るという選択肢を持たず、若者が村に滞留して村の中の人口圧力が過剰であった。一九九〇年代、江西花村の付近にある山林では、村民が始終、薪の採取を行っており、各家庭での燃料が不足していた。またこの時期、村には若い体力を持て余して喧嘩に励むようなチンピラが少なくなかった。いっぽう、家の中で嫁が姑と顔を突き合わせているために、家庭内の問題も起きやすかった。甘粛麦村のある女性が語ったところでは、彼女は他の村民よりも早く二〇〇二年に杭州に出たが[5]、その当時、麦村では毎年のように若い嫁が農薬を飲んで自殺する事件が発生していたという。

おおむね二〇〇〇年前後から、出稼ぎに出られる者は、出られる期間中、すべて出稼ぎに行くという「村民総出稼ぎ時代」が到来する[6]。中国の沿海都市部を中心に次々と新しい雇用先が創出され、内陸部の余剰労働力を吸収してきた。このように、短期集中型の発展があればこそ、農村部で出稼ぎの風潮が形成され、帰郷者がもたらす情報により残された村民たちも競って村を出ていくという連鎖が形成され易かったといえる。後述するように、出稼ぎに「出られる」条件の解釈をめぐっては、地域ごと、村ごとに異なる地域的文脈が存在する。だが、全体としてみれば胡錦濤政権期が始まるとともに、出稼ぎ経済は中国内陸農村の基本的構図となっていった。もともとの人口圧力とそれに伴う青年の問題や家庭不和の問題から逃れ、出口を模索しようとする若い村民たちの「個人の選択」と、家庭内労働力を遊ばせず、家庭経済の発展に結び付けようとする「家族戦略」とが図らずも一致したのである。出稼ぎ経済は、もともと中国農民の思想的底流をなしていた「発家致富」に、具体的な一つの出口を与えることになった。

2　出稼ぎ経済のマクロ環境

本項以下では、出稼ぎ経済の浸透という全国的な現象を共通のベースとして認めつつも、その浸透度合いに地

図1　農村就業者中の在外就業者比率

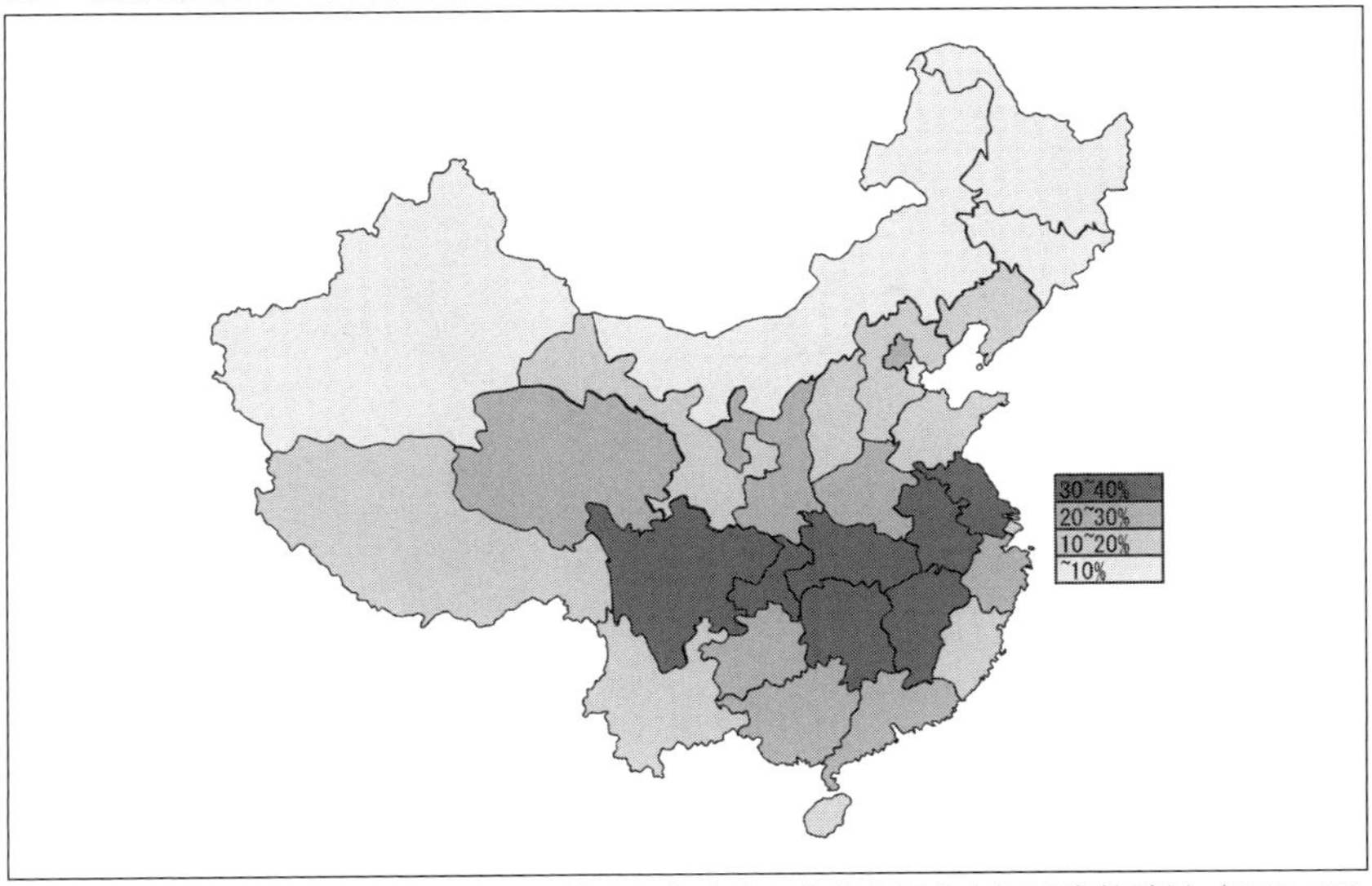

（出所）国務院第二次全国農業普査領導小組弁公室・中華人民共和国国家統計局（2009: 678, 730）を参照して筆者作成。

域差が存在していることに着眼してみたい。管見では、出稼ぎ経済の浸透度における東部、中部、西部や南部、北部などといった地域差を正面から取り上げた研究はまだ見受けられないからである。

　ここではまず、二〇〇六年末に実施された農業センサスのデータを用いて、農村の就業者全体に対する在外就業者[7]の割合を全国で比較してみよう。図1はその結果である。在外就業者の比率が三〇%以上と相対的に高い地域は、安徽、江西、湖北、重慶、四川、湖南、江蘇であり、江蘇を除き、すべてが揚子江以南の内陸諸省である。逆にその割合が低い地域は、東北、華北、西北など北部の諸省、および沿海部諸省である。

　次に、どこで出稼ぎするか、すなわち就業地点の選択も出稼ぎの持つ地域的なイメージを鮮明にする。図2は各省の在外就業者のうち、省外で就業する者の割合を示したものである。これをみれば、省外での就業が六〇%以上と多いグループは、安徽、江西、湖北、重慶、四川、湖南、貴州、広西であ

図２　農村在外就業者中の省外就業者比率

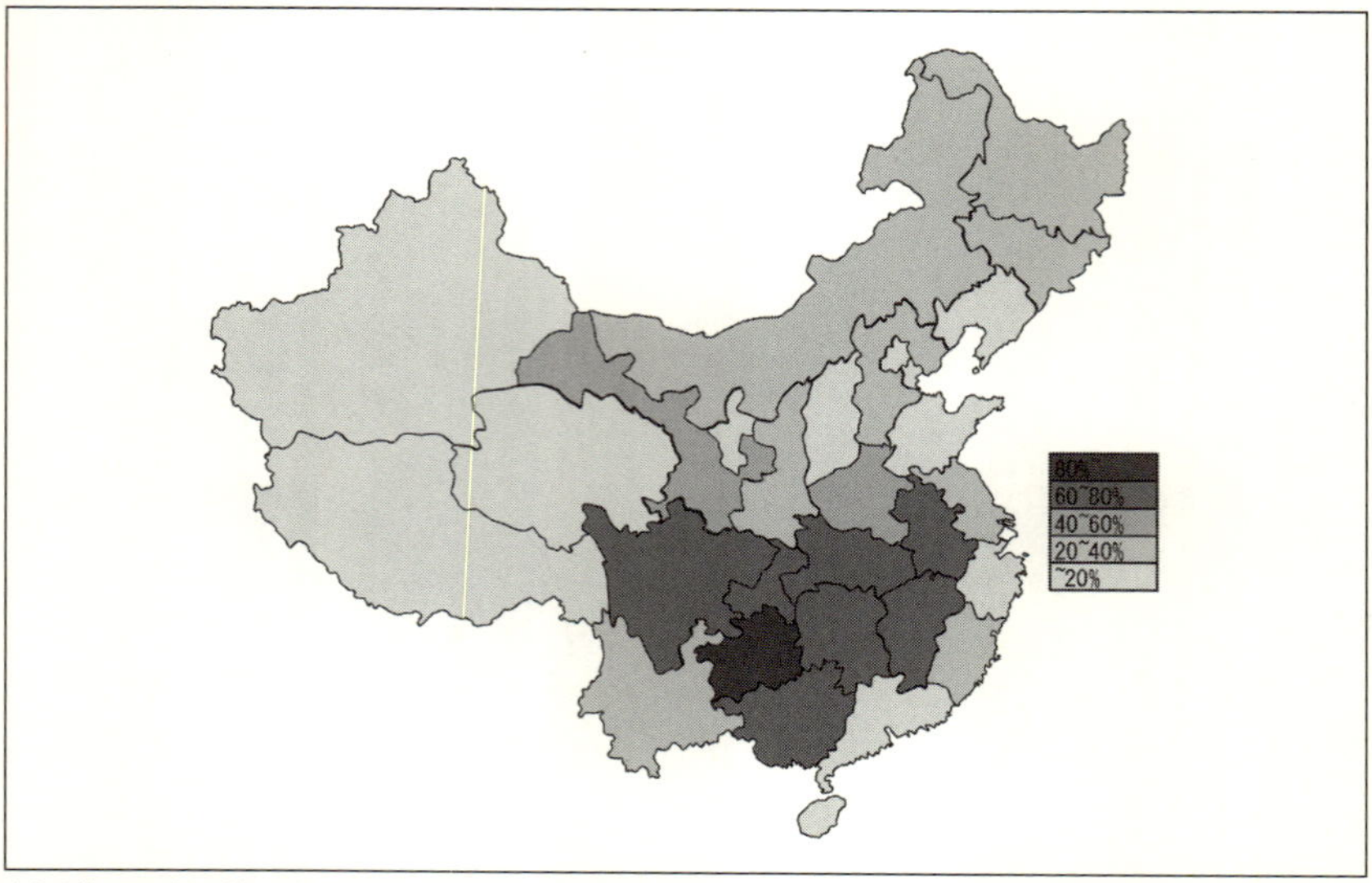

（出所）国務院第二次全国農業普查領導小組弁公室・中華人民共和国国家統計局（2009: 730）を参照して筆者作成。

る。これは前節でみた就業者中の在外就業者が多いグループとかなり大きく重なっている。すなわち、出稼ぎに出る者の比率が高い省であるほど、より故郷から離れた地域――沿海都市部であると考えられる――で出稼ぎする傾向が強いということである。他方で、同じ内陸地域でも、東北、華北、西北地域など北部諸省は、省外で就業する農民は概ね四〇％以下であり、過半数の農民は沿海大都市に出るのではなく、省内で就業しているのである。言い換えれば、後者の諸省では、もしも近場に就業先が見つかるのであれば、近場で就業することを選択する農民が多いことになる。

このような差異を生じさせるのはどのような要因だろうか。前記の問題のうち、沿海諸省の農村において概ね在外就業率が低く、また省外就業率も低くなっている点については、説明は容易である。すなわち、これら諸省では沿海大都市、中都市などの市場の中心地が比較的近場に存在するうえに、道路事情など交通の便が良く、在村のまま農外就業が可能

な地域が多いためである。また村レベルの集団経済が発展しており、村内就業が可能である地域も多く存在している。(8)

それでは、もう一つの疑問として、中部、西部を含む内陸の諸省の間でも在外就業率、省外就業率において差が現れるのはなぜだろうか。もしも、経済的中心地からの距離の近さや交通条件が「出稼ぎ経済」の浸透度を決めるのだという前提に立てば、市場の中心地が集中する沿海部からの距離が遠い西部が在外就業率の低いグループを構成し、その距離が近い中部が在外就業率の高いグループを構成しそうである。だが、実際の分布をみると、在外就業者比率の差は、中部と西部というよりは、むしろ北部と南部の対照として現れている。ここには、どのような背景が予想されるだろうか。一つ考えられるのは、一人当たり耕地面積の多寡である。(9)図3は内陸諸省についてそれを示したものである。すると、一人当たり耕地面積の小さい諸省は、湖南、江西、四川、湖北、重慶などの南部に集中しており、在外就業率三〇％以上の諸省に大きく重なる。ここから、少なくともマクロに見た場合、労働力を吸収する耕地が不足していることが、出稼ぎ経済浸透の一つの背景をなしているという予測が成り立つ。

以上から、「出稼ぎ経済」の浸透度合いの地域差を構成するパターンとしては、東部、中部、西部というよく用いられる区分はあまり説明力が強くない。むしろ、内陸の南部諸省で出稼ぎ経済の浸透度は高く、村民は遠く離れた省外の中心地に就業機会を求める傾向にあるが、それ以外の地域では「出稼ぎ経済」の浸透度はより低かった。その原因について単一の要因を指摘することは難しいが、内陸南部諸省では一人当たり耕地面積も少なく人口圧力が高いにも関わらず、在地での就業機会が乏しいためであろう。内陸北部の諸省も就業先に乏しいことは南部と同程度かもしれないが、人口圧力が南部ほど高くないこともあり、全く外に出ていかないか、あるいは高い賃金水準を求めて沿海部まで出ていくよりは、賃金はそこそこでも、より故郷に近い省内で農外就業する傾向

図3　内陸諸省における一人当たり耕地面積(単位:畝)

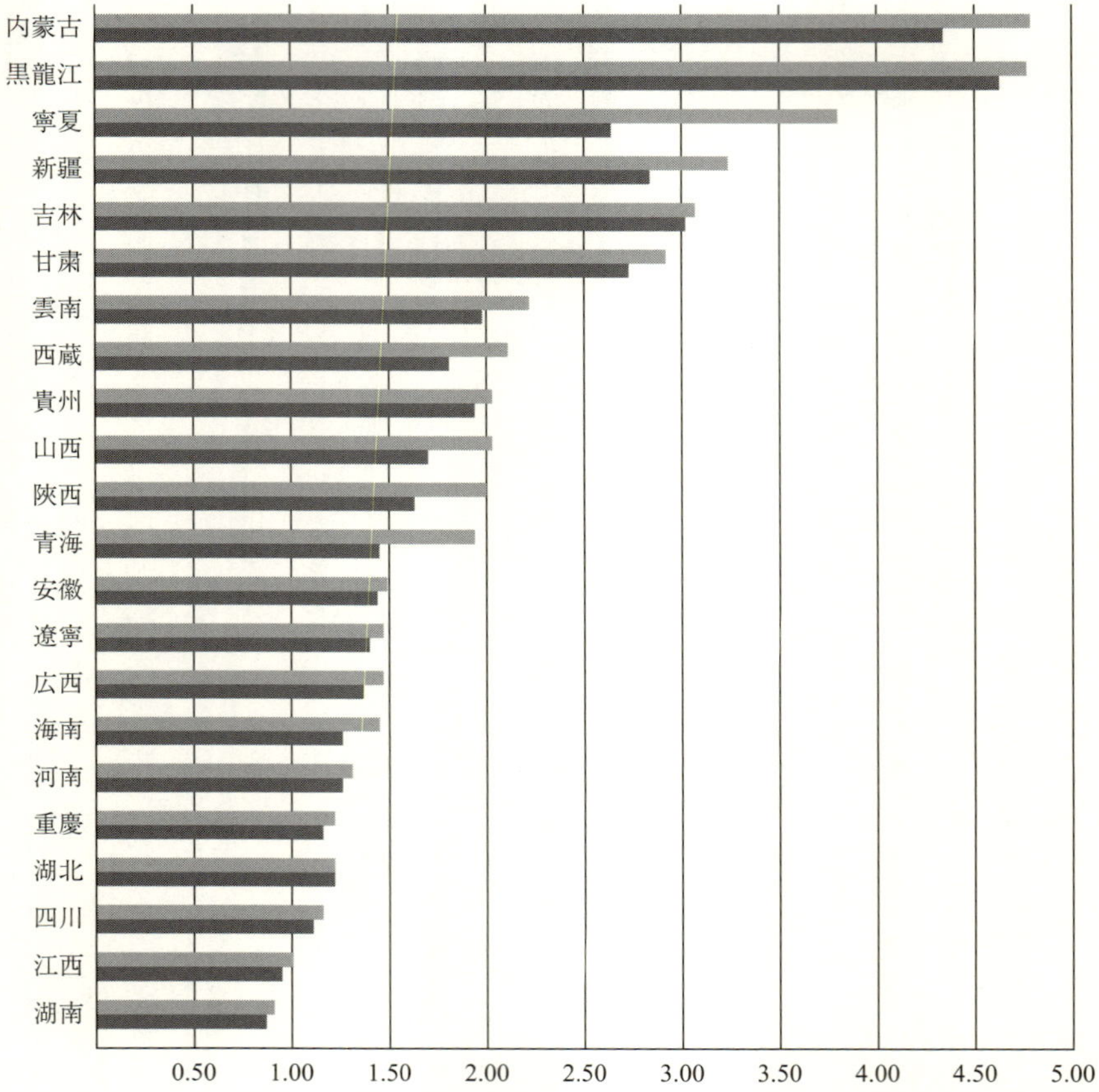

	湖南	江西	四川	湖北	重慶	河南	海南	広西	遼寧	安徽	青海
■2000	0.91	1.07	1.16	1.22	1.22	1.31	1.45	1.47	1.47	1.49	1.94
■2010	0.87	0.95	1.11	1.22	1.16	1.26	1.26	1.37	1.40	1.44	1.45

	陝西	山西	貴州	西蔵	雲南	甘粛	吉林	新疆	寧夏	黒龍江	内蒙古
■2000	2.00	2.03	2.03	2.11	2.22	2.92	3.07	3.24	3.80	4.77	4.79
■2010	1.63	1.70	1.94	1.81	1.98	2.73	3.02	2.84	2.64	4.63	4.34

（出所）中華人民共和国国家統計局(2011: 103, 463)、中華人民共和国国土資源部(2001: 706-707)より筆者作成。

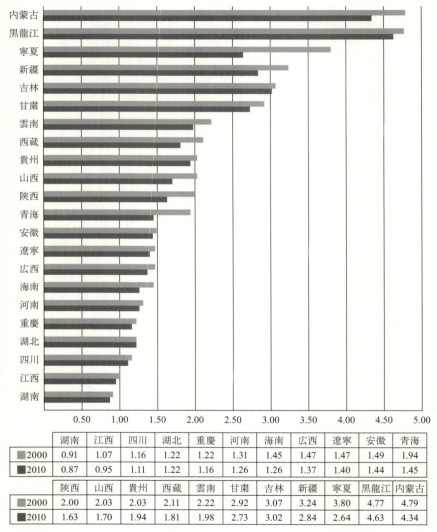

が強い。こうした地域差は、従来の研究ではあまり意識されてこなかった点であろう。

2　出稼ぎ経済のロジック――「副業型」と「主業型」

前節では、今世紀最初の一〇年ほどで、出稼ぎ経済が中国内陸部の農民生活の重要な一要素となった点についてみた。出稼ぎをめぐるミクロな決定の背後にある基本的な「ロジック」を知ることは、中国の農民が何を目標として生き、どのような発想のもとに行動を起こしているのかを理解するうえで重要である。

ポイントは、出稼ぎは中国農民の「発家致富」実現の主たる手段とみなされているが、それはあくまで小農経済と相補的な関係にある点である。中国に限らず、農業・農村の比重が高く、農業セクターと工業・商業セクターの間に格差が存在しているような社会において、出稼ぎに出るか、在宅しているかという選択は、先進工業諸国において大学卒業生が「職業選択」を行うような、人生上の大きな分かれ道、といった大げさなものではけっしてない。ここを正確にとらえないと、とんでもない誤解を犯してしまうことになる。出稼ぎはあくまで一時的、ないしは季節性の強いものであり、家計の補助のためである。したがって、出稼ぎ先での仕事が途切れた場合や農村の実家の方で用事ができた場合は、気軽に戻ってきて数か月滞在し、また機会をみて出ていくというように、非常に柔軟性に富んでいるのである。地元の家庭経済と不可分な関連をもつこと、また臨機応変さと季節的な回帰性を有する人口移動であるという点が、出稼ぎが出稼ぎであるゆえんである〔大川　一九九四：七、比較家族史学会　一九九六：六二四〕。実家の方で用事ができることの具体的事例は、農繁期の農作業や家族の病気や介護、子弟の教育上の配慮の場合もあれば、ほかならぬ家屋の新築を自分で行うためにしばらく帰省するということもある。

その際に、出稼ぎを小農経済や農村コミュニティの生活のなかでいかに解釈し、位置付けるかには、地域ごと

表1　事例村の概況

	甘粛麦村	江西花村
人口	1,745	2,179
耕地面積	2,612	2,700
1人当たり耕地面積	1.50	1.24
在外就業率（%）	40.1	69.7
主な出稼ぎ先	浙江（杭州）	浙江、南昌、福建、上海

（出所）現地での聞き取りおよび、西和県統計局（2008: 32）により筆者作成。なお、「在外就業率」については、村全体の数字が得られないため、筆者によるサンプル調査の結果に基づいている。麦村のサンプルは、同村で8つある「社」のうちの第五社（62世帯、304人）、花村のサンプルは同村の14集落のうちの中心集落である赫家集落（88世帯、443人）を対象としている。ここでは労働力人口に相当する20才台から50才台の村民についての数字を挙げてあり、したがって10代や60歳以上の数字は含まれていない。

のロジックが存在すると思われる。ここで話を分かり易くするために、出稼ぎ経済のロジックについて二つの極端なタイプを想定してみよう。まず、先行する農家経済や家庭生活の原型を維持したままで、あくまでその家計の補助的な手段として家庭の中の一部の労働力が出稼ぎに外出しているような地域、あるいはそのような世帯・個人の出稼ぎを「副業型出稼ぎ」と呼んでみる。他方で、外出して現金収入を得ることが当然のライフコースとして捉えられ、半ば自己目的化し、家庭内に留まる人員が減少することで、従来からの農業経営の在り方や教育、養老など家庭の機能が簡略化されたり、大きく変質したりしている地域、あるいは時期の出稼ぎを「主業型出稼ぎ」と呼んでみたい⑩。

以下では、筆者の内陸部の固定観察ポイントのうちの二か所、江西花村と甘粛麦村の対比から出稼ぎ経済のロジックに迫りたい。前節の後半で確認した区分から見れば、江西省余干県花村は出稼ぎ経済の浸透度の高い南部地域に、甘粛省西和県麦村は浸透度の総体的に低い北部地域に属していることになる。表1を見ると、麦村の耕地面積は甘粛の平均値（二・七三畝）をかなり下回っており、その分、出稼ぎ率も約四割と、省平均をかなり上回っている。また花村の場合、一人当たり耕地は省平均に近いが、出稼ぎ率は七割近くと、これもかなりの出稼ぎ経済ぶりを呈している。前述の類型を用いるなら、甘粛麦村の出稼ぎはより「副業型」に近く⑪、江西花村は

図4 麦村と花村の農事暦

二十四節気	2013年の場合 農暦	新暦	甘粛麦村 小麦	ジャガイモ	トウモロコシ	蕎麦	半夏	江西花村 早稲	晩稲	一期稲
小寒	11月24日	1月5日								
大寒	12月9日	1月20日								
立春	12月24日	2月4日								
雨水	1月9日	2月18日								
啓蟄	1月24日	3月5日					作付			
春分	2月9日	3月20日		作付						
清明	2月24日	4月4日								
穀雨	3月11日	4月20日			作付					
立夏	3月26日	5月5日								
小満	4月12日	5月21日						作付		
芒種	4月27日	6月5日								作付
夏至	5月14日	6月21日								
小暑	5月30日	7月7日	収穫							
大暑	6月16日	7月23日				作付				
立秋	7月1日	8月7日						収穫	作付	
処暑	7月17日	8月23日					収穫			
白露	8月3日	9月7日								
秋分	8月19日	9月23日		収穫	収穫	収穫				
寒露	9月4日	10月8日	作付							収穫
霜降	9月19日	10月23日							収穫	
立冬	10月5日	11月7日								
小雪	10月20日	11月22日								
大雪	11月5日	12月7日								
冬至	11月19日	12月21日								

（出所）現地での聞き取りに基づき筆者作成。

「主業型」に近い。

以下、農作業、家庭内相互扶助機能の維持、家屋新築の三つの側面から両村の出稼ぎ経済についてみていく。

1 農作業の位置づけ

まず農作業について、甘粛麦村と江西花村の農事歴を図にまとめてみた。

甘粛麦村の出稼ぎ者はおよそ陽暦の七月頃に比較的長期間、出稼ぎ先の杭州から帰郷する者が多い。この時期に出稼ぎ者が帰省する最大の理由も、実家での農作業にある。図からもわかるように、この時期には主作物である麦の刈り入れと、その直後に行われる蕎麦の作付けがあり、さらに二〇一一年からは漢方薬である半夏[12]を栽培する世帯が急増しており、その収穫の時期もここに重なるようになった。

この時期が帰郷のタイミングに選ばれる理由について、麦村の元村長は、農作業の理由以外にもさらに四つの点を挙げてくれた。①杭州で建築労働者をするものが多いが、南方では夏季に降雨が多く、現場作業が休止になることが多い。②工場労働者の場合は天候の影響を受けず、一般に休暇は取りづらいが、現在、杭州では労働者不足で売り手市場なので、とりあえず辞職しておいて必要な時に別の工場で再就業することも容易である。③南方の気候は北方の麦村村民には暑すぎるので、避暑を兼ねて帰郷することは合理的である。④春節の際には帰郷しない者が多いので、七月の帰郷を楽しみにする。春節の休暇は多くの工場では一週間しかないため、遠隔地の甘粛に帰郷する場合、往復の移動で四日を消化してしまう[13]ため、割に合わない。

以上に見られる麦村村民の出稼ぎパターンは、あくまで在来の農事歴と農作業を前提とし、農家経営の隙間に「副業」として巧みに組み込まれたものである。麦刈りについては大型の機械は導入されておらず、相変わらず人力で行うため、多くの人手が必要である。麦村は山岳地帯にあり、耕地は細かく分散した棚田が多く、そもそも機械での収穫には適していない。加えて、近年は収益性の高い半夏の収穫も加わって家族が一緒に収穫作業を行うため、出稼ぎ者の毎年の帰省時間は長くなりこそすれ、短くなることはない。いわば「ふるさと志向」の強い出稼ぎ経済となっている。故郷での農作業のリズムを最優先に考えたうえで、家計の補助を目的とした「副業」として出稼ぎを位置づけることが、麦村農民なりの「合理性」なのである。

江西花村の稲作においては、二期作を行う水田と一期作の水田は区別されている。農作業のピークがやってくるのは二十四節気でいうところの「大暑」の前後（新暦の七月下旬ころ）であり、二期作田において早稲の稲刈りを行いつつ、同時に晩稲の苗代をつくり、稲刈りが終了すると間髪を入れずに晩稲の田植えをしなければならない。このため、花村の出稼ぎ者は、手作業による早稲の稲刈り、脱穀、晩稲の作付けを行うために、大暑の時期に帰省していた。いっぽう霜降のころにある晩稲の収穫の方は、いつまでに刈らねばならないという時間的な制約が弱いため、出稼ぎ者はもともと帰郷する必要がなかった。後述するように花村の青年層の出稼ぎ先は浙江省が中心で、出稼ぎ先から帰省する時間的、金銭的コストは麦村ほどではないため、春節にも帰省するのが習いであった。

ところが二〇〇八年ころから、近辺の稲作に新しい変化が現れた。コンバインによる収穫が普及し始めたのである。花村でもコンバインによる収穫サービスを提供する者が二人ほど現れ、村内のすべての水田ばかりか、周辺の村の収穫まですべて請け負うようになった。花村でコンバインを所有するうちの一人、赫堂金の見積もりでは、社庚郷の範囲内では二〇一二年一一月現在で四〇―五〇台のコンバインが存在するという[14]。現在あるコンバインでほとんどの収穫は賄えてしまうため、出稼ぎ者は七月のタイミングで帰郷する強い必然性がなくなってしまった。ところが出稼ぎ者が帰郷しなくなると、早稲の収穫後にやってくる晩稲の田植えの方の人手は十分ではなくなってくる。そこで同じく二〇〇八年ころから、二期作田の晩稲については一本一本の手植え（挿秧）ではなく、「投げ植え」（拋秧）および直播き（散播）の方式が多く採用されるようになった。日本で普及している「田植え機」は当地ではほとんど普及しておらず、田植えの労働力不足は直ちに投げ植え・直播きへの転換によって賄われたのである[15]。江西花村は出稼ぎ経済の進捗と同時に、収穫については農業機械が導入され、労働の中で農作業が占める比重が小さくなるとともに、多くの農家では出稼ぎが「主業」の地位を占める趨勢にある。

なお、二〇〇八年といえば世界金融危機の出稼ぎへの影響が気になるところであり、実際に農民工の帰郷は近年の学界におけるホットなテーマとなっている[16]。だが、花村では、就業先で給料カットに遭いつつも、それを主たる理由として出稼ぎをやめ、帰郷した者は皆無である。ここに、在外就業がある種の「前提」となっている主業型出稼ぎの特徴がみられる。

以上、副業型、主業型を問わず、内陸農村の出稼ぎ経済は地元での農地経営により自給される食糧によって支えられ、出稼ぎと農地経営は、「家庭経済の発展」と「生存のための食糧の保障」という異なる役目を果たしながら互いに補い合う関係にあるといえる。石田〔二〇〇三〕はこうした「片手間」の農業に発展性・将来性がない点を繰り返し憂えているが、出稼ぎ経済に組み込まれた農業は本来的に片手間的な性格を持つのであり、それが産業として発展する見込みがないから即ち無意味である、ということにはならないだろう。

２　家庭機能の位置づけ

次に、家庭という一次集団の持つ教育や介護といった自助・自足的な機能の位置づけ方をめぐっても、「副業型出稼ぎ」と「主業型出稼ぎ」は異なるロジックを適用しうる、という点を示したい。

まず、両村の世帯サンプル調査（図５）から両村の年齢別・性別の出稼ぎ状況を比較すれば、男性、女性ともに麦村の出稼ぎ率の低さが目立っていることが確認できる。中でも目を引くのは三〇代女性の出稼ぎ率の差異であり、花村では八〇％近くが在外就業しているのに対し、麦村ではわずかに一〇％ほどでしかない。三〇代といえば概ね小学生から中学生の親の年代と重なるため、三〇代の両親がともに在外で、いわゆる「留守児童」となってしまう児童・生徒が多い花村と、少なくとも母親がほとんど在宅であり、留守児童はほとんど存在しない麦村、という対比が生まれることになる。

サンプルに表れた差異以外にも、甘粛麦村の村民自身が、地元のある種の慣行について、次のように紹介していた。すなわち、麦村では若夫婦が子供を出産したのち、子供が一歳を迎えるころには、老親に子供を委ねて夫婦ともに出稼ぎに出る。その後、子供が五歳くらいになったとき、夫婦のうちのどちらかが帰郷して子供の傍ら

3 「発家致富」と出稼ぎ経済

図5 出稼ぎ状況の比較

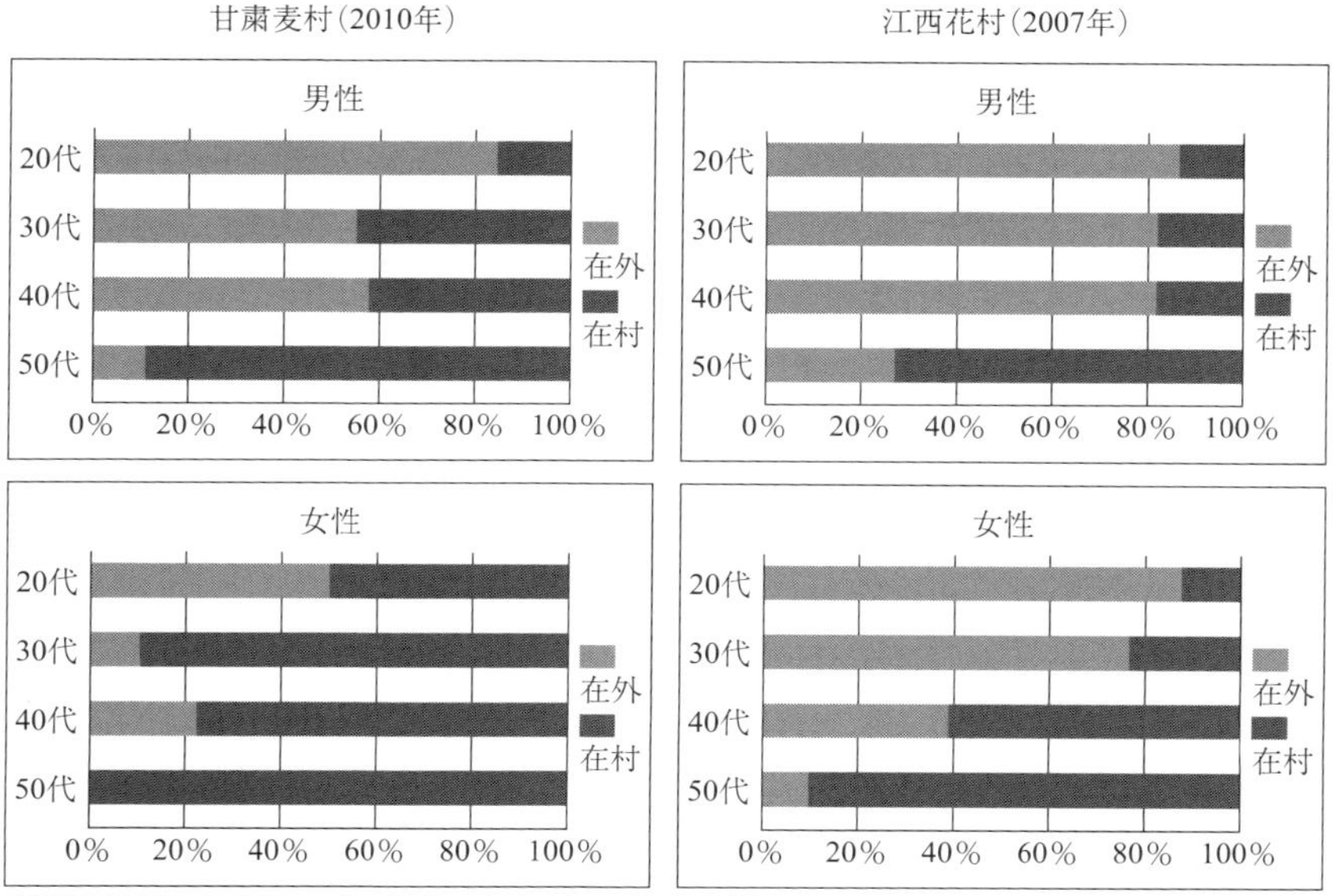

(出所)筆者によるサンプル調査による。表1の注を参照。

にいるようにする。その際、子供が割合に聞き分けの良いタイプで、まだ祖父母の手におえるようであれば、若夫婦は帰郷せずに引き続き出稼ぎを続けることもありうる。出稼ぎの人々が最も心配しているのが子供の教育問題である。農村はもともと教育資源が不足しており、教育の質も低いうえに、賭博なども流行していて子供に悪影響を及ぼすからである。もしも子供がやんちゃなタイプで祖父母のいうことを聞かないようであれば、父あるいは母が戻ってきて、ちゃんと勉強するように子供を監督するしかないという。麦村の三〇代の女性の在村率が高いのは、こうした考え方を反映したものであり、「夫婦のどちらかが帰郷する」際には、実際には妻が帰郷して子供の面倒を見ることが多いということだろう[17]。

これに対し、江西花村では小学生・中学生の親世代の三〇代の不在率が、男性、女性ともに八〇%程度と高い[18]。「出られる者がすべて出る」出稼ぎ経済ではあるが、どこまでを「出られる」と解釈するのか、ここには地域的な文脈があり、麦村において「出稼ぎ者が最も心配する」教育問題が、花村ではさして気にも留められていないようであり、家にいるくらいならば出稼ぎに出た方がまし、との考え方が花村では主流のようである[19]。

教育その他の観点からも、帰郷した方がメリットが大きいような場合さえ、出稼ぎ先に留まっている例もある。花村で農業収穫代行サービスを行っている前出の赫堂金の妻（三〇代）の場合がそうである。妻は福建に出稼ぎ中であるが、堂金としては妻が帰ってきてもよいと考えている。二〇〇八年の金融危機の影響で日当が三〇元ほどに減り、食費で一五元ほどかかってしまうので、一日に稼ぐのは一五元、月に四〇〇元、一年では四〇〇〇元といったところで、決して高い収入とはいえない。堂金が言うには、もしも妻が家にいて、小学生の長男と二歳の次男の面倒を見てくれれば、自分の母親もいまほど疲れることが無く、目が行き届くので子供に怪我をさせることもない[20]。そうすれば、堂金自身が子供を看なくて良い分だけ、農業代行の仕事を余計に請け負い、その分稼ぐことができる。堂金は泣いたり喚いたり、からみついてくる子供が最も苦手である。仕事で疲れて帰って来たときなどは、抱っこもしたくないという。また妻がいれば、人手が足りて自家菜園に野菜を植えたりもできるので、食費の節約にもなる。現在は、一家の野菜は定期市などで購入している。以上は二〇〇九年三月時点の状況であるが、二〇一五年八月に筆者が訪問した際、堂金の妻は相変わらず福建に出稼ぎ中であった。

通常、「留守児童」というと小学生を指すことが多いが、江西花村の出稼ぎ経済が教育にもたらす影響を考えると、中学生の留守生徒の問題も無視できないようである。たとえば筆者の滞在中にもこんなことがあった。筆者の研究協力者である赫長青の二番目の舅舅（母の兄弟を指す）の息子は中学二年で、両親ともに出稼ぎで不在である。寡黙で、中二だというのが信じられないほど老けた風貌をしている。彼は、週末だけ社庚中学の宿舎から帰宅してくるはずであった。ところが、我々の滞在中のある日、彼は週末にならないのにもう帰宅しており、布団をかぶってテレビを見たり、ぶらぶらと過ごしている。休みを取って帰ってきたという。こうした際、両親がいれば何らかの相談にも乗れるだろうが、在宅である祖母はとやかく言うわけではない。中学生以上で寮に入っているからといっても、やはりこのような時、両親が出稼ぎで不在であるのは不利である。

江西花村はコミュニティとしては「主業型」出稼ぎ経済の傾向が強く、教育や介護など家庭機能の維持に冷淡である印象を受けるが、より細かく出稼ぎ者の個人単位に見た場合、家族のために「副業型」出稼ぎを選択する者も少なからず存在する。花村の世帯サンプル調査からみれば、外地就業者数は一九三人でそのうち就業地点が不明である一八人を除いた一七五人の出稼ぎ先の内訳は、浙江が八八人、南昌が四四人、福建が一九人、上海が一一人、江蘇が九人、広東が四人である。大きく分けて、浙江で就業する村民のグループと南昌で就業するグループでその大半を占めているといえる。

この二つのグループは、出稼ぎの性質においてそれぞれ「主業型」と「副業型」の特徴を代表している。第一に、年齢からみれば、浙江のグループで年齢の特定できた四六人の平均年齢は二七・八才で、南昌グループは四三・四才となり、異なる年齢層の人々であることが分かる。第二に、就業の性質であり、浙江への出稼ぎ従事者は裁縫関係がほとんどであり、工場における正規労働者が多いのに対し、南昌グループは臨時性の強い建築現場などでの日雇い職（散工）がほとんどである。第三に、家庭内での地位についていえば、浙江グループは世帯主が一〇％しかいないのに対し、南昌グループでは六七％に達する。第四に男女比率でも、浙江グループでは男性が五九％にたいし、南昌グループでは七九％を占める［田原　二〇一二：一二六］。

つまりこういうことであろう。南昌で臨時性の強い仕事に従事しているのはおよそ四〇代前半の年齢層を中心とした世帯主の男性が多く、子供はすでに独立する年齢に差し掛かっているが、今度は老父母などの面倒を見る必要があるために、実家から遠く離れることをためらう世代であろう。この点、南昌と万年県を結ぶ昌万公路の

図６　母親の葬儀で「三献礼」を行う孝子（故人の息子）（筆者撮影）

開通により、南昌からであれば、月に一回程度は帰郷するのが可能な距離である。南昌グループがコミュニティを離脱する程度は、浙江グループほどではない。出稼ぎ形態も副業型に近い。

他方、浙江の服装工場で働くグループは二〇代後半を中心とする人々で、女性も多く含まれ、世帯主ではない者が多い。老父母はまだ健康で、逆に幼い子供たちの面倒を見てくれているという安心感から、コミュニティからの離脱度が高くなり、出稼ぎは「主業型」の傾向を強めている。前述のとおり、二〇〇八年以前であれば、彼らは年に二度、夏季と春節の際に帰省していたが、二〇〇八年以降にはそれが年に一度になった村民たちである。

さて、教育の位置づけが「発家致富」の未来に対する構えであるとすれば、未来志向のコミュニティは同時に過去に対する構えも堅牢である。村落コミュニティが、賀雪峰のいうところの「価値生産能力」をもっているか、が出稼ぎ経済の差異をめぐって重要となってくる。この点、子弟の教育をより重視しているように見えた甘粛麦村では、過去の記憶もより大切に保存しようとしている印象を受ける。詳細に述べる紙幅はないが、筆者のフィールドの観察でも、西和県内の村々には伝統的な家神廟や土地廟、村によっては劇団を呼んで伝統劇（秦腔）を演じさせるための舞台（戯台）が存在し、廟を中心とした行事も盛んであり、コミュニティの精神的な結節点となっているように見えた。麦村の場合、家神廟は個人の住宅の場所に設置されていたが、二〇一四年に村民らの献金により新築された。ここには毎日のように様々な家庭の悩みや願いを抱えた人々がお参りにやってくる。また筆者が滞在中の二〇一〇年八月には、伝統的様式にのっとった村民の葬儀と埋葬の儀式が行われていた。この葬儀では、故人の息子や遺族には大変な金銭的・肉体的負担となる儀礼の様式が保たれ（図6）、村内の血縁者のうちのかなりの人数が手伝いに参加し、詳細な役割分担の下で立ち働いていた。

他方、江西花村には、麦村の廟に相当する、人々の過去と未来を結わえ付けるような、また日常的に過去の記憶を喚起できるような公共施設が少ない。しいて言えば、中心集落である赫家にはかつて村民から神聖視されていた老木があった。元宵節の際、子供が赤いランタンをともして各家を回り、小遣いをもらい、最後に神樹の下にいってランタンを燃やすという習慣があったが、二〇〇九年のこの行事の際、子供が誤って樹木ごと燃やしてしまうという事件があった。二〇〇九年には集落内で例年になく多くの死者が出たこともあり、村民有志の発起により一三〇〇元（日本円で二万円強）ほどを出し合い、公共の雑木林である「後山」に社公（土地廟）が建てられた。そうした一部の動きはみられるものの、花村では現在を過去と未来に結び付ける契機が、麦村に比較して弱い、というのが現地での印象である。

3　家屋新築の位置づけ

出稼ぎ経済は、それぞれのロジックの下で、甘粛麦村よりも江西花村でより深く浸透していた。農作業や家庭機能の相対化・簡略化の側面からこの点を浮き彫りにしてきたが、実のところ家屋新築に関わる行動も出稼ぎ経済の特徴を雄弁に物語る。出稼ぎの第一の目標が、貧困から逃れることというよりは、家屋の新築――それが息子の嫁取りのタイミングに重なっているか否かを問わず――であることは、経験的によく知られている事実である［Murphy 2002: 103-107; Sargeson 2002、郭　二〇〇九：七四、賀・袁・宋　二〇一〇：一三六―一三八］。二〇一三年現在も、中国内陸部の多くの村では、農民の新築ラッシュが続いている。二〇〇〇年前後の村民総出稼ぎ時代の到来から、数年の蓄財期間を経て、最初の投入が行われる対象が、家屋の新築である。(21)

図７　新築家屋の比較（筆者撮影）

江西花村（2009年）

甘粛麦村（2011年）

ただし、どの程度の金額をかけて家屋を新築するのか——一〇万元か三〇万元か——には、各地の農民それぞれのロジックが反映される。村の中で豪華な家を建てることは、賀のいうように、実質的な居住空間確保の問題を超えて、当該地域の農民の人生価値の実現における「面子」の問題にかかわっている〔賀・袁・宋　二〇一〇：六一―六二〕。しかしながら、面子のために豪邸を建てることは、家新築までの蓄財の時間を長期化させ、農家の出稼ぎ経済への依存度を高めることになる。家屋新築を目指し、面子を重んずる気風が、より多くの現金収入を必要とさせ、家庭内のより多くの人員を、一年のうちのより長い期間、在外就業させるという結果を導く。江西花村はこうした典型例である。出稼ぎの収入は年間一万元ほどで、標準的な建築費用は一五万元ほどかかる。出稼ぎの収入をすべて新築のために蓄えたとして、村民の実感としては夫婦二人の出稼ぎで五年間働いたとしても難しく、七年から一〇年ほどはかかるであろう。内装は家屋の建築費用とはまた別であり、きちんとこれを行った場合は、建築費用と同じくらいの額が必要となる。花村での新築は、垂直に階を重ねていく、いわゆる「楼房」型の住宅である。現在、村民の住宅は最低でも三階建て、理想的には四階建てが好まれる。住宅の「豪華さ」はまずこのように垂直方向に現れるのである（図７）。実際、四階建てであっても、実際に内装を施して使用しているのはせいぜい二階までであり、三階、四階の内部はコンクリートの壁がむき出しのままになって

いるのである。この部分の内装については、将来、資金のめどが立った時にやればよいということである。

むろん、花村村民の家屋新築をめぐるあれこれの言論の中で「面子」という語彙が直接的に現れるわけではない。しかし、山中の集落の中に突如として現れる豪邸を目の当たりにした際には、その裏側で農民が人生の価値をどこにおいているのか、を想像することはさほど困難ではない。江西花村の中心集落からほど近い小山に上ると、前方には楊家集落が一望できる。この近辺では最も豪華な四階建ての「ビル」がとりわけよく見える。このビルは、出稼ぎで稼いだ兄弟が、共同で建てたもので、建築時期は二〇〇五年ころと推定されるが、その時点で三〇万元ほどかけているという。周辺の豪華家屋の例に漏れず、家族で住むには必要のない部屋数があり、しかも楊家のビルの兄弟たちは普段、村には居ないので、豪邸には誰も住んでいないことが多い。楊家は優れた人材をたくさん出しているそうだが、人々が考えるその理由としては「風水が良い」ことがある。小山から集落を展望してみると、集落は背後の北側に山林が控えていて、南側が開けており、気の流れがよいことは理解できる。こうしてみると、江西花村の人々にとって、家屋とは、単なる住宅としての意味を超えた、一族が代々生きてきたコミュニティに対してその繁栄ぶりを端的に示す、「記念碑」でもあることがわかる。

甘粛麦村の出稼ぎ者は、ほとんどが杭州で働いている。江西花村と比較した際に印象的なのは、当地の生活ぶりは見たところ非常に質素であるが、出稼ぎによる収入の水準は決して花村より低くないばかりか、むしろかなり高いということだ。杭州の毎月の最低賃金は一二〇〇元ほどだが、実際には月二五〇〇元ほどの基本労賃で働く村民も少なくない。その場合、夫婦二人で毎月五〇〇〇元ほど、年間では五万元の収入になる。そこまでよくない場合でも、夫婦二人で毎月三〇〇〇元、年間三万元というのが現地周辺で聞いた標準的な出稼ぎ収入である。これに対し、家屋新築のコストは安く、最低で一〇万元ほど、内装も含めると一五万元ほどだという。当地の家屋には二階建て以上の「楼房」はほとんどなく、中庭を囲んだ三合院形式の平屋が伝統的な作りである。図

7のように、さらに簡素で質実剛健なタイプの新築平屋も多く、外部から見た際の豪華さや部屋数の多さを競う風はあまり感じられない。家族が住むのに十分な部屋数があればそれでよい、という考え方のようだ。新築コストが比較的低いのに加えて、当地は二〇〇八年の四川大地震の被災地でもあり、住宅が大きく破損し「災後重建戸」に認定された場合は、政府から二万元が支給されている。

ついでながら、家屋新築の目標水準を決める両地点の「面子意識」は、普段の食事にも現れているように思えたのは興味深い。すなわち、酒・肉中心の江西にたいし、甘粛ではまず、小麦粉のお焼き（鍋盔）やジャガイモのデンプンで作った麺（粉条）などの主食で空腹を満たしたのち、飲むとすれば食事の最後に酒を飲むのである。動物性蛋白質の摂取量は、きわめて少ない。訪客の接待という観点からはあまりに質素で、メンツが立たないようにも見えるが、酒池肉林が日常化している江西と違い、シンプルな食生活に慣れているのが西北人なのかもしれない。このあたりは、中部と西部という、市場経済の浸透度の違いもさるところながら、やはり北方と南方という風土の差異がむしろ、重要な背景となっている気がする。

むすび

以上の考察をまとめる。

第一に、小農家庭や一族の現世における豊かさと、将来的な発展の追求、これは中国の資本主義と近年の経済発展を下から支えてきた中国農民の基本的なエートスである。とりわけ二一世紀初頭において、小農経済と「世界の工場」とを結び付ける契機となったのが、「出稼ぎ経済」の形成と深化であった。家庭内労働力を農業経営と出稼ぎとの間で「合理的」に配分すること、それにより村落コミュニティと都市部の出稼ぎとを両立させ、両者が補い合う関係を作り、最低限の生活と食糧とを保障しつつ、同時に所得の最大化を図るという発想であった。

中国農村でこのように同一の世帯が農業経営と、出稼ぎを含む副業の双方にまたがった就業形態 (multiple job holding) を示していることを、Ploeg と Ye［2010］は「低コストの発展モデル」として高い評価を与えている。同時に、農業経営と副業の両者が共働（synergy）してきた現状を認めつつも、とくに副業の拡大と深化により、今後において両者が競合（competition）してくる可能性も示唆している。彼らの議論は、本稿にみた出稼ぎが農作業やコミュニティのリズムに対応した「副業型」の出稼ぎ経済と、出稼ぎが農作業の簡略化や家庭・コミュニティ機能の縮小をもたらす「主業型」出稼ぎ経済のコントラストにもよく対応するものである。

第二に、農作業、介護や教育など家庭の自助的役割、さらに家屋の新築などとの関係で、出稼ぎをどう位置付けるかについては、そのロジックの立て方に地域差が存在する。地域差についてさらに言えば、特に重要な差異は、①内陸南部諸省と②それ以外の諸省の間にあり、大雑把にいえば①が「主業型」のロジック、②が「副業型」のロジックに対応している。①の地域は、総じて人口圧力が高く、また物質生活の豊かさへの希求がより強い。このため出稼ぎ経済がより深く浸透し、最大限度にまで農村の人材が流出するとともに、過去と未来の結わえ付けるコミュニティの記憶が相対化されつつあるといえよう。対して②の地域では、伝統的な紐帯が、市場の関係によって席巻されていないために、コミュニティと出稼ぎ経済がうまく棲み分けを行っている。農民はコミュニティとつながっていることを望み、ほどほどで満足し、メンツよりは伝統的枠組みの中で生きようとする。

以上の議論は、中国社会の基層部に生きる農民をひとくくりにせず、その内部を相対化して見る必要性を物語る。こうした想像力は、戦後日本人の中国農村認識のなかからすっぽりと抜け落ちていた部分ではなかろうか。

注

（1）胡錦濤政権期の三農政策については、東京財団のホームページ［田原　二〇一二］上にまとめた。

（2）こうした傾向は中国国内でも同様なようで、ある大学で社会学を専攻する学生たちが卒論のテーマとして「農民工」問題ばかり選びたがるので、学生らの指導教員は「いったい、中国には農民工問題しかないのかね」と学生らを諭している、というエピソードを聞いた。

（3）「花村」および「麦村」は調査地のプライバシーに配慮して筆者が使用する学名である。花村にはこれまでに八度（二〇〇六年四―五月、同年一〇月、二〇〇七年六―七月、二〇〇八年三月、二〇〇九年三月、二〇一〇年三月、二〇一二年一一月、二〇一五年八月）、麦村には四度（二〇〇九年八月、二〇一〇年八月、二〇一一年八月、二〇一五年五月）訪問し、合計してそれぞれ七週間と五週間程度の調査を行っている。本文で使用するデータは、特に注記しない限り、この間に筆者が収集したフィールド・データに基づいている。また本稿では、同様の配慮から人物の名前についても仮名を使用する。

（4）かつて上田信は、中国農民の行動の基底部分に「生の充溢」願望の存在、すなわち自分の子供の世代までを視野に含めて自己の現在の行為を決定しようとする志向性を指摘した［上田　一九八九］。筆者の考えもこれに近いが、豊かさを求める近年の農民の傾向をより直截に表現するために、本稿では中国語の表現をそのまま用いることにする。

（5）麦村村民の沿海部への出稼ぎの発端は、近隣の川口郷の農民が従軍し、退役後の一九八三年に杭州の金沙港の工場で働き始めたことである。その後、麦村でも一九九五―九六年ころからこの人物の紹介で杭州に出稼ぎに出るものが増え始めたという。偶然、都市に出た先駆者が、地元村民の先駆けとなって出稼ぎ者を増やしていくケースは、王［二〇〇九：一〇七］などにもみられる。

（6）［賀・袁・宋二〇一〇：四］。そのほか、二〇年にわたり中国各地で農村調査を行ってきた厳善平は次のように述べている。「一九九〇年代の初めまでは、どこの村に行っても若い人を多く見かけ、賑やかな感じがあった。だが、二〇〇〇年代に入ってから、そのような光景が次第になくなった。若者は都市へ、沿海地域へと流出し、村には出稼ぎに行けない老人、子供および彼らの世話を余儀なくされた若い母親たちの姿が多い［厳　二〇〇九：八一］」。

（7）「在外就業者」の統計的な定義は、農村戸籍保有者の中で、二〇〇六年のうちに自分の村のある郷鎮の外で一か月以上就業した者を指す。実質的には「出稼ぎ者」と同義とみなすことが可能である。

（8）やはり筆者の固定観察村の一つである山東省蓬莱市の果村のコミュニティがこうした沿海農村の事情をよく物語る［田原二〇一二：九四―九七、一一六―一二〇］。

（9）厳［二〇〇二：一六〇］によれば、「人口対土地の圧力が労働力の移出を強く働きかけたことは明らか」であるという。

(10) 賀雪峰ら［賀・袁・宋　二〇一〇：四―七］は、本稿のいうところの「副業型」と「主業型」の区分にやや類似した出稼ぎロジックのタイプ分けとして、「面目を保って帰郷するため」（為了体面的回去）の出稼ぎと「永久に故郷を離れる」（為了永遠性地離開）ための出稼ぎを区別したうえで、二つのロジックに影響を与える要素として、一〇項目を指摘している。そのうちの九項目までが、第一世代と第二世代の違い、出稼ぎ前の婚姻状況や農業の経験など個人レベルに還元できる要素であり、残りの一項目だけが、村落レベルの「価値生産能力の強弱」にかかわるものである。すなわち、農民が村の中で自己の価値を実現しようとする傾向のある村であるほど、「面目を保って帰郷するため」の出稼ぎが多くなるということである。本稿は、賀らの用語法を用いれば、花村と麦村の対比を通じて、村落の価値生産能力の内実をより具体的に議論するものである。

(11) もちろんこれは程度の問題であり、麦村は甘粛全体の平均像よりは「主業型」に近いといえる。

(12) 胃弱者の鎮吐、鎮咳、鎮静を促す作用がある。

(13) 杭州から夜行列車で一泊したのち天水でバスに乗り換え、西和県城まで約二時間、さらにバスを乗り換え、村まで約三〇分かかる。

(14) この変化の背景には、胡錦濤政権下の「三農」政策の影響、とりわけ農業機械購入に関する補助金（農機補貼）の供出があることは間違いない。赫堂金が二〇〇九年に購入した大型コンバイン「思達」は七万元であり、そのうち農機補助で二万元を賄った。江西ではこの補助金は二〇〇九年から多くなってきたといい、それ以前はとても少なかった。

(15) 一方で、一期作の田は現在でも田植えの方式がとられている。一期作の田は一般に水源もよく、田植えで丁寧に作付するので、収穫量も多い。一期作に従事するのは土地の多い者で、米は主として販売用である。平均的な規模の土地しか持たない一般の世帯は、早稲と晩稲のみを作り、特に早稲の方は自家用としている。

(16) たとえば、本稿がしばしば参照している賀・袁・宋［二〇一〇］などもその一例である。

(17) **Zhang** ［2013］は、結婚などの事情で帰郷した女性出稼ぎ者がしばしば目標を失い、無気力な状態となることを、多くのインタビューから紹介している。女性帰郷者には、両親や義父母への「孝」を尽くす、という意識が強く働いているとされる。

(18) 同じく江西省南部の客家村落をフィールドとした郭亮のモノグラフ［郭　二〇〇九：七四］も、三五歳以下の夫婦のほとんどが二人そろって出稼ぎに出ることで、大量の留守児童が発生している点を伝えている。

(19) 厳善平による江西、安徽、湖南、湖北――すべて内陸南部地域に属する――の五〇三世帯の調査からは、家庭内での児童または生徒数が一人増えると、出稼ぎ者数はそれぞれ〇・〇八八人、〇・〇五八人減少するという結果が出ている［厳　二〇〇九：九〇］が、この数字が逆に示すのは、児童生徒の影響がほぼ無視できるほどに小さいという点であろう。

(20) 二〇〇九年のこのころ、次男は腕に熱湯がかかり火傷を負ったばかりだった。

(21) 住宅購入・新築地点の選択も、中国農民の非常に合理的な思考法に基づいている。すなわち出稼ぎの収入状況、実家の家族の状況、教育や医療などの公共サービスの水準などを総合的に考慮した結果、住宅購入・新築の場所が選択される。農民が出稼ぎによる蓄財で、都市部（県城以上の都市）に家屋を購入する事例は、特に沿海部の農村を中心にかなり広がってきてはいる。他方、内陸部ではこうした事例は皆無ではないものの、全体としてみればまだ局部的な現象であり、圧倒的多数の農民が新築の場所として選ぶのは、集落内の旧宅地の中か、集落からほど近い幹線道路脇の土地である［田原　二〇一五］。

参考文献

郭　亮
二〇〇九《走出祖蔭：贛南村治模式研究》済南：山東人民出版社。
王小軍
二〇〇九《転型之痛：贛中南路東村調査》済南：山東人民出版社。
国務院第二次全国農業普査領導小組弁公室・中華人民共和国国家統計局編
二〇〇九《中国第二次全国農業普査資料彙編（農民巻）》北京：中国統計出版社。
賀雪峰、袁松、宋麗娜等
二〇一〇《農民工返郷研究：以二〇〇八年金融危機対農民工返郷的影響為例》済南：山東人民出版社。
田原史起
二〇一二《日本視野中的中国農村精英：関係、団結、三農政治》済南：山東人民出版社。
西和県統計局編印
二〇〇八《西和県国民経済及社会発展統計資料（二〇〇七）》。
中華人民共和国国家統計局編
二〇一一《中国統計年鑑二〇一一》北京：中国統計出版社。
中華人民共和国国土資源部編印
二〇〇一《中国国土資源年鑑二〇〇一》。
周大鳴
二〇〇六《農村労務輸出与打工経済：以江西省為例》《中南民族大学学報》（人文社会科学版）第二六巻第一期。

上田　信
　一九八九　「農民の『生の充溢』願望」『岩波講座現代中国　第四巻――歴史と近代化』岩波書店。
石田　浩
　二〇〇三　『貧困と出稼ぎ――中国「西部大開発」の課題』晃洋書房。
大川健嗣
　一九九四　『出稼ぎの経済学』紀伊國屋書店。
厳善平
　二〇〇二　『農民国家の課題』名古屋大学出版会。
　二〇〇九　『農村から都市へ――一億三〇〇〇万人の農民大移動』岩波書店。
田原史起
　二〇一二　「胡錦濤政権の回顧と中国一八全大会の注目点――農村政策の領域に関して」東京財団 HP（http://www.tkfd.or.jp/research/project/project.php）。
　二〇一五　「中国の都市化政策と県域社会――『多極集中』への道程」『ODYSSEUS 東京大学大学院総合文化研究科地域文化研究専攻紀要』第一九号。
任哲・三輪博樹
　二〇一三　「出稼ぎ労働者のガバナンス」唐亮・松里公孝編著『ユーラシア地域大国の統治モデル』ミネルヴァ書房。
比較家族史学会編
　一九九六　『事典　家族』弘文堂。

Murphy, Rachel
　2002　*How Migrant Labor is Changing Rural China,* Cambridge, U.K.: Cambridge University Press.
Ploeg, Jan Douwe van der and Ye, Jingzhong
　2010　“Multiple Job Holding in Rural Villages and the Chinese Road to Development” in *The Journal of Peasant Studies,* Vol. 37, No. 3.
Sargeson, Sally

2002　"Subduing 'The Rural House-building Craze': Attitudes towards Housing Construction and Land Use Controls in Four Zhejiang Villages," in *The China Quarterly*, No. 172.

Sato, Hiroshi

2003　*The Growth of Market Relations in Post-reform Rural China: A Micro-Analysis of Peasants, Migrants and Peasant Entrepreneurs*, London: Routledge Curzon.

Solinger, Dorothy J.

1999　*Contesting Citizenship in Urban China: Peasant Migrants, the State, and the Logic of the Market*, Berkeley: University of California Press.

Zhang, Nana

2013　"Rural Women Migrant Returnees in Contemporary China," in *The Journal of Peasant Studies*, Vol. 40, No. 1.

〈別表〉戦後日本における中国農村研究の抜粋

人類学

中生勝美『中国村落の権力構造と社会変化』アジア政経学会、一九九〇年。

瀬川昌久『中国人の村落と宗族――香港新界農村の社会人類学的研究』弘文堂、一九九一年。

聶莉莉『劉堡――中国東北地方の宗族とその変容』東京大学出版会、一九九二年。

深尾葉子・井口淳子・栗原伸治『黄土高原の村――音・空間・社会』古今書院、二〇〇〇年。

蕭紅燕『中国四川農村の家族と婚姻――長江上流域の文化人類学的研究』慶友社、二〇〇〇年。

羅紅光『黒龍潭――ある中国農村の財と富』行路社、二〇〇〇年。

潘宏立『現代東南中国の漢族社会――閩南農村の宗族組織とその変容』風響社、二〇〇二年。

秦兆雄『中国湖北農村の家族・宗族・婚姻』風響社、二〇〇五年。

阮雲星『中国の宗族と政治文化――現代『義序』郷村の政治人類学的考察』創文社、二〇〇五年。

川口幸大『東南中国における伝統のポリティクス――珠江デルタ村落社会の死者儀礼・神祇祭祀・宗族組織』風響社、二〇一三年。

歴史学
三谷孝編『中国農村変革と家族・村落・国家――華北農村調査の記録』汲古書院、一九九九年。

三谷孝編『中国農村変革と家族・村落・国家――華北農村調査の記録　第二巻』汲古書院、二〇〇〇年。

三谷孝他著『村から中国を読む――華北農村五十年史』青木書店、二〇〇〇年。

内山雅生『現代中国農村と「共同体」――転換期中国華北農村における社会構造と農民』御茶の水書房、二〇〇三年。

祁建民『中国における社会結合と国家権力――近現代華北農村の政治社会構造』御茶の水書房、二〇〇六年。

太田出・佐藤仁史編『太湖流域社会の歴史学的研究――地方文献と現地調査からのアプローチ』汲古書院、二〇〇七年。

佐藤仁史他編『中国農村の信仰と生活――太湖流域社会史口述記録集』汲古書院、二〇〇八年。

鄭浩瀾『中国農村社会と革命――井岡山の村落の歴史的変遷』慶應義塾大学出版会、二〇〇九年。

三谷孝編著『中国内陸における農村変革と地域社会――山西省臨汾市近郊農村の変容』御茶の水書房、二〇一一年。

佐藤仁史他編『中国農村の民間藝能――太湖流域社会史口述記録集（二）』汲古書院、二〇一一年。

経済学
加藤弘之編『中国の農村発展と市場化』世界思想社、一九九五年。

石田浩『中国同族村落の社会経済構造研究――福建伝統農村と同族ネットワーク』関西大学出版部、一九九六年。

石田浩編著『中国伝統農村の変革と工業化――上海近郊農村調査報告』晃洋書房、一九九六年。

中兼和津次編著『中国農村経済と社会の変動――雲南省石林県のケース・スタディ』御茶の水書房、二〇〇二年。

厳善平『農民国家の課題』名古屋大学出版会、二〇〇二年。

石田浩『貧困と出稼ぎ――中国「西部大開発」の課題』晃洋書房、二〇〇三年。

石田浩編著『中国農村の構造変動と「三農問題」――上海近郊農村実態調査分析』晃洋書房、二〇〇五年。

厳善平『農村から都市へ――一億三〇〇〇万人の農民大移動』岩波書店、二〇〇九年。

池上彰英・寳劔久俊編『中国農村改革と農業産業化』アジア経済研究所、二〇〇九年。

社会学・政治学
青井和夫編『中国の産業化と地域生活』東京大学出版会、一九九六年。
細谷昂他著『沸騰する中国農村』御茶の水書房、一九九七年。

細谷昂他著『再訪・沸騰する中国農村』御茶の水書房、二〇〇五年。

首藤明和『中国の人治社会――もうひとつの文明として』日本経済評論社、二〇〇三年。

佐々木衞・柄澤行雄編『中国村落社会の構造とダイナミズム』東方書店、二〇〇三年。

田原史起『中国農村の権力構造――建国初期のエリート再編』御茶の水書房、二〇〇四年。

中村則弘『台頭する私営企業主と変動する中国社会』ミネルヴァ書房、二〇〇五年。

張文明『中国村民自治の実証研究』御茶の水書房、二〇〇六年。

江口伸吾『中国農村における社会変動と統治構造――改革・開放期の市場経済化を契機として』国際書院、二〇〇六年。

佐々木衞『現代中国社会の基層構造』東方書店、二〇一二年。

地理学

石原潤編『内陸中国の変貌――改革開放下の河南鄭州市域』ナカニシヤ出版、二〇〇三年。

石原潤編『変わり行く四川』ナカニシヤ出版、二〇一〇年。

石原潤編『西北中国はいま』ナカニシヤ出版、二〇一一年。


［注記］ここに収録したのは、日本の大学・研究機関に在籍する研究者による戦後中国農村研究の一部である。本文で触れたとおり中国農村研究は中国研究全体の中ではマイナーな分野であるとはいえ，それでも関連業績は相当数に上る。収録にあたっては、いくつかの観点から主要であると思われるものに絞らざるを得なかった。すなわち、①改革期以降の中国農村あるいは村落を直接的な考察対象としていること、②現地調査(インタビュー、参与観察など)による成果であること、③単行本として刊行された和書であることである。したがって雑誌論文や共著の一章として発表された業績や、数は少ないが外国語によるもの、中国農村を題材としていても主として文献資料に依拠した業績はここに含めていない。当然であるが、以上の選別基準は多分に恣意的・便宜的なものであり、ここに収録しなかった業績が重要でないという意味では全くない。

●第三編　「外」から見た日本の中国研究

第三編は「『外』から見た中国研究」と題し、諸外国における中国研究との比較の視座を提供する。「外」からの視点を入れることで、戦後日本の中国研究と中国認識がどのような特徴を持っているのかを、読者により鮮明に呈示するしかけになっている。

第一編と同様に、第三編でも最初にインタビュー記録が掲載されている。日本への留学経験を持ち、現在研究者として研究の第一線に立っているラマール・クリスティーン氏と林少陽氏が、フランスから見た日本の中国研究と香港から見た日本の中国研究について、それぞれ語ってくれた。両氏のインタビューは両氏の中国研究の発展の経緯を語るにとどまらない。それは、日本の中国研究の発展の歴史の記録そのものである。同時に、日本の中国研究の特徴を雄弁に物語る。中国語圏をのぞけば、高等教育機関で広く中国語原語による教育と研究が行われている場所が日本なのである。日本と中国世界との地理的な近さ、日本が漢字を共有する「外国」であることの意味、グローバル化の大合唱のなかでの日本の立ち位置を考える上でも、両氏の発言は示唆に富む。

世界規模で中国研究の知識コミュニティプロジェクトを推進しているのが、台湾大学の石之瑜氏である。石氏は日本・韓国をパイロットプロジェクトとして、中国・台湾・香港・マカオの中国語圏はもとより、東南アジアや南アジア、さらにロシアや東欧、さらには西欧地域で口述歴史資料の蓄積とその分析を、この十数年間にわたって精力的に進めてきた。第三編では、二〇一三年二月の駒場ワークショップの議論を読者と共有する。各地域におけるプロジェクトの進捗状況は、とりもなおさず、各地域における中国研究、中国認識の特徴を照射する。

第三編はこれら三つの論稿が他の論稿と呼応する。邵軒磊氏は毛里和子氏の中国研究を中心にして、戦後日本における中国研究の発展を考察した。馬場公彦氏の論稿は、駒場ワークショップでの石氏と邵氏に対するコメントであるが、同時に馬場氏の戦後日本の中国研究像に対する分析を示している。また、谷垣と岩月の論稿は、香港とベトナムにおける中国研究の状況をそれぞれ説明している。両論稿ともに、中国（大陸）との関係が中国研究の成立に影響を及ぼしたのかを主張する。とりわけ、岩月は「ベトナム学」と「中国学」の連続性を指摘しながら、「中国研究」の不在を指摘する。

これらは、各地の中国研究の多様性を象徴すると同時に、日本と中国世界との関係の強さを読者に改めて実感させるであろう。

I

留学経験者が語る日本の中国研究

聞き取り（1）フランスから見た日本の中国研究

ラマール・クリスティーン

話者：ラマール・クリスティーン
（フランス国立東洋言語文化大学・東アジア言語学研究所）

日時：平成二四年一月三〇日（月）

場所：東京大学駒場キャンパス一八号館一階メディアラボ2

インタビュアー：代田智明、谷垣真理子

参加者：刈間文俊、楊凱栄、小野秀樹、岩月純一

谷垣：ご専門は何ですか。

ラマール：専門は中国語学です。一応学部の段階で、一般言語学の授業を受けてはいるのですが、それは主として言語学を学んできたというよりも、どちらかというと中国語、中文が先にあって、それに加えて言語学の授業を受けたということです。フランスでは複数の大学に所属することができますので、それぞれ異なる大学で言語学と中国語の教育を受けたというところです。

楊：僕の理解では、ラマール先生は中国語学の中でとりわけ文法化、機能語の成り立ちと変化ということを中心に研究されていらっしゃいます。

小野：ラマール先生は方言の調査にもいらっしゃるし、どういう変遷をたどったかという方にも目を向けているので、縦と横の軸が広いですね。

谷垣：中国語の学習歴と、このようにご堪能な日本語の学習歴について、おうかがいできますか。

ラマール：中国語は大学から、一九七二年にフランス国立言語文化大学（日本で「東洋語学校」という旧称で知られている）に入って習い始めましたが、二年目からボルドー大学に移りました。修士課程修了後、七七年から七九年までの中国留学は、中国語学習の中で大きな意味がありました。一年目は瀋陽の遼寧大学、二年目は復旦大学です。

谷垣：そもそも中国研究を志すきっかけとなったのは何ですか。どのようなきっかけで中国研究を始められたのでしょうか。

ラマール：中国語を始めるときは、研究者になるということは別に考えていませんでした。おそらく修士の院生になった時点で、「中国」に「研究」の二文字がついたのではないかと思いますけど。

谷垣：フランスのご実家ではお箸を常備しているということをおうかがいしました。たしかご家族がベトナムでお仕事をしていらっしゃったと思うのですけど、そういう家庭環境からの影響はないですか。

ラマール：醤油ではなくてニョクマムでしたから（笑）、どこまで影響を受けたかよくわかりませんが。私が生まれる前のことでしたが、アジア全般に対する一種の親しみがあることは否定できません。

谷垣：それでは、研究職に就くまでをうかがいます。修士課程に入ってから、研究職に就くまで、どのようなプロセスだったのでしょうか。

ラマール：留学は学問に近付くきっかけではあると思うのですが、私の場合、遼寧大学では文革直後のこともあって中文学科の文学専攻と言語学専攻が分かれておらず、有名な先生はまだ（文化大革命時の）下放先から戻ってきていないという状況でした。今のように学位を取るとか研究をするとかはできませんでした。
　言語学の道を歩み始めたきっかけは、中国へ行く奨学金を申請するときに社会科学、女性研究を希望していたところ、「社会科学はいまの中国ではデータが取れず、フィールドワークもできず、いまは無理です」と言われて、より現実的な専攻にした経緯があります。中国の大学に留学しても、中国人と同じ授業は聴かせてもらえない。博士課程に入ってはじめて研究とは何かが本当にわかったように今は思います。

代田：中国に留学するときには、社会科学というものをやりたいと思ったのですか。

ラマール：留学するまではね。

代田：それはまあ、あのときは無理だろうなというのは、僕はよくわかりますけども。

谷垣：社会科学高等学院の博士課程に一九七九年に入って、一年ほど勉強されて、それから日本に留学されたという理解でいいですか。

ラマール：はい。

代田：ラマールさんが言語学で研究者になろうとしたというのは、社会科学高等学院に入るときには、もうほぼ決まっていたのですか。

ラマール：はい。中国留学のあと博士課程に入るというのは、研究者になるという意思決定の表れです。留学先で「北京の春」といいますか、私の場合は「上海の春」でしたけれども、社会の変動を目撃して、上海の中心地で壁新聞に埋まっていた人民広場にでかけてポスターの中身を写したりしていました。再開したばかりの大学入試を経て入学した中国人学生と激論もしました。

刈間：実際に中国の「上海の春」みたいな状況に触れられたけれども、やはり言語学研究をやろうと思われたと。

ラマール：はい。中国の政治・社会の動きは、一「市民」としてかかわりたいと思っても、それについて客観的なデータを集めて、学問の題材にするというのは非常に難しいと痛感したからです。一九七九年の人民広場で知り合った民主化運動家が逮捕されて、自分のデータ収集が人を危険にさらすことをどう避けるか、取材・記録を発表すると先方が逮捕されるのではという学術活動を考えて、その状況で社会科学はやりきれないと思いました。自分の中で個人の主張と社会変動にかかわる部分と、学問とはキチンと分けよう、と決めました。

谷垣：フランスの指導教員は、どなたで、どんなご専門だったのでしょうか。

ラマール：白系ロシア人で、名前はAlexis Rygaloffです。ペリオ（Pelliot）の弟子で、まだ「支那学」（sinologie）が学術分野としてフランスに成立していた頃の研究者でした。言語学はフランスの主流の学派のほか、ロシアの構造主義やトゥルベツコイを原文で読むという特徴もありました。そして中国語は若いころに北京で旗人にならった、流暢な北京語でした。日本に文化アタッシェの経験もあって、私にも、博士論文を書くにあたって日本語の文献が読めるとプラスになると言って、日本留学を進めてくれたのです。

谷垣：フランスの社会科学高等学院では、日本における中国研究は、少なくともある部分は高く評価されていたわけですね。

ラマール：はい、そうです。文献を扱う中国研究の各分野では（古典文学、思想史、歴史など）、日本の研究実績は必読でした。現代中国を研究する人たちはちょっと違いますけれども。ボルドー大学で教わった先生も、数年間京都の人文研に滞在経験もあって、日本の中国研究を高く評価していて、中文の修士課程に日本語研究文献読解という科目を設けていたのです。その授業が私の日本語学習のきっかけとなりました。

谷垣：ボルドー大学の先生はどなたで、どんなご専門だったのでしょうか。

ラマール：話本の専門家で、『西遊記』、『金瓶梅』や『聊斎志異』のフランス語訳を著したレヴィ先生（André Lévy）という方です。

谷垣：筑波に行かれたことで、ラマールさんの学問というのは変化しましたか。

ラマール：そうですね。一九八〇年の秋から文部省の奨学金を得て筑波大学で研修生という身分で学びました。たった一年間の滞在だけでは、日本の学問をどう吸収すればいいかが、ようやく分かりかけただけでしたので、それだけで帰るのは惜しいと実感して、また修士（博士課程前期）に入り直し、その後博士課程後期まで行って日本に定住したのです。当時の筑波大学には、牛島徳次先生という文法史の先生がいらっしゃいました。そのゼミで『朱子語類』を読んで博士論文のテーマである虚詞「得」と出会いました。そのほかに、太田辰夫先生の研究から影響を受けました。太田辰夫先生の『中国語歴史文法』は一九八七年の中国語訳が出るまで日本語の著書しかなく、フランスでは誰も知りませんでした。私がその時代に著書や論文と原文で出会って、授業で得た知識を補ったということになりますね。

あともう一つ、私の留学した当時、東京外国語大学のアジア・アフリカ言語文化研究所の橋本萬太郎先生が東京で開かれる研究グループに誘ってくださいました。橋本先生は中国語の変化を歴史変化と地域の多様性という二つの視点を合わせてみるというアプローチを試みた、非常に視野が広い方です。一九六〇年代にアメリカに留学し、言語類型論と日本で身につけた音韻学、文献学、比較言語学とを結びつけて、刺激的な仮説を提出されました。当時の中国ではフィールド調査が困難で、データによって仮説を実証することが不可能でした。

代田：橋本萬太郎さんの話は聞いてないので口を挟みにくいのですけど、橋本萬太郎さんの言語地理学という学問は、いまはあまり評価されてないのですね。大風呂敷だという感じなのでしょうか。

ラマール：いまは個々の事例に対する分析が見直されているところが少なくないですが、全体の構成や発想は、まだ中国の言語接触研究に影響を及ぼしています。

楊：細かいところではまだ再検討する必要があるけど、大きな枠として、手法としては、そういうのもあるのかなどということでしょう。『言語類型地理論』と『現代博言学』のあの二冊は、学生の頃はみんな読みましたね。非常に魅力がありました。

ラマール：昨年の夏、甘粛省の蘭州で、「中国西北部における言語接触」というフランスの研究所のプロジェクトの一環として、研究会に出ました。そこで北京から来た社会科学院の研究者と現地の研究者が交流し、橋本説を盛んに引用していましたよ。

代田：ラマールさんの方言学は、橋本さんのそういう論文から啓発を受けた部分があるということでしょうか。

ラマール：そうですね。それに惹かれまして、博士論文で橋本説（たとえば北方中国語におけるモンゴル語などのアルタイ語の影響）のアプローチを取り入れようとしたのですが、結局のところ私の選んだトピックに関しては実証に失敗して、結論を別のところに持っていくということになりました。しかし、博論の第三部として、方言ではどうなっているのかという考察を付け加えて、それがあとの研究と直接つながりました。その部分に対して筑波の言語史の先生方が、「本当に必要でしょうかねえ」というようなコメントをなさっていましたが（笑）。一九九〇年以後の中国では、「方言文法」という学問分野が盛んになりますけれど、当時はまだそういうアプローチが限られていました。

代田：それはちょっとおもしろい話だな（笑）。

谷垣：筑波の先生やＡＡ研の橋本先生、ほかにこれまで指導を受けた先生方の中で、ラマールさんが刺激を受けた方にはどのような先生がいらっしゃいますか。いままで出てきた二人のフランスの先生、日本だと先ほどの牛島さんとか、太田辰夫先生や、橋本萬太郎先生、そのほかに日本、あるいはその他の国の先生で影響を受けた方はいらっしゃいますか。

ラマール：博士論文を言語史で書いたのは、牛島先生のゼミに出て、文献を読む中で、おもしろい現象に出会ったことがきっかけです。執筆過程で日本の白話史研究の世界一の成果と巡り会うことができました。もちろん日本以外では呂叔湘（中国社会科学院）の名も挙げるべきですが、中国の言語学界は文革の関係で七〇年代は休止状態でした。そしていま思うと、寺村秀夫先生の日本語構造論学の授業は、筑波大学の中国語学研究室と別の意味で、刺激的でした。私はもともと日本語専門ではなくて、そこでは世界各地から集まった留学生とともに「世界の言語の中の日本語」を考える場に身を置くことにより、日本語と中国語の対照研究とも初めて接しました。それがいかに有益な訓練だったかは、あとになって分かりました。駒場の中国語部会で同僚となった楊先生もその時に出会いました。

谷垣：フランスで博士号を取って、それから八七年に筑波で博士号を取って。

ラマール：はい、そして八六年の秋から非常勤講師の生活が始まります。

谷垣：フランス語の先生として日本で教え始めたのですね。フランスでは教職の経験はないのでしょうか。

ラマール：ないです。京都大学と神戸大学でフランス語を非常勤講師として教え始めて、その後京大でいわゆる外国人教師という身分で、三年間ぐらいです。

刈間：京都にいるときは、まったく中国語は教えていらっしゃらないんですか、完全にフランス語ですか。

ラマール：まったく。教養部でフランス語のみです。

谷垣：そして大阪女子大学で講師・助教授・教授と昇進されていったわけですね。大阪女子大学は何年からですか。

ラマール：大阪女子大学は、一九八七年、まだ京都大学で外国人教師としてフランス語を教えていたときから、非常勤講師として中国語学の授業を持たせていただきました。大阪女子大は京大関係者が多かったのですが、中島みどりさん経由でした。東京からはこうしたつながりが見えにくいでしょうが（笑）。

谷垣：大阪女子大学で中国語学を教えられたのですか。

ラマール：はい、国文学科で、一九九一年から専任教員として、語学としての中国語と中国語学概論の学部の授業を担当しました。中国語はもともと国文学科の漢文という科目として始まり、現代中国語が外国語科目として設けられた時にも、教員の所属は国文学科のままでした。今はもう府立大学と合併されました。

谷垣：学問を大切にするという研究風土のほかに、プラス評価できることはありましたか。

ラマール：やはり本当の意味で、関西の国文学の伝統、風土を知る機会は大切でした。

代田：それはたしかに東京にいるよりは関西にいたほうが、よくわかるかもしれませんね。

ラマール：国文学界では（笑）、慰労会は日本料理ですし、隣は仁徳陵です。大学での公用語は関西弁で、事務方の予算説明は河内弁ですので、動詞の語尾を聞いても、結局その予算が付いたのか付いていないのかよくわからないんですよ（笑）。学術の問題にもどりますが、「国文学」という学問領域と中国研究の結びつきを理解するには、とても貴重な体験ですよ。

谷垣：七年間教えられて、駒場にご赴任されたわけですね。学会を中心としての研究活動はどのようにされましたか。

ラマール：厳密に言えば、学会活動は大阪女子大に赴任してからです。しかし日本中国語学会は、最初はそれほど頻繁にかかわったわけではありません。中国や台湾に出かけたりしました。

代田：木村英樹さんがわりと力を入れていた世界的な……。

楊：ＩＡＣＬ（国際中国語言学学会）。

代田：あれにラマールさんは関係していましたか。

ラマール：はい、理事を務めたことがあります。そして、一九九三年から、少しずつですけれどもフィールドワークを始めて、向こうの学者の協力もあって、援助がないとできませんので、北京、上海以外の大学とのつながりができて、山西とか、河北とか、山東など、調査と研究会のために出かけました。日本では、岩田礼さんや平田昌司さんを中心に集まっていた中国の方言学の活動に入れていただきながら。そして最近は陝西、河南などとその学術交流が続いています。

谷垣：たしかにこうして見ると、北のほうが多いですね。

ラマール：はい。

小野：でも、いちばんはじめは客家とか、南もありましたよね。

ラマール：客家語も橋本先生ですよ、もとは。私は一九九六年から、スイスのバーゼルミッションの図書館で客家語の資料調査・分析という作業に入りますが、実はその資料を知ったのも、バーゼルを訪れた橋本萬太郎先生が一九七一年に書いてくださった紹介書を通じてでした。

谷垣：そうですね。それで客家のほうはご本も出されたんですね。

ラマール：そう、二〇〇五年に、オーストラリアのチャッペルさん（Chappell）と共著を発表しましたが、その冒頭部分に「橋本萬太郎氏へ捧ぐ」と記されています。そして広東省に出かけて客家語を調査したのは一回だけです。それは駒場に来てから、林少陽さんに弟さんを紹介してもらって実現できたのです。ちょうど駒場とつながりますね（笑）。

谷垣：世界の学会との交流と、就職の話と、研究費などもあわせたような聞き方になりますが、ラマールさんにとって駒場は、どういうものだったのでしょう、どういうよいところがあったのでしょう。ネガティブでなくてポジティブな側面というのは（笑）いかがですか。

ラマール：個人の研究費はありがたいですね。ちょっと週末に中国の研究会議に行ってくることを支える研究費は、駒場はとてもよかったと思います。共同研究の科研費も。

代田：学問的には駒場にいらっしゃったことの意味は何かございますか。

ラマール：そうですね、国文学科にいた頃は、文献学が重んじられるという気風がありました。駒場の言語情報科学専攻に来てからは木村〔英樹〕さんや楊〔凱栄〕さんのような現代中国語学の研究者、そして異なる分野の同僚、様々な言語学の理論的枠組みで仕事する人々との交流ができて、視野が広がりました。大阪では束縛を感じたというわけではありませんが、駒場では私の中にあるあらゆる側面をより自由自在に生かせる学問の土壌をみつけました。あとは、駒場は授業もして、行政もして、研究もするということが期待されるところです。だから一つも欠かすことができません。

谷垣：わたしはラマールさんと同じ時期に赴任しましたが、ラマールさんはいろんなところで積極的にマルチなご活躍をされていましたね。印象に残っているのは、長谷川〔寿一〕先生との『こころと言葉』のＣＯＥでまるまるひとつのチームを任されて、参加されていたということですね。

ラマール：それもある意味では言語情報科学専攻内のレベルで決まったところもあるんですが、その枠で大堀〔壽夫〕さんと院生と一緒に手がけた空間移動表現の研究は駒場だからできたと今は思います。

谷垣：純粋に学問的な話だけさせていただければ、パリではどんな新しいおもしろさというのがあったのでしょうか。

ラマール：日本とフランスの似ているところはまず、シノロジー、支那学プロパーの特殊性と伝統ですね。「中国研究」という分野に突っ込むには、ディシプリン、つまり理論的な学問分野に中国語の知識だけでは間に合わないわけです。

代田：学問的な蓄積みたいなのが、独特に存在しているということですよね。

ラマール：そうです。中国の外にいる者として、ヨーロッパにも日本にも、中国を研究対象としてどうとらえるかというときの視点が必要です。日本にはもう一つ、植民地支配の歴史という側面が加わります。フランスだとアラブ・マグレブ研究にあたる部分ですね。そしてヨーロッパで言えば古典はギリシャ語やラテン語が自分の「国文」の一部で、「フランス語史」「古典文学」（lettres classiques）という専門はラテン語・文学と繋がります。それに対して日本の音韻学が中国語の音韻史の方に、漢文・古典は中国文学・哲学と繋がりますので、学問分野としての中国研究は日本からの方が親しみやすいと感じます。

しかし日本とフランスの大学の双方を見ていると、この学問の転換期に、中国研究とその外に置かれたディシプリンの方法論をどう組み合わせて、そのバランスをどうとらえて、学生にまず何を要求するかという、研究者養成における課題は近いと感じます。私がいま所属する大学でも、非西欧地域の地域研究がスタートポイントですが、学部、修士のコース設計をめぐっては人文科学、社会科学の基礎理論にあてる部分と原文の文献を読む力、専門とする地域の歴史・文化を幅広く知ることのバランスをどう考えるべきかの議論を活発に行っています。駒場でもこれは結構大切なことで、その優先順位について悩むことがありました。

あと次元が違いますが、雑誌論文の引用率でプロジェクト申請を評価する世の中では、英語の論文を書かないと損する、ということが似ています（笑）。フランスでHインデックスと言って、研究者の「生産性」を測る尺度を広く用いる。あなたのは？　と聞かれて（笑）。

代田：人文学の場合にはそれでは無理なんですよね。

ラマール：でも研究費申請と研究チームの外部評価に使っていますよ。批判ももちろん出ていますが。その中でわれわれ人文学は要するにとらえ方、コンセプト、概念が大切じゃないですか。物理学、数学では適用しやすいかもしれませんけれども、自分の言葉ではなく、人の言葉で論文を書くときに、それなりのハンディをかかえます。

　そして、中国で、われわれがすでに三〇年前に書いたことを発見して論文に書いて、発見として実際に認められるのもよくある話でしょ。悪意・剽窃は別として、ただ「フランス語だったから、日本語だったから」ということで読まれていません、という悩みは何となく通じ合うような（笑）。自国の中国研究を国際的に認められながら、どうやって「自分たち独自の貢献」という部分をなくさないようにするかという課題は、非常に共通していると思います。

楊：大体中国語研究、語学でフランスにいれば、フランス語で書いたほうが引用されやすいんでしょうか、それともやっぱり中国語ですか。

ラマール：大学内では中国語もフランス語もある程度認められますが、研究費申請の世界では英語です。

代田：でも、さっきの橋本萬太郎さんなんかの例でいくと、太田さんもそうだけど、中国語になっていれば、ほかの国の人でも、英語圏の人でも、中国語を知っていればそれを通じて、日本語が読めなくても知ることができるわけでしょう。だからまだ、業界の中というのは中国学の中では、中国語に訳されたほうが、あるいは中国語で書いたほうがいいかもしれない。

ラマール：その通りです。どちらも中国で訳書が出ています。ただし中国語で論文を書くとその読者のために書くので、前提となっているものが違って、内容が異なってきます。

代田：それは中国の学界を意識して、そうされているわけですか。

ラマール：はい。概念規定から、参考文献まで、読みやすいことを考慮すれば、そうなります。しかし概念規定で学問が進むということもありますね。そこで中国研究者が全員、すべての業績を中国語で書けば、豊かさと独自さの一部が切り落とされると思います。

谷垣：日本では、近頃中国研究のガラパゴス化ということが言われています。私の周りでは、自虐的に言われていますね。たとえば、地域統合などのように中国のことを扱ったほうがいいだろうなというテーマがあると、そういう人たちは、日本における中国研究で業績があっても、アメリカの業績を引用するそうです。

代田：要するに、アメリカを向いているんですよ。

ラマール：はい、それはアメリカの中国語学研究にもあることです。

谷垣：フランスと日本との違いについてはいかがですか。

ラマール：学問と少し離れますけど、中等教育を含めて中国語大流行のフランスに戻って、中国語教育に携わる立場に立って、日本の中国語教育の質の高さを改めて実感しました。フランスはヨーロッパの中で中国語教育の伝統がある方ですが、いい参考書が不足しています。楊さんたちの『中国語Q＆A』とかがなくて残念（笑）。

楊：フランス語に訳してください（笑）。

ラマール：いや、訳しても意味ないんですよ、だって学生の頭に湧いてくるQが違うので、与えるべき有効なAも違うはずです。それもやはりある意味で、学問の蓄積と関係します。辞書もそうですよね。日本の中国語教育の教材と参考書は、おそらく世界では類を見ないと思います。たぶん学者と学習者の双方の層が厚くなっているという条件がそろっているのでしょうね。それで学生、院生によく、「こういう感じの本はないんですか」と聞かれます。「日本語ならありますけどね」って答えると（笑）、嫌な目で見られます。

楊：ラマールさんの所属するヨーロッパ中国語学会は三〇〇人ぐらいですか。

ラマール：まあ、そんなもんでしょう。中国学会に相当するヨーロッパ中国学会（ＥＡＣＳ）は、会員は七〇〇人以上ですが、古典、文学、歴史、思想史、美術史などが多いです。

谷垣：フランス中国学会もありますか。

ラマール：はい、会員三〇〇人弱だと思います。しかし言語学の領域ではフランスの国レベルの学会はなく、ヨーロッパレベルのみです。

谷垣：代田先生、現中学会（日本現代中国学会）は何人ぐらいですか。

代田：いま結構増えたんじゃないですか、七〇〇か八〇〇ぐらいでしょうか。

ラマール：中国語学会は一〇〇〇人超えています。

谷垣：人数のほかに、もうちょっと質的なもの、方向性とかはどうですか。

代田：広い意味の中国学か、あるいは、日本の知的世界における中国に対する見方を、ラマール先生がどう考えていらっしゃるのかをお聞きしたいと思うのですが。

ラマール：もう少し日本との類似性を求めるなら、意外にも日本の中国研究は、マイナーな領域として位置づけられている点が挙げられます。印象に残ったのは、駒場の教養学部の外部評価のときに、「中国語学習者が増えてきているので、人事も中国語を教える教員を採用し続けているが、それで学問研究のレベルが落ちないか」という危惧を直接ぶつけられたことです。怒りを感じましたが（笑）、フランスの歴史学の同僚から、英米以外の地域を対象とする研究者が歴史学界で認められにくいと聞きました。

代田：そうですか。つまり、そういう人は教員として採用したいけれども、それだけの優秀な人はいますかということでしょうか。つまり日本の中の中国研究者に対する認識というのがまだ低いというか、あまり認知されてないというか、そういう感じをお持ちだと。でも日本だとそこまではいかないと思うな。

ラマール：そうですが、これは分野によるでしょう。ただきっき触れた発言から考えると、「アジア研究者はその学問の最前線にいない」という認識が、まだ一部の学者には残っているということを示しています（笑）。

代田：そこには二重の問題があって、われわれはそれを乗り越えようとしたということと、そもそもそれが本当に最先端かどうかという問題に疑いを差し挟まないその思想構造の問題と、両方なんですよ（笑）。

ラマール：まさにそうなんです。その学問分野全体にとって、我々が集めたデータと分析が必要ですよということを訴える声が、どうしても聞こえにくいということがありますね。おそらくフランスの方が深刻で、日本は、学者も学習者も多くて、地理的にも近い、漢字圏ということで共有する概念も少なくない。そもそも自分の学問の中に「中国」が入っています。もちろん現代中国の研究になると分野によってその身近さが機能しなくなりますが。

フランスの場合、口ではもちろんグローバル化とか世界史を視野にいれると言うのが流行ってはいるんですが、フランス研究をやっている人たちはフランスで完結している部分もあります。理論もフランスが最高だ、という認識は学問領域によってまだ見受けられます。

代田：ラマールさんのご人徳で共通点をだいぶお話しいただいたんですけど、やっぱりちょっと気になるのは、日本の中国学の問題点。別に言語学でなくても、一般的な意味でいいですけど。

ラマール：中国学ですか。

代田：それだけなく、もっと広い意味での中国に対する見方でもいい。

楊：語学をやっている人は、あまりそういう発想はないかもしれない。

代田：でもラマールさんは、さっきもいちばん最初に申し上げたけれども、市民運動をおやりになって、「上海の春」から出発して、八九年の六・四のときの留学生支援活動などもされていますよね。問題意識はお持ちだというふうに感じるわけです。日本の研究者でもいいですし、日本の知的な人々でもいいですが。

ラマール：六・四後の数年間のあいだ、日本のメディアの中国報道を観察する機会がありました。新聞記者が書いた記事がデスクに切られるとかはあると聞きました。中国の報道統制下の支局記者の仕事の難しさを反映する部分もありますが、フランスの報道と比べると、もう一つおそらく、売れるか、売れないかという要素も絡んでくるのではと思います。フランスでは、政治弾圧の　ニュースのほうが売れるというところもあって、国全体がそういう声を聞きたがる部分もあります。社会のこうした関心は現代中国研究のあり方にも微妙に影響を与えます。たとえば一九七〇年代から、中国の社会・政治の「非公式」な部分にスポットをあてた研究が発表されています。学界内部に限る専門性の高いもののほかに、広い意味での社会科学界とマスコミに注目されたものもありました。

代田：それは日本でもさまざまなので、ちょっと。

ラマール：はい。あとはたぶん文学作品の翻訳にも似たような現象があります。

代田：それも当然選択する目があるはずですよね。

ラマール：はい。普通の本屋で並べる中国現代文学の訳書はフランスのほうが多い。大都市の文学関係の本が揃った本屋にいくと、中国コーナーがあったりします。

代田：現代の中国のいまの作家の翻訳が出ている。それだけ読者がいるということですね。

ラマール：はい、いるからということでしょう。ちょっとした印象で、量的に測れていませんが。中国研究の学術界と、社会、文学、思想に広く興味をもつ知識層の一般読者との境目の引き方が、日本とは異なるという気がします。

谷垣：フランスと中国というと、アメリカのように、政治的な難民を受け入れ、研究機関でも職を得ている方がいるような印象を持ちます。

ラマール：研究機関はそれほど受け入れていませんよ。フランスの大学はかなり外部者に厳しい（笑）。八九年に、個人の助けを得て、香港経由でパリにたどり着いた民主化運動活動家が一時目立ちましたが、あとはたいていアメリカに移りました。

代田：その点ではアメリカのほうが、亡命者が大学の先生になったりしていますね。
ラマール：はい。フランスは一人も浮かんできません。
代田：ノーベル文学賞の高行建が作家として活動していますが。アカデミック・ポジションではないと。
ラマール：アカデミック界は閉鎖的ですよ。フランス語の壁もあったでしょうけどね。
代田：そろそろ時間も遅くなったので、もし質問が、これはしておきたいという方があればお願いします。
岩月：先生がフランスで勉強されてきたときの雰囲気として、中国研究というのは東洋学とイコールなのか、それとも東洋学の一部なのか、つまり東洋学の中での中国研究のプレゼンスはどれくらいでしょうか。
ラマール：大学時代の頃は、圧倒的に中国研究の存在は大きかったんですけれども、いまはもう少し多様になっていると思います。ただし、言語学で言うと、残念ながら日本語学やベトナム語学、朝鮮語学はあんまり盛んではありません。やはり中国語研究が東アジアの中でいちばんしっかりしているというところです。
　中国認識にもどると、いまヨーロッパ全体について言えるかもしれませんが、教育界や大学界などで、中国はもう自分をはるかに超えている側面が多いということがわかっていない人が多い。われわれの教育環境、研究環境は往々にして中国より劣っている、というのがわかってない人が多くて（笑）。
代田：それは日本もそういう面があると思う。
ラマール：たしかにそうです。けれども、社会科学、そして現代思想などの人文科学界では日本はもう少し謙遜しているというような気がします（笑）。
代田：一部の人はそうじゃないと思いますけどね、傲慢なのがいますけど。
ラマール：割合の問題ですか（笑）。距離がもう、日本の方が中国に足を運ぶ人が多いという要素もあるでしょう。
代田：交流していると中国の実態がわかるので。

ラマール：そうです、日本の方がもう少し近いということで。

谷垣：わかりました、それではこれでよろしいでしょうか。長時間にわたりありがとうございました。

言及人名・事項の略解（データはインタビュー当時）

代田智明　一九五一年生まれ。東京大学教養学部・大学院総合文化研究科教授。専門は近現代中国文学・思想研究。

谷垣真理子　一九六〇年生まれ。東京大学教養学部・大学院総合文化研究科准教授。専門は香港地域研究。

刈間文俊　一九五二年生まれ。東京大学教養学部・大学院総合文化研究科教授。専門は比較表象文化論・中国映画研究。

楊凱栄　一九五七年生まれ。東京大学教養学部・大学院総合文化研究科教授。専門は現代中国語学・対照言語学。

小野秀樹　一九六四年生まれ。東京大学教養学部・大学院総合文化研究科准教授。専門は現代中国語学・言語学。

岩月純一　一九六八年生まれ。東京大学教養学部・大学院総合文化研究科准教授。専門は近代東アジア言語政策史研究。

ニョクマム　ベトナム料理で使われる調味料で、小魚を原料とする魚醤の一種。タイ料理で使われるナンプラーと比べ、発酵の度合いが低く魚の香りが強い傾向がある。

トゥルベツコイ　ニコライ・セルゲーエヴィチ・トゥルベツコイ（一八九〇～一九三八年）。ロシアの言語学者。元ウィーン大学教授。プラハ学派の中心的人物。ソシュールらの思想を批判的に継承し、構造主義音韻論の方法を確立した。

文化アタッシェ　大使館および公使館で、軍事・科学・経済・文化などの専門分野を管掌し、使節団の任務に協力する専門的職員のうち、文化部門を担当する館員。

ペリオ（Pelliot）　ポール・ペリオ（Paul Pelliot）（一八七八～一九四五年）。二二歳でハノイの極東学院の中国語教授となる。敦煌文献の調査で有名。第一次大戦中はフランス武官として北京に滞在した。

話本　中国の宋代から元代にかけての講演・語り物の台本、もしくは台詞と詞（うた）を織り交ぜた説話小説のテキストをいう。

牛島徳次　（一九一八～一九九九年）。東京教育大学（筑波大学）名誉教授。漢文学者・中国語学者。著書に『漢語文法論』（古代編および中古編。大修館書店）、『中国語、その魅力と魔力』（同学社）等。

虚詞「得」　虚詞は「機能語」、すなわち実質的な意味を担わない語をいう。虚詞としての「得」「得 de」は以下の機能を持つ：一）動詞・形容詞のあとに単独で用いて可能を示す：二）動詞と結果補語または方向補語の間に用いて、行為の結果、補語が表す事態が実現し得ることを表す：三）動詞や形容詞のあとに付けて、さらにそのあとに形容詞句や動詞句などをともない、動作行為の結果や程度を表す。

太田辰夫　（一九一六～一九八九年）。神戸市外国語大学名誉教授。専門は中国語歴史文法。著書に『中国語歴史文法』等。

橋本萬太郎　（一九三二～一九八七年）。元東京外国語大学アジア・アフリカ言語文化研究所（ＡＡ研）教授。専門は言語学。代表的著作に『言語類型地理論』『現代博言学』など。

呂叔湘　（一九〇四～一九九八年）。元中国社会科学院語言研究所所長。中国を代表する言語学者、教育学者。著書に『中国文法要略』、『現代漢語語法講話』等多数。

寺村秀夫　（一九二八～一九九〇年）。元大阪大学教授。専門は日本語文法、代表作に『日本語のシンタクスと意味』Ⅰ～Ⅲ等。

中島みどり　（一九三九～二〇〇一年）。元大阪女子大学教授。中国文学者。著書に『中国詩文選　二　詩経』等。

木村英樹　一九五三年生まれ。東京大学文学部・大学院人文社会系研究科教授。専門は中国語学。著書に『中国語はじめの一歩』『中国語文法の意味とかたち』等。

岩田　礼　一九五二年生まれ。金沢大学教授。専門は中国語学、方言地理学。著書に『中国の方言地理学のために』等。

平田昌司　一九五五年生まれ。京都大学教授。専門は中国語史・中国近代学術史。著書に『『孫子』―解答のない兵法』等。

チャッペル　ヒラリー・チャッペル(Hilary Chappel)。一九五五年生まれ。フランスの社会科学高等研究院教授。専門は中国方言学、中国方言類型論。共著書に A grammar and lexicon of Hakka（『客家話的語法和詞匯』）等。

林少陽　一九六三年中国広東省生まれ。東京大学教養学部・大学院総合文化研究科准教授。専門は近代中国と近代日本の思想史・文学史・文化史。

長谷川寿一　一九五二年生まれ。東京大学教養学部・大学院総合文化研究科教授。教養学部・総合文化研究科長（二〇一一～一三年）。専門は動物行動学、進化心理学、人間行動生態学。

大堀壽夫　一九六〇年生まれ。東京大学教養学部・大学院総合文化研究科教授。専門は意味論、機能的類型論。著書に『認知言語学』等。

Ｈインデックス　「h-index」。公刊した論文の数と引用された論文の数によって研究者の貢献度を定量化する指標。「ｈ指数」「ｈ指標」とも呼ばれる。

『中国語Ｑ＆Ａ』　相原茂・荒川清秀・喜多山幸子・玄宜青・佐藤進・楊凱栄の各氏による共著『中国語教室Ｑ＆Ａ一〇一』。二〇〇〇年に大修館書店より刊行。

現中学会　日本現代中国学会。一九五一年に「現代中国学会」として創立される。現代中国のみならず現代アジアに関する諸分野の研究をも視野に入れた学会。

六・四　一九八九年六月四日に起きた、中国人民解放軍による市民・学生に対する武力弾圧。日本では「天安門事件」「六四天安門事件」とも呼ばれる。

話者紹介

ラマール・クリスティーン（Christine Lamarre：C・ラマール、柯理思）

中国語学研究者。フランス国立東洋言語文化研究所（ＩＮＡＬＣＯ）教授、元東京大学大学院総合文化研究科教授。フランス国立東洋言語文化研究所（ＩＮＡＬＣＯ）副所長、国際中国語言学学会（ＩＡＣＬ）会長、台湾中央研究院語言学研究所『語言曁語言学』編輯委員、日本言語学会『言語研究』特別編集委員、東アジア言語研究センター（ＣＲＬＡＯ）『Cahiers de Linguistique Asie Orientale』編集委員。

一九五五年生まれ。フランス国立東洋言語文化研究所（ＩＮＡＬＣＯ）で中国語や中国語学を教える。主な研究領域は中国語の文法と意味。主要著書に『A Grammar and Lexicon of Hakka: Historical Materials from the Basel Mission Library』（EHESS。Hilary Chappell と共著）、『漢字圏の近代――ことばと国家』（東京大学出版会。村田雄二郎と共編）、『こころと言葉――進化と認知科学のアプローチ』（東京大学出版会。長谷川寿一・伊藤たかねと共編）がある。

聞き取り（2）　香港から見た日本の中国研究

林　少　陽

話者：林　少　陽（香港城市大学〔当時〕）

日時：平成二四年一月一八日（水）
場所：東京大学駒場キャンパス一八号館四階会議室コラボ4
インタビュアー：代田智明、谷垣真理子
参加者：刈間文俊、石井剛

谷垣：本日は私たちの元同僚の林少陽先生を香港の城市大学からお招きして、日本の中国研究、あるいは日本の中国認識についての印象を、ざっくばらんにうかがいたいと思います。

林先生はご経歴からわかるように、日本のことについても非常に深く理解されております。ご研究は日本研究と中国研究にまたがり、独特なスタンスをとられておられます。私たちのプロジェクトでは、すでに二人ほどの駒場関係者、広い意味での駒場関係者に聞き取りを行っています。そこでは、それぞれの方の中国語学習歴、あるいは中国研究を志すきっかけについてうかがいました。ですので、林さんにつきましては日本語学習歴、あるいは、日本研究を志すきっかけ、さらに、日本研究者であり、かつ中国研究者であるという林さんの現在のスタンスがどのように形成されたのかを、最初に簡単にうかがいたいと思います。それではまず日本語学習歴からお願いします。

林：僕の日本語の学習歴につきましては、一九七九年九月から一九八三年六月までの四年間ですけど、文化大革命後大学入試再開後の三回目の入学生です。日本語に関しましては、私はそれまでは英語科に入るための教育を受けてきたので、むしろ英語科に入学すべき環境だったのですが、高校卒業の時に日本語のほうにたいへん好奇心を持つようになりました。日本語は漢字が挟まれている外国語ということで、当時僕にとっては大きな好奇心をそそったのです。それで両親と相談して、日本語科のほうを選んだわけです。

谷垣：漢字が挟まれている外国語として日本語に興味を持ったというのは、何か直接的なきっかけがあったのでしょうか。

林：ある日偶然『日漢辞典』という小さい辞典を見て、すごく奇妙な言葉だなと思って取ったのがきっかけなんです。大学に入ると同じクラスなのに、ほとんど日本語ができるけれども、僕のように英語から入るものと、ロシア語から入るものが、三、四人がいるんですね。

谷垣：厦門大学の日本語学科は学生さんは何人ぐらいだったのですか。

林：二一名だと覚えております。出身の省からいうと、福建省出身者がわりと多く、ほかは北京、上海、天津、広東省、浙江省ぐらいで、福建省以外は、一つの省からそれぞれ二名ぐらい来ている、という感じでした。

谷垣：そこでは日本語をどのように勉強されたのですか。

林：僕は、最初は本当に好奇心のみで、もちろん日本語の知識はなにもなかったわけです。幸いなことに二年生からは、現筑波大学の修士課程修了の森秀雄という先生に出会いました。

代田：当時は筑波教育大。

林：そうです。森先生は先秦思想の研究で修士課程を終えた、三〇代の先生でした。老荘的な隠遁思想の強い方だと思います。彼は私の日本研究に、一番最初の基礎をつくってくださった恩師の一人です。先生は当時は日本文学史を中心に授業をしてくれました。自分で作った近代日本の文学史の講義を油印印刷して勉強させてくれました。

代田：油印ね、ガリ版刷り。

林：そうそう、ガリ版刷りです。それと同時に文学作品の精読、この二つがメインじゃないかと思います。とくに文学史の勉強は、近代日本の歴史の勉強にも繋がりますので、まったく斬新な世界を僕にとって開いてくださったんですけど。その先生はとくに、普通の授業以外に毎週一回ぐらい、わりと成績のいい三、四人を集めて、自宅で大学のカリキュラムと関係ないゼミをやってくれました。

翌年、中村先生という女性の先生がきました。彼女はよく明治期の音楽や唱歌を流してくれたりしました。これもまた私に、リズムを通して明治期の文化史や歴史への関心をかきたてました。今でも私は明治の唱歌などが大好きなんです。言葉では旨く表現はできないんですけど、これらの唱歌は、ある種の近代の日本像を想像させます。近代でもあり、伝統的でもあるような、言葉を超える、音楽でしか伝わらないような日本像を。

代田：文部省唱歌、明治に作られた。

林：そうです、文部省唱歌です。歌詞の文語調の日本語はたいへん興味深かったです。僕にとっては、漢字圏の別の文化の存在と、僕らが慣れ親しんできたつもりの、近代中国語の白話文への認識を促す瞬間でもありました。こういう明治期の歌詞としての日本語の言語表現、漢文調であるわけですが、言文一致に発展していくまでのこの漢文調のリズムに私は強く惹かれたわけです。

谷垣：卒論では何を書かれたのですか。

林：恥ずかしいですけど、「佐藤春夫と郁達夫《いくたつふ》」(1)というテーマでした(笑)。ものすごく悪い成績をもらったことで、いまでも気になっているんです。

代田：でも、これ非常に典型的というか、日本だとある時期にはよくあるテーマだと思います。

林：そうでしたか。当時の中国において、私が郁達夫を読み始めた独自の文脈があるかと思うのですが。僕が大学にいた頃、どちらかと言えば思春期の頃じゃないですか、厳密な意味では。で、郁達夫の小説は僕にとっては、そういう青春期の悩みの象徴として読んでいるのも、そういう側面があると思うのです。

佐藤春夫の『田園の憂鬱』という小説もそうした読み方になっています。いまだにこれを思うと恥ずかしいぐらいです。ただ、私の厦門大学日本語科の四年間の日本語教育とは、二年生後期からすでにこうした文学史を中心とする、あるいは広い意味での歴史を中心とするような内容です。森先生という当時の先生にほんとうに感謝しています。

谷垣：それでは大学を卒業された八三年から八五年の間は、何をしていらっしゃったのですか。

林：卒業するまでは社会に出ることをたいへん不安に思っていました。僕の青春の憂鬱という、単純に人生的なものではありますが、多少時代的で政治的なものでもあります。これは一八歳から一九歳までの僕が、北島の詩などを読みふけっていたことからも窺えます。とくにかく進路について彷徨っているうちに東北師範大学の修士の入試を受けることにしました。当時はものすごく修士に入るのが厳しい時代だったこともあり、準備も不足していたので、落ちちゃって。それで職場に配属される運命になったのです。僕は二年間、九龍税関に配属されました。いまの深圳税関です。

谷垣：香港側ではなく、深圳側の。

林：そうですね、深圳側のです。全く興味のない仕事ですので、その二年間何をやっていたかというと、東北師範大の失敗を教訓に、今度は修士の入試をまともに準備することでした。そして吉林大学大学院に合格しました。

当時の中国で日本語と日本文学の修士号を直接出せるところは、吉林大学と北京大学と社会科学院の三つでした。修士課程を持っているほかの大学では、修士課程の学生を募集することは可能ですが、論文の提出先は、吉林大学かほかの二つのところでないとダメなんです。

谷垣：日本語の基礎はすでにできていたわけですから、吉林大学ではどのような勉強をされましたか。

林：当時の吉林大学大学院の宿舎には私以外に二人のルームメートがいて、一人は上海外国語大学（当時は上海外国語学院）から来た、同じ日本文学をやる仲間で、もう一人は哲学を専門とする人でした。結局僕はその哲学の大学院生の方と主に付き合い、勉強もたいへん影響を受けました。中国文学の大学院生ともよく付き合い、ガリ版で文学の同人誌も発行したりしました。

ついでですが、当時の中国文学状況を考える場合、やっぱりそういう大学での文学雑誌、同人誌はかなり重要だと思います。と同時に、当時大学院に当たる、中国語でいう「研究生院」（大学院）資格をもつ大学はそんなにないので、そのような大学院には一箇所で一つの雑誌を出すことを許され、出資もしてくれるようになりました。ガリ版ではなく、「内部出版」という限定的な出版ではありますが、大学院生の自主雑誌として中国では当時斬新なことです。

吉林大学大学院の雑誌は『研究生時代』という雑誌です。八〇年代の思想を考える際に、こうした主要大学院でやった院生編集の雑誌も研究対象とされるべきだと思います。僕はこの『研究生時代』も編集者の一人として協力していました。僕にとっては、ほかの編集者の大学院生との付き合いもとてもいい刺激でした。

当時の吉林大学は中国でわりと日本語の資料が集まっているところです。ある日たまたま図書館で『西脇順三郎全集』という書物に出会いました。なにげなく読み始めたのが西脇が一九二六年に書いた批評、「Profanus」でした。西脇の批評に魅了されてはいましたが、正直かなりわからないんです。それで僕の最初の研究は「西脇順三郎の早期詩作と思想」という大袈裟なテーマだったんです。
谷垣：修士論文の評価はいかがでしたか。
林：そうですね（笑）。この修論は未解決の問題も多いですが、一応審査委員会からお褒めの言葉をいただきました。西脇順三郎は一応文学のほうに入る人なんですが、僕の西脇の批評理論の位置付けからいうと、実際彼は理論的な人でもあって、僕は広い意味での日本思想、あるいは理論家の一人だと見ているわけです。
谷垣：一九八八年の七月に文学修士を取られてから、教歴はありませんね。一九九九年までの間どうされていたのですか。
林：八九年の六月の「六四」事件の後、中国の大学はやっぱり暗いんです。もう中国の大学には戻る気がなくなったので、ある程度経済的な準備をして外国に留学に行くことを真剣に考えはじめました。ただ、当時は日本への留学はほとんど考えていなかった。日本の大学はあまり学位を出してくれない、奨学金もなかなか難しい、これは私の得た情報です。それで一応アメリカの大学にいくつもりだったんです。
香港で仕事をしながら、留学の準備として日本近代文学と、中国近代文学の勉強もしました。そして乱雑に哲学関係の本も読み漁りました。中国近代文学については、中国の近代詩関係の研究を投稿したりもしました。
西脇については、僕は彼の詩というよりも、批評理論のほうにもっと関心を持っていましたが、修士論文を書いたにもかかわらず、わかってないことが多かったのです。それで今後も続けてやるべきだと強く思いました。それで、さっきアメリカへいくつもりと申し上げ、現地へも二回ほど見学に行きましたが、最終的にアメリカにいくことになったら、大きな躊躇が出てきたのです。
谷垣：何年のことですか。
林：それは九四、五年の話なんです。もし漢字圏でないアメリカで日本研究をやるとしたら、これで本当にいいのかどうかという不安と躊躇が、とくに向こうの研究を読むと出るようになったのです。
それが一転したのは、ある日、大学時代の同窓生と話したことです。その同窓生は当時大阪大学に留学していて、社会言語学の博士論文を書いていました。彼女に聞いたら、日本の大学院の事情は私の持っていた情報と違っていたのです。学位も出してくれるし、奨学金もある程度出ると。これを聞いて、僕は一夜のうちにずっと考えていたアメリカにいく計画をやめたんです。それでその友たちのご紹介もあり一九九八年秋に大阪大学に研究生の入学試験を受けるために来日しました。

谷垣：それでは、そろそろ、どのように日本研究を志したのか、研究テーマをどのように決めたのか、などをうかがいましょう。日本の学会との交流や、研究職に就くまでの経緯もあわせてお話しください。大阪で、いいご縁があったのに、どうして東京にこられたのでしょうか。

林：大阪大学は留学生に親切な大学で、それにたいへんオープンな雰囲気でした。たいへんお世話になった一年でもあったんですが、やっぱりもっと学際的なところが僕にとってはやや足りないという不満がありました。小森陽一先生とエリス俊子先生などの論文や本を読んだことも私にとって東大駒場の研究者グループに注目するきっかけでした。阪大の図書館で集中的に八〇年代以来十数年間の『思想』の論文などをコピーし読んでいたことも大きいです。
そして僕は、駒場が日本における現代思想、批評の中心地の一つであることにようやく気が付いたのです。日本における現代思想の思潮に近代を見直す可能性を意識するようになりました。というのは、私は日本と中国の近代を見直す研究にたいへん関心を持ってきたからです。考えてみると、僕は一留学生として、ちょうど日本において現代思想が現地文脈化され、成果の実った時期に駒場キャンパスに来たわけです。これは私にとって人生の大きな転換点だと思います。

谷垣：研究テーマはどのように構築されていかれたのでしょうか。

林：相変わらず西脇順三郎の批評理論の研究のテーマなんですけど、西脇の理論は学位論文の段階では四分の一ぐらいであり、彼の理論を手がかりに、イロニーという、西脇が西洋の文学・哲学から持ってきた概念の整理を通し、それと関連付けながら「文」という漢字圏固有の思想的文学的概念を究明し、理論的に再構築しようと試みました。「文」の「抑圧」の問題について、近代日本と近代中国の文学批評と思想とに跨りながらやりました。ちなみに西脇の批評理論自体はいまだに日本においてあまりやられていないです。当時の駒場の言語情報科学専攻の先生方は、西脇の詩論についてやりたい院生がもし出てきたら、やってもらうべきだと判断があったようです。一応僕は西脇をやる約束で直接ドクターコースのほうに入ったわけですが、西脇の批評理論はものすごくインターディシプリナリーな、学科横断的なもので扱いにくいこととして知られていますが。

谷垣：私は林さんのご研究というと、章炳麟(2)というイメージがつよいのです。先ほどからの日本研究から、中国文学や中国哲学で本を一冊書くようになるには、どこで変身されたのですか。それとも、基本はあまり変わっていないのですか。

林：僕は変身なんかしてないと思うのですが。その後小森陽一先生などの影響で、漱石の批評理論のほうにも、あと、横光利一の批評理論のほうにも関心が広がったんですが。ただやっぱり近代の批評理論にのみ集中することは到底無理です。つまり私の文学への関心と、哲学への関心と歴史への関心という三つが一緒になれない点があったのです。ぼくにとって思想史はその三つを一つにする可能性を持っているものとして出てくるわけですね。

谷垣：少し話題をかえて、林さんと日本との交流についてうかがいたいと思います。身近な親戚や友人で、日本と関係のある方はいらっしゃいますか。

林：いや、いないです。
谷垣：まったくなしですか。日本とご商売をされている人も含めて。
林：いや、まったくないです。
谷垣：研究職に就くまでの経緯は、いただいたCV（履歴書）にあるように、東京で研究職として歩みを始めたということですね。
林：すくなくとも私の日本研究に関してはそう言っても過言ではないです。それまでは自分で中国近代文学の勉強と研究をしてきました。
谷垣：それでは、中国の学界との交流、世界の学界との交流は、いかがでしょうか。
代田：香港で藤井省三さんにお酒を飲みながら悩みを聞いてもらうというのは、どういうきっかけ、出会いだったのですか。
林：それは香港の天地図書という出版社の主催する、長編小説の授賞大会に参加した時でした。僕が参加したのは、香港の作家の劉以鬯《リユウイチヤン》に会えたからです。新感覚派的な手法の劉以鬯は僕が愛読する作家の一人です。そこで藤井省三先生と知り合ったわけです。
代田：それは九四、五年とさっきおっしゃってましたけど。
林：九四、五年だと思います、藤井先生から中国文学と日本文学の話をいろいろ伺いました。
谷垣：香港の学界とはほとんど交流なかったのですか。林さんが香港の学界と交流を始めたというのは、駒場にきてからですか。
林：厳密に言えばそうだと思うのです。そもそも香港の学界は返還前はより小さかったです。その間で付き合っていたのは、作家とか詩人以外には、やっぱり中国文学の研究者です。これは主には広州とか特に北京の人たちとの付き合いだったんです。そういうこともあって、大陸で中国文学をやっている知り合いの多くは私が中国文学研究の出身だと誤解されています。

谷垣：作家とか詩人とは付き合っていたのですか。

林：若手とはある程度付き合いました。

谷垣：香港の、それとも。

林：香港もいますが、主には大陸の人たちと。

谷垣：大陸は広州ですか。それとも北京や上海でしょうか。

林：いえ、一九八三年に深圳に配属されたので深圳です。仲間と深圳市最初の民間文学結社である「伶仃洋」という近代詩と批評の結社をつくった同人の一人です。当時の深圳は自由の新天地を求めて来る若者が多い時代でした。文学青年もそうですし、マスメディアの『深圳青年報』などの周辺がそうです。(3)時代的な制限もあり『伶仃洋』自体はあまりレベルが高いとは思いませんが、歴史的な意味と、当時文学青年が深圳に放浪しに来る際に重要な溜まり場となっていた点において、体制的な文学のあり方と距離のあるところで及び大学以外のところで自主的に文学をやることは当時やや稀であったので、ある程度の意味を持っていたと思います。八〇年代の文学、特に詩というのはある既成の言説を解体するうえで、かなり重要でした。いろいろな意味において深圳自体は改革開放当初の中国において既成の秩序を解体するうえで大きな意味を持っていたということです。

代田：もちろん八〇年代の詩について、林さんに語ってもらうことのほうが、おもしろいかもしれないね。それは今日は主テーマではないので、いずれやりましょう。

谷垣：『伶仃洋』や『研究生時代』を出版されて、組織者としてもとても有能な方なんですね。

林：いや、僕は組織されるメンバーの一人に過ぎないのですが。

代田：編集者かな。
林：僕は彼らと比べて若いほうです。当時深圳に『特区文学』という厚い、深圳文学連合会（文連）と作家協会が出していた全国向けの公的な文学雑誌があります。僕は何らかの機縁で詩の正式なデビューをしました。
石井：それは何年ですか。
林：一九八四年です。
代田：八〇年代の改革開放が始まったばかりのエネルギッシュな時代の、真ん中にいらした。
林：厳密には一九八三年の七月以降の話でしょうね。一九八五年の八月までの二年間の話なんです。
代田：文連なんかに積極的にそういう詩人、若い作家たちを入れようとしているときですか。
林：その通りです。生活的にも保障されますし既成の作家と認定されるシンボルだからです。深圳は一つの改革開放のシンボルとして、いろんな人材の準備が必要ということで、よその省からこういう既成の詩人や作家を導入したり、現地でスカウトして育成したりする感じです。
代田：しかし林さんの中国文学創作界との関係というのは、わりと長く続くわけですよね、この時期だけでなくて。
林：まあ、一応個人的な付き合いです。
代田：たしかに早熟だったんですよね、一九歳で大学卒業しちゃって、そこから結構詩人、文学グループと出会ったり、いろんなことやってたわけですから。八〇年代という頃は。
刈間：深圳に貝嶺はまだ出てこないでしょ。
林：貝嶺はそのあとにきた人で僕とはすれ違いでした。『深圳青年報』という八九年以後に壊滅された、新聞のほうに、いろんな人がいたんですね。その時僕はもうはるばる東北の長春から遠くで見ているだけです。
谷垣：就職後、駒場では中国語を教えられましたね。二年生用の教科書を編纂されて特色を出されていたと思います。香港城市大学ではどういうことを教えていらっしゃるのですか。

林：私は文化遺産というプログラムのほうに属していますが、どちらかというと文化史的な講義です。教える内容はもちろん中国関係あるいは中国の文化史がメインなんですけど、コースの合間に日本関係のものも入れたりして、学生に東アジアの視野を持たせる意図があります。そして東西の文化関係にも触れたりします。香港はやっぱりイギリスの植民地として、学問的には英語圏志向、昔はイギリス今は特にアメリカ志向であるため、いままで東アジアとの関連が弱いというか、そういう意識が弱いほうです。イギリスからかなり離れた植民地ではあったのですが、一般的に大学教育の世界やエリート層の人たちは英語圏への意識、あるいは関心が強いわけです。香港城市大学は典型的な英語の支配のもとにある大学ですね。僕の授業の設定としては、できれば近代中国の文化と学術と近代日本との関連を学生に知ってもらおうということです。

谷垣：いままで指導を受けた先生のなかで、とくにこの人の影響を受けたとか、やはりご自身が研究者となるに際して、この人なくして今の自分はないというような方はいらっしゃいませんか。また、ご自身の研究を学術史上でどのように位置づけされていますか。自分でどのように自己規定されていますか。

林：駒場は僕の研究者としての遅れ馳せながらの出発点ですし、研究者として育ててくださったご恩がとてもあるところです。特に小森先生から貴重なお時間をたくさんいただきました。その点においてたいへん幸せな学生です。

とくに駒場は、現代日本の知識思想史のあり方の中で、わりとリベラルな批判的な意識が強いところですので、留学先として来てよかったと思います。もちろん学問的にも政治的にも中国研究の先生も含んでそうだと思います。もう一つ、駒場がわりとインターディシプリナリーである点は、僕のように雑学的にやってきた人間にとっては、ありがたい点です。これは特に漢字圏の視点で近代中国研究と近代日本研究を同時にしたい僕にとって重要です。細かく専門が分けられているところは私にとってはすこしまずいと思います。

代田：やりにくい。

林：ええ、やりにくいと思います。現在の教育の内容もそうなんですけど、僕にとっては好きなのは、いまの大学は何でもやれる文化遺産というコースなので。

代田：小森陽一さんがやってきたような要するに近代批判というか、つまり僕も小森さんに近い立場にいるんだけど、近代主義を批判するというのは僕の問題意識の中にずっとあったわけだけど。中国の研究者と話をするとね、なかなかその近代主義の部分、彼らの近代主義というのかな、彼らの中に染みついている、そっちのほうを崩すのがすごくたいへんで、僕の中で持っている問題をわかってもらうことはすごく難しいんですよね。大陸の研究者と交流するときに、僕はいつもそれを感じているんだけど。林さんの場合にはなぜその小森さんとかエリスさんとかのそういう近代主義を相対化する意識というものを、受け入れることがわりと簡単にできたんですかね。

林：たいへん面白い問題を提起していただいていると思います。僕はやっぱり直線的な歴史観に基づいている、近代主義的な枠組みで中国の思想・文化を解釈していることに対する懐疑が、学生の時代からずっと強くあったということです。このようなスタンスはのちの日本研究にも延長しました。

代田：それはやっぱり大学時代に培われた、それ以前からも。

林：それはいつから始まったかわからないんですけど、とにかく一九八五年九月の僕はそういう考えの持ち主だったということを、今の代田先生のご質問で思い出したのです。その当時、李沢厚の中国思想の再解釈が若者に大きな影響を与えているんですね。私も例外ではないです。李沢厚こそ思想としての古典学を考えるための最初のベースをつくった、と僕は思います。他方、マルクス主義者の李沢厚の、理性に基づく楽観的な近代主義的な枠組みに対して、私は始終半信半疑の思いを持ってきました。ただ、オーソドックスのマルクス主義を解体した彼の言説には、僕は、大きな感銘を受けたんです。僕は当時読み漁ったのは、翻訳されたフランクフルト学派の書物です。

石井：フランクフルト学派の誰のものですか、八〇年代ですね。

林：たとえば、マルクーゼとか。また、タイトルを忘れたのですが、緑原の訳したフランクフルトマルクス主義の薄い論集がありました。フランクフルトマルクス主義が愛読されていたのは、公的な俗流マルクス主義に対する反感に由来しながら、そのような俗流マルクス主義を基盤にフランクフルトマルクス主義を受け入れていたという側面があります。八〇年代の後半の大学院のマルクス主義哲学の修士論文の主なテーマは、フランクフルト学派が主流ではないかと言えるぐらいです。文革批判の意図も大きいと思いますが、「主体性」とそれにつながる人間の解放の文脈で語っているのが当時の一つの特徴です。あと、フランクフルトスクールにとっての文化の重みが、当時の人たちの文化ブーム（「文化熱」）の中で大きな意味を持っていたのです。これは李沢厚の中国思想再解釈に呼応するものです。

代田：そうするともう、かなり若い頃からそういうスタンスというのはわりと林さんの中にあったので、日本にきてもむしろ日本の古典的な文学研究よりは、駒場のような、小森さんのようなポスト構造主義的な分析方法というのに惹かれたということになるわけですね。

林：それはそうかもしれません。と同時に西脇自体が東西の融合をうまくやっていたということもあります。漱石の文学批評もそうなんです。反近代的なソースを近代日本に見出そうとする欲望が、その後もごく自然に近代中国研究にも持続し、とりわけ、清末の章炳麟に見出そう、と発展したわけです。

代田：僕はあんまり違和感ないいんですけどね（笑）。もう一つは、日本の中国研究に非常にご関心がありますよね。

それはご自分の研究活動とどういう位置づけになるんでしょう。

林：僕は大学、さっき日本語への好奇心で外国語学科に入ったと言いましたが、好みから言うと、やっぱり正直中国文学学部に入りたいという気持ちも同時にあったんです。

同時に二つのものへの関心というのが当時あって、だから日本に来てからごく自然に日本における中国文学や思想を研究する先生に教わりたかったわけです。そのなかでたとえば、尾崎文昭先生にご紹介していただいた、一橋大学の、木山英雄先生などのグループと関わりを持つことができたわけです。これは近代批判の色彩がある西順蔵や溝口雄三諸氏以来の中国研究の伝統を持っています。研究会の拠点はむしろ御茶ノ水女子大出身の駒澤大学の佐藤普美子先生の研究室ですが。長年綿密に、白話文運動、中国近代詩のことを考えている研究グループです。石井剛さんが僕の本に関する書評でも指摘した通り、私も日本の章炳麟研究から影響を受けているということです。近代日本の中国研究の成果と在り方を理解することは、私にとって中国研究ではもちろんそうですが、むしろ日本近代知識人思想史を知るうえで重要なテーマでもあります。

代田：いや、それは非常に関連がある点で、非常に重要な問題だと思うのですけれども、林さんの目から見て、日本の中国研究の日本的文脈というのは、もう少し具体的に言うとどういうことになりますか。

林：そうですねえ、日本における中国研究の魅力の一つは、僕は文脈そのものだと思うのですけど。おそらくすべての国にそれぞれの中国研究の文脈があると思うのですが、僕のように中国からきた近代日本研究者にとっては、近代日本における中国研究の文脈そのものが、大きな関心をそそるのです。

代田：しかし、思想史的な関心は。

林：思想史的な関心です。その中でたとえば代田先生の魯迅へのかかわり方と、たとえば、慶応の長堀祐造先生との違いとか、あと、もしかして尾崎文昭先生や藤井省三先生などとの違いなどがそうなんです。また京大系などの中国研究のユニークな特徴もそうなんです。

そして狭い意味での「中国研究」以外の日本知識人における中国認識、または彼らにとっての「思想」としての「中国」にも個人的には高い関心を持っています。例えば、戦後歴史学の石母田正の『歴史と民族の発見』における「中国」や「魯迅」の思想的な機能などがそうなんです。

あえてさっきの一橋の例で申し上げますと、たとえば、日本研究の分野では安丸〔良夫〕さんが代表する民衆史への関心がありますが、読みすぎかどうか分かりませんが、それとつながってるのは一橋の中国研究者たちの同じような「民衆」という概念への関心ではないかと思います。具体的には革命中国の「人民」への位置付けは、安丸の民衆史に呼応する部分があるのではないか、という点です。

代田：日本の思想的な中身、思想的な流れと、中国研究が呼応してるというのはわりとわかりやすいんですけど。そういうグローバルなというか、中国も含めた問題関心と絡んでくるということですか。たとえば章炳麟のところからも毛沢東につながっていくような人民概念と、それから日本の中国研究の中でも一橋グループとおっしゃる中にある民衆に対する関心とかいうものが、つながっていくというような。

林：そうです。一つの例として、中国研究で西順蔵さんが代表するような、近代批判の特徴があると同時に、人民という概念を語る、これは全部文脈を共有してるのであろうと思うのです。日本の中国研究はそういうものを日本の知識人に向けて発信する、そのような役割が戦後にあると思うのです。それをさらに拡大して申し上げますと、「民衆」への評価はいったん人民への評価に変身し、さらに発展させて毛沢東の特権化に至る、こうした傾向が戦後における一時期にあったと言えるのではないかと思います。

代田：僕らの世代だと、その文革研究というか、文革礼讃の悲惨な結末から出発させられたみたいなところがあって、林さんの著書を読んでておもしろかったけど。でもやっぱりいまから見てみると、相当注意して読まなければ危ないんじゃないのというふうな感じがするんですけどね。

林：近代を疑うテーマは、個人的には、日本の中国研究の一つの特徴として言えるかもしれない。それはなぜそうなるかというと、日本思想史全体にそういう近代批判の流れがあるからでしょう。たとえば、岡倉天心とか、高山樗牛とか。

代田：ああ、明治時代ね。

林：ええ、夏目漱石とか、さらに言うとそれを国学的なものとか、そういう日本特有の文脈があるからこそ、近代批判としての中国研究が生まれてきたのかもしれない。そういう結びつきが正しいかどうかわからないですけど、やはり日本と中国の大きな違いは、近代批判の流れが、相対的に日本がより強い部分を占めていると言えるような気がするんですが、いかがでしょうか（笑）。

代田：そうすると、去年の劉暁波問題でノーベル賞をめぐっていろんな悶着が、小さなですよ、ほんのコップの中の嵐みたいな話がありましたね。いわゆる普遍的な言論の自由とか、僕からするとやや西洋中心的に見える概念を中心にものを考える人々がいて、劉暁波をいちばん積極的に担いだのは子安〔宣邦〕さんなんですけど。で、中国研究者の側からすると、劉暁波の問題ってもうちょっと複雑じゃないのという話があって、そこで子安さんたちが敏感に反応したのは中国特殊論、要するに中国研究者というのはそういう普遍的なものではなくて、中国は特別なものだというふうなことを主張するという批判を、僕はそんなこと言ってないんだけど、そういう声が上がってくるんです。単純に特殊論の代表と言えば、溯れば内藤湖南であって、最近で言えば溝口雄三さんなんですけどね。そのへんは林さんから見るとどうなんですか。

林：そういう「コップの中の争い」はチラッと聞いていましたが。全く一緒ではないですが、私から見れば、子安宣邦先生も代田先生も近代批判の文脈をある程度共有している、近い立場のものだろうと思いますが。

代田：僕は自覚的にそうなんですけど、いろんなスタンスの人がいて、おっしゃった小森さんなんかを入れてしまえば、そう言えるかもしれませんね。日本の社会の中でも、近代市民社会的な基準というものを大事にする人、別にそれを悪いとは決して思いませんし、言論の自由とか、平等とかが実現するのはいいことだと思いますけれども、そういう、近代批判というものに対しては、むしろ反発を感じる人々って結構多いんじゃないかとも思うのです。

林：むしろ子安さんはそれを近代批判として見ているかどうかという話がまずあると思います。

代田：あるでしょうね。その二つ目の中国認識のほうはいかがですか、日本、これはマスメディアの問題もあるでしょうし、それから中国研究者の中国認識の問題もあると思うのですけど。林さんから見ると、中国に対する見方というんでしょうかね。

林：日本の中国研究者の中国認識の問題はいろんな時代で変わってくることはもちろんそうです。たとえば、戦後日本では中国研究における「革命中心の中国」、それから、数年前では「ナショナリズムの中国」という枠組みが中心化されてますが、近年はどうなんでしょうね、この二、三年、そういうことがありますか。

代田：あんまり変わってないような気もしますけどね、世間の論調は。

林：もちろん個人的には日本のマスメディアにおける「中国」表象には距離感を持ってはいますが、知識人における「中国」の問題にはむしろ高い関心を持っております。このテーマ自体は学問的に近代日本を見つめてきた一人のものとしてたいへん関心を持ってる点でもあるんですね。たとえば、近代の日本における中国認識の中で、儒教のあり方との関係で申し上げましょう。儒教を中国の一つのメタファーだとすれば、「教育勅語」以後の儒教と天皇との関係があります。実質的に日本の儒教は天皇中心の国家主義的イデオロギーの一部なので、とくに戦後の日本の知識人にとっての儒教像は、当然いいイメージを持ってないでしょう。いいイメージを持つべきではないというのを、僕は理解すべきだと思います。そうすると日本の儒教のあり方の固定したパターンが、戦後日本において出てくるんですね。この前、中島隆博先生が香港城市大学で「近年の『論語』のブーム」について発表したんですけど、やっぱりそういう話をすると、どうも保守的にならざるを得ないと中島先生が指摘したのですが、こういうものが、一つのパターンとなってしまうようです。そしてこのパターンは日本の中国認識にある種の影響を与えてしまう、ということです。

どのように批判的な儒教のほうに転換すべきなのかは中島先生の問題意識だと思うのです。中国では相対的にはこれがやりやすいかもしれないが、日本では難しい。難しいことのもう一つは、これがただちに日本の中国認識の深い部分に関わってしまうからだと思うのです。近代批判の文脈で、天皇制のほうに解消されない、思想としての儒教を見直すことは、必要だと思います。

でも近年の日本の中国研究の枠組み自体は、革命中心の中国研究、あるいは、中国共産党中心の中国研究からある種の解放を求めようとしているかと思うのですが。

代田：それはもう完全に、この二〇年ぐらい前から革命の枠組みというのは外れてしまったというふうに私は思いますけどね、日本の中国研究の中で。

石井：中国の日本語学科の学生さんで、いま二人のやり取りがあったような日本観を持ってる人って、非常に少ないと思うのです。要するに日本語に関心があって日本語学科で勉強している人たちというのは、近代主義的なというか、日本に対する近代への憧れを感じて勉強する人が多い。たぶん八〇年代の学生さんもそうだったと思うのですけど。

林：そうです、主流はたぶんそうだと思います。

石井：その中で林さんが、日本語、日本文学の勉強をしていたというのは、当時としては珍しいことだったんですか。

林：僕自身に明白なそういう自覚があったわけでもないのですけど、実質的にはそのようになっていたかもしれない。僕は同級生との年の差もあるので、彼らが何を考えていたのかは正直わからないです。

石井：たとえば、さっきもフランクフルト学派ということを言ってたけれども、そのときのフランクフルト学派はベンヤミンとかの存在が非常に大きいんじゃないかと思うのです。八〇年代の後半ぐらいに、たしか『啓蒙の弁証法』の中国語訳が八〇年代末に出ているんですね。近代啓蒙主義に対する批判みたいな言説が、ドイツ語そのものではなくて、英語を経由して中国にもかなり入ってきていて、当時の早熟な優秀な学生が読んでいたというのは、たぶん当時の中国の「文化熱」という風潮もあったと思うのです。たとえば、張旭東(4)など多くの人がやはり西洋を目指すわけですよね。張旭東は、当時中国問題を考えるということは、実は西洋のことを考える、西洋の本を読むことである、西洋の本を読むということを通じて中国問題を考えているんだというようなことを、最近言ってますね。そうした中で林さんは日本研究を目指すわけじゃないですか、そのへんについて当時どのくらい自覚的だったんですかね。

林：まさにおっしゃるとおり、西洋を読みながら中国を考える。これは、八〇年代の一つの特徴なんです。しかし、僕の日本研究は最初は大正、昭和期の日本ですので、出発点はどちらかといえば西洋化された日本のほうなんです。西脇について僕が最初に考えたのはニーチェのことなんです、ニーチェと彼との関係がどうなるのかということが、僕の最初の関心なんですね。ニーチェの八〇年代の中国における意味こそ、僕は大きいと思うのです。ベンヤミンはむしろ九〇年代の話です。張旭東のベンヤミンのボードレール論が出たのは八九年のあたりです。

石井：そんなに遅いの。

林：あるにしても、せいぜい八〇年代の末か九〇年代の初頭だと思います。八九年六月の現場を自転車に乗って原稿料をもらいにいくという話を彼から聞いたんです。八〇年代ではまだベンヤミンは入ってないと思うのです。八〇年代はやっぱり主体性と文化が二つの大きなキーワードです。文化をとおして主体を考え直す。それは啓蒙主義に対する批判じゃない。八〇年代そのものは啓蒙主義だからです。近代主義のさなかにあるんですね、だから八〇年代の文学も、たとえば「傷痕文学」（文革後における、被害者の視点における文革批判の文学）の小説は近代主義文学の枠組みの中であるのに対して、二〇〇〇年以後の長編小説は近代批判の流れのほうにあるんです。八〇年代全体が近代主義的な文脈の中だとすると、僕もそれは完全に脱出できているかどうか。ただ、伝統の思想と文化が本当に中国が民主化できない主な原因であると言えるかどうかは、僕の中で大きな疑問です。むしろニーチェにおける価値の再評価が、僕は八〇年代は大きいと思います。まずは公的な言説としての「革命」という価値、そして九〇年代になるとそれが進んで「近代」なるものの「価値」。これは九〇年代の文学、特に二〇〇〇年以後の小説のほうにもそういうふうにつながっています。

代田：でも八〇年代には林さんみたいな発想も生み出したということも、言えますよね。価値の転換と言う意味で言えばね。

林：それはそうです。それにニーチェにおけるニヒリズムの問題も、時代の風潮として大きいと思うのです。

石井：東アジアという視野の中で、日本と中国を漢字圏というふうにまとめて同時に見ていこうということは、日本の中国研究からインスピレーションを受けていると思うのですけど。その方向が定まったというのは、いつ頃なんですかね。日本にくる前からそういう関心はあったんですね。

林：それはそうです。この点も私の日本語科体験と関わっているといまふり返ってみて思います。明治の日本語は、唱歌の歌詞を含め、齋藤希史先生の用語を借りれば、ある種の漢文脈の言語的近代を意識させたわけです。

たとえば清末のすこし近代化されつつある桐城派⑸の中国語を。このように中国語の近代をいろいろ連想させるのも私が高い好奇心で勉強しようとしてきた日本語からです。儒学のことを考える際もそうなんですが。

谷垣：林さんが広東省で生まれて、厦門に行って、そこから吉林に行ったことは、林さんのそういう世界観形成においてどんな意味を持っていたのでしょうか。吉林経験とか厦門経験は、林さんにとって大きかったのでは。

林：いまでもよく、長春郊外の向日葵が広々とした平原で一斉に太陽に向いているシーンが思い出されます（笑）。北の大地は僕にとっては大きな、大陸内部の文化の多元性をイメージさせます。近代中国は国民国家として文化的に地方文化を抑圧するんですが、僕のイメージは違うんですね。いろんな民族の文化があると同時に、漢民族内部の地方ごとの違うあり方が、方言とかもそうなんですが、この近代国民国家の中でいかに抑圧されているか、いまの文化遺産の授業で、よく強調するんですね。それは僕の個人的な体験と深い関係があると思います。

谷垣：北の大地で、地方文化は抑圧されていたんですか。

林：北だけでなく南もそうです。国民国家というのはどこでもそうだろうと思うのです、均一的なパターンの中でしか成り立たないですから、違う部分は抑圧されるんじゃないですか。東京だって東京語の成立自体が、ほかの方言の成立をとおしてですし、その後いわゆる日本語なるものが成立したのと同じです。ただ中国の近代は文化的にはもっと過激な形で、したがってもっと苦痛を伴う形でこれをやったわけです。

刈間：もうお話になったことかもしれないですが、途中からきてこんな質問して失礼します。章炳麟について本を出されたというのは、私も拝見しているんですが。いま、どういう関心を持っていて、研究方向として今後を含めてどういうことをやろうと思っていらっしゃるんですか。

林：同じく章炳麟をやってる石井剛先生もここにいらっしゃるんですけど、石井先生もご存知のように、章炳麟は難しいので今後も続けてやっていきます。と同時に、学術史の成立、明治と清末との関係です。今度駒場で発表した岡倉天心もその一環ですけど。あと、日本の言文一致と中国の言文一致との関連。要するに近代中国の学術の成立における明治日本の比重の大きさを証明したいんです。たとえば、漢字圏がどうやって広い意味での翻訳をとおして西洋を翻訳したのか、この翻訳はもちろん東アジア特有の文脈で、しかも中国と日本は違う文脈でやったんですけど、でも共通する部分もかなりあるほうですね。

三番目は、近代の日本の知識人思想史にとって、いままで近代の超克というのは西洋の超克というふうに言われてきました。それはアメリカの日本研究者も強調されているのですが、ただ、それと同時に僕は日本にとって中国という他者の超克も思想史的に見逃せない側面と思うのです。近代日本のナショナルな文化的アイデンティティを確立するには「西洋」と「中国」という二つの他者を扱わなければならないはずです。例えばアメリカの日本研究は「西洋」だけをみて「中国」を不問にする、というものが多いような気がします。それはやや不十分であるがゆえに単純化している側面もあります。明治の例で申しあげると、一方でそれまでの中国中心の歴史叙述を相対化し、他方では、ナショナリズム、民族主義という枠組みを成立させるためのアイデンティティをつくるためにも、中国を相対化しなければならない、これは必要な作業です。そういう作業は日本の内部でやったんですけど、では中国のほうにどうやって影響したのか、そこらあたりへの関心があるんですね。

中国近代の、いままで無視されていた起源としての明治日本、そういうことに僕は関心を持っているんですね。と同時に、章炳麟がどうやって違う近代のあり方を切り開いてきたのかということを、中国版の章炳麟研究でやれたらいいなと、いま頑張っているところです。

刈間：そうすると、この間の中国の国学ブームというのにはかなり疑問を感じていらっしゃるんですか。

林：僕は正直そうなんです、国学は。

刈間：一つの過渡期ではあると思うのですけど。

林：もちろん中国の国学ブームに近代批判の意味がないわけでもないんですけど、自分は距離感を感じます。それに明治日本についてさっき申し上げたような儒教と天皇との関係で証明された一つの例を、いまの中国の国学をやる人がどういうふうに見るべきなのか、それは大事だと思うのです。だから中島先生の主張する「批判的な儒教」は、批判的な転換だと思います。特に中国にはそういう批判的な国学が必要です。「国」の学から知識人を含む「人民」の学へ、であれば僕は大いに進めるべきだと思います。僕が章炳麟を評価しているのもこの点です。国家の抑圧を批判するような古典学、革命につながる古典学を立てようとした彼です。

刈間：たぶんそれは思想史の分野の問題ではないかもしれないですけどね。

林：そうですね。いままでの日本における中国研究の魅力の一つは、日本という現地の文脈における研究じゃないかなと思います。そういう日本の研究に対して賛成するかは別として、ものすごくユニークに展開されているという点をまず見るべきだ、と思います。日本の文脈を反映してる近代日本の中国研究は、それ自体が大きな価値、歴史的な価値があるんですね。

もう一つは、明治の学問の魅力というのは、やはり東アジアの共通の遺産としての、齋藤希史先生のいう漢文脈を見直すというものがポイントだと思います。明治の学問はイデオロギー的に見てナショナリズムの問題があるにしてもやはり融合の時代です。明治の融合によって生まれた業績は、清末の中国の人にとっては、近代化の問題でなくても、学問そのものとしてもたいへん魅力を感じるはずだと思います。しかし、いまはそれが、戦後、とくに今日においてはそういう共通の漢文化が両国において弱くなっているのは確実です。古典学をどういうふうに現代の文脈で見直すべきなのか、これは復古主義では決してなく、いかに批判性を含む可能性として考え直すべきなのか、僕にとっては大きなテーマの一つです。

代田：それが林さんの今後の研究のいわば基本というか、中心というか、原点にもなっていると。

林：なればいいんですけどね。石井さんもそこらへんで優れた業績を上げておられます。僕は近年江戸のあり方に関心を持っていて、一つの例で言いますと、幕府の朱子学者で明六社の一人でもある中村正直が言うように、漢学のできる人は西洋のものを消化するのにものすごく力があるのに、漢学のダメな人は倍以上の努力が必要だ、と。それに幕末の教育のデータ、教育史の研究でいろいろ明らかにされているように、江戸の教育の蓄積そのものが、明治維新の成功に直結するという事実、高い識字率とかですね。もしそういう論理が正しければ、ただちに中国近代の白話文の論理そのものが解体されてしまうのではないのか。漢字は近代化の邪魔だから、漢字もやめるべきだという論点ではということですね。だからそういう意味で日本研究は中国研究そのものに直結してるわけです。江戸を僕はやっぱり近年は、もし力があればやりたいんですね。

代田：近代に対する認識って、せめて清朝とか江戸ぐらいまでを視野に入れないと、実は明らかにできないという、歴史なんかではわりとそういう議論は多くなっていると思います。

林：その通りだと思います。漢字圏という視点の必要性もそこだと思います。村田雄二郎先生は『中国研究』に小さいエッセイを書いたことがあって、私がそれを駒場の学生に配布したことがあります。その趣旨は中国研究者として漢文の素養の必要性を強調することです。私は昔駒場でお世話になった頃、文言文を勉強する良さは、明治の日本をわかるためでもあるということを、学生に説明したことがありますが。

　もちろん漢字圏の用語は国民国家的な枠組みを相対化する意味を持っています。その意味において文言文を中国の「国語」という枠組みから、または「国文」という枠組みから、まず解放するべきだと思うのですけど。

石井：もう少し、話は脱線した方が非常におもしろくて、もう少しその話を続けたいんですけど、ちょっとこちらのほうに戻って聞きたいことがあります。たとえば、大陸の状況は少しわかるんですけど、日本のさまざまな思想的な著作とか、日本の中国研究の成果というものを、香港で読もうと思えば、どういうふうなルートで手に入れるんですか。たとえば、ありそうなのはさっきも話していたアメリカから英語の論文で知るというのが一つですね。あとは大陸で出版されているもの、中国語に翻訳されているのも増えてきたので、それもたぶん香港では自由に流通してるだろうけども。それ以外に香港では日本の研究状況に対してどういうふうにアクセスするんですか。香港のアカデミズムの中で、受け皿が形成されているということはあるんですか。

林：形成されつつはあると思いますが。香港の大学、特に新しい大学でアメリカの色彩が強くなっているというのは、アメリカ出身の外国人学者がたくさんいることは別として、アメリカから帰ってきた中国系の学者が多いです。いわゆる「海帰」（海外で学位を取った帰国研究者）ですね。アメリカで学位をもらって、アメリカの大学で教えた経験を持っている、という人たちですね。たとえば、香港科技大学は典型的にそういう新しい大学です。そうしたアメリカ背景の「海帰」らは大体日本語の知識がないのは残念です。彼らが日本の中国研究を拒絶しているのではもちろんなく、日本の中国研究の中身を知らないだけです。

今後香港や北京、東京のようなところで中国語、英語、日本語の三者の交流をたいへん期待しております。もちろん朝鮮半島から学者がこられれば、もっとおもしろい話になるかもしれません。そういう広い意味での漢字圏の中国研究、あるいは、広い意味での漢字圏の日本研究は、今後もし一つの方向として実現できればおもしろそうなことになると思いますね。

大陸の日本語科はいま優秀な人材、特に中堅の研究者や若手研究者が増えているところです。大陸と香港台湾などの中国語系の日本研究が、今後広い意味での中国研究と対話する可能性を持っていくかどうかは、重要だと思います。積極的に近づけないとダメですね。大陸のいままでの外国語系は、いままで分割され、閉鎖されているような感じもあるので、それをどういうふうに解消するのかも重要です。

代田：昔からガラパゴス化してるんですね。
谷垣：ほかに何かございませんか。それでは本日はこれで終了させていただきます。
代田：どうもお疲れさまでございました。
谷垣：ありがとうございました。

注

（1）佐藤春夫（一八九二～一九六四年）。和歌山県出身、文学者、小説『田園の憂鬱』、『都会の憂鬱』などが有名。
郁達夫（一八九六～一九四五年）。中国の文学者、東京大学留学中に郭沫若（一八九二～一九七八年）と文学結社・創造社を結成。第二次大戦終了時にスマトラ島で日本の憲兵に殺される説が一般的であるが不明な部分も残っている。

（2）章炳麟（一八六九～一九三六年、号は太炎）。学問的には古典学（特に諸子学、漢字学）の集大成者としても著名。政治的には一九〇六年六月東京に渡り、東京を拠点に、革命組織同盟会の機関紙『民報』の主筆として清朝打倒のための理論面での仕事を担当。

（3）『深圳青年報』は中国の経済特区・深圳の新聞。政府系の地方新聞でありながら、従来の党内の保守体制を打破しようとし、体制内の改革派が依拠する新聞として全国的な意味を持つ。八〇年代の中国の急進的な若い知識人や文学青年にとっても重要な牙城。特に一九八六年あたりの言論の大胆さは当時の中国の言論状況においては全国的に注目された。一九八九年六月の学生運動後に休刊。

（4）張旭東：一九六五年生まれ、中国文学研究者、八〇年代に北京大学を卒業、アメリカに留学。現在ニューヨーク大学教授。

（5）桐城派：清の文学流派の一つ。唐宋の古文を宗とした。提唱者の方苞、継承者の劉大魁《だい》、姚鼐、方東樹、呉汝綸などがすべて安徽省桐城県出身。ただし、湖南省出身の曽国藩も福建省出身の林紓《じょ》なども桐城派。

（6）岡倉天心（一八六二～一九一三年）。明治中期の美術史家、思想家、近代日本の「美術」という制度を立てたうえで一番重要な人物である。「日本画」の創出に指導的な役割。東京美術学校開設に尽力。ボストン美術館東洋部長を務める。著書に『東洋の理想』『茶の本』など。

言及人名・事項の略解（データはインタビュー当時）

代田智明　一九五一年生まれ。東京大学教養学部・大学院総合文化研究科名誉教授。専門は近現代中国文学・思想研究。二〇一七逝去。
谷垣真理子　一九六〇年生まれ。東京大学教養学部・大学院総合文化研究科准教授。専門は香港地域研究。
刈間文俊　一九五二年生まれ。東京大学教養学部・大学院総合文化研究科教授。専門は比較表象文化論・中国映画研究。
石井　剛　一九六八年生まれ。東京大学教養学部・大学院総合文化研究科教授。専門は中国哲学・思想研究。著書に『敢問〝天籟〟——中文哲学論集』『戴震と中国近代哲学——漢学から哲学へ』。
内部出版　市販禁止という意味での限定的な発行の出版である。
西脇順三郎　（一八九四～一九八二年）。慶応大学教授、詩人、文学の理論家、一九六二年と一九六三年に、二年連続でノーベル文学賞候補となった。
小森陽一　一九五三年生まれ、東京大学教養学部・大学院総合文化研究科教授。専門は近現代日本文学。
エリス俊子　一九五六年生まれ、東京大学教養学部・大学院総合文化研究科教授。専門は近現代日本文学・比較文学。
横光利一　（一八九八～一九四七年）。日本近代文学の代表的な作家、作品に『日輪』、『上海』などがある。
漱石の批評理論　漱石は学者でもあり、『文学論』（一九〇七）のような系統的な文学理論の著書のほか、多数の批評理論関係の著書がある。
劉以鬯（りゅういちょう）　一九一八年に上海に生まれ、高校時代から創作を始めた。一九四八年に香港に移住、「新感覚派」風の小説家として知られている。
天地図書　香港の代表的な出版社。文学と中華人民共和国の歴史と中国共産党の歴史関連の出版物が知られている。
藤井省三　一九五二年生まれ、東京大学文学部・大学院人文社会研究科教授。専門は近現代中国文学、特に魯迅研究。
六四事件　天安門事件のこと。一九八九年初夏に、北京をはじめとする全国規模で起こった学生運動。六月四日に弾圧されたため、中国では六四事件と呼ばれることが多い。
『詩探索』　中国当代文学研究会・北京大学新詩研究センター・首都師範大学新詩研究会が主催する近代中国詩についての批評・研究する雑誌。中国社会科学出版社出版。
文連　中華全国文学芸術界聯合会、中国の文芸専門家の団体。中国文聯は略称。
作家協会　中国の文学者の統一組織。各省・市・自治区には地方分会も設置されている。

李沢厚　一九三〇年生まれ、中国の著名な思想史家、哲学者。八〇年代・九〇年代の中国知識人に最も影響力を有していた存在として知られている。一九九二年からアメリカに移住した。
文化ブーム（文化熱）　一九八〇年の中国において、思想解放運動の一環として、知識人は西欧マルクス主義を含む外国の思想や、また中国の伝統の思想・文化を語り直すことで知識人としての主体性を再構築しようとした。このような動きは「文化熱」と呼ばれた。
フランクフルト学派　一九三〇年代以降、フランクフルトの社会研究所に参加した一連の思想家たちのこと。精神分析、社会学などの理論をマルクス主義の再解釈に生かし、特に文化という上部構造の能動性を強調することで正統派マルクス主義の解釈を相対化した。
H・マルクーゼ　（一八九八〜一九七九年）。ドイツ生まれのアメリカ哲学者、マルクスとフロイト研究をベースに人間解放の理論を構築した。
緑原　（一九二二〜二〇〇九年）。本名劉仁甫、中国の詩人、翻訳家。一九四八年に共産党入党、一九五五年から七年間「胡風反革命集団」のメンバーとして監禁されていた。一九八〇年に名誉回復。
西　順蔵　（一九一四〜一九八四年）。中国思想史家、一橋大学名誉教授。『西順蔵著作集』がある。
溝口雄三　（一九三二〜二〇一〇年）。中国思想史研究者、東京大学名誉教授。中国では『溝口雄三著作集』（三聯書店）（全八巻本）の翻訳がある。
木山英雄　一九三四年生まれ、中国文学研究者、一橋大学名誉教授。特に魯迅、周作人研究者として知られている。
佐藤普美子　一九五三年生まれ、駒澤大学教授、中国文学研究者。
石母田正　（一九一二〜一九八四年）。専攻は日本古代・中世の歴史、戦後日本の歴史学界の中心的な人物である。『石母田正著作集』（全一六巻）がある。
尾崎文昭　一九四七年、東京大学名誉教授、専門は近現代中国文学、特に魯迅研究。
長堀祐造　一九五五年生まれ、専門は近現代中国文学、魯迅研究およびトロツキーと近代中国との関係についての研究と翻訳が多数。
安丸良夫　一九三四年生まれ、一橋大学名誉教授、日本思想史研究者。
保田與重郎　（一九一〇〜一九八一年）。一九三五年に文芸雑誌『日本浪漫派』を創刊、日本回帰を唱える。
中島隆博　一九六四年生まれ。専門は、中国哲学・比較思想、東京大学東洋文化研究所教授。
ウォルター・ベンヤミン　（一八九二〜一九四〇年）。ドイツの思想家・評論家、ユダヤ神秘思想とマルクス主義を融合したエッセイが多い。

劉暁波　（一九五五〜二〇一七年）。元北京師範大学文学部講師。民主化運動に参加し、度々投獄される。二〇一〇年にノーベル平和賞受賞。

子安宣邦　一九三三年生まれ、日本思想史研究者、元日本思想研究学会会長、大阪大学名誉教授。

齋藤希史　一九六三年生まれ、東京大学文学部・大学院人文社会系研究科教授。専門は中国古典文学、近年は特に「漢文脈」と近代日本との関係についての研究著書が多数。

村田雄二郎　一九五七年生まれ、東京大学教養学部・大学院総合文化科教授、中国史研究者。

傷痕文学　中国で一九七七年から一九八〇年ごろにかけて書かれた、文化大革命の悲惨さを描く一連の文学作品。作家盧新華の『傷痕』に基づく名称。

中国の「国学」ブーム　中国において伝統を全否定する近代の反動として、近年、伝統文化を再評価するようになったこと。近代批判の側面があるが、保守主義になりかねないという批判もある。

話者紹介

林少陽（りん・しょうよう）

一九六三年一〇月中国広東省生まれ。研究領域は一九世紀初頭以来の日本と中国の思想史・文学史および批評理論。一九八三年七月に廈門（アモイ）大学卒業。吉林大学大学院修士課程修了。会社勤務を経て一九九九年春留学のため来日。大阪大学で研究生、東京大学大学院総合文化研究科言語情報科学専攻博士課程に入学。二〇〇四年四月から二〇〇六年三月まで東京大学助手、二〇〇六年四月から二〇〇九年二月まで東京大学教養学部特任准教授、その後、香港城市大学中文歴史学科准教授を経て、二〇一三年一〇月より東京大学大学院総合文化科表象文化論コース准教授。二〇一七年六月より同教授。学術博士。

著書に『「修辞」という思想——章炳麟と漢字圏の言語論的批評理論』（東京：白澤社、二〇〇九年）、『「文」與日本学術思想——漢字圏・一七〇〇—一九九〇』（北京：中央編訳出版社、二〇一二年）、このほか論文多数。

Ⅱ　中国の周辺における中国研究

一　香港における中国研究

谷垣真理子

はじめに

第二次世界大戦後から一九七〇年代まで、香港はその歴史のなかで、中国大陸との交流を制限される特異な時期を経験する。英領植民地としての香港は、元来、外部世界と中国世界への橋渡し役として誕生し、中国大陸との自由な往来が保障されていた。しかし、中華人民共和国の成立前後から、大量の新規移民が香港に流入し、中国革命の影響力を抑えるため、この時期から香港と中国大陸との関係は制限されていく。一九五〇年の朝鮮戦争で中国が朝鮮半島でアメリカと戦火を交えると、米中関係は悪化した。国連の対中輸出禁輸措置とアメリカ市場が中国製品に門戸を閉ざしたため、香港もまた中継貿易港としての機能を喪失していった。

この時期、香港は「竹のカーテン」の向こう側の中国をウオッチする西側世界の「窓」でもあった。中国大陸と陸続きの香港には、中国大陸から逃げだした人々がさまざまな情報をもたらした。香港には親中国系や親台湾系、中立系のメディアが並存し、香港発の情報は「香港情報」と呼ばれた。Far Eastern Economic Review 誌や『七十年代月刊』（後に『九十年代月刊』）は域外でも広く購読された。

本稿ではこのような状況下、第二次世界大戦後の香港で、どのように中国研究が行われたのかを整理する。「中国研究」は文字通り中国に関する研究を意味するが、類似の用語として、「中国学」（Sinology）がある。「中国学」は「漢学」とも呼びならわされ、中国の国外で行われた、外国人による中国に関しての学術研究を指してきた。たとえば、キリスト教をとりあげてみても、ヨーロッパと中国との長い交流の歴史が存在する。すでに七世紀の唐代にネストリウス派が景教として伝わった。その後、一三世紀に元の大都でフランシスコ会が宣教を行う。この時期、マルコポーロが二四年間に渡ってアジア各地を旅してその成果は『東方見聞録』としてあらわされた。さらに一六世紀に入ると、大航海時代の到来とともに、再び宣教師が東アジアを訪れ、マテオ・リッチは一七世紀に北京入りを果たした。その後イエズス会の宣教師は明朝と清朝とで活躍したが、ヨーロッパ本国で典礼問題を引き起こし、一八世紀には解散に追い込まれた。再度、ヨーロッパと中国が遭遇するのは、一九世紀であり、今度はプロテスタント系の宣教師が中国での布教につとめた。

このような状況下、狭義の中国学は、文献研究を主体とする、古典研究的な中国文化研究を意味した。しかし、第二次世界大戦後の香港が直面したのは、中華人民共和国の成立とその後の冷戦構造であった。本稿では、「中国学」がどのように「中国研究」へと変貌を遂げていったのかを考察していく。

1　香港で「中国」に関心を持つこと

第二次世界大戦後の香港社会にとって、中国はあまりに巨大な隣人であった。日本統治期終了時、台湾社会にはエリート層を含めて台湾人のコミュニティが、日本統治期よりそのまま存続したが、香港はこうした地場コミュニティが人口の大きな移動の前に埋没していった。一九三一年に八五万人であった香港の人口はその後急増し、一九四一年には一六〇万人となっていた。日本軍政期には、軍政府による強制帰還政策と海南島での強制労働、さらには香港住民の自発的な香港脱出があり、人口は六〇万人ほどに減少していた。しかし、一九四五年末には日本軍侵攻以前の水準に回復し、一九五〇年には二三六万人を記録していた。日中戦争の勃発とともに、いかに多くの人々が香港へ南下し、日本軍政期には再び北上し、第二次世界大戦後には再び香港へ南下してきたかがうかがえる。一九三一年の数字が香港の地場コミュニティを体現しているとすれば、戦後の香港社会はその二倍から三倍の新規移民を受けいれたことになる。

このような大量の新規移民の中には、中国大陸の混乱を嫌って香港に流入した人々だけではなく、中国共産党政権下での生活を嫌った資本家や知識人、さらには国民党関係者や軍人が含まれていたと言われる。陸人龍は『六十年来香港「中国学」概況』（綱要）のなかで、このような南下知識人が香港における中国研究の重要な一群を担ったことを指摘している[1]。王家衛の『一代宗師』のなかでは、ブルース・リー（李小龍）の功夫の師であった葉問も香港へ移民し、武術を師範として生計を立てたことが描かれている。このように当時の香港には、近隣の広東省のみならず、上海や潮州などの中国の各都市から多くの人々が流入してきていた。

第二次世界大戦後の香港は、国民党と共産党の勢力角逐の場となった。一〇月一日と一〇月一〇日のふたつの国慶節には、香港の街に中華人民共和国の五星紅旗と、中華民国の青天白日旗が同じように翻った。戦後の香港社会では、「中国」に関心を持つことは、しばしば自身の政治的立場の表明につながった。中学の歴史の教科書では、中国史は清末までで終わり、アヘン戦争は「商戦」（war of trade）と表現された。中華民国以降の歴史をどのように説明するかは、自身の政治的帰属と関連する、政治的に敏感な営みであった。

2　香港の大学における「中国」研究

いったい、戦後の香港社会ではどのように「中国」を学んだのであろうか。

二〇一六年の段階で、香港には八つの公立大学と、その他の一二の高等教育機関が存在した。そのうちもっとも成立が早かったのが香港大学であり、辛亥革命の翌年の一九一二年に「為中国而立」（「中国のために設立」の意）を基本方針とし、医学部と工学部、文学部の三学部体制で出発した。二番目に古い歴史を持つのが、香港中文大学である。中華人民共和国の成立以後、それまでのように中国大陸で高等教育を受けることが困難になると、香港域内で中国語による高等教育機関の需要が生まれた。後述するように、香港中文大学は中国大陸から香港に移転してきた学院を連合する形で生まれた。三番目の大学は香港科技大学であり、一九九一年に発足した。残る五つの大学は、香港最後の総督であるパッテンが赴任（一九九二年）した後誕生した。それまでの香港では高校卒業後に学生が進学する高等教育機関は複数存在したが、大学卒業の学位を認められていたのは、これら三つの大学であった。職業教育が重視される理工学院や、教員の養成に主眼を置く教育学院、その他の私立学院では、卒業生には学士が認められていなかった。このような状況に対して、パッテンは五つの教育機関に対して学位を発給することを認め、大学へと格上げを図ったのである。

このような状況下、二次世界大戦後の香港で大学内で「中国」を研究しえたのは、香港大学と香港中文大学であった。返還後の現在にいたるも、香港の大学での授業言語は英語が主体である。名称に「中文」を冠する香港中文大学でも、授業言語は英語が主体である。ただし、他の大学が「中文系」のみが授業言語として中国語を使用するのを認めているのに対して、中文大学では他の授業も中国語を使って講義することができた。香港の教育現場における「中国語」とは、書き言葉では中国大陸や台湾と同様の、香港の実質上の共通言語である広東語であり、中国語標準語ではなかった。

また、「中文系」は日本語から想像されるよりも、そこで教授される内容は広い。中文系は中国言語学と中国文学が中心であるが、そのほかに、中国語の資料を使う中国史、中国文化学、中国哲学、それに「翻訳」（translation）と表記される比較文化文学研究も含まれた(2)。

香港大学設立の翌年の一九一三年には、翰林院のふたりの太史、頼際熙と区大典が講義を始めていた(3)。当時、辛亥革命を経て、一九一二年には中華民国が成立していた。北伐を経て、中華民国が全国統一政権となった一九二七年、香港大学で中文系が発足した。当時の主任は頼際熙であった。民間からの寄付や政府からの支援で、中文系は施設を拡充させ、スタッフを集め、カリキュラムを充実させていった。陳永（クアラルンプール出身）の寄付を基礎にして図書が集められ、振永書蔵と名付けられた。地元・香港では鄧志昂や馮平山らが建物を寄贈した。スタッフは、一九三五年に、中国文学者として著名な許地山が北京の燕京大学から招かれた。許が一九四一年に急逝すると、後任には中国思想史の陳寅恪が招聘された。その後、馬鑑、J. K. Rideout（シドニー大学）、F. S. Drake（斉魯大学）、羅香林、馬蒙、何丙郁、趙令揚を経て、一九九八年からは単周堯が中文系主任をつとめている。

一方、香港中文大学は一九六三年に新亜書院と崇基学院、聯合書院の三つの書院から構成された。三書院はいずれも中華人民共和国の成立前後に中国大陸から香港へ移転した学校であった。

崇基学院は広州嶺南大学の李應林校長と上海聖約翰大学の欧衛国理事会主席と香港の教会団体が協力して一九五一年に発足した。聯合書院は広州およびその近隣の地域から香港に移転してきた私立大学が連合したものであった。社会科学や商工管理の分野につよく、官僚養成機関としての香港大学の機能を補った。中文系の教育は、もっとも成立が早かった新亜書院が担った。一九四九年に元・北京大学教授であった銭穆（思想史）が中心となって発足した。教授陣には当時新儒家学派として著名であった唐君毅が参加した。書院の授業言語は中国語であり、銭穆は新亜書院を中国儒学の復興基地としてとらえた。一九六三年に香港中文大学が成立しても、三つの書院はそれぞれの特色を活かした教育を続けた(4)。

中文大学の教授陣は中国思想史や哲学の専門家が多く、両大学の中文系では必ずしも現代中国についての研究が行われていない。そこで論じられたのは、現実の世界で起きた国共角逐は直接には関係しない「伝統中国」「正統中国」についての知見であった。しかしながら、第二次世界大戦直後から中華人民共和国の成立を経て、外部世界は「伝統中国」だけではなく、「現代中国」に対して大きな関心を寄せていた。香港は「竹のカーテン」の向こう側の情報を得ることのできる、チャイナ・ウォッチャーの最前線基地であった。

3　香港におけるチャイナ・ウォッチング

チャイナ・ウォッチャーとは「現代中国の政治や経済の動向を研究する人々」を意味する。冷戦期において、諸外国のチャイナ・ウォッチャーは、中国に入国することができなかった。台湾の場合と違って、九広鉄道で広州まで行くことはでき、華潤公司は中国製品の輸入・販売を統括し、傘下の国貨デパートは「国貨」（中国製品）を安価で供給した。また、香港と中国大陸間の郵便物は送付可能であった。各新聞社は外交関係のない北京には支局を置けず、台北と香港に中国関係の支局を開設した。中国の景気を予測するため、香港ではチャイナ・ウォッチャーは湾仔に行き、米問屋で地元の人々が中国の親戚にどれだけ米を送るかを観察したという。

一九五〇年代から六〇年代にかけて、チャイナ・ウォッチャーの人々が必ず利用したのが、九龍塘亜皆老街一五五号の大学服務中心（University Service Centre of China Studies）と、その近隣の書院道九号の友聯研究所（Union

Research Institute of China Studies）であった。[5] この二つの機関は、アメリカのＣＩＡから支援を受けたと当時言われたが、確証はない。[6] そうした話が出るのも不思議がないほど、二つの機関が所蔵する資料は全世界のチャイナ・ウォッチャーを惹きつけるに足るものであった。

大学服務中心は一九八八年に中文大学図書館内に移転し、一九九三年に中国研究服務中心と名称を変えた。[7] 所蔵資料は（一）一九五〇年から現在にいたるまでの各省と全国版の新聞雑誌、学術機関や政府機関が出版した雑誌の印刷版と電子版、（二）全国・省・市の総合年鑑と専門年鑑、および統計資料、（三）省・市・県・郷鎮の地方志、（四）中国語および英語の中国研究書、（五）各種ＣＤ－ＲＯＭ資料に大きく分かれ、三〇〇余りの研究テーマと地域分類によって整理されている。

一方、友聯研究所の資料は香港浸会大学（Hong Kong Baptist University）の現代中国研究コレクションに収められている。同コレクションは一九八五年に発足したが、その基礎となったのは友聯研究所の研究資料であった。[8] 友聯研究所は一九五〇年代から一九七〇年代にかけて、新聞や雑誌の切り抜きを収集した。中国大陸の新聞のほかに、東南アジアの新聞も含まれ、コレクションの価値を高めている。一九八六年から一九九〇年代にかけて、浸会大学の図書館スタッフが、友聯研究所のインデックスにしたがって香港の新聞をクリッピングした。同コレクションは一万四〇〇〇点の新聞および雑誌切り抜き資料と四〇〇〇巻のマイクロフィルム、六五〇〇件のモノグラフと逐次刊行物から構成される。香港浸会大学では、一九八〇年代に社会科学学部の歴史と地理、社会学の三学科と商学部の経済学科と合同で「中国研究」という学位を出すことのできるコースを計画し、一九八九年に香港ではじめて「中国研究」というコースが正式に発足した。[9] その後、二〇〇二年には修士コースを開講している。

一方、一九六〇年代に入ると、香港大学と香港中文大学の双方に、外に対して開かれた中国を研究しうる機関が時期を同じくして設置されている。

香港中文大学では中国文化研究所（Institute of Chinese Studies）が一九六七年に発足した。[10] 研究所名には「中国文化」とあるが、同研究所は伝統中国と現代中国をともに研究対象とし、総合的な研究視角と比較研究の視点が強調され、科学的な分析手法を強調した。研究所の傘下には翻訳研究センターや中国考古芸術研究センター、呉多泰中国語文研究センター、当代中国文化研究センター、劉殿爵中国古籍研究センターが置かれるなど、香港大学のアジア研究センターと比較すると、人文科学系の色彩が強かった。

香港大学には一九六七年にアジア研究センター（Centre of Asian Studies）が発足した。[11] 初代センター長は香港上海銀行の研究で有名な Frank H. H. King（一九六八年—一九七九年）であり、その後、香港生まれで香港経済研究の先駆者である陳坤耀（一九七九年—一九九五年）、戦後香港に移民した上海人企業家の研究や社会指標調査などの著作がある黄紹倫（一九九五年—二〇〇九年）がセンター長をつとめた。同センターは二〇〇九年に文学部が中心となって設立した香港人文社会研究所と合併されるまで、現代中国と伝統中国研究、香港研究、東アジア・南アジア・東南アジア研究の四つの分野について、学際的な研究をつづけ、諸外国からの研究者や大学院生に門戸を開いた。

香港大学アーカイブによれば、アジア研究センターの前身は、一九五三年に発足した東方文化研究院（Institute of Oriental Studies）までさかのぼる。[12] 同研究院は香港大学内の中文系と緊密な協力関係を取ることが期待された。同研究院と中文系は独立した単位であった。ただし、馮平山博物館は、同研究院の一部として活動を始めた。しかし、一九五九年半ばになると、同研究院は中文系に所属するようになり、中文系主任は自動的に研究院長となった。東方文化研究院と並行して、香港大学には近代アジア研究所（Institute of Modern Asian Studies）が大学評議会に直結する形で発足した。

この２つの研究所を統合して一九六七年一一月一日に誕生したのが、アジア研究センターであった。一九六七年は、中国大陸の文化大革命の影響を受けて、香港暴動が起きた年であった。東アジアの中でいち早く工業化に成功しながら、厳しい労働条件と低賃金によって社会不満は鬱積し、それは一九六七年五月、造花工場の労働争議を契機に爆発した。香港の親中国派勢力は闘争委員会を組織し、中国は闘争への支持を表明した。一九六七年一一月は、闘争委員会の批判した、商業ラジオの人気パーソナリティーであった林彬が車ごと焼き殺された事件が起きていた。また、香港住民が香港政府の暴動鎮圧に支持を表明し、香港の親中国派勢力は孤立感を深めていた。人民解放軍が中英境界を越えて進軍することはなく、親中国派勢力は、市街地に手製の爆弾を置き、それが爆弾であると見てわからなかった幼児が犠牲となっていた。

文化大革命は、香港の人々にとって境界の向こうの他人事ではなかった。香港暴動は、香港社会が中国大陸の情勢によってつよく影響を受けることを、香港生まれの香港世代に認識させていた。こうした社会の状況が、アジア研究センターの発足を後押ししていたのは、想像に難くない。

アジア研究センターの発足は、香港大学内における中国研究が、伝統的な中国を研究の主たる関心として、文献学研究が中心の「中国学」から、現代中国研究を包摂する新しいスタイルの中国研究が生まれてきたことを象徴しているであろう。

筆者が同センターで学んでいた一九八〇年代半ばには、金思愷とClare Hollingworthがセンターをベースに活動していた。金の現代中国分析は著名で、現在なお、google booksで『文化革命与党内闘争』『論党委』（以上一九六六年出版）『一九六六的文化大革命』（一九六八年）『林彪的未来』（一九七一年）や『対於中共外匯的估算与討論』などが入手できる。一方、Hollingworthは、ベトナム戦争を含めてアジアを取材してきたベテラン・ジャーナリストの趣を濃厚に醸し出した。著作にはMao and the Men against him（一九八五）やFront Line（一九九〇）がある。

4　「香港情報」を発信したメディア

こうした大学内の動きとは別個に、香港のメディアは、観測記事を含めてさまざまな情報を発信した。これらが「香港情報」と呼ばれる情報であった[13]。

前出の友聯研究所には友聯出版社があり、現代中国関係の書籍を精力的に出版し、雑誌『祖国』（週刊：一九五三年―一九六二年、月刊：一九七三年―）を発行した。友聯出版社の資料室で働いていた胡菊人は、その後、『大学生活』の総編集長、『中国学生周報』社長を経て、一九八〇年代には『明報月刊』の総編集長をつとめ、香港を代表するコラム作家であった。その後、一九八一年には、陸鏗（一九五七年に右派として逮捕、一九七五年に釈放、七八年に香港へ出境）とともに『百姓半月刊』（一九八一年―一九九三年）を創刊した[14]。一九八五年五月一〇日、陸鏗は中南海で胡耀邦を訪問し、そのインタビュー記事を『百姓』に掲載したが、その記事の内容は胡がブルジョア自由化に寛容であるという例証に使われ、胡失脚の原因となった。

海外の華人社会で広く読まれた雑誌に『七十年代月刊』（一九七〇年―一九九八年、一九八四年より『九十年代月刊』に改称）がある。同誌は、李怡によって創刊された。李は本籍が広東新会であり、一九三六年に広州市で生まれた[15]。幼年時代に上海や北京に住み、一九四八年に香港に移民し、親中国系の香島中学を卒業した。一九七〇年に創刊された『七十年代月刊』は、「世界に目を向け、社会を研究し、人生を理解する（放眼世界、研究社会、了解人生）」をスローガンとして掲げた。当初は、香港の親中国派陣営のなかで中国に好意的な論調であったが、中国で文革が収束し、改革開放政策へと大きく方針転換すると、一九八一年より中国に批判的な論調を見せるようになった。一九八〇年代に入ると、返還問題が浮上した香港についての記事が増え、一九九〇年五月には台湾版も発行された。台湾の民主化についての文章も増え、台湾の馬英九・前総統が「『七十年代』とともに成長した」と評したことで知られている。

また、香港には、クオリティーペーパーとして知られる『明報』と『信報』がある。『明報』は査良鏞が創刊した。査は当初、外交官を目指していたが、大学時代に舌禍事件で退学を余儀なくされ、ジャーナリストに転身した。中華人民共和国が誕生した際、『大公報』の香港支社におり、単身で北京を訪問し、外交官になる可能性をさぐった。しかし、この申し出はかなうことなく、査は香港にもどり、記者として復職し、一九五五年に『新晩報』に『書剣恩仇録』を発表し、人気を博した。一九五九年には『明報』を創刊した。その原因は『大公報』の左傾化への反発であると言われる。一九六四年には、『明報』は『大公報』をはじめとする香港の親中国系の新聞に論戦を挑んだ。

当時、『明報』の資料室員で、友聯研究所で所蔵資料を調査し、『大公報』や『文匯報』の過去の紙面から論戦の材料を収集したのが、『信報』を創刊した林行止である。林は資料室員をつとめた後、英国に留学し、Cambridge School of Technology を一九六九年に卒業して香港にもどり、査良鏞のもとで『明報晩報』の副編集長をつとめた。オイルショック後の景気悪化の中で、『明報晩報』も娯楽色をつよめたのに反発して、一九七三年に『信報』を創刊した。『信報』は正式名称を『信報財経新聞』と言い、経済ニュースに定評がある。同時に、署名入りのエッセイを著名人が投稿することでも知られている。

このように、多彩なメディアが総体として「香港情報」を発信し、香港における現代中国研究を下支えした。別の言い方をすれば、メディアの「香港情報」が香港における現代中国研究の重要な構成要素であった。

一九六〇年代に入っても、大学内の中国研究は「中国学」的要素が強かったが、大学の外では人々が確実に中国大陸のことを学べる場所があった。

5　「文社」の存在

冒頭で述べたように、一九九二年の香港科技大学の誕生によって、ようやく大学は三校体制となる。それまでの間、一九六三年までは大学は香港大学一校、それ以降は香港大学と香港中文大学の二校体制が続いた。しかも、香港で義務教育が始まったのは、一九七一年であった。そのため、子どもの多い家庭では、女の子が小学校五年生で小学校をやめて工場で働くということがけっして珍しくはなかった。大学に入学できるのは、同年代の人口の三％ほどであり、小学校六年・中学五年・大学予科が一年から二年・大学が三年から四年の混合体制のなかでは、中学五年生修了は胸をはることのできる学歴であった。

一方、十分な学歴を得ることのできなかった人々は、必要に応じて成人教育を受けた。たとえば、義務教育のない時代、小学校五年生くらいから働きに出た場合、夜間学校で残る学年を修了して、自らのキャリアアップを図った。大学進学者は少ないが、向学心のつよい人々がつねに存在するというのが、義務教育が始まるまでの香港社会の雰囲気であった。筆者が強調したいのは、正規の学校のほかにも、香港では「学習する場」が多かったということである。

実際、第二次世界大戦後の香港に流入した国民党関係者には軍関係者だけでなく、多くの知識人がいた。当時の香港では大学は香港大学のみであり、しかも、授業言語が英語であった。どんなに高い学識を持っても、英語教育を受けたか、あるいは留学した経験がなければ、香港では高等教育機関に教職をさがすことは容易でなかった。

香港の学生運動は一九七〇年代に高揚するが、その基盤となったのが一九六〇年代の文社活動であった[16]。一九六四年から六五年にかけては、文社運動は非常に規模が大きく、ほぼ各中学に一つ、文学を愛好する学生によって文社と呼ばれた文学サークルが設立された。運動初期において、文社は純粋に文学鑑賞に重点を置いていたが、運動後期においては比較的社会での行動に重点をおいた文社が見られるようになった。この代表格が「華青」「烈燄」「開放」であった。一九八二年の区議会選挙以降、香港の各種選挙に参加した民主派陣営の中には、学校以外で中国のことを学んだ例が散見される。

文世昌（Man Sai Cheung）は、太平山学会の創立メンバーのひとりである。文は一九四四年に香港で生まれ、名門中学である皇仁書院出身を卒業した[17]。その後、香港大学に入学し、文学士を取得したが、一九八〇年に弁護士資格を取って弁護士として活動した。文世昌は文社「開放」の創立者の一人であった。文によれば、「この文社では関心事は国家民族の問題であり、討論するのは中国文化であり、執筆するのは香港人が中国を愛するべきであるという内容であった。われわれが追求するのは社会の開放であり、同時に中国にとっての活路は政治権力（政権）を開放し、民主化の道を歩むことだと認識していた」という[18]。また、文によれば文社活動をしていた中学生に大きな影響を与えたのが『中国学生周報』と『青年楽園』であったという。

同じく太平山学会の創立メンバーである何俊仁（Albert Ho Chun-yan）も、学校の外で中国のことを学んだ。何は一九五一年に香港で生まれ、香港大学に入学し、一九七四年に法学士を取得した[19]。文と同じく職業は弁護士であった。何は一九七六年の第一次天安門事件の際、新華社香港支社に「五四人権宣言」を手渡した一人であった[20]。何俊仁は天安門事件時の当局の行動は中国憲法に違反した、暴力行為であり、鄧小平の罷免もまた憲法違反であると考えた。当時すでに何は弁護士見習いとして活動しており、所属事務所に休暇を申請して新華社前に駆けつけた。

何俊仁の思想の形成には、中学卒業時に歴史学者である許冠三主催の「自由大学」へ参加したことが大きな影響を与えた。何は、親戚の紹介で自由大学に参加し、近代史・現代史・哲学などを受講した。その後、許冠三のため何俊仁は許の論稿を整理し、詳細な年表をつけて『劉少奇与劉少奇路線』という本を出版した[21]。当時、許冠三は浸会書院で教鞭をとっており、雑誌『人物与思想』を創刊していた。「自由大学」は正式な大学機関ではなく、私塾のような存在であった[22]。許冠三は毎週一回、自宅で無料で中国現代史について講義した。その内容は清朝末期の洋務運動から変法運動、さらには民国初期の五四運動から中国共産党の成立から文化大革命までをとりあげた。その中では、マルクスレーニン主義の唯物史観や唯物弁証法を説明し、毛沢東の思想や軍事・戦略思考までをとりあげた。そこでは、作家の徐復観や司馬長風、劉述先、金耀基なども講義をしたという。自由大学の講義は中国語標準語で行われたようである。中国語標準語が不得手な聴講生に対して、許はできるだけゆっくり話をし、授業とは別に許の妻が標準語を教えた[23]。

なお、中国共産党組織も課外活動サークルを発足させ、香港の若い世代の取り組みを図った。一九五〇年代の香港の学生生活は貧しく単調であったため、学生は課外活動に積極的に参加したという[24]。後に香港の民主派のリーダーのひとりとなる司徒華は、中国共産党の新民主主義青年団に参加しており、「学友中西舞踏研究社」（一九七五年に「学友社」に改称）を発足させた[25]。一九四九年に中華人民共和国が成立すると、香港政府は中国革命の影響が英領植民地である香港に波及するのを防ぐため、入境条例を厳格化し、「社会団体登記条例」を発布し、組織団体の活動を警戒した。一九五〇年の電車労働者ストの後、中国共産党の地下組織は続々と活動をとめられたが、司徒華の学友中西舞踏研究社は、学生のための「業余音楽研究社」とともに香港政府の審査をすりぬけて、その後も存続した数少ない地下組織となったという[26]。

6 「中国研究」の担い手

第二次世界大戦後、香港は、香港は「竹のカーテン」の向こう側の中国をウオッチする西側世界の「窓」でもあった。当時、香港には大学は一校ないし二校しかなく、そこでとりあげられた「中国」は「伝統中国」が主体であった。「現代中国」についてのチャイナ・ウォッチングを支えたのは大学の外部であった。友聯研究所と大学服務中心は、現在の浸会大学と香港中文大学それぞれに継承されている。また、当時、大学への進学者数がきわめて限定的なものであったため、文社と呼ばれた中学・高校の文芸サークルや、香港情報を構成する香港メディアが、現代中国についてさまざまな形で情報を補った。

最後に述べたいのが、こうした研究の担い手である。香港における中国研究は、地元の香港人ではなく、外来の人々によってまず担われてきたことである。

一九三一年の柳条溝事件以後、戦乱を避けて、中国大陸では人口は南へと移動していった。香港から見れば、一九四一年一二月八日に日本軍が侵攻するまで、香港はこうした南下する人口を受け入れてきた。許冠三や新亜書院の銭穆の例にみられるように、南下した知識人（南来知識人）の多くは北方の出身である。たとえば、前述の許冠三は中国語標準語で何俊仁に中国史を講じている。新亜書院では、授業言語は英語ではなく、中国語であった。戦前と戦後の香港の人口の変化を見ればわかるように、台湾の場合と異なり、香港は「香港生まれの香港育ち」が社会の多数派を占めたのではなかった。広東人ではあるものの、胡菊人も李怡も中国大陸で生まれた。「香港生まれの香港育ちの世代」は、こうした外来の人々によって教育され、薫陶を受けながら、徐々に「中国」研究の一群に加わっていったことになる。

なお、香港の大学教育の場で依然として英語が主要な授業言語であることを考えると、「中国研究」の場でも、英語を使う研究者が介在したことを指摘したい。英語を使い、「中国」を研究しえたのは、「英語を話す中国人」か、逆に「中国語を解する外国人」であった。「中国語を解する外国人」の代表が、Royal Asiatic Society の香港支部であった。地域史として香港史を開拓した James Hayes がその代表であろう。一方、「英語を話す中国人」を、香港よりもいち早く供給できたのは台湾であった。日本統治期終了後、本省人と外省人の対立の中で、台湾人の若者のなかにはアメリカで勉学を修める者がいた。香港中文大学の政治学系に、翁松燃と廖光生、李南雄が着任したのは、その状況をよく表している。

香港生まれの香港育ちの世代から「英語を話す中国人」が生まれるのは、戦後生まれの世代の台頭を待つことになった。これは、「香港人」という概念の形成と同時進行のように思われる。一九六七年の香港暴動以降、香港政府が住民の香港への帰属意識を重視するようになり、一九八〇年代から返還問題が浮上すると、香港人アイデンティティは顕在化した。

もっとも返還を経て、香港において中国研究に従事する「英語を話す中国人」はふたたび多様化している。英語圏で学位を取得した中国大陸生まれの研究者が、返還直前から急増した大学教育機関に続々と就職している。二一世紀に入って、香港は中国内地からの学生を積極的に受け入れるようになったが、その教育の最前線で内地学生に「中国」を説明しているのは、必ずしも香港人研究者ではないというのが、現在の香港である。

注

（1）陸人龍『六十年来香港「中国学」概況（綱要）』、香港大学アジア研究センター（二〇〇九年六月三〇日）、一―三頁（http://politics.ntu.edu.tw/RAEC/act01.php、二〇一五年七月五日最終閲覧）。

（2）香港大学人文科学院中文系のウェブサイトより Structure（http://web.chinese.hku.hk/about%20the%20Department/mission.html、

二〇一三年一二月六日閲覧）。

（3）香港大学人文科学院中文系のウェブサイトよりHistory（http://web.chinese.hku.hk/about%20the%20Department/history.html#history、二〇一三年一二月六日閲覧）、車行健「胡適、許地山与香港大学経学教育的変革」『湖南大学学報（社会科学版）』、第五期、二七頁。

（4）香港中文大学のウェブサイトより。

（5）香港におけるチャイナウォッチングについては、中嶋嶺雄『香港——移りゆく都市国家』時事通信社、一九九七年、二七三—二七七頁。

（6）盧蒼「大学服務中心、友聯研究所《明報》林山木」『香港文化資料庫』（http://markushopakhei.wordpress.com/category/%e5%87%ba%e7%89%88%e7%a4%be%ef%bc%9a%e5%8f%8b%e8%81%af%e5%87%ba%e7%89%88%e7%a4%be/、二〇一三年一二月六日最終閲覧）。

（7）香港中文大学　中国研究服務中心のウェブサイトより（http://www.usc.cuhk.edu.hk/Chs/Default.aspx、二〇一三年一二月九日最終閲覧）。

（8）香港浸会大学　当代中国研究コレクションのウェブサイトより（http://library.hkbu.edu.hk/sca/ccrc_about.html、二〇一三年一二月九日最終閲覧）。

（9）香港浸会大学　当代中国研究センターのウェブサイトより（http://accsweb.hkbu.edu.hk/about.html、二〇一三年一二月九日最終閲覧）。

（10）香港中文大学　中国文化研究所のウェブサイトより（http://www5.cuhk.edu.hk/ics/index.php/about-us-en/introduction-of-ics-en、二〇一三年一二月九日最終閲覧）。

（11）香港大学　香港人文社会研究所　アジア研究センターのウェブサイトより（http://www.hkihss.hku.hk/en/about_hkihss/about_us/cas/、二〇一三年一二月九日最終閲覧）。

（12）Report on a view of the Centre of Asian Studies, The University of Hong Kong, October 6, 1994, p1.

（13）陸人龍『六十年来香港「中国学」概況（要旨）』台南成功大学、二〇〇九年六月三〇日。香港情報については、森一道『「香港情報」の研究——中国改革開放を促す〈同胞メディア〉の分析』芙蓉書房出版、二〇〇七年。

（14）「胡菊人」の項目（http://cpro.hkbu.edu.hk/pr_04/art_sem.pdf、二〇一三年一一月一一日最終閲覧）。

（15）「李怡」の項目（http://catherineylam.wordpress.com/2013/05/08/　李怡—秉持忠於自己、質疑權貴、就事論事、不怕/、二〇一三年一一月一一日最終閲覧）。

(16) 陳毓祥・梁家永、『脈搏人物』香港：博益出版集団有限公司、一九八六年、七五頁。
(17) 同上、七四頁。
(18) 同上。
(19) 同上、二〇二―二〇六頁。
(20) 同上、二〇五頁。
(21) 同上、二〇五―二一〇頁。
(22) 何俊仁『謙卑的奮闘』香港：香港大学出版社、二〇一〇年、八―九頁。
(23) 同上、九頁。
(24) 司徒華『大江東去』香港：Oxford University Press, Oxford University Press, 二〇一一年、六一頁。
(25) 同上、五五―五六頁。
(26) 同上、五八―五九頁。

二　ベトナムにおける「中国研究」

岩月純一

はじめに

ベトナムにおける「中国研究」は、日本の「中国研究」がもつような「漢学」に対するアンチテーゼとして成立した背景を持っておらず、また竹内好において典型的な、西洋由来の認識枠組みに対するオールタナティブを提示しようという問題意識を持ったことがない。したがって、「中国研究」や「中国認識」を問うことによって学問全体のあり方を問い直す、という発想が、ベトナムにおいては見られない、ということを紹介するのが本稿の目的である。「不在」の証明は論理学的に難しいことだが、ベトナムにおける学問史の発展をたどることによって、ある程度のアプローチは可能だと考えられる。具体的には、伝統的「漢学」と現在の「中国研究」の間に明確な対立が見られないこと、「中国研究」の成立が新しいこと、そして「中国研究」の動向が（日本の場合よりもより厳しく）中国との関係の変化に左右されたことを指摘する。

ベトナムの中国研究について、本稿ともっとも近い認識を持つ先行研究は、牧野元紀のものである［牧野二〇〇五］。牧野は、主として「ハンノム学」（漢文・チュノム研究）で発表されている論文を分析し、「ハンノム学」

が「シノロジー」と言えるかどうかについては懐疑的な評価を下している。これに対し、阮懐秋［二〇〇九］は、社会科学アカデミー付属中国研究院（以下中国研究院）の研究者への聞き取りに基づき、中国研究院の研究動向を詳細に分析している。

1　「中国研究」の不在――「漢学」と「中国学」の連続性

現代のベトナムで、「地域研究」というディシプリンに基づく「中国研究」がはじまったのは、南北統一後の一九八〇年代のことである。もちろん、それ以前にも、「中国」に関する研究は行われていたが、それは「中国研究（Nghiên cứu Trung Quốc）」と呼ばれていなかった。

漢字圏に属するベトナムにおいて、もともと学術は漢文によって記録されるものであり、すべての「研究」という営為は「漢学（Hán học）」に発するものであった。前近代の儒者たちによる著述には、ベトナム（「南国」）と中国（「北国」）を対立させ、双方を同等と見なす認識や、中国の軍事的脅威に対する強い警戒感は見られるが、それは双方を包含する同一の文明（「文献之邦」）が存在することを前提にしたものであり、日本の国学のように、「中国」を原理から「他者化」し、疎外する視線を備えていなかった。

「中国」を「外部」と見なす認識は、皮肉なことにフランスの植民地化と、フランスによって持ち込まれた「東洋学」による学知が受け入れられることによって芽生えたと考えられる。フランス植民地政庁はハノイに極東学院を設置し、自らの「東洋学」建設の多くの部分をベトナムの地で行った。初期の「親仏的」な知識人であるファムクイン（Phạm Quỳnh、范瓊）は、通訳学校でフランス語を習得した後、極東学院に就職して頭角を現し、「漢学」と「新学」の双方を身につけた新しいタイプの知識人として、一九一〇年代から二〇年代の論壇の一角を占めた。

文化的には「中国」ないし「東洋」との関係を強く意識しながら、「中国」とは異なるアイデンティティを構成しようとする姿勢は、「西洋」という半ば強制された立ち位置に由来するところが大きい。

フランス語を通してもたらされた方法論によって、ベトナムと、そしてその延長としての中国を研究しようとするベトナム人の業績は、たとえばチャンヴァンザップ（Trần Văn Giáp、陳文甲）の科挙研究［Trần Văn Giáp 1941］など、現在の人文学のモデルであり、その淵源と見なされている。民主共和国成立後のハノイの学界では、学問分野がディシプリンごとに（「史哲文」、ないし「文史地」）区分されたことも相まって、職業的な「中国学者」、ないし専門家集団としての「中国学」は形成されず、むしろ「史学」「哲学」「語文学」という枠組みが先行した。中国学に関する人文学的な研究業績は、海外で「ベトナム学者」として知られる著名な専門家によって挙げられており、「ベトナム学」と「中国学」との分化は、現在でもはっきりと見えない状況にある。

2　地域研究としての「中国研究」——中国研究者の自己形成

これに対し、「中国」という地域を前面に押し出した研究対象への認識は、ほかの地域研究と同時期に、南北統一後の一九八〇年代にようやく現れ、しかも政策科学的な色彩を強く帯びたものであった。その業績のさきがけである［Hoàng Việt chủ biên 1985］は、社会科学院（当時のベトナム社会科学委員会）のアジア太平洋研究院が責任母体となって編集したものであり、人文学とは異なる社会科学的な色彩を強く帯び、改革開放政策が発動された現代中国の動向に強く関心を向けるものであった。この時期に地域研究、なかんずく「中国研究」が芽生えた要因としては、対ソ一辺倒外交によって国際的な孤立を強いられたベトナム政府が、ＡＳＥＡＮ諸国との連携を含む外交戦略の柔軟な見直しを検討する中で、世界を社会主義陣営（および第三世界）対資本主義陣営という単純な二分法で考えるのではなく、それぞれの地域の特性と利害関係を冷静に研究する必要を感じたこと、そして中国に対しても、社会主義的な連帯の相手でもなく、交戦国としての敵対だけでもない、より客観的な把握の必要性に迫られていたことが考えられる。

その際に「中国研究者」となる任務を負ったのは、一九五〇年代から六〇年代にかけて中国に留学し、現代中国語を習得して中国の現地体験を持っていた若手の研究者であった。彼らは、必ずしも「中国研究」を志して留学したわけではなく、その時代において先端的な学問を学ぶための主要な留学先の一つが中国だった、という方がふさわしい。[1]彼らが身につけたディシプリンは人文・社会科学の両方にわたるが、最終的にその大部分は社会科学系の研究者として、現代の経済・社会の動向分析に従事することになった。一九九三年には社会科学院に「中国研究センター」が設置され、一九九五年にはベトナム国家大学ハノイ校付属人文社会科学大学に地域研究としてのアジア研究教育を任務とする「東方学部」が設置され、その下部に「中国学部門」が置かれた。これによって研究・教育の両面にわたってその存在が国家から認知され、「史哲文」とは別立ての学問分野としての地位を確立したのである。

3　「中国認識」の視角と今後の展望

このように、政策提言のための研究という位置づけを持つベトナムの「中国研究」は、ときの中越関係の動向そのものによって強く制約され、限定されざるを得ない宿命を持っている。研究者の中核である中国留学組にとって、中越戦争をはさむ一九七〇年代後半から一九八〇年代前半にかけては、自己の政治的態度を鮮明にしなければ、中国に関する専門知識がむしろ疑いの対象になるというリスクに脅かされ、中国を研究対象にするかどうか自体が自由ではなく、中国研究を任務としても、中国の「覇権主義」を批判し、その本質を暴くことを、少なくとも前面に掲げなければならない、「苦悩」の時期であった。その後の関係改善によって、「中国研究」の幅は広がり、一九九〇年代後半以降は、中国の研究者との交流や、合同研究プロジェクトが盛んに行われるようになっているものの、近年の領土問題をめぐる緊張の高まりによって、現在の「中国研究」には、自国の主張の正当性を根拠づけ、また強大化する隣国の動向をより注意深く注視し、把握するという新しい任務が課せられるようになっている。

こうした研究環境の中で、たとえば日本の「中国研究」のような外部の、メタな視点から、ベトナムにおける「中国研究」のあり方について問いかけることは難しいと言えるだろう。ベトナムの「中国研究」は、自らの存在意義を内在的に疑ったことはなく、彼らにとって現在の日本における「中国研究」は、課題を共有する「協力の相手」になり得る存在でありこそすれ、自らの「中国認識」を顧みるための「鏡」とは認識されていないように思われるからである。

注

（1）たとえば、初代の「中国研究センター」長となったグエンフイクイ（Nguyễn Huy Quý）は、歴史研究を志して一九五六年から六二年まで中国に留学し、北京大学では現代史を専攻したが、留学以前に中国語は学んでおらず、留学の動機も「社会科学が学びたかった」からである。帰国後はハノイ総合大学歴史学部の現代史専攻主任となり、中国研究センター発足に伴って社会科学院に転属した。「中国研究」が彼の本務になるのはそれ以降のことである。

参考文献

Hoàng Việt chủ biên (Ủy ban Khoa học Xã hội Việt Nam – Viện Châu Á và Thái Bình Dương)

1985　Nghiên cứu Trung Quốc Hiện đại. Hà Nội: Nhà xuất bản Khoa học Xã hội.

古田元夫（Furuta Motoo）

一九九四「ベトナムは中国の周縁なのか？――現代ベトナムにとっての中国」『中国――社会と文化』九号、一九九四年六月、三―一四頁。

牧野元紀（Makino Motonori）

二〇〇五「ベトナムにおける『シノロジー』の現在――漢字の復権？」『中国21』二三号、一二三―一三六頁。

阮懷秋（Ruan Huaiqiu）

二〇〇九『從邊緣看大國――越南《中國研究》期刊對越中關係的認識』台北：國立臺灣大学政治學系中国大陸暨兩岸關係教學與研究中心。http://politics.ntu.edu.tw/RAEC/act/thesis/no.19.pdf

Trần Văn Giáp

1941　"Lược khảo về Khoa cử Việt Nam (từ khởi thủy đến khoa Mậu Ngọ 1918)," Khai Trí Tiến Đức tập san, số 2 và số 3, Hà Nội.

Viện Khoa học Xã hội Việt Nam – Tạp chí Nghiên cứu Trung Quốc

2005　10 năm Tạp chí Nghiên cứu Trung Quốc (1995 - 2005). Hà Nội: Nhà xuất bản Khoa học Xã hội.

Ⅲ　世界各地の中国研究との比較の視座

——二〇一三年二月駒場ワークショップの議論

講演（1）「世界における中国研究の知識コミュニティ」比較研究プロジェクト　石之瑜

報告者：石之瑜（台湾大学）、邵　軒磊（台湾師範大学）

日時：二〇一三年二月三日（日）午後三時～

場所：東京大学駒場Ⅰキャンパス一八号館四階コラボレーションルーム4

討論者：馬場公彦

ありがとうございます。この二冊の本（*Sinicizing International Relations: Self, Civilization and Intellectual Politics in Subaltern East Asia*［Palgrave, 2013］と、*Re-producing Chineseness in Southeast Asia: Scholarship and Identity in Comparative Perspective*［Routledge, 2015］）は英語の著作ですが、校正の段階のものをプリントしただけで、誤字脱字もあるので、参考までに見ていただければと思います。代田先生、村田先生、馬場先生、それから石井先生、またここにいらっしゃる他の先生がた。ここに来て中国学と中国研究の知識史の整理についてお話し、みなさまから教えを請う機会をいただき、とても嬉しく思っております。「中国学の知識コミュニティ」プロジェクトはおそらく一〇年くらい前から始まっており、話はたくさんあるのですが、今日は時間も限られていますので、それぞれの進度がどうなっているかまず簡単に説明し、それから最近思ったことをお話して、みなさまからご意見を伺いたいと思います。

パイロットプロジェクトは平野先生の指導のもと、村田教授と土田教授が一緒になって日本で進めました。そ

2013年２月３日の駒場ワークショップ。石氏は中央左。

の後韓国まで進展し、今まで韓国で一六名のインタビューを行いました。しかし全体から見ると、韓国でのインタビューはあまりうまくいきませんでした。そのことについてお話ししないわけにはいられません。まずはここから反省したいと思います。当時は主に院生を通してインタビューをしたのですが、往々にして多くの院生がインタビューの途中で気おくれし、また準備不足により一歩踏み込んで質問することができず、内容の多くは浅く、あまり広がりのないものになってしまいました。今韓国のインタビューを中国語に翻訳しようとしているのですが、これがまた災難のような状況です。元々中国大陸の仲間に依頼して翻訳してもらったのですが、三年経っても原稿が戻ってこないにもかかわらず、ネット上にすでに翻訳された文章が三つとも出てしまったのです。そこにはインタビューを受けた人と翻訳者の名前しかありませんでした。交渉を経て彼らには翻訳をやめてもらい、今では原稿を台湾に戻して、あらためて人を捜して翻訳してもらっています。

その後、インタビュー内容が乏しいために、資金を募って補足をすることにしました。プロジェクトの資金が出たあと、補足のインタビューはすでに終わったと聞いているのですが、すでに三年以上の時間が経ち、原稿を催促してもかえってきません。この一〇年近い期間の中で、最大のネックは韓国のプロジェクトでした。いちばんの原因は、この企画を組織した韓国の仲間本人が、中国でのビジネスに巻込まれ、一般的な学術的期待にこたえられなかったということです。結果、韓国での企画は一番多くのお金を費やしたにも関わらず、何もいい結果はありません。しかし、そこから多くの教訓を学ぶことができました。そのうちのひとつは、院生にインタビューをさせるのはよくないということです。自分の指導教授にインタビューさせるとき以外は。一番いいのはすでに教壇に立っている仲間を通してインタビューをすることです。

それからは基本的に二つのモデルを用いることにしました。ひとつは日本モデルで、完全に現地の学者からなるチームを結成し、事前に細かいコミュニケーションをとってから、主となる研究経費を投じるという方法。もうひとつは、個人モデルです。現地のある学者一人にお願いして、もしインタビューを受けてくれる学者を見つけたら、その人と関連する仲間を探してインタビューを行ってもらうという方法。もちろんこの方法は、台湾にいる私に大量の仕事がやってくることを意味します。それぞれの人と協力し進度をきちんと把握しなければならないので。

しかし一般的に言って、ここ五～六年はどちらかといえばスムーズにいっています。遅くに始めたわりには進度が速いところもあれば、早く始めたわりには進度が遅いところもあります。あるところは第一段階がすでに終わり、今第二段階を準備しているところです。あるところは第一段階が長引いていて、今になってもまだ終わっていません。日本の口述歴史の第一段階は北京で出版し、邵軒磊教授が個人モデルを用いて第二段階を組織しましたが、規模と質をどのようにコントロールするかという点においては、平野教授がリードした第一段階にはたしかにとうてい及びません。邵教授は若手の日本の仲間と絶えず連絡を続け相談し、どのインタビュー対象にも二回以上のインタビューを行い、今原稿を整理しているところです。中国語に翻訳したあと、二〇一三年の年末前には出版できればと思っております。

日本と韓国以外で言いますと、台湾でのインタビューは私の以前の学生に頼んで行い、今のところだいたい二〇名くらい終えました。台湾のインタビューに関しては第一段階の報告書があります。今日お配りした文章のひとつがそれです。この報告書では口術歴史インタビューの内容の深くまでは触れておりません。考慮しないといけない側面が多すぎるからです。口述歴史の内容を読んでからでないと台湾における中国研究がどのような変遷を経てきたのか書けません。特に個人の人生を遡ることによって過去にはあまり気付かなかった変化をまとめていきたいと思っているので、もし時間があればもう一歩踏み込んで議論してみたいと思います。

香港ではインタビューを細々とやっていますが、チームを立ち上げるのに大きな困難にぶつかりました。協力パートナーを探すために、香港に七回ほど行きましたが、協力してもらえる人は見つけられませんでした。主な原因としては香港では学者に二つの方面での成果が要求されるからです。一つ目は、プロジェクトの資金補助は必ず名前の通った組織からでなくてはならず、個人的に集めた資金で組織されたプロジェクトは業績にならないということがあります。二つ目には、研究成果は論文として発表できるものでないといけないということです。ただ口述歴史は基礎研究であり、すぐに論文発表にはしにくいものです。というわけで今のところ協力者はまだおりません。今年の七月から、谷垣真理子教授が香港でチーム立ち上げにご助力くださるとのことで、非常に期待しております。今までの成果で言うと、香港マカオのベテランの学者へのインタビューは個別に行っておりますが、三〜四人に留まっています。また香港ではたくさんのアメリカ・イギリスから来た教授も教鞭をとっているので、将来はそうした方々にも拡大していければと思っています。最近では華人心理を専門に研究しているマイケル・ボンド（Michael Bond）教授にも確認し、口述歴史を行ってもらえることになりました。

香港と比較できるのがシンガポールで、シンガポールでも最初は協力者が見つかりませんでした。したがって個人モデルを用いて、王賡武教授に全部で八回ほどインタビューし、前半四回は中国大陸からシンガポールへ研究に行った女性教授にお願いし、また後半には台湾でポスドク（PD研究員）をしている仲間にシンガポールまでインタビューに行ってもらい、全部で一二万字近くの成果を得ました。整理には三年近くの時間がかかり、その間王賡武教授にもお願いをしましたが、こんなに大量の整理をやる時間がないとのことで、一年間やられた後に無理だと言われました。それでどうしようということになったのですが、その後は何人かの博士課程の院生に助けを求める以外に方法が思い浮かばず、去年の一二月になんとか整理を終えました。

二年前、シンガポール国立大学中文系の黄賢強主任を見つけ出し、協力をお願いしました。彼の主なインタビューの対象は文化芸術と言語の研究者で、またそれはシンガポールおよびマレーシア華人の状況と関係があります。こうした文化芸術研究者はシンガポール国立大学によく出入りして教えたり、民間で文化芸術の仕事に携わったりしており、一〇名のライフストーリーの口述を正式に始めました。その後は足りない部分を細々と補完しています。

去年の半ばぐらいにはタイとマレーシアで同時に現地のチームを立ち上げ、マレーシアではマラヤ大学の中国研究センターが研究チームを組んでくれました。口述歴史の対象にはマレー系の教授も華僑系の教授も取り込みました。マレーシアの長老格の中国研究者はその多くが海外で教鞭を執っており、シンガポールにいる人もいれば、香港、中国大陸、また欧米にいる人もいます。タイに関して言うと、主に想定していた口述歴史の対象は、中華文化と中国語教育に造詣の深い学者であり、チュラーロンコーン大学の中国研究センターが中心になっています。

マレーシア、シンガポールおよびタイの状況から分かるように、東南アジアでは中国を研究し、認識する上で、中国語教育がとても重要な鍵になっています。チームで英語で話しているときにはいつもChinese Studiesと言い、China Studiesとはあまり言わないのです。なぜならそこにはたくさんの中国語や中国文学の研究者が含まれているからです。とくに二一世紀になって中国が存在感を増してからは、多くの人が中国語を学ぼうとしており、そこには中国研究との関わりが少なからず含まれています。華人が中国を勉強するときの中国語教育の意味とはなんでしょうか。これは個々人が自分の理解の中で暗に想像する現地華人のアイデンティティや、現地社会がどのように中国を見ているかなどと密接に関わっているのです。華人の若者が中国語を勉強する理由は、多くの場合ファミリービジネスを続けていくためです。ビジネスの相手から、売るもの、売る対象、原料の調達先までみな中国であり、その背後で受けつがれてきたものとは家庭の伝統なのです。

現地の主流社会が中国を見ることは、少数民族である華人を見ることと結びついています。現地の華人は何十年という奮闘を経て、自分を中国人ではなく東南アジアの現地化した華人として見ようとしてきたのです。ですから多くの人は華僑と自称したがりません。多くの地域の華人は現地のローカルコミュニティと政治的な緊張関係にあります。もし中国語教育が現地華人のある種のアイデンティティを強めれば、彼らは中国との関係を構築していると見なされ、排斥されることになるかもしれません。ですから、Chinese Studies と China のイメージの間には微妙な関係が生まれるのです。

もしアメリカとイギリスの学者に中国研究は海外の中国語教育を研究することですと言ったら、あまり理解を示さないか同意しないでしょう。実は大陸ヨーロッパやロシアに行くと、言語を重視するという状況はアメリカより明らかです。各地で中国語教育が中国研究の中心であると同時にその範囲であるとされ、また幅広い知識史の源だと思われているのです。

東南アジアで比較できるもうひとつの場所は、ベトナムです。ベトナムの漢学には厚い伝統があり、今日に至っても儒学が非常に重要な学問になっています。儒学家の多くは一九七〇年代以後、特に北方で、国家が中国を分析する際の重要な資源になっていきました。過去には家庭の関係で、小さい頃から漢学を学ぶ人もいました。しかし一九七〇年代の中期以降、そういう人たちは国家に雇われて中国の外交や政治を分析するようになり、それは一九九〇年代中期に中越関係が修復するまで続きました。その後ようやく自分の漢学の興味に戻ることができたのです。このような変化はベトナムだけではありません。ロシア、チェコ、ポーランドを含んだ東欧でも見受けられました。今年の一一月に台湾でひとつシンポジウムがあります。ロシア、ポーランド、チェコ、モンゴルこの四カ国における中国研究を比較するものです。これらの国はみなもともと共産党が支配する党国家、国家と党が一体になった体制でした。今や共産党の時代は過ぎましたが、この四カ国は中国に対して全く異なる認識を持っていたのです。例えばモンゴルの漢学は、初めから農耕文明に対する好奇心に満ちたものでした。彼らは同時期に共産党国家を経験しましたが、その国家と党が一体の時代が残した影響はみな同じであったようです。党・国家一体の時期が終わったあと、その昔それぞれ違ったであろう歴史や伝統をどのように取り戻したのでしょうか。これはさきほどお話したベトナムの状況と少し似ています。中国の政策を分析することが情報分析になった一方で、現在また漢学の伝統とつなぎ合わせることが可能になりました。その中間でどのように組み合わせるのか、これから研究のしがいがあります。またベトナムでは、南北の比較をすることも可能です。なぜなら南にはあまり政策分析の背景がないので、口述歴史をするときにも北と南では異なるチームがおり、北のチームは南にあまり行きません。南は他の東南アジア地区の Chinese Studies に近いものがあり、北はロシアと比較ができるでしょう。

ロシアの中国研究は二〇〇八年末から始まりました。過去にロシアにも厚い漢学の伝統があったのですが、事情があって二つに分かれたままです。ひとつはロシア科学院の極東研究所、もうひとつはロシア科学院の東方研究所です。東方研究所はずっと漢学に関する研究をしてきました。極東研究所の任務は情報分析で、多くの研究が中国の実際の状況に関するもので、中国とロシアの共産党の関係が悪化してからは、極東研究所は中国共産党を批判する任務をも担っていたのです。しかし極東研究所で仕事をする仲間は、その先生はみな長年にわたって研究してきた漢学者で、彼らはみな中国語や中国文学の研究から漢学に入り、中国語をきちんとまず勉強し、中国の古典を読み、またできれば中国古典の翻訳をするのだそうです。ロシアの漢学者にとっては、古典を翻訳す

石氏の比較研究プロジェクトに参加する全世界のメンバー。中国社会科学院主催の「国際中国学知識史の交流と対話」会議（2015 年 10 月 29 日～ 30 日、北京）

ることが最も重要な学術の成果であり、これは東南アジアで強調される中国語とは違います。東南アジアが強調する中国語は実用的な中国語で、次の世代がファミリービジネスの伝統を継ぐ助けとなるための中国語であり、また中国語教育を通して中国とのある種のアイデンティティを再構築し、再度つながるためのものです。ロシアの中国研究は中国の古典を知り、理解するために用いられます。

あるインドの仲間は、そのような翻訳を主とする研究は中国研究とは言えないと言います。その専門家は社会科学の影響を受けていたからか、中国研究は科学的研究であるべきだと考え、精力を古典の翻訳に集中させることには賛成していません。しかしロシアにいたときには、極東研究所の所長チタレンコ氏が真逆の意見を述べたのを私は耳にしました。彼は逆にインドの中国研究には独自の特色がないと。彼はロシア漢学者の中でもロシア科学院院士になった極く少数のうちの一人で、今年（二〇一三年）一一月に台湾に来て我々のシンポジウムに参加します。彼は荀子を読んでから毛沢東に対する認識がより一層深まったと言いました。最近知り合ったもう一人のロシアの漢学者は林語堂の『論幽黙』を訳していて、彼は林語堂式の幽黙（ユーモア）を知った後で中国のリーダーがあらゆる場面で言う話が別の観点で理解できるようになったと考えています。このように中国の現況に対する分析の拠り所を、古典を翻訳したところに見いだすことは、中国の文化や社会に対してある種の道理や感情をもつことになるのです。こうした中国研究には文字に対する深い理解が必要になるために、ロシアでは古典を訳してこそ漢学者として初めて尊重されるのであり、これはアメリカやイギリスではあまり見られないことです。

ヨーロッパにはたくさんの漢学者がいますが、みなが翻訳をやっているとは限らず、小説を研究している人もいれば、小説を書いている人もいます。題材はみな中国のテキストということです。現代チェコにおける中国研究の元祖といえばプルーシェクです。チェコでインタビューをした長老格の漢学者の中で、彼の学生でなかったという人はいませんでした。私たちのインタビューを手伝ってくれた一人の学者はプルーシェクを博士論文のテーマとしました。彼女にとってみれば先生の先生にあたるわけですね。そして彼女はプルーシェクが非常に複雑な成長の過程を経てきたことに気付きました。彼は魯迅の研究を推進し、また茅盾への研究を止めようともしました。一九六八年プラハの春のときには、自ら立ち上がってロシアに反対したこともありました。その前にはコミンテルンともつながりがあったという噂もありますし、チェコには彼の知識史の研究に従事する人がこれからもでてくるだろうと思っています。

チェコでもポーランドでも、中国語をマスターすることを重視しない漢学者はいません。これは漢学者としてのいちばんの任務なのです。英語圏での中国研究界ではそうした光景はあまり見られないようです。チェコでは今のところ一〇名のインタビューを終え、どれも英語に翻訳し、ウェブサイトで見ることができます。それを見ると、彼らが他の国の中国研究界と早くからさまざまな交流があったことが分かります。五〇年代には中国と、また海外華人と、アメリカの学者とも密接な交流がありました。一九六八年プラハの春以降は、多くの漢学者がアメリカ行きを決め、チェコとアメリカの中国学の間にひとつのつながりができることになりました。

ポーランドではすでに七名のインタビューを終えましたが、まだ翻訳の最中で、また最後には九名になる予定です。ロシアには二つのチームがあり、今までに三〇以上のインタビューをしました。そしてまだ続けていく予定です。ロシアの中国または漢学研究の伝統には深いものがあり、今までに行ったインタビューは主に三つの研究所にかたまっています。前述した二つの他、もうひとつはモスクワ大学で、今後はもっと大学に特化していきたいと思います。特にウラジオストックとサンクトペテルブルクですね。サンクトペテルブルクではまだ二、三人にしかインタビューを行っておらず、これからロシアの研究はもう一歩拡大が必要です。

ベルギーでこの企画を担当するチームはゲント大学の東アジア及び哲学研究所にあり、担当してくださっているのは仏教研究の教授です。博士号をとったばかりの彼の学生が実際の仕事を担当しています。この学生の研究は鄭板橋の「糊塗」（ごまかし）に関するもので、彼女は「糊塗」を研究することで中国外交上いくつかの考え方が分かるようになったと言います。とくに「装糊塗」（ごまかしているふりをすること）には意味があり、ベルギーの当時の外務大臣は理解できなかったが、彼女は中国人がごまかしているふりをしたのは単なる状況の硬化ではないと考えています。

去年（二〇一二年）の年末、イタリアのローマ大学にもチームが立ち上がり、今年の三月にやっとインタビューが始まります。一一名の対象をすでに考えており、もともとはインタビューと同時に教会による中国研究の状況も含められればと思っていたのですが、大学にいる人だけでも数がとても多いようで、教会のほうはやらないつもりです。教会については将来新たなチャンネルを開いていくことになるでしょう。西ヨーロッパではあとドイツがあります。ドイツのチームは去年ようやくできました。ドイツも同じように早くから接触していたのですが、多くのドイツの学者はとても忙しく、企画を進めることができないと感じており、結局は中国からドイツに行った女性学者四名に連絡し、共同で進めてもらうことにしました。彼女らはドイツの異なる大学で中国語を教えており、すでに博士号を持っています。この計画をお願いしたことで、中国語を教えるだけでなく、自分たちも具体的な研究に携わることができると感じているようです。最初のインタビューが今進行中です。

次はハンガリーです。チームは国立公職大学の中国研究センターに立ち上げましたが、資金集めに進展がない限り、この企画は今年は進めることができないでしょう。今年（二〇一三年）の予算は、一一月のシンポジウムと九月に桂林で行うマレーシア、タイ、ベトナム、シンガポール四地に関する会議にほとんど使ってしまいました。後者は広西の社会科学院が接待をしてくれ、遠くからの来客もありとても楽しいものになるでしょう。

最後に重要なところを紹介します。日本と同じくすでに出版までこぎ着けたインドです。インドは二〇〇八年にチームが立ち上がり、二〇一一年にはインドの外務省の資金援助のもとに大会議を開き、そこではすでに二〇名近いインタビューが行われたことが報告されました。インタビューをお願いした若い教授は文章を書き分析もしており、それだけで一〇本近い論文になっていて、さらに二〇名のインタビューを加えたものが、去年八月アメリカで出版されました。六〇〇ページを越える厚い本で、書名はOn China By Indiaといいます。二〇数名のインドの学者のインタビューの半分が二万字を越え、その中の一人の学者は一〇〇ページ分ぐらいも話したのですが、発表のときにはそれぞれの人につき八〇〇〇字しか載せられなかったので、どんどん削っていく過程は大変でした。これが世界各地で立ち上げたチームの今のところの状況です。

そしてもっと努力を要するのがオーストラリアです。チームは立ち上がっておらず、個人的なつながりでだいたい四名のインタビューを行いました。どれも非常にベテランの研究者で、将来はオーストラリアにも関係を築きたいと思っています。細々とやっているのがアメリカで、すでに七~八名の学者にインタビューを行いました。どれも縁と機会があった際にやったもので、前もって計画したものではありません。イギリスにもすでに二人の学者が口述歴史の記録の仕事に加わる意思を示しているのですが、細々と長く、ちょっとずつやっている状態で、チームを立ち上げて大規模に進めるというのではありません。今のところもうひとつ進めることができないのがフランスです。フランスの状況は複雑で、学術界の組織がかなり割れていて、今に至ってもどのように進めていったらよいのかを掴めずにおり、今後に託すことにしています。ドイツとイタリアにある程度の基礎ができてから、フランスの学者にお願いしようと思います。北欧もまだやっていません。それからアフリカとラテンアメリカも同様です。

総じて私が思うに、近年グローバル化が叫ばれていますが、その言うところはそこの土地性（Territoriality）だということです。それぞれの場所で異なる特殊性をもう一度確認し、それからグローバル性（Globality）をさらに語ったり、地域性（Locality）に戻ったりする。または両者は同時に進むのかもしれません。これがいわゆる多元文化論（Multiculturalism）を育むのであり、差異（Difference）というものを重視し、それぞれの人の差異をもう一度呈示する。そこから学術において多くの言葉が現れました。差異と呼ぶ人もいれば、多元文化論と呼ぶ人もいる、「Sitedness」または「Multisitedness」と言う人もいれば、「Worlding」と呼ぶ人もいる。後者はつまり世界の発展過程における他と異なる特性、それはまた他者の特性を背景にした自己でもあるのですが、それを十分に掘り出して表現し、私なくしてこの世界は完成せずといった気迫を表すことです。京都学派が初期において戦争中に言った世界史の立場に似ています。「Worlding」はそれぞれの場所、ひいてはそれぞれの人を単位として、それぞれの違うところを強調すること、最近流行のフーコーが言った「Culture Governments」と「Governmentality」にも符合するところがあります。この二つの概念はグローバリゼーションについて語っているのですが、特にグローバルガバナンスという概念を揶揄しているのです。差異とグローバリゼーションはひとつの不可分な概念になっており、グローバルについて語るには差異の認識が必要になり、差異について語ることは世界に対してその差異を表象することが必要になるのです。

しかし、最近知識史と口述歴史の研究をしたことで、そのようなすでに形づくられ逆らうことのできない研究の流れというものを捉えなおすようになりました。まず、グローバリゼーションを語るにしろ、差異を語るにしろ、どれも空間上の概念です。つまり私とあなたが違うのは、それぞれある地域性（Locality）または場所（Site）を有しているからであり、それぞれの場所に歴史との遭遇があるということです。しかし、口述歴史は読者にこれとはまた違った感じを与えるでしょう。みな自分の知識が成長する過程であらゆる変化や曲がり角を経ていくものであり、循環型の人もいます。最初はこうだったが、その後違うふうになり、また最後に戻ってくるというように。最初とは違うふうになったあとに、またさらに違うふうになるというように、変化を繰り返す人もいます。もちろん変化が少ない人もいます。ものの見方や価値観を変えない人。知識史の角度からすれば、この地域性（Locality）や場所（Site）に基づく差異は、歴史という長い流れの中では特別重要ではないのです。

今日グローバリゼーションは大きな影響力を与え、自分が生まれ育った場所が他とは違うことを表してこそ、グローバルな枠組みの中で自分だけが属するアイデンティティを確立できるという考えをみなに押し付けています。しかし、個人の知識史の発展においては、みなある環境に向き合うに際して絶えず調整と妥協をし、または環境を変えたり、環境に合わせようとしたりする。しかも意識的にであれ無意識的にであれ、選択をしていかなくてはいけない。ですから他人との差異を強調することは、欺瞞的な知識をもったものでしかなく、ある種の錯覚を生み出すのです。まるでみな自分が属するアイデンティティは最初から最後まで変わらず、ある種の固定したアイデンティティにしか属すことはできないというような錯覚です。それより少しよい場合には、私は絶えず調整や妥協をしているけれども、ただしそれは私の調整や妥協であって、他人の調整や妥協とは異なるので、私はみなとは違っている、という言い方もあるでしょう。しかし、みな調整や妥協をしていると言ってしまえば、他人との違いというのはぼやけてきます。

中国史家が「治乱興衰」（国の統治がしっかりしたり乱れたり、また国が栄えたり廃れたりという状況の変化）を語るとき、それは統治しては乱れ、乱れては統治し、さらに統治しては乱れというサイクルで、「乱」の反対がつまり「治」です。「治」という字は過去には「Order」という英語翻訳があてられ、「乱」は「Anarchy」、つまり無政府の状態ですね。しかし英語では、「Anarchy」の反対語は「Sovereignty」または主権であり、「Sovereignty」は空間の概念で、それが指すのは領地（Territory）です。しかし「治」は空間の概念ではなく、「治」と「乱」が交互にめぐる中で必ず通るひとつの段階、つまり時間の概念なのです。循環史観では、「治」があればいいのであって、どのように「治」めるかは重要ではない。自由主義であっても、共産主義であっても、イスラム教であっても、それは重要ではないのです。

ですから、「治」という概念は英語の「Governability」と翻訳することができ、フーコーの言う「Govermmentality」とは一線を画すものです。「Govermmentality」が問うているのは、グローバリゼーションという文化の覇権（Hegemony）がどのように世界支配を達成するかということであります。それはつまり、あらゆるマクロレベルで文化を浸透または構築させることを通して、みなに他人と同じでなければならないと感じさせるということ。ただそれは同時に、グローバルな空間の中でこそ表象が可能なわけであり、無意識のうちにもグローバル化の覇権を固定化しています。ですから、「Govermmentality」がグローバルガバナンスの理性的な要素を脱構築し、統治を支配に変えたといえども、この脱構築の過程は空間に関する知識論、つまり空間性（Spatiality）を踏襲したに過ぎないのです。

中国の史観は「治乱興衰」から出発しているという意味で「Governability」であり、それは世界のどこにでも通じるという制度的理性ではありません。社会を統治できる制度であればなんでもいいという考えなので、それが自由主義であるかイスラム主義であるかはポイントではないのです。しかし、グローバル化について語るときには、一体それがなにであるかがとても重要になってきます。一体それが自由主義なのか、共産主義なのかという問題ははっきりさせなくてはなりません。もし共産主義であるなら問題です、変えなくてはなりません。しかし「Governability」というディスコースでは、人民の福利と安定を造り出し、大衆に受け入れられさえすればなんでもよい。ですから差異はポイントではないのです。口述歴史の研究からは、みな絶えず調整を行っていることとが分かります。ですから時間概念の中において知識史を研究することは適しており、それが示すのは中国または中国人を概念の枠組みとし、それを時間概念へと変えることのほうがいいのではないかということです。

みなさんが気付いていらっしゃるか分かりませんが、いつもグローバルガバナンスについて語るとき、干渉(Intervention)がとても問題になってきます。国連が干渉しようとするとき中国は反対します。それもそうです、干渉とは空間の概念であり、中国にとってみればある社会に問題があるときには、だんだんと自分で回復させればいいのであって、もし干渉すればその現地のコミュニティが秩序を回復する能力を壊してしまうことになるからです。これは中医(Chinese Medicine)の理念に似ています。知識史のように、どの場所、どの人の知識の歴史も変化しており、それぞれの学者または学派がどのような差異を呈しているのかをずっと問うていかなくてはなりません。この問いはグローバルガバナンスの問題意識を反映しています。空間を基準とし、みなが同じ歴史時間軸の上に生きていて、違いがなければならない。それでこそ自分の主体性を持つことができ、もしあるところに主体性がないとすれば、この「グローブ」を「ガバナンス」することに参加できなくなる。このときには介入しなくてはならない。みなを主体性のある場所へと変えることによって、グローバルガバナンスの影響力が生まれるというわけです。

知識史からの反省は、我々にこの社会は絶えず変化しているということを教えています。みなを比較してそれぞれがどう違うか、そしてそこから自分に主体性があるということを示す。このような考え方は、欧米の内部で欧米の覇権に反対するために出てきたものですが、歴史全体の発展の過程においては未だ結果が出ていません。そして歴史の時間性が問うているのは、どのように統治可能(Governable)な状態を取り戻すかであって、グローバルガバナンスが受け入れることのできるある種の固定的な価値(Value)をただ肝に銘ずるということではありません。しかし、あなたの価値自体があなたを統治可能なものにしているとするなら、そこで乱れが起きたとき、

2013年2月3日の駒場ワークショップ終了時

あなたが自分で秩序を回復する方法を考えなくてはなりません。外の人はただそばで体質を強化する手伝いをするぐらいしかできません。さらなる介入はできないのです。

みな中国を研究する過程で、遅かれ早かれ自分と中国との関係を考えることにならざるを得ません。もし自分の国と中国の関係に変化があれば、研究のテーマや方法も変えざるを得ないのです。また中国（それをどう定義しようとも）自体の変化も、研究に変化をもたらします。これは認識論上の乱れに遭遇したようなもので、このときにもし自分が中国を認識する方法が他と違っていることを強調しても助けにはなりません。自分の研究に調整が必要ではないかをよく問うことの意義は、中国を研究することが研究者の選択（Choice）に及ぶという点にあります。知識史を研究することは、学者がどのように視野や方法を選んだかを見ることです。何を選んだかだけではなく、同時に何を選ばなかったか、何をあきらめたかをも見なければなりません。

ここ二～三ヶ月の反省がこのようなもので大変恐縮ですが、知識史の研究が「Governability」と「Governmentality」間の比較を引き出したことをここでみなさまと共有したかったわけであります。この反省は初めて発表し、初めて公開の場で話しました。他の場所では話したことはありません。学生とプライベートな場面で議論したことがあるのみでした。今日はここまでといたします。みなさまからご批評いただければと思います。

言及人名の略解（データはインタビュー当時）

代田智明　一九五一年生まれ。東京大学教養学部・大学院総合文化研究科教授。専門は近現代中国文学・思想研究。著書に『魯迅を読み解く――謎と不思議の小説一〇篇』。

谷垣真理子　一九六〇年生まれ。東京大学教養学部・大学院総合文化研究科准教授。専門は現代香港論、華南研究。著書に『変容する華南と華人ネットワークの現在』（編）。

村田雄二郎　一九五八年生まれ。東京大学教養学部・大学院総合文化研究科教授。専門は中国思想史、中国近現代史。著書に『東アジアの知識人』全5巻（共編）『リベラルの中国』（編）『インタビュー　戦後日本の中国研究』（共編）。

石井　剛　一九六八年生まれ。東京大学教養学部・大学院総合文化研究科准教授。専門は中国哲学・思想研究。著書に『敢問〝天籟〟――中文哲学論集』『戴震と中国近代哲学――漢学から哲学へ』。

馬場公彦　一九五八年生まれ。岩波書店編集局部長。専門は中国近現代史、日中交流史。著書に『戦後日本人の中国像――日本敗戦から文化大革命・日中復交まで』『戦後日本人の中国像――日中国交正常化から天安門事件・天皇訪中』。

平野健一郎　一九三七年生まれ。東京大学名誉教授・早稲田大学名誉教授・東洋文庫常務理事。専門は近代東アジア国際関係史、国際関係論、国際文化論。著書に『国際文化論』。

土田哲夫　一九五九年生まれ。中央大学教授、同大学政策文化総合研究所長。専門は中国近現代史、国際関係史。著書に『近現代東アジアの文化と政治』（編）。

邵軒磊　一九七七年生まれ。国立台湾師範大学准教授。専門は日中関係史、日本知識社会史、中国近現代史。著書に『戦後日本的中国研究系譜』。

マイケル・ボンド（Michael Bond）　一九四四年生まれ。香港理工大学客員教授。専門は社会学、華人心理学、カルチュラル・スタディーズ。著書に Beyond the Chinese Face: Insights from Psychology。

王賡武（Wang Gungwu）　一九三五年生まれ。オランダ領東インド生まれ。歴史学者。南京中央大学卒業。マラヤ大学教授、オーストラリア国立大学教授を経て香港大学校長。シンガポール国立大学教授。専門は東南アジア華人史。著作は多数。

黄賢強（Wong Sinkiong）　一九六〇年生まれ。シンガポール国立大学准教授、同大学元中文系主任。専門は中国近代史、海外華人研究。著書に Singapore Chinese Society in Transition: Business, Politics and Socio-Economic Change, 1945-1965。

チタレンコ（Mikhail Leontevich Titarenko）（一九三四～二〇一六年）。漢学者。ロシア科学アカデミー会員。専門は中国哲学。著書に『古代哲学者墨子――その学派と教義』（飯塚利男訳）、『中国の文明と改革』（編訳、日本語版は飯塚利男訳）など。

プルーシェク（Jaroslav Průšek）（一九〇六～一九八〇年）。漢学者。チェコ科学アカデミー会員、同アカデミー東洋研究所長。専門は中国文学。魯迅の『吶喊』をチェコ語版に翻訳した。

話者紹介

石之瑜（せき・しゅ、SHIH Chih-yu）

一九五八年生まれ。国立台湾大学政治学系教授。一九八〇年国立台湾大学法学部政治学科国際関係論課程を卒業、二年間の兵役を経て、一九八四年米国ハーバード大学にて公共政策修士号を取得。一九八八年に米国デンバー大学にて国際学博士号取得。ウィノナ州立大学（一九八七―八八）、ニュージャージー州立ラマポ大学（一九八八―九〇）を経て、一九九〇年より台湾大学政治学科系准教授。二〇〇四年より同教授。研究分野は知識人類学、中国研究、国際関係理論、カルチュラル・スタディーズ、政治心理学と多岐にわたる。台湾政治や中国政治について台湾の新聞に頻繁に寄稿する。

国家講座教授（二〇〇一―〇四）、台湾大学講座教授（二〇〇七―一三）、台湾大学傑出教授（二〇一三―）を経て、二〇一三年より終身国家講座教授。教育部学術奨を受賞（二〇〇〇）、行政委員会国家科学委員会傑出奨を受賞（一九九五―九九、二〇〇四―〇七）。

二〇〇八年より *Asian Ethnicity* の編集長。叢書 *Global Political Thinkers*（Palgrave-Macmillan: 2013-）、*China's Ethnic Minorities: Annual Social and Economic Indicators*（Routledge: 2013--）のほか、*Political Science*（Wellington）、*Human Rights & Human Welfare*（Denver）、*East Asia*（Durham）、*The Journal of Contemporary China*（Denver）、*East Asian Policy*（Singapore）、*Asian Politics & Policy*（Washington D.C.）、*Journal of Millennial Asia*（Delhi）、*Korean Unification Studies*（Seoul）、『問題と研究』（台北）、『遠東基金会季刊』（台北）の編集委員をつとめる。

米国フーヴァー研究所（一九八六）、デューク大学（一九九四）、プリンストン大学（一九九七）、英国ダラム大学（二〇〇四）、日本中央大学（二〇〇五）、広州中山大学（二〇〇五～〇七）、ドイツチュービンゲン大学（二〇〇九）、ハイデルベルグ大学（二〇〇九）で客員教授。このほか、天津師範大学　政治および行政学院、復旦大学　社会科学高等研究院、華中師範大学　中国農村研究院、中山大学　政治および公共事務管理学院、吉林大学　行政学院で兼任教授。中国大陸事務学会の理事会メンバー、Current Foundation および Vanguard Institute for Policy Studies の理事をつとめる。台湾大学政治学系籃球社で活躍。

現地調査は石氏の問題関心と中国大陸の変遷をあらわしている。一九九二年には上海で企業文化を調査。一九九四年に北京・広州・海口・上海・厦門で全国人民代表大会について調査。同年から一九九六年にかけて北京・上海・天津・武漢で村民委員会を調査。中国大陸の少数民族については一九九七年から二〇〇六年まで現地調査を継続した。調査した少数民族は、ペー［白］族、ナシ［納西］族、回族、タイ［傣］族、朝鮮族、満族、シェ［畲］族、トウチャ［土家］族、ミャオ［苗］族、ウイグル族、チャン［羌］族、イ［彝］族、トン［侗］族、チワン［壮］族、スイ［水］族、ヤオ［瑶］族、ムーラオ［仫佬］族、ブイ［布依］族、キン［京］族と中国大陸の西南地区から西北地区、東北地区におよぶ。調査地は漓江や桂林、シーサンパンナなども含まれる。二〇〇三年から二〇〇六年にかけて南寧や、トウチャ族、苗族居住地で貧困についての調査を行っている。ほぼ同時期に、石氏は中国研究の知識コミュニティプロジェクトに着手した。二〇一六年春の時点で、口述歴史の記録が公開されているのは、台湾や中国大陸、香港、マカオのほか、東アジアでは日本・韓国、東南アジアではシンガポールとマレーシア、ベトナム、ヨーロッパではドイツ・ベルギー・オランダ・イタリア、さらにインドとロシア、モンゴル、チェコ、ポーランドである。二〇一五年一一月の北京会議ではタイやインドネシア、北欧での口述歴史のチームの結成が報告された。

業績は中国語・英語図書のほか、学術雑誌への投稿論文もきわめて多い。二〇〇五年以降の主要な業績でも以下のとおり多数。（編著）*Sinology in Post-Communist States: Views from the Czech Republic, Mongolia, Poland, Russia*（The Chinese University Press of Hong Kong, 2016）、（余帛燦 Yu, Po-tsan と共著）*Post-Western International Relations Reconsidered: The Pre-Modern Politics of Gongsun Long*（Palgrave Macmillan,2015）、（編著）*Re-producing Chineseness in Southeast Asia: Scholarship and Identity in Comparative Perspectives*（Routledge, 2015）、*Sinicizing International Relations: Self, Civilization, and Intellectual Politics in Subaltern East Asia*（Palgrave Macmillan, 2013）、*Civilization, Nation and Modernity in East Asia*（Routledge, 2012）、（共編）*On China By India: From Civilization to Nation-State*（Routledge, 2012）、（共編）『インタビュー戦後日本の中国研究』（平凡社、二〇一一）、『貧窮的政治学——湘西与広西民族地区的貧困問題』（翰蘆、二〇〇八）、『日本近代性与中国——在世界現身的策略』（鼎文、二〇〇八）、*Democracy Made in Taiwan: The "Success State" as a Political*

Theory (Lexington Press, 2007)、*Autonomy, Ethnicity and Poverty in Southwestern China: The State Turned Upside Down* (Palgrave Macmillan, 2007)、『身分政治——偶然性、能動者与情境』（中山大学出版社、二〇〇六）、『社会科学知識新論——文化研究立場十評』（北京大学・台湾大学、二〇〇五）。

講演（2）　戦後日本における中国研究者像

邵軒磊

報告者：邵軒磊（台湾師範大学）

日時：二〇一三年一月三日（日）午後三時〜
場所：東京大学駒場Ⅰキャンパス一八号館四階コラボレーションルーム4
討論者：馬場公彦

司会の石井教授、主催者の代田先生、連絡をとってくださった谷垣先生、村田先生、ありがとうございます。そして報告をされる石先生、こんにちは。今回報告する主な内容は、「中国学の知識コミュニティ」のプロジェクト内容全体に関するもの、プロジェクトの中で私個人が関わる部分、また最近思ったことなどについてです。みなさま、よろしくお願いします。レジュメをお配りしましたので、みなさま参考にご覧ください。説明が必要なところは詳しく書いてあるので、もう少し分かりやすいかと思います。レジュメの概要には、日本語と英語もありますので、みなさまご自身が読みやすい言語にてお読みいただければと思います。

今日の報告は主に二つの部分からなります。一つ目はこのプロジェクトを進める中で、私がどうこのプロジェクトを理解しているか、また実際どう行ったか、その経験について。二つ目は、このプロジェクトの研究への応用、「毛里和子教授」を研究した成果について、我々のプロジェクトの研究理念とどのように結びつけ、実際に

2013年2月3日の駒場ワークショップ。邵氏は中央右。

どのように形にしていったのかについてです。それでは始めたいと思います。

ここにいらっしゃるみなさんの研究されている専門や研究方法が違うことを考えると、みなさん共通の言葉で説明するのは非常に困難なことです。ですから、まずは思弁方法を比較するというところから始めたいと思います。たとえば、まず「学術研究とは何か」というところからみなさんに問いたいと思います。ここにいらっしゃる方はみな研究者、または研究に関することに携わっている方だと思うので、これはなじみ深い問題だと思います。私たちは習慣的に「研究をしている」かもしれませんが、「行為としての研究」とはどのように説明することができるのか、さらには「研究」とはどのように理解すればいいのでしょうか。とくに私たちが異なる専門の研究者に出会ったときにですね。直感的に考えると、「研究とはあることを理解することだ」とよく言います。つまり学術研究とは多くの場合、知識を獲得すること、「なぜか」を知る、ある現象が発生した原因を知ること。例えば日本で最近流行のテーマといえば、中国研究では中国の軍事成長の研究や中国の人事と政治、習近平と胡錦濤の関係などかもしれません。「研究」を通してひとつの答えを出したいと考えるのです。

総じて、「ひとつの現象や事柄に対して問いを立て、それに答えを出す」、私たちは多くの場合これこそが「学術研究」だと思っています。しかし、私たちのプロジェクト「中国学の知識コミュニティ」では、「みなさんがどうしてそれを問題だとするのかを研究する」、簡単に言えば、私たちは「学術研究」とは何か、の研究をしているのです。そして、あらゆる学術研究に触れる中で、「問い」がなぜ発生するのか、何が「そうした問題」を知り、理解することを必要とするのかを問うています。過去の「学術研究」では、多くの場合理解したいと思うのは「ある種の正確な知識」でありました。例えば明日の天気がどうなるか、これはもしかすると気象学の研究による知識かもしれません。その答えは「合っているか否かを証明」できます。しかもそのような方法によって、研究方法の「優劣」を測ることができます。しかし、人文科学には「完全に正確」なことなどあるのでしょうか。はっきりしないところもありますね。これは私たちの研究が成立する理由でもあるのです。一言で言えば、私たちは「学術研究」自体をひとつの課題として研究し、それは未来の研究を進めることにも役立ちます。また、今の社会状況をより深く理解するためのチャンネルにもなるのです。

それと、「中国学の知識コミュニティ」プロジェクトのいくつかの特徴についても説明したいと思います。一つ目は、前に言った通り、中国学について再考をすることです。私たちはただ単純に中国で今起こっている現象を理解しようとしているわけではありません。学問自体をひとつの研究の対象として研究するのです。つぎに、この目的を達成するために文献を研究するだけでなく、口述歴史も加えて、「研究者がなぜ学問をするか」を理解しようとしています。一般の学術文献でも研究の背景や学術的な研究動機は紹介されるでしょう。しかし、これに加えて、他の動機もあるのです。たとえば、感情やそのときの機会、偶然の研究経費など……、こうした偶然性を理解するためには、口述歴史の助けを借りなくてはなりません。これも私たちが自分たちの研究の中で口述歴史が非常に重要なことを強調するひとつの理由です。三つ目に、私たちがこの研究をする中で、論文発表、学生の訓練、学位論文のサイクルがうまくいっていることです。以上三つの方面について、深く見ていきたいと思います。

では、スクリーンを見てください。これは私たちのプロジェクトでつくったウェブサイトです（http://politics.ntu.edu.tw/RAEC/act02.php）。私たちはここで口述歴史の資料を公開しています。それとともに、このウェブサイトでは

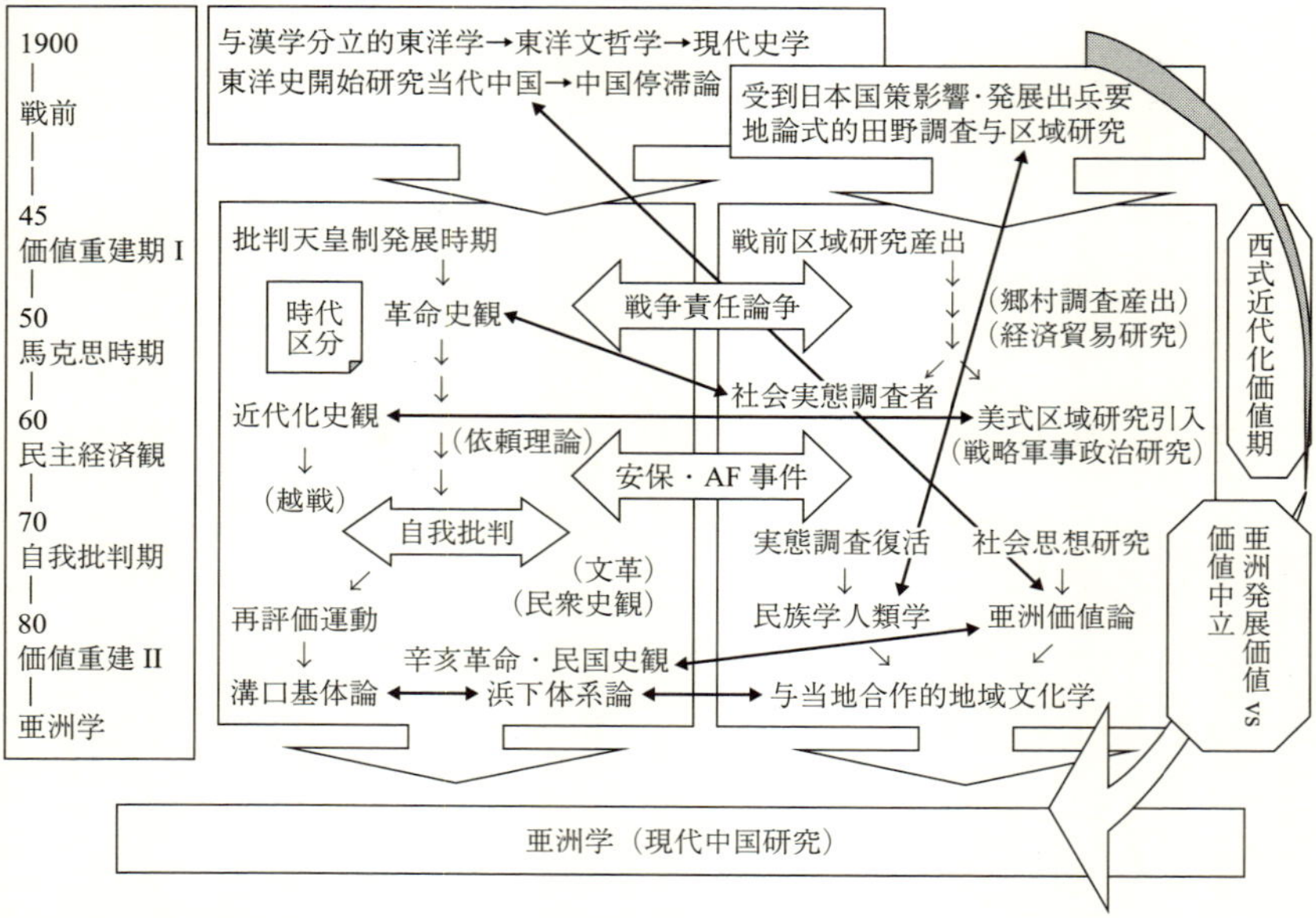

出典：邵軒磊『戦後日本之中国研究系譜』政治大学東亜研究所博士論文、2008 年。

私たちの研究の由来や理念、細かいプロジェクト進行の過程も説明しています。またそれぞれの時期に使った経費の提供元もあります。今日の報告では、本プロジェクトにおけるいくつかの重要な概念を主に示したいと思います。まず、例えば私たちの「知識コミュニティ」という概念はどういうことなのか。私たちが知識の形成というとき、またはある事柄を研究するときには、たいてい一つの前提が必要になります。この問題は「社会で重要だと認識されている問題」であり（もしかすると異なる時期の社会かもしれません）、私たちが「知識の社会的機能」と呼ぶものです。また知識を追求する際に対話をする相手が必要になってきます。ここにお集りのみなさま方は、この知識対話の対象なのです。私たちが持続的に対話を発展させることで、知識コミュニティというグループを形成することができます。この知識コミュニティは互いに共通の言語と興味を共有しており、つまりそれは「社会」（Society）や共同体（Community）と言えるもので、日本でも似たような研究がありました。たとえば都筑勉先生は昔似たような概念でこれに似た研究を行いました。「戦後日本の知識人とその時代」というものです。

そしてそこから、私たちは研究者本人の他、当時の社会でどんなことが起こっていたのか、また知識コミュニティにおいて彼らの研究対象に何が起こり、それがどう研究者に影響を与えたのかを理解する必要がでてきます。例えば、「中国研究の知識コミュニティ」を例にすると、中国で何かが起きた、例えば天安門事件、文革などですね。これらはみな、それ自体と知識コミュニティ間との相互作用に影響を与えます。そしてその知識コミュニティ自体に何が起こり、また個人に何が起こったかを研究するのです。このように一歩一歩進めていくことで、知識形成のプロセスと知識が形になる方法を理解することが可能になります。

私たちの研究の第一部は、次のように進められました。通常、学術雑誌の段階では、私たちは小さな研究テーマに取り組みます。例えば個人の研究経歴などです。本の段階では大きなテーマになります。状況全体に関わるような研究ですね。例えば、私の著作『戦後日本の中国研究系譜』（原語は『戦後日本之中国研究系譜』）は、戦後日本で中国を研究した知識コミュニティについて整理したものです。時期はだいたい一九四五年から二〇〇〇年までで、それをいくつかの期間に分け、グループ間の論争や相互作用を描き出しました。レジュメで示したように知識コミュニティ間の対話や知識コミュニティの継承、連続性／不連続性、知識コミュニティ内での論争、また他の思想の流れとの関わりや対立は、どれも今後の研究対象となるテーマです。これで、日本の学術コミュニティに対する概略的な一つの基礎を示すことができたと思います。この基礎から出発して、細かく研究者の比較や研究者個人の学術思想の経歴までをも研究していくことができます。比較的小さい範囲でのほうが、研究も理解もしやすいかもしれません。これが研究成果の第一部です。

研究の第二部は口述歴史についてです。具体的にはさきほど石先生がすでに詳しく紹介してくださいました。私はレジュメにあるように、それぞれの国のインタビューの対象をリストにしました。さまざまな国があります。東南アジア、日本、韓国、東欧、イギリス、アメリカなど。このリストの中にもしみなさんの興味に関するものがあれば、比較的容易にそれらの研究者が社会の中で演じる役割について理解できるかもしれません。たとえばベトナムなどの国において。また、現存の日本の研究者の名簿も載せました。そうした研究者のみなさんに対するインタビューは、先にインタビューをしてその内容を文字化し、それからその研究者の同意をとって、校正を行い、それから翻訳して、また同意していただいた後に発表するという過程を経ました。もしインタビューを受けた方が今は発表したくないと言うものがあれば、私たちは発表しませんが、そうした貴重な記録はとりあえずとっておいて、ふさわしい時期に発表をしたいと考えています。

そして第三部は研究についてです。これもチームのメンバーと互いに協力して行っています。ときとして一人での研究は進度が遅いので、私たちはチームワークで論文を発表しています。これも私たちの特徴です。

以上が私がこの企画に関って経験したことで、また私たちがどのようにこの企画を進めているか、その基礎になることです。またこの「学術」について社会的な意識が何であるのか、またその学術が社会の他の人々とどのように関わるのか、他の研究者であれ一般の民衆であろうと、他の国の研究者との相互作用であろうとですね、それを論じていこうとも考えています。これは私たちの思考をデザインしていく上で、非常に重要な基礎であり仮定になります。

そして次の段階ですが、私たちはこの基礎を元に、また知識コミュニティ全体への一定の理解の元に、ある特定の個人についての研究を最近の努力目標にしています。今回レジュメにも書いた「毛里教授について」の研究のようなものですね。この発表と文章については前に毛里和子教授とも討論したことがあります。私はこれは「二重の研究交流」だと思っています。研究の対象と直接交流することは、研究者と「研究そのもの」にとって異なる意味があるからです。この経験は非常に面白いものだと感じています。例えば、私たちの彼女に対する評価や解釈の一部について、彼女は賛同しません。この過程で、私たちは逆に彼女がどのように自分について説明したいかを知ることができ、彼女をもっと理解することができる。また毛里教授にも、私たちがなぜ彼女をそのように理解しようとするのかを知ってもらうことができる。これはとてもおもしろく興味深い現象です。いずれにせよ、「二重の研究交流」の中でまた新しい知識が生まれ、このような知識と思考方法は、または学術思考の方法と言ってもいいと思いますが、実は今までの研究とは大いに異なります。特に自然科学の研究方法では、往々にして研究の主体と客体というのはお互いに別れているのです。例えば、机を観察するとして、私たちは机が茶色であるとか、重さが一〇〇キロだとか言うわけです。机は自分から語りませんし、私たちにフィードバックもくれません。しかし私たちが知識の系譜を書くとき、往々にしてその研究対象とは、研究の先輩たちが私たちにフィードバックしてくれる彼／彼女の考えなのです。この「知識」とはもともと伝統的に定義された「知識」のように正確か、また何かを断定するのが目的ではなくて、この過程でお互いに刺激を与えることが目的なのです。これは執筆の過程で得られた新鮮な体験でした。

私が毛里和子という研究者について分析をする際に、彼女の成長の背景というものを知る必要がありました。これは他の文献ではあまり見られず（私たちが集めた限りでは）、口述歴史でなくしては知ることができません。インタビューでは、彼女は小さいときどうだったかというところから話しています。例えば、毛里教授は三歳まで台湾に住んでいました。しかも台湾大学からそう遠くない場所に。また、毛里和子教授の父親は台湾大学にいました。当時の台北帝国大学で教えていましたが、毛里教授はすでにあまり思い出せないとのことでした。台湾に住んだことがあるといううっすらとした記憶はあるものの、これと彼女ののちの中国研究との関連性はあまりないのです。そして青春期、物心ついたあとの中学教育、特に大学教育の段階で現れてきた傾向や好みというもののほうが彼女の中国研究と関わりがあるのです。当時の研究の動向を見るとき、感情的に社会主義が好きか嫌いといったことが、中国大陸研究の傾向に影響を与えていたのです。それはとても明らかです。この他には、日本の知識コミュニティ全体の状況を把握することも重要です。当時起こっていたことを一緒に考えることもできます。例えば、一九六〇年代の学生運動や社会運動が当時その研究者にどのような影響を与えたのか。彼ら同士の交流を経て研究者がどのような考えに至ったか、また彼らが私たちに提供してくれた資料。それらと、なぜ彼らがその後中国研究をすることになったこととの関係性を見ることは重要です。

毛里和子の理論の紹介は、レジュメにあるように時間の区分に沿って書きました。研究者としての彼女の重要な理論と思想を紹介し、第一部で得た資料と対話、つまりつきあわせて解釈をしました。私たちは彼女の書いた論文や本を探し集め、インタビューの前に読んでおき、話題の流れに応じて問題を織り交ぜ、質問をするのです。大例えば、これを書いた動機は何であるとか、当時の社会（コミュニティ）と関わりがあるのかどうかなどです。大まかに言うと、彼女には三つの大きな研究テーマの流れがあります。それは、まず地域研究から中国を見ること、そして民主の研究、次にアジア学です。実は、民族研究は初期に見られるのですが、成熟するのは比較的遅かったのです。彼女は最初少数民族を研究していました。一方で、当時の学会の主流派は共産党や社会主義などを研究していました。例えば、共産党の闘争や、共産党のイデオロギーなどです。当時の主流と違って、毛里教授は研究の周縁に気付きました。これが彼女の特異なところであったのです。そこで私たちは、例えばインタビューのときに、なぜ「周縁」から出発したのかを彼女に問いました。これが私たちの研究の一つの目的であります。

三つ目の部分で私たちが注目するのは彼女の学術的成熟期、二〇〇六年以降です。二〇〇六年に彼女は中国とは何かと考え始めます。これはもっと存在論に近い方法で中国を考えることでした。つまり、中国の問題、中国の民族問題または中国の政治発展の問題に答えたり、それを報道したりするのではなく、もっと高い視野から「中国」とは何かを考えようとしたのです。またはどのように「中国を考える」べきなのかということを考えました。例えば、中国をアジアという見方の中において捉えることを提言しました。そして私が彼女の考えを整理した中では、毛里教授は中国をどのように見るべきなのかという考えを示しており、それはもともとあった主権国家としての中国の領域を越えています。これと彼女が第一時期に研究していた中国の政治とを比べてみるのはとても興味深いことです。研究者の思考の動態というものが現れています。後で理解したことですが、実は彼女はあまりその時期（二〇〇六年以降）に発表したものがあまり好きではないのです。というのも事務の仕事が多すぎて、何か出版するとか学術的成果を出すというときには、往々にして時間に追われることになっていたからです。ですから、感情の面から言えば、彼女はその時期の研究に対してあまり情熱はありません。しかし、成熟期の発表の中には、非常に細かい考察の中に後の研究者にとって啓発となることがたくさん含まれていることをはっきりと見ることができるのです。それは研究者の気持ちの変化とも関わりのあることなのです。

ですから、結論として最後にまとめたこの図では、私たちは中国を一つの巨大な現象の集合体と見ているのです。私たちのこのまとめには、たくさんの先行研究があります。例えば私は前に五〇〇ちょっとの論文を整理しました。日本における、中国に関する思考ですね。そして、一つの知識の系譜を描き出しました。それが第一段

「中国学の知識のコミュニティ」プログラム（邵氏の発表資料より）

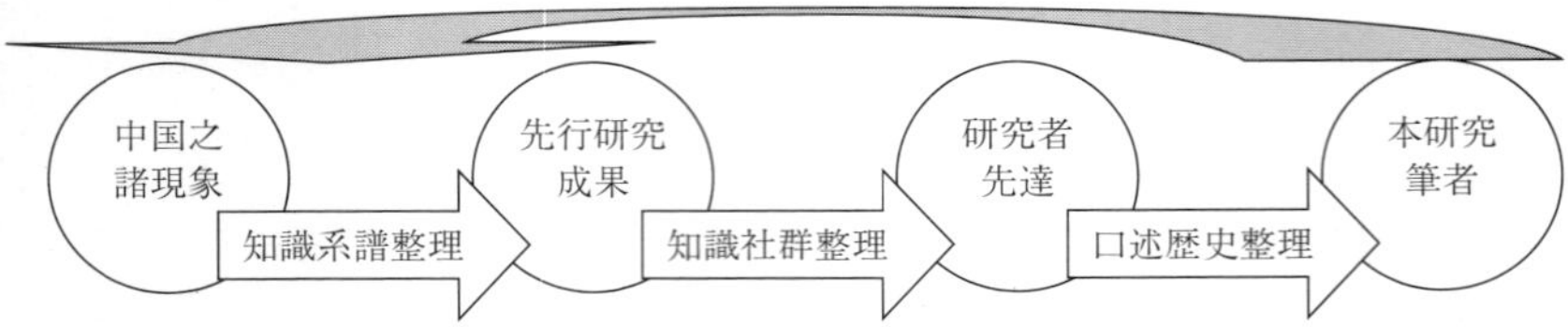

階です。そして第二段階では、知識の系譜や知識コミュニティ研究から個人へ、ひとりひとりまで絞って見たのです。個人同士が生んだ交流はそれぞれの人の口述歴史からまとめました。つまり、私たちはこの段階を、一つの巨大な現象から研究そのものへ、そこからまた研究者個人へ、またそこから私たちのような後代の研究者へと、私たちが紹介する三つの特色をつなぎ合わせ、一つの段階的な研究方法にしたのです。この研究方法が他のプロジェクトと違う一番大きな点は、他のプロジェクトは往々にして第一段階と第四段階が直線的な関係にあるのです。例えば政治学界で言えば、中国の現象を描くことを研究の目的とし、先行研究を、自分の知識理解のための補助の一部分としているのです。私たちの特異な点は、オフィシャルな形で「知識コミュニティ」という概念に向き合い、知識コミュニティの先輩研究者を発掘し、そこから出発して知識の生産と知識コミュニティとがどのように相互理解を図ってきたのかを研究したのです。それは「知識とは何か」という問題を考える上で大いに助けになるものだと考えています。また他の研究方法と違うのは、私たちは細かく分別できていることです。以上が、私がこの計画に参加しての理解と思考です。

少し補足させて下さい。これはレジュメを書いていたときの感想です。実際このような思考のモデルを通して私たちは、以下のことに気付かされるのです。最後の段階では筆者の研究もまた挑戦を受けることになる、後代の人たちの挑戦ですね。私たちもまた、どうしてこのような研究をしたのか、私たちの思考方法とは何かを問われるわけです。したがって、このような知識の生産は途切れなく続くわけですね。つまりこの後にも、五個目、六個目の輪を描くことができるわけです。こうなると、私たちの「知識とは何か」という問いはますます深いものになっていきます。そして研究対象との交流もますます深まっていく。また、例えば私が担当している日本はその一部であるだけで、もっと大きな枠組みの下にはベトナムがあり、ヨーロッパがあり、社会主義の国などがあるわけです。このような並行した四元的な枠組みは比較交流をすることができます。異なる文化の構成の中で、異なる知識コミュニティの中で、同一の、または違う知識現象がどう理解されるのかを見ることができます。こう考えると、異なる知識文化を理解することは、知識が生産される過程にあるのではないかと思われます。異なる生産と理解の方法があるとすれば、それはもっと大きな枠組みになっていきます。これは今のところ私が把握できる範囲を越えておりますが、石先生は全体を見るなかでもっとよく理解されているのだと思います。

最後にお話するのは、交流の中で感じた私個人の感想です。私たちは文献学習に偏重しています。しかし研究者の先輩がたとの交流は、新たなレベルの学習を生むことになりました。ですから我々若手の研究者がそのことをより深く学習し理解した上で、中国の現象を観察すれば、より深い発見があると思うのです。これはこのプロジェクトが、我々に反省を引き起こし、また興味深いと思わせる所以です。最後に、この度東京大学駒場キャンパスで発表させていただいて、とても光栄に思っております。私は二〇〇八年にここで学ばせていただきました。そのときは並木頼寿先生に師事いたしました。今またこの地に舞い戻り、私の知識をみなさんと共有させていただくことができ、非常に光栄です。感謝とともに、並木先生の急逝に少し悲しい気持ちもあります。それでも特に並木先生とのご縁に感謝し、それを惜しみたいと思います。今後みなさんと交流する中で、疑問や批判などを惜しみなくお話いただければと思います。

言及人名の略解（データはインタビュー当時）

石井　剛　一九六八年生まれ。東京大学教養学部・大学院総合文化研究科教授。専門は中国哲学・思想研究。著書に『敢問〝天籟〟──中文哲学論集』『戴震と中国近代哲学──漢学から哲学へ』。

代田智明　一九五一年生まれ。東京大学教養学部・大学院総合文化研究科教授。専門は近現代中国文学・思想研究。著書に『魯迅を読み解く──謎と不思議の小説一〇篇』など。

谷垣真理子　一九六〇年生まれ。東京大学教養学部・大学院総合文化研究科准教授。専門は現代香港論、華南研究。著書に『変容する華南と華人ネットワークの現在』（編）。

毛里和子　一九四三年生まれ。早稲田大学名誉教授・同大学現代中国研究所顧問。国際中国学研究賞、文化功労者。専門は中国政治・現代史。著書に『現代中国政治』『周縁からの中国──民族問題と国家』『日中関係──戦後から新時代へ』

話者紹介

邵軒磊（しょう・けんらい、SHAO Hsuan-lei）

一九七八年生。二〇〇一年に国立台湾大学社会科学部政治学科卒業、政治大学東亜研究所にて二〇〇四年に修士号、二〇〇八年に博士号を取得。二〇一二年より国立台湾師範大学東アジア学部助理教授（現職）。専門は日中外交関係史、日本知識コミュニティ研究、中国近現代政治。北海道大学交換留学、東京大学短期研究、中国人民大学短期研究、ハーバード大学フェアバンク・センター（Fairbank Center, Harvard University）博士研究員（Post-doctoral Fellow）、慶応大学客員講師などの在外研究歴がある。江丙坤両岸交流貢献奨博士論文最優秀賞受賞（二〇一〇年）。

著書としては『戦後日本的中国研究──口述知識史（第二冊、第三冊）』（翰蘆出版社二〇一四）、『戦後日本之中国研究系譜』（翰蘆出版社二〇〇九）。論文としては、「中日戦争各方『華僑論述』分析」（『問題与研究』二〇一五）、「日本近代政治思想中之民主与国族主義」（『国家発展研究』二〇一五）、「発展理論与世代論述──以戦後日本社会経験為例」（『東亜研究』二〇一五）、「殖民之後──港台知識份子的国族認同案例研究」（『香港社会科学学報』二〇一五）、「台湾における中国大陸研究」（石之瑜・包淳亮と共著、Aoyama Journal of International Studies, 2014）「中国研究議程之系譜──以日本国際政治学会誌為例」（『問題与研究』二〇一二）、「中国脅威論之解析──以日本相関研究文献為例」（『中国大陸研究』二〇一二）、等がある。

コメント　日本における中国研究の知識社会学的特徴をめぐって

馬場公彦

報告者：馬場公彦（立教大学兼任講師）

日時：二〇一三年二月三日（日）午後三時～

場所：東京大学駒場Ｉキャンパス一八号館四階コラボレーションルーム４

石教授、邵教授、日本にようこそ。交流の機会をいただけて大変うれしく思いますし、お二人の貴重なご報告に対するコメントを仰せつかり、光栄に存じます。まず石教授の報告はスケールが大きく、精緻なプロジェクトで、豊かな成果がもたらされています。今回の御発表は深遠な哲学的思考に基づくもので、私はコメントの任に堪えません。そこで、あらかじめ提出された三篇の長文論文を読みましたので、これらの論文について、日本の中国研究の角度から補充をし論評することとします。次に邵教授は日本の中国研究者コミュニティについて、知識社会学的角度から具体的に紹介されたあと、毛里和子先生の学術的来歴と成果について、知識社会学の見地から紹介されました。私は毛里先生とは著者と編集者という関係であり、邵教授が紹介された毛里先生の編著『東アジア共同体の構築』の編集に携わりました。そこで、私自身の立場から、邵先生の毛里先生に対する評価について、感想とコメントを申し上げます。

石之瑜教授を研究代表とする「世界における中国研究の知識社会学研究」プロジェクトは、中国を研究対象として、中国以外の国家・地域を拠点に研究する中国研究者について、客体としての中国の同時代的動向と、主体としての研究者の相互作用のありようを研究者個人・集団・学術界ごとに分類することで、「中国学の知識社群（社群はコミュニティの意）」の特質を、知識社会学的に明らかにしようとするものです。そのさい、主に研究者本人へのオーラルヒストリーを分析の素材として、研究者の来歴（出身・世代・研究履歴・学術の系譜・専門分野など）、研究者個人の国家・民族アイデンティティと中国との関係、研究のアプローチ、中国の関心領域、そこに形成された中国イメージなどに着目しています。

私は、石教授の研究プロジェクトと、まったく同じ関心と動機から出たものではありませんが、戦後日本人の同時代の中国像の特質がどのようなものであり、それがどのように変遷して今日に至っているかを明らかにしようとして研究・著作を続けています。そのさいの方法としては、一九四五年から一九九二年にかけての時期に、日本で発行された総合雑誌に掲載された四〇〇〇篇近い中国関連記事を収集し、総計一五〇〇名ほどの中国論者について、その属性、立てられた論題、展開された論調などを時系列的に定量・定性分析を行うことによって、戦後日本人の中国像・中国観の変遷をたどろうとしました（『戦後日本人の中国像』二〇一〇、新曜社、「戦後日本人は文革の終わりをどう迎えたか　一九七三―一九七八」「友好と離反のはざまの日中関係　一九七九―一九八七」）。そのさい、分析のための補足的方法として、三〇名ほどの中国論者にインタビューをとり、拙著では一五名のオーラルヒストリーを掲載しました。一五名のなかには石先生のオーラルプロジェクトと重複する論者も含まれています（野村浩一、加々美光行、小島麗逸、岡部達味、石川滋）。

それらの論者がたてた論題や論調を通して、私は幾つかの中国に対する認識経路を抽出しました。認識経路とは客体としての中国に対する日本からのアプローチの特質であり、イメージ、あるいは認識枠組みとも言い換えることができます。従って分析結果は、石教授の研究の目指そうとしている方向と非常に近いものがあると言えるでしょう。ただし、私の扱う中国論者は、中国研究者に限定されてはいません。また分析対象とする中国論者の言説空間は、石教授が分析対象とした知識社群、言い換えれば学術圏ではなく、論壇、即ち国民を対象とした読書公共圏です。とはいえ、学術圏と読書公共圏は近接するものであり、論者も一部重複します。ここでは、私が分析対象とした論者のうち中国研究者に限定し、日本における中国研究の知識社群の特質と変遷を、研究者の世代や学術系譜に着目して考えて見たいと思います。

第一に研究者の世代に着目して日本の中国研究の特質を分類してみましょう。一九三〇年頃生まれた、今はすでに研究職から引退している第一世代の研究者は、四五年の敗戦と四九年の新中国の成立に強い影響をうけて、前の先輩世代の中国研究者が古典中国・旧中国・伝統中国を対象として提示した中国像とは違う中国像を見出そうとしました。彼らが特に関心を持ったのは、中国という巨大な国家を統一して統治する権力の正統性の根拠の問題であり、その正統性を付与することとなった中国革命の解明でした。彼らにとっての重大な同時代体験は、日本の敗戦です。敗戦経験は、中国に対する贖罪意識と共に、先輩世代の中国研究者が中国に対する認識を見誤ったことへの内省的批判を伴っています。そのような彼らが直面した現実政治の試練とは、一九五〇年の講和問題における全面講和論、五六年のスターリン批判における社会主義圏内部の論争と対立、六〇年の安保改定を前に、中国が日本軍国主義復活反対のキャンペーンを行った際の安保改定阻止運動などでした。また国際共産主義運動を背景とする日本共産党の国際路線や中国路線との関係があり、研究には党派性を帯びる傾向がありました。

一九五〇年頃生まれた今はそろそろ定年を迎える第二世代の研究者は、石先生の言うところの、「激進世代《ラディカル・ジェネレーション》」に相当します。彼らは文化大革命に強い衝撃を受けました。三〇年代生まれの第一世代の研究者もまた文革には強い影響を受けています。文革は、四九年当時の農村中心の根拠地型の中国革命とは違った、新しい都市型の革命であったことから、当時の日本の学生運動や、アメリカにおけるベトナム反戦運動と同調していました。多くの研究者は中国に生起している事態が新しい世界を創造する試みだとして過剰に感情移入したり、過大に理想化して解釈しました。彼らの中には、旧体制の打破を目指して人民と連帯する社会運動に加わる者も多く見られました。具体的には六八年の学園闘争、七〇年の安保改定阻止闘争、在日朝鮮人・韓国人・中国人への差別を阻止する入管闘争、東南アジアに対する経済侵略批判運動などにおける運動圏との関わりでした。そのさい、六六年三月に日本共産党と中国共産党が決裂したために、党派性は日共型と全共闘型の二派に分かれました。

一九七〇年頃生まれた第三世代の研究者は、いわば日本のポスト紅衛兵世代であり、八九年の天安門事件に衝撃を受けました。彼らは自由・人権・民主・憲政という「人類の普遍的な価値」を中国社会が獲得していないことに危機意識を持ち、現在も続く中国の人権弾圧、自由の制限、表現活動への抑圧などに厳しい目を向ける傾向があります。中国近現代史においては、国民党・共産党ではない第三勢力の民主党派の動向、憲政実現に向けての歴史的取組み、報道や表現の自由を求めての各種メディアの動向などを研究テーマに選ぶことが多い。二〇〇八年の〇八憲章や二〇一一年の劉暁波ノーベル賞受賞などに強い関心を示します。

第二に台湾の中国研究と日本の中国研究を、中国との距離感あるいは温度差という観点から比較してみましょう。一九四五年の光復体験は日本の敗戦体験の裏表であり、それまでの台湾の植民世代は日本の戦争世代に相当します。だが、台湾の中国研究者にとって四七年の二二八事件は反日と反中の矛盾が衝突する重大事件でしたが、日本では二二八事件はほとんどやり過ごされています。日本人は戦後しばらく、七〇年代半ばころまで、五〇年の領台の歴史をほとんど忘却し、学術圏の視野の外に台湾社会を追いやってしまったのです。

台湾では文革の衝撃は大きかったが、それよりも、一九七九年の米中国交がそれまでの中国研究のあり方を大きく換える重大な同時代の出来事であり、渡米していた研究者が台湾に戻ってくる契機となりました。日本においては七二年の日中国交正常化は台湾との断交でもあり、外交上は大きな出来事で、研究のスタイルに変化が生じました。中国への過度の期待や理想化を求めないようになり、中国を没価値的な対象として冷静に分析する中国観察型現状分析が主流を占めました。これは正式の外交関係が樹立したことで、中国が現実の調査フィールドとなったというよりは、文革の終わりが視界に入ってきたためです。国交は樹立したとはいえ、すぐに自由に中国が調査できるようになったわけではないし、国費留学が可能になったのは七八年の日中平和友好条約締結以後のことです。むしろ、正面の最大の敵だったアメリカと中国が和解をし、毛沢東の正式な後継者がクーデターを図り（林彪事件）、山荘にたてこもったマオイスト達がライフルで機動隊に発砲し、後に内ゲバで同志殺しをしていたことが発覚した（あさま山荘事件）ことなどで、理想世界の投影としての中国像、主体性の投企としての内なる中国という初発の研究動機が、現実中国への幻滅と共に失せてしまったことが大きいと思います。

こののち台湾では、一九八七年の戒厳令解除とともに台湾化・本土化が進み、市民社会論や両岸関係研究が盛んになりました。日本でも八七年頃から中国の民主化運動を支持する立場からの中国論があらわれたものの、中国研究の主流のアプローチは、地域研究と社会科学を合体させた現代中国研究となりました。九二年の鄧小平の南巡講話以降、中国台頭と中国大国化を受けて、中国それ自体がグローバル・パワーとしての存在感を増していき、中国一国の特殊性・異質性のみを抽出する事の有効性が減じていくにつれて、地域研究的な要素が薄まっていくのに比して社会科学的な要素が強まり、学際型・総合型・共同研究型の中国研究が主流になっています。

むしろ台湾との関係で日本の中国研究学界の動向に変化が現れたことに注目しておきたいと思います。元来、戦後日本の中国研究においては、一九七二年の日中復交までは国としては中華民国台湾を承認しており、それに反して学術界は中国大陸研究が主流であり、学術としての台湾研究は皆無に等しかった。論壇においても台湾が登場するのは一九五四年、五八年の二度にわたる台湾海峡危機の時だけでした。台湾と断交すると、論壇に台湾の「匪情」研究（共産主義の情勢分析）に依拠した対日世論工作の影響が顕著に見られるようになってきました。さらに七五年の蒋介石死去、蒋経国の治世をへて七〇年末からの中国の統一工作、八〇年代半ば以降の台湾の民主化・本土化の時期になると、両岸関係や現代台湾の政治・経済・文化研究が、日本でも盛んになってきました。八八年の李登輝への政権移譲によって、中国の民主化運動の挫折と対比的に、台湾の政治・経済の経験に注目する動きが現れ、時には大陸研究と拮抗するような様相を見せるにいたりました。九八年には日本台湾学会が成立しました（初代代表は若林正丈氏）。

また、一九七〇年代半ば以降、台湾の植民地化についての歴史研究がようやく日本に芽ばえるようになり、台湾が日本のコロニアリズム研究隆盛の一つの発火点となりました。ただまだ植民地期の研究が中心であり、台湾自身の九〇年代以降のポスト・コロニアリズム研究のような、戦後台湾の省籍矛盾に着目した台湾社会研究の大きな流れには至っていません。

第三に、日本の中国研究の動向と変遷を中国化（sinicization）という観点から捉えてみましょう。元来日本は古代から、中華文明の周辺として、儒学を中心とする知識文化を、主に儒学経典を通して選択的に受容してきました。そこで日本には近世以降、伝統的に古典の文献学的解釈によって中国を理解しようとする漢学・「支那学」のアプローチが継承されており、戦前はさらに事情調査という地域研究の手法が加わりました。敗戦を契機に現地調査ができなくなり、事情調査によるアプローチは七〇年代末にチャイナウオッチャーが中国論の主流となるまで、本格的にはできませんでした。「支那学」は中国の現状認識を見誤ったとして戦後は少なくとも同時代研究のツールとしては退けられました。そこで中国革命と文化大革命の「中国革命史観」が戦後の中国観の主流となりました。日本共産党や中国研究所や、国際共産主義運動がそれを支えた。反共主義者は中国の現状を批判したが、共産主義者でなくとも、平和勢力・民族解放勢力として中国を評価しました。

旧中国・伝統中国との差異を強調する事で、「新中国」「人民中国」への共感を示し、さらに日本の加害責任と日中復交論を通して表明しました。それは対米追随ではない日本の進路への理想化された自画像の投影でもありました。理想化された中国像は文革の終わり、毛沢東時代からの脱却と共に消えていきました。また七四年に、ノーベル賞作家ソルジェニーツインの国外追放のニュースが大きく取り上げられ、現実の社会主義の非人間性が露わになっていきました。皮肉なことに、日中平和友好条約によって日中間の各層の往来が緊密化するに従って、中国の近代化の阻害要因が目につくようになりました。中国観察家の客観分析の手法が中国の異質性・特殊性を際立たせました。七九年の中越紛争は社会主義内部の醜悪なまでの覇権闘争を見せつけ、社会主義の理念は地に墜ちた感がありました。

新中国に憧れ、文革に陶酔した「激進世代」の中国研究者は、文革の悲惨な現実を知らされて、過剰な共感は幻滅へと変わり、陶酔から醒めたあと、ある者は文革を支持した過去を悔恨しつつ沈黙し、ある者は研究対象をたとえば古典中国・旧中国の研究へと転換しました。そのいっぽうで「脱中国化（de-sinicization）」から「再中国化（re-sinicization）」への模索の動きもありました。即ち、文革は失敗したが、第三世界における南北関係や従属経済のもたらす差別や貧困はなくなっていないとする第三世界論、人民公社は失敗したが、郷鎮企業は可能性を秘めているとする内発的発展論、中国の経済は先進国に従属する経済ではなく、ソ連型の都市中心・重工業中心の経済でもなく、農業中心の分散型経済であるとする自立経済論、あるいはコミューン論などです。

九二年、鄧小平の南巡講話があり、天安門事件後凍結していた日本の対中ＯＤＡを再開し、天皇が訪中するのを契機として、世界と一体化するグローバル化の中の中国が強調され、現代中国研究は地域研究としてのその独自性が問い直されるようになり、いま現代中国研究の存在意義をめぐって、脱中国化（de-sinicization）と再中国化（re-sinicization）のはざまを揺れ動きながら、「反中」「親中」「中国脅威論」「中国大国論」が交錯しています。

このような現代中国研究の変遷の中に、邵軒磊教授が指摘するように、毛里和子先生（一九四〇年生まれ）の中国研究における他者化・客体外在化から自己化・主体内在化へ、というアプローチの転換という流れもまたあったのです。毛里先生は主著『現代中国政治　第三版』（名古屋大学出版会、二〇一二年）において「グローバル・パワーの肖像」という副題を付し、三分の一以上を書き換えました。その冒頭には「中国は手に余るものになった」との感慨がしたためられています。また『戦後日本の中国研究』に収められたインタビューでも同じ表題が掲げられています。これは客体としての中国が、従来の中国研究の方法論や業績だけからは把握しきれないという、中国自体の変化に、認識枠組や分析理論が追い付いていない実情を吐露したものだと思います。

邵教授は毛里先生が現代『現代中国政治』をまとめたあと、ＣＯＥ研究の成果として『東アジア共同体の構築全四巻』（岩波書店、二〇〇六―二〇〇七年）を編集代表として出版したことをもって、この現代アジア学の共同研究を「アジア回帰」であり、「アジアに立つ自己研究」として位置づけています。私はこのプロジェクト及び出版に編集者として関わったので、研究代表者としての毛里先生の構想と運用と成果について、ある程度知る立場にあります。その印象からすると、確かにアジアの外からではなく、アジアにいるアジア人のアジア研究という自覚があったことは確かですが、「アジア学」という新たな学問体系・理論・方法論を構築しえたかというと、そこまでの達成はなかったというべきでしょう。せいぜいが、従来のアジアに関する地域研究も含めた諸学知の総合化を目指そうとしたものでしょう。

毛里先生は二〇一一年に文化功労者に選ばれたさい、パーティのスピーチで、自分の学業を回顧し、「戦前のアジア学に眼を塞いできたことが悔やまれる」という趣旨の発言をしました。これは第一世代の中国研究者におしなべて見られる、戦後の自ら中国研究を志すにあたって、戦前の漢学・「支那学」・東洋学・「支那事情調査」など、「『帝国日本』の学知」の成果を無反省かつ無批判に援用する事に抑制的だった学問傾向から、十分に理解できる事情です。そこで戦後の中国研究もアジア研究も、戦前までの歴史研究を封印して、方法と理論を西洋から援用することで出発してきました。では毛里先生がパイオニアとなった「現代アジア学の創生」は、歴史研究をどこまで掘り起こし、西洋の社会学的理論に依拠せずに、どこまで「自己研究」として自覚し、自前の研究と理論を体系化しえたでしょうか。

この意味で、毛里先生の現代中国研究が他者の目線でどう映るかという検証も必要です。毛里先生を研究代表とする『現代中国の構造変動　全八巻』（東京大学出版会、二〇〇一年）を刊行しているさなかに、私は毛里先生と竹内実先生（一九二三年生まれ）との対談を企画しました（「『大国中国』虚像と実像」『世界』二〇〇一年三月号）。中国でうまれ一九歳のときに初めて日本に渡った竹内先生は、常に自己の内なる中国・中華性に忠実であろうとして、文学や毛沢東思想を中心とする中国研究を続けてきました。竹内先生は、毛里先生の現代中国の構造分析が実体としての中国に迫ってはいないとして、対談において、「毛里さんは近代思想の持ち主だから、実体が見えないのです」と評しました。おなじ同時代中国を研究対象としながらなぜかくも両者の間で中国像が異なり、中国観が交錯してしまうのか。竹内先生の眼からは毛里先生のアプローチは社会科学的な外在的構造分析として映り、竹内先生の立場との相違を際立たせることになったのです。

なお、竹内実先生については拙著『戦後日本人の中国像』におきましてオーラルヒストリーを掲載しております。また、その後、毛里先生に対してもオーラルヒストリーを行い、『現代日本人の中国像』（二〇一三、新曜社）に掲載したことを付け加えさせていただきます。

話者紹介

馬場公彦（ばば　きみひこ）

一九五八年長野県生まれ。

一九八三年北海道大学文学部大学院東洋哲学研究科修了。二〇一〇年早稲田大学大学院アジア太平洋研究科博士後期課程単位取得退学，博士（学術）。

専攻は日中関係論・出版文化論。

現在、出版社勤務。立教大学兼任講師。中国伝媒大学（北京）新聞伝播学部伝播研究院名誉教授。

主著書として、『『ビルマの竪琴』をめぐる戦後史』（二〇〇四年、法政大学出版局）、『戦後日本人の中国像――日本敗戦から文化大革命・日中復交まで』（二〇一〇年、新曜社）、『現代日本人の中国像――日中国交正常化から天安門事件・天皇訪中まで』（二〇一四年、新曜社）、『戦後日本人的中国観――従日本戦敗到中日復交』（苑崇利、胡亮、楊清淞訳，二〇一五年、北京・社会科学文献出版社）など。

あとがき

まえがきで述べたように、本書は、代田智明を研究代表とする科学研究費　基盤（B）「戦後日本における中国研究と中国認識」（二〇一〇年度～一二年度）の研究成果を踏まえたものである。代田智明が研究代表であり、編者である谷垣真理子・伊藤徳也・岩月純一のほかに、執筆者である石井剛がコアメンバーとして当該プロジェクトにかかわった。代田は研究代表として全体を統括し、谷垣・伊藤・岩月・石井は小野秀樹、田原史起とともに研究分担者として、言語班・文学班・思想哲学班・社会班・政治経済班のそれぞれの研究班の活動のまとめ役となった。このほか、プロジェクトには、研究協力者として楊凱栄、吉川雅之（以上、言語班）刈間文俊（以上、文学班）、村田雄二郎、中島隆博（以上、思想哲学班）、若林正丈、田島俊雄、中津俊樹、伊藤博（以上、政治経済班）が参加した。

本プロジェクトでは国際的な研究交流も進めてきた。日本で大学院教育を受けたラマール・クリスティーン氏（パリ社会科学高等研究院）と、林少陽氏（香港城市大学［当時］）を、聞き取りの対象とした。さらに、プロジェクトの終わりには、台湾から石之瑜氏（台湾大学）と邵軒磊（台湾師範大学）を招聘して、駒場ワークショップを開催した。

石之瑜氏は世界における中国研究の知識社会史プロジェクトを十数年にわたって実施しており、本プロジェクトのメンバーとさまざまな研究協力を行っている。村田は石プロジェクトの日本における聞き取り調査の実施を、平野健一郎・土田哲夫とともにコアメンバーとして担当し、その成果は『インタビュー　戦後日本の中国研究』（平凡社、二〇一一年）として刊行されている。この時に、谷垣は岡部達味氏の聞き取り調査を担当している。また、谷垣はその後、陳学然（香港城市大学）、区志堅（香港樹仁大学）、林少陽（香港城市大学［当時］）、呉木鑾（香港教育学院）とともに、香港における中国研究の聞き取りを進めている。

最後に、本書の刊行にあたっては、財団法人ワンアジア財団によるアジア共同体講座授業（二〇一五年度）助成の一部が充てられた。当該授業は、「移動から見たアジア共同体の形成」をテーマにして、日本・朝鮮半島・中国世界を対象地域として、歴史と現在の双方に着目し、谷垣真理子、外村大、三ツ井崇（以上、責任教員）、神長英輔（新潟国際大学）、中山大将（京都大学）、崔賢（在日済州人研究センター長）、羅京洙（学習院女子大学）、道上知弘（東京大学兼任講師）、八尾祥平（早稲田大学兼任講師）、黄紹倫（香港大学名誉教授）がリレー講義を行った。

アジア共同体の形成を考える際に、中国とどのような関係を構築するかは避けてとおれない問題である。本書は、中国研究や中国認識を、日本社会を映し出す「鏡」としてとらえてきた。自己を再照射することで、閉塞感のある日本の状況に対して、新たな可能性を示唆することにつながるであろう。

本書が日中関係の過去をふりかえり、将来を考え、さらに現実にどのように対処するのかを考える際の有益な議論を提供することを、中国語教育を日常的に実践し、中国研究に従事する者として願ってやまない。

二〇一七年九月

編集委員会（代田智明、谷垣真理子、伊藤徳也、岩月純一）

【追記】　代田智明氏は二〇一七年一〇月二八日に逝去された。

ハ

ナ

タ

サ

索　引

ア

カ

革命』（共著、研文出版、2011 年）、『リベラリズムの中国』（主編、有志舎、2011 年）、『新編原典中国近代思想史』全 7 巻（共編、岩波書店、2010-11 年）など。

田原史起（たはら　ふみき）

1967 年広島県生まれ。

1998 年一橋大学大学院社会学研究科博士課程修了。博士（社会学）。

専攻は農村社会学、中国地域研究。

現在、東京大学大学院総合文化研究科准教授。

主な単著として、『中国農村の権力構造』（御茶の水書房、2004 年）、『二十世紀中国の革命と農村』（山川出版社、2008 年）、『日本視野中的中国農村精英』（山東人民出版社、2012 年）など。

谷垣真理子（たにがき　まりこ）

1960 年大分県生まれ。

1989 年東京大学大学院総合文化研究科博士課程単位取得退学。博士（学術）。

専攻は地域文化研究、政治学、現代香港論。

現在、東京大学大学院総合文化研究科教授。

主著書として、『原典中国現代史――台湾・香港・華僑華人』（岩波書店、1995 年、共編著）、『模索する近代日中関係――対話と競存の時代』（共編、東京大学出版会、2009 年）、『変容する華南と華人ネットワーク』（風響社、2014 年、共編著）など。

岩月純一（いわつき　じゅんいち）

1968 年東京都生まれ。

1999 年東京大学大学院総合文化研究科博士課程単位取得退学。

専門は社会言語学、近代東アジア言語政策史。

現在、東京大学大学院総合文化研究科教授。

主な論文は「近代ベトナムにおける『漢字』の問題」（村田雄二郎、C・ラマール編『漢字圏の近代――ことばと国家』東京大学出版会、2005 年、131-147 ページ）、「ベトナムの「訓読」と日本の「訓読」――「漢文文化圏」の多様性」（中村春作ほか編『「訓読」論：東アジア漢文世界と日本語』勉誠出版、2008 年、105-119 ページ）など。

翻訳者
石塚洋介（いしづか　ようすけ）
神奈川生まれ。2008 年一橋大学社会学部卒業。在学中、日本学生支援機構奨学金を得て香港大学へ交換留学。2010 年、東京大学大学院総合文化研究科地域文化研究専攻修了。修士（学術）。復旦大学ジャーナリズム学院博士課程修了。博士（コミュニケーション学）。
専攻は社会学、研究テーマはアジアにおける社会運動とメディア。
衆議院調査局客員研究員、アムネスティ日本インターン、香港オサージュギャラリー・キュレーター助手、台湾の写真雑誌『The Voices of Photography（撮影之声）』編集者などを経て、現在オオタファインアーツ・シンガポールにてプロジェクト・マネージャー。
「カルチュラル・タイフーン 2009」（2009 年 7 月、東京外国語大学）、「台湾文化研究学会 2010 年年会」（2010 年 1 月、台湾台南・成功大学）、「ANU 日本研究大学院生夏期研究発表会 2012」（2012 年 2 月、オーストラリア国立大学）など発表多数。写真家へのインタビュー記事など多数執筆（中国語）。

訳注者
蕭 明禮（しょう　みんれい）
1977 年台湾台北市生まれ。2012 年台湾大学歴史学研究所博士課程修了。博士（歴史学）。
専攻は中国近代経済史、台湾近代経済史、東アジア海洋史。現在、吉首大学（中国湖南省）歴史与文化学院特任教授、東京大学大学院総合文化研究科　外国人客員研究員、東京都立産業技術高等専門学校非常勤講師。
主著書として『「海運興国」与「航運救国」：日本対華之航運競争（1914-1945）』（国立台湾大学出版，2017 年 6 月）。論文として「台湾の小豆需給と関税割当制度」（『アズキと東アジア――日中韓台の域内需給と通商問題』御茶の水書房、2016 年）、「戦後対日求償順豊輪与新太平輪強徵案的歴史考察（1936-1952）」（『抗日戦争研究』2016 年第 1 期，中国社会科学院近代史研究所、2016 年 3 月）、「台湾の小豆需給と通商政策」（『中国研究月報』第 68 巻第 6 期、中国研究所、2014 年 6 月）、「資源運輸与佔領区航運壟断体制――以中日戦争前期東亜海運株式会社的成立与経営為中心（1937-1941）」（『中央研究院近代史研究所集刊』第 82 期、中央研究院近代史研究所、2013 年 12 月）など。

期課程にて博士学位（国際文化）取得。

専門は中国現代史。

現在、日本現代中国学会、アジア政経学会会員。

主要論文として「文化大革命初期の民間言説に見る「社会主義」認識について――紅衛　兵と上書者との比較において」(『中国研究月報』Vol.62 (4), No.722, 2008 年 4 月号)、「中華人民共和国建国初期におけるカトリック教会を巡る動向に ついて――「人民」の創出と「内心の自由」をめぐって」(『中国研究月報』Vol.66 (2), No.768, 2012 年 2 月)、「紅衛兵世代における読書動向について――文化大革命以前を中心に」(『中国 21』 Vol.39, 2014 年 1 月）など。

田島俊雄（たじま　としお）

1979 年東京大学大学院農学系研究科博士課程中退。農学博士（東京大学)。

専攻は農業経済学、産業経済、東アジア経済。

農林水産省農業総合研究所（現・農林水産政策研究所)、東京大学社会科学研究所を経て、2014 年より大阪産業大学経済学部教授。

単著として『中国農業の構造と変動』(御茶の水書房、1996 年。1997 年度日本農業経済学会学術賞を受賞)、『中国農業的結構与変動』（北京､経済科学出版社､1998 年)。編著として『構造調整下の中国農村経済』(東京大学出版会、2005 年)、『現代中国の電力産業――「不足の経済」と産業組織』(昭和堂、2008 年)。共編著として田島俊雄・朱蔭貴・加島潤編著『中国水泥業的発展――産業組織与構造変化』(北京、経済科学出版社、2011 年)、田島俊雄・張馨元・李海訓編著『アズキと東アジア――日中韓台の域内市場と通商問題』(御茶の水書房、2016 年)、田島俊雄・池上彰英『WTO 体制下の中国農業・農村問題』(東京大学出版会、2017 年）など。

伊藤　博（いとう　ひろし）

1955 年東京都生まれ。
1978 年東京外国語大学外国語学部中国語学科卒業、東京海上火災保険株式会社入社、北京首席駐在員などを経て、2008 年退職。
2013 年東京大学大学院総合文化研究科博士課程修了。博士（学術)。
現在、東京大学大学院総合文化研究科学術研究員。
研究分野は、現代中国の金融・保険および現代日中経済交流史。
著書として『中国保険業における開放と改革――政策展開と企業経営』(御茶の水書房、2015 年 2 月)。論文として「中国における保険業の改革――政府の作用と中国人民保険公司の対応を中心に」(東京大学大学院総合文化研究科地域文化研究専攻『年報　地域文化研究』第 15 号、2012 年 3 月)、「中国保険業における対外開放政策の展開」(アジア政経学会『アジア研究』第 56 巻、2010 年 4 月)。

伊藤徳也（いとう　のりや）

1962 年三重県生まれ。

東京大学大学院人文科学研究科博士課程中退。

専攻は近現代中国文学、日中比較現代文化論。

現在、東京大学大学院総合文化研究科教授。

著書として、『「生活の芸術」と周作人――中国のデカダンス＝モダニティ』(勉誠出版、2012 年)、編著に『周作人と日中文化史』(勉誠出版、2014 年)、論文として、「近代中国における文学言語」(『漢字圏の近代――ことばと国家』、東京大学出版会、2005 年)、「ハーバード時代の林語堂――ハーバード大学公文書館の林語堂資料」(『東方』、東方書店、2002 年）等がある。

石井　剛（いしい　つよし）

1968 年生まれ。

2005 年、東京大学大学院人文社会系研究科博士課程単位取得退学。博士（文学)。

専攻は、中国近代思想史・哲学。

現在、東京大学大学院総合文化研究科教授。

主著書として、『戴震と中国近代哲学　漢学から哲学へ』(知泉書館、2014 年)、『斉物的哲学：章太炎与中国現代思想的東亜経験』(華東師範大学出版社、2016 年）など。

村田雄二郎（むらた　ゆうじろう）

1957 年東京都生まれ。

1982 年東京大学大学院人文科学研究科修士課程修了。修士（文学)。

専攻は中国近現代思想史、日中関係史。

現在、東京大学大学院総合文化研究科教授。

主な編著書に、『日中の 120 年 文芸・評論作品選』 全 5 巻（共編、岩波書店、2016 年)、『東アジアの知識人』 全 5 巻（共編、有志舎、2013-14 年)、『清末中国と日本――宮廷・変法・

執筆者紹介（掲載順）

〈インタビュイー・講演者は該当章末尾に掲載〉

竹田　晃（47頁）
田仲一成（89頁）
ラマール・クリスティーン（332頁）
林 少 陽（362頁）
石 之 瑜（408頁）
邵 軒 磊（422頁）
馬場公彦（432頁）

楊凱栄（よう　がいえい）

1957年中国上海生まれ。

1988年筑波大学文芸・言語研究科博士課程修了（文学博士）。

専攻は中国語学、日本語と中国語対照研究。

現在、東京大学総合文化研究科教授。

主著書として『日本語と中国語の使役表現に関する対照研究』（くろしお出版1989年）、『中国語教室Q＆A 101』（共著、大修館書店、2000年）、『もっとのばせる中国語』（金星堂2007年）、『語感を磨く中国語』（NHK出版、2007年）。論文として「助数詞重ね型構文の認知言語学的考察」（『中国語学』253号、日本中国語学会、2006年）、「受益的使用条件和領属結構——漢日対比研究」（《日語学習与研究》30周年記念号、2009年）、「日中連体修飾節の相違に関する考察」（《漢日対比語言学論叢》第2輯、北京大学出版社、2011年）、「能力・状況・技能を表す助動詞——中国語の可能表現」（『言語科学の世界へ』東京大学言語情報科学専攻編、東京大学出版社、2011年）「誤用例にみる日中表現の違い」（『日本語学』11月号、明治書院2013）など。

吉川雅之（よしかわ　まさゆき）

1967年生まれ。

1999年京都大学大学院文学研究科博士後期課程修了。博士（文学）。

専門は中国語学、東アジア諸言語研究、香港・澳門言語学。

現在、東京大学大学院総合文化研究科准教授。

主著書として、『香港粤語』シリーズ（白帝社、2001年〜）、『「読み・書き」から見た香港の転換期：1960～70年代のメディアと社会』（編著、明石書店、2009年）、『香港を知るための60章』（共編著、明石書店、2016年）、『ミエン・ヤオの歌謡と儀礼』（共著、大学教育出版、2016年）など。論文として、「非国家語のラテン文字表記法——中国の壮語（チワン語）の事例」（『Language, Information, Text』vol.19、2012年）、「ウェブサイトにおける音声言語の書記——香港粤語と台湾閩南語の比較」（『ことばと社会』15号、2013年）、「馬士曼所記録之粤語音——十八世紀末的澳門方言」（『Journal of Chinese Linguistics』vol.42, no.2、2014年）、「『英語官話合講』の正音」（『中国語学』263号、2016年）など。

小野秀樹（おの　ひでき）

1964年兵庫県生まれ。

1992年神戸大学大学院文化学研究科博士課程中途退学。博士（学術）。

専攻は現代中国語学・文法論。

現在、東京大学大学院総合文化研究科教授。

主著書として、『統辞論における中国語名詞句の意味と機能』（白帝社、2008年、単著）、論文として、「“挺〜的”と“太〜了”の意味機能」（『漢語与漢語教学研究』創刊号、東方書店、2010年7月）、「中国語における連体修飾句の意味機能」（『木村英樹教授還暦記念 中国語文法論叢』白帝社、2013年4月）、「非論理的同定関係を表すコピュラ文の日中対照」（『現代中国語研究』第17期、2015年10月）、「構文論と文環境から見た汎用量詞“个”の非計数機能」（『漢語与漢語教学研究』第7号、2016年7月）、など。

代田智明（しろた　ともはる）

1951年東京都生まれ。

1982年東京大学大学院人文科学研究科博士課程満期退学。

専攻は中国近現代文学、とくに魯迅研究。

茨城大学、東京女子大学、東京大学で教鞭を執る。東京大学名誉教授。2017年10月28日逝去。

主な著書に、『魯迅を読み解く　謎と不思議の小説10篇』（東京大学出版会、2006年）、『現代中国とモダニティ——蝙蝠のポレミーク』（三重大学出版会、2011年）、共編著に『クラウン中日辞典』（三省堂、2001年）など。

中津俊樹（なかつ　としき）

1973年宮城県生まれ。

2001年東北大学大学院国際文化研究科博士後

戦後日本の中国研究と中国認識　東大駒場と内外の視点

2018年3月10日　印刷
2018年3月20日　発行

監修　代田　智明

谷垣　真理子
編者　伊藤　徳也
岩月　純一

発行者　石井　雅
発行所　株式会社　風響社

東京都北区田端 4-14-9（〒114-0014）
TEL 03(3828)9249　振替 00110-0-553554
印刷　モリモト印刷

ISBN978-4-89489-225-5 C3022